Mecklenburgisches Kochbuch.

Ein Rathgeber

für Alle, welche der Kochkunst beflissen sind,

speciell für

Mecklenburgische Hausfrauen

und Solche, die es werden wollen.

Practische Anweisung und selbsterprobte Recepte

von

Frieda Ritzerow,

geb. Burmeister.

Rostock.

Hinstorff'sche Verlagsbuchhandlung.

1868.

Die Deutsche Bibliothek - CIP-Einheitsaufnahme

Ritzerow, Frieda:
Mecklenburgisches Kochbuch : ein Ratgeber für alle, welche der Kochkunst beflissen sind, speciell für mecklenburgische Hausfrauen und solche, die es werden wollen ; practische Anweisung und selbsterprobte Recepte / von Frieda Ritzerow geb. Burmeister. - 9. Aufl. - Photomechanischer Nachdr. der Ausg. Rostock, Hinstorff, 1868. - Rostock : Hinstorff, 2000
In Fraktur
ISBN 3-356-00212-0

Photomechanischer Nachdruck der Ausgabe von 1868

9. Auflage 2000
Druck und Bindung:
Druck- und Verlagsanstalt Wiener Verlag GmbH
Nachf. KG
Printed in Austria
ISBN 3-356-00212-0

Vorwort.

Bei der großen Anzahl von bereits erschienenen Kochbüchern und bei der anerkannten Brauchbarkeit mehrerer derselben möchte es auf den ersten Anblick als eine überflüssige Arbeit erscheinen, wenn die Verfasserin es unternimmt, den gedachten Werken noch ein neues hinzuzufügen. Sie glaubt aber dennoch, in demselben denjenigen ihrer Landsleute, welche in der Küche beschäftigt sind, eine nicht unwillkommene Gabe darzubringen, und zwar aus folgenden Gründen. Zunächst ist, wie schon der Titel des Buches besagt, bei den gegebenen Recepten speciell nicht nur auf diejenigen Speisen, welche in Mecklenburg auf die Tafel zu kommen pflegen, sondern auch auf die Art der Bereitung, wie sie in Mecklenburg üblich ist, besondere Rücksicht genommen. Daß damit die Brauchbarkeit des Buches auch für andere, besonders für die an der Ost- und Nordsee gelegenen, Landestheile nicht ausgeschlossen wird, ist um so mehr selbstverständlich, als bekanntlich in allen diesen Gegenden die Kochkunst in durchaus ähnlicher Weise geübt wird, insofern überall dort die Speisen das Tüchtige, Kräftige, Derbe mit einander gemein haben. Sodann aber glaubt Verfasserin durch das vorliegende Werk einem namentlich Anfängerinnen in der Kochkunst fühlbaren Mangel anderer, sonst vortrefflicher, Werke dadurch abzuhelfen, daß sie nicht bloß bei den einzelnen Recepten die zu der zu bereitenden Speise nöthigen Zuthaten genau nach Maß und Gewicht angegeben, sondern daß sie auch besondere Rücksicht darauf genommen hat, wann im Verlaufe der Bereitung, in welcher Art und Weise und mit welchen Manipulationen die Zusammensetzung dessen erfolgt, was in seiner Gesammtheit ein Gericht bilden soll.

Verfasserin erlaubt sich noch hinzuzufügen, daß sie fast zwölf Jahre lang in den fünf ersten Hôtels Mecklenburgs in der Küchenwirthschaft engagirt war und sich schmeicheln darf, daß die von ihr bereiteten Speisen sich stets der besonderen Zufriedenheit ihrer Gäste zu erfreuen hatten. Gerade dieser Umstand ist es denn auch hauptsächlich, welcher ihr den Muth giebt, mit einem neuen Werke über die Kochkunst vor das Publikum zu treten und es einer wohlwollenden Aufnahme Seitens desselben zu empfehlen.

I. Einleitung.

Bevor ich zur Sache selbst übergehe, will ich alle meine jungen, in der Küche noch unerfahrenen Leserinnen, zumal solche, welche sich in größeren Wirthschaften der Kochkunst widmen, darauf aufmerksam machen, daß, wie in allen Dingen, so besonders in ihrem Geschäfte Ordnung ein unumgängliches Erforderniß ist. Jeder Schlüssel, jedes Geschirr in der Küche habe seine bestimmte Stelle, an welche es, gleich nachdem es gebraucht und wieder gereinigt worden, zurückkehrt; jedes Geschäft, welches in der Küche vorzunehmen ist, werde seiner Zeit strenge durch die Uhr regulirt. Letzteres ist namentlich nothwendig, wenn Mahlzeiten von einer größeren Anzahl von Gängen, zumal in Hôtels, wo es auf die Stunde ankommt, bereitet werden sollen. Bei diesen ist es, um zu rechter Zeit fertig zu werden, durchaus nothwendig, sich bereits am Morgen die Reihenfolge der Gänge und die Zeit, die zu jedem derselben zu verwenden ist, zu vergegenwärtigen und hiernach seine Zeit-Eintheilung zu treffen. Man erreicht hierdurch nicht allein Präcision und erwirbt sich das Wohlwollen der Principäle und Gäste, sondern erspart sich selber viele Mühe und große Umstände, hat also den Vortheil, sich die Arbeit zu erleichtern. In jeder wohlgeordneten größeren Küche befindet sich eine Uhr; auf diese sei das Auge der Köchin stets gerichtet und nach ihr werde Alles geordnet; wer sich dies als strenge Regel bildet und dieselbe gewissenhaft befolgt, wird sehr bald die Vortheile davon erkennen.

1. Zweckmäßige Einrichtung der Küche.

A. Der Kochheerd.

Derselbe ist von besonderer Wichtigkeit nicht nur für die Bequemlichkeit und Annehmlichleit der Hausfrau, sondern, des Consums an Brennmaterial wegen, auch für den Geldbeutel des Hausvaters. Es sind aus diesen Gründen mancherlei Kochheerde in sehr verschiedenen Formen und Constructionen erfunden worden; diejenigen, welche sich meiner Erfahrung nach als am meisten practisch bewährten, gebe ich im Folgenden:

a. Für ganz große Wirthschaften, namentlich für Hôtels, ist es empfehlenswerth, zwei Heerde anzulegen, deren einer von Ziegelsteinen aufgemauert und mit einer eisernen Platte bedeckt ist, welche durch starkes Heizen, am besten und billigsten mit Steinkohlen, vollkommen glühend gemacht wird. Dieser Heerd hat vor allen andern den Vorzug großer Reinlichkeit, die Geschirre werden weniger als sonst angegriffen, und er eignet sich besonders zum Kochen in irdenen Gefäßen. Man kann auf ihm alle Speisen kochen, nur allein wenn große Massen Wasser, z. B. zwecks Kochens einer bedeutenden Quantität von Kartoffeln, Fleisch oder Fischen, schnell erhitzt werden sollen, ist er ungeeignet und man bedient sich hiezu deßhalb des zweiten Heerdes. Dies ist am besten ein eiserner Kochheerd mit Ringen und Löchern, unter denen sich des angegebenen Zwecks wegen ein sehr großes befinden muß.

b. Für mittlere und kleine Wirthschaften genügt selbstverständlich e i n Kochheerd. Als solchen wählt man gerne einen von Kacheln aufgemauerten Heerd mit eiserner Platte, in welcher sich je nach dem Bedürfnisse Löcher und Ringe von verschiedener Größe und Anzahl befinden. Diese Heerde haben den Vorzug großer Reinlichkeit und im Winter die Annehmlichkeit, die Küche nach Art eines Ofens zu erwärmen. Sie fressen aber viel

Brennmaterial und müssen von einem besonders darauf geübten Maurer oder Töpfer angelegt werden, weil es sich bei falscher Construction der Züge nur zu leicht ereignet, daß die Geschirre ungeachtet des stärksten Feuers nur auf einem der Löcher ordentlich kochen, auf den andern entweder gar nicht oder doch nicht hinreichend. Aus diesen Gründen möchte sich für jede Privatküche der sogenannte Lyoner Kochheerd empfehlen, welcher vollkommen fertig und in beliebiger Größe aus jeder Eisenwaarenhandlung zu beziehen ist. Auf diesem Heerde kocht man je nach Bedürfniß auf 1 bis 3 Löchern in Geschirren von beliebiger Größe, die Erhitzung ist für alle Löcher eine durchaus gleichmäßige, die Platte wird mit erhitzt und der Consum an Brennmaterial ist ein verhältnißmäßig äußerst geringer.

Für die Anlage der Kochheerde bemerke ich noch, daß dieselben stets so angebracht werden sollten, daß mindestens zwei ihrer Seiten offen liegen. Hat man zu ihnen nur von der Seite aus, an welcher sie geheizt werden, Zugang, so ist es auch bei größter Vorsicht fast unvermeidlich, daß die Köchin sich während der Arbeit die Kleider an der stets sehr stark erhitzten Heerdthür verbrennt.

B. Der Bratofen.

Bei dem oben unter A. a. erwähnten gemauerten Heerde mit eiserner Platte befindet sich der Bratofen mit unter dieser Platte, muß aber beim Gebrauche besonders geheizt werden. Auch beim Lyoner Kochheerde bildet der Bratofen einen integrirenden Theil der Einrichtung, wird aber hier direct durch das einzige Heizloch erhitzt. Bei den unter A. b. erwähnten Kachelheerden muß er besonders aufgemauert werden; am besten auf der einen Seite des Heerdes.

C. Die Küchengeschirre, speciell deren Reinigung.

Der Aufscheuertisch (Abwasche) mit 2 Wannen darin und einem Tellertrockner daneben.

Der Küchenschrank oder die Kannenborte.

Der Küchentisch.
Der Anrichtetisch.
Küchenstühle.
1 kleiner Schrank zum Aufbewahren der Gewürze und kleinerer Küchengeräthe.
1 Kasten zum Aufbewahren der Abfälle.
1 Fleischblock nebst Fleischklopfer.
1 Fleischwanne.
1 große Waage zum Wägen umfänglicher Gegenstände, am besten eine Decimal-Waage.
1 Holz-, Torf- und Kohlenkasten.
1 Wassertonne nebst Eimern, Trage und Kelle.
1 hölzernes Salzfaß.
Große und kleine Fischbretter.
1 Hackbrett.
1 Kuchenbrett mit Rollholz.
1 großer hölzerner Mörser mit Keule.
1 Mehltien.
1 Tranchirbrett.
Hölzerne Schinkenteller.
do. Kochlöffel (Kellen).
1 Gurkenhobel.
1 Citronenpresser.
1 Butterform.
1 großer Bouillontopf,
1 Suppentopf,
große und kleine Kochtöpfe,
Brat- und Tortenpfannen,
} von Kupfer, Eisen oder Thon.
Eiserne Cotelett-, Beefsteak-, Omelett-Pfannen.
1 Waffeleisen.
1 Theekessel,
1 Milchkessel,
1 Schneekessel,
} von Kupfer oder Messing.
1 Anrichtelöffel.
1 Kuchenspritze.
1 Form mit Ausstechern.
1 Zuckerstreubüchse.
1 Muskatreibe.

1 kleine Waagschaale mit Einsatzgewichten.
1 metallener Mörser,
1 großes Blechsieb.
1 Durchschlag.
1 Suppensieb.
Diverse Schaumkellen und Fischlöffel.
1 Zuckersieb.
Große und kleine Reibeisen (Reiben).
1 Ochsenaugenform.
1 Pastetenform.
1 Stückmaß.
Verschiedene Trichter.
Einige Backbleche und Pastetenbleche.
Tortenränder (Randbleche).
Puddingformen.
Geleeformen und Geleebeutel.
Auflaufformen }
Crêmeformen } von Porzellan.
Coquillenschalen }
Große und kleine irdene und Fayenceschalen.
dito Teller.
Irdene, Stein- und Fayencetöpfe.
Verschiedene Saucieren.
Irdene Durchschläge.
1 Hackmesser.
1 Wiegemesser.
Große und kleine Küchenmesser, darunter ein scharf zugespitztes.
1 große und einige kleine Fleischgabeln.
Verschiedene Spick- und Dressir-Nadeln.
Feuerzangen und Schaufeln.
1 Messerreiniger.
Draht- und Reisigquirle.
1 Kokrzieher.
1 Haarpinsel.
1 Ascheimer.
1 Seifenbürste.
1 Tassenwanne mit Bürste.
1 Küchenlampe.

Verschiedene Körbe.
1 Aufnehmer.
1 Küchenbesen und Schrubber.

Für diejenigen meiner jungen Leserinnen, welche in der Küche noch ganz unerfahren sind, bemerke ich zu vorstehendem Verzeichnisse noch Folgendes:

Unter den Kochgeschirren sind, was Reinlichkeit beim Kochen, sowie Wohlgeschmack und Zuträglichkeit der bereiteten Speisen betrifft, die irdenen Kochtöpfe allen andern Geschirren vorzuziehen; leider haben sie den Fehler großer Zerbrechlichkeit und zerspringen außerdem sehr leicht über dem Feuer, namentlich wenn dasselbe zu hell und stark brennt. Diesem letzteren Uebelstande pflegt man übrigens so ziemlich dadurch zu begegnen, daß man die größeren irdenen Geschirre mit einem Draht-Geflecht umgiebt, was man, zumal wo nicht auf der oben erwähnten Platte gekocht wird, nie zu thun versäumen sollte. Ehe dies geschieht, setzt man die Geschirre 12 Stunden in kaltes Wasser, läßt sie 10 bis 12 Stunden an der Luft trocknen und reibt sie sodann mit einem Stücke Speck an der Außenseite tüchtig ein.

Will man keine irdenen Kochgeschirre anwenden, so wählt man entweder kupferne, inwendig verzinnte, oder eiserne emaillirte oder messingene. Erstere sind freilich beim ersten Ankaufe bedeutend theurer, als die eisernen, haben aber vor diesen den Vorzug bei weitem größerer Dauerhaftigkeit, da die Verzinnung stets erneuert werden kann, während die Emaille, nach deren Abnutzung das Geschirr für die meisten Speisen unbrauchbar wird, sich nicht wieder herstellen läßt. Die kupfernen und eisernen Geschirre eignen sich aber keinesweges zum Kochen aller Speisen gleichmäßig gut; wo das eine oder andere Geschirr den Vorzug verdient, wird, soweit dies nöthig ist, unten bei den einzelnen Recepten erwähnt werden. Zur Bereitung von Kleinigkeiten, z. B. Saucen, oder zur Aufwärmung von Speisen, namentlich wenn dieselbe schnell vor sich gehen soll, bedient man sich am besten blechener, inwendig verzinnter Gefäße. Die messingnen Koch-Geschirre sind sehr außer Gebrauch gekommen, man bedient sich fast nur noch messingner Fisch- und Milchkessel; auch finden sie noch zum Kochen einzumachender Früchte Verwendung.

Zum Aufbewahren der Speisen eignen sich nur irdene gläserne und Porzellan-Geschirre; man vermeide vor Allem den Gebrauch kupferner zu diesem Zwecke; ebenso wenig ist es räthlich, Speisen in Kupfer- oder Eisengeschirren erkalten zu lassen, es kann dies für die Gesundheit, ja für das Leben der solche Speisen Genießenden äußerst gefährlich werden, zumal wenn bei Kupfergeschirren die Verzinnung schon fehlerhaft geworden ist. Auch rühre man nie Speisen längere Zeit in solchen Geschirren; außer der Gefahr für die Gesundheit giebt dies den Speisen ein unappetitliches graues Aussehen. Die emaillirten Geschirre anlangend, so ist besonders zu vermeiden, Speisen, welche Säuren in sich enthalten, längere Zeit darin zu rühren oder darin erkalten zu lassen. Die Emaille enthält mehr oder weniger Blei in sich, welches durch die Säuren oxydirt und sich den Speisen mittheilt.

Vor dem Gebrauche der Geschirre überzeuge man sich stets, daß dieselben gehörig gereinigt sind. Hiezu genügt bei irdenen Geschirren für gewöhnlich kochendes Wasser, doch ist es empfehlenswerth, von Zeit zu Zeit etwas Soda zu Hülfe zu nehmen und die Geschirre auswendig abzubürsten. Die Reinigung kupferner, messingner und eiserner Geschirre erfordert bedeutend größere Sorgfalt. Zum Scheuern des Kupfer-Geschirres bedient man sich am besten einer Mischung von Essig und gelbem Sande, spült es hinterher ab und scheuert es noch ein zweites mal mit Sand und Wasser; ohne diese zweite Scheuerung läuft es sogleich wieder an. Ist die Verzinnung eines Gefäßes schwarz geworden, so ist es nöthig, dasselbe mit Buchenasche, oder doch, in deren Ermangelung, mit Soda auszukochen. Aehnlich wie die Kupfergeschirre werden die Messinggeschirre gereinigt, indessen ist bei ihnen das Nachscheuern mit Sand und Wasser nicht unumgänglich nöthig. Bei eisernen Geschirren genügt als Regel eine Reinigung mit heißem Wasser, jedoch wird ihre Emaille gleichfalls mit der Zeit grau, wo dann dasselbe Verfahren wie bei grau gewordener Verzinnung anzuwenden ist. Weißblechgeschirre steckt man endlich, um sie gründlich zu reinigen, etwa

5 Minuten in kochendes Sodawasser, scheuert sie sodann mit einer Mischung aus demselben und gelben Sande, spült sie mit reinem Wasser nach und stellt sie zum schnellen Trocknen an eine warme Stelle des Heerdes oder in die Sonne. Auch die hölzernen Geschirre erhalten durch Scheuern mit Sodawasser und Sand eine besondere Weiße.

2. Die Speisekammer

sollte stets der Bequemlichkeit der Hausfrau wegen, wenn dies irgend möglich zu machen ist, in unmittelbarer Nähe der Küche liegen. Da sie besonders dazu dient, länger aufzubewahrende Speisen in sich aufzunehmen, so ist es vor Allem nöthig, sie gegen Einflüsse, die Letzteren schädlich werden könnten, von außen zu schützen. Man erreicht dies ziemlich sicher schon dadurch, daß man die in's Freie führenden Fenster und Luftlöcher mit Vorsätzen von Siebtuch versieht; will man sich indessen auf alle Fälle schützen, so setzt man diejenigen Speisen, die den Angriffen von Fliegen oder Maden besonders ausgesetzt sind, entweder in einen s. g. Fliegenschrank oder bedeckt sie mit Drahtglocken. Die Speisekammer ist so viel, wie irgend möglich zu lüften und zu dem Zwecke, wo es thunlich ist, mit einer s. g. Luftscheibe zu versehen; wird die Lüftung verabsäumt, so entwickelt sich aus den Ausdünstungen, namentlich der warm hingestellten Speisen, eine dumpfe Atmosphäre, die nur Nachtheil bringend wirken kann. Die einzelnen sonstigen Einrichtungen einer Speisekammer richten sich selbstverständlich nach dem jedesmaligen Bedürfnisse der Wirthschaft.

3. Maße und Gewichte,

welche in diesem Buche zur Anwendung kommen, sind allein der mecklenburgische Pott zu 2 Stück und das Zollpfund zu 30 Loth. Am Schlusse des Buches wird eine Tabelle angehängt werden, welche eine Vergleichung dieser Maße und

Gewichte mit anderen, soweit sie noch in Deutschland gangbar sind, enthält.

4. Kunst-Ausdrücke

giebt es für die Küche eine ziemlich bedeutende Anzahl; ich gebe im Folgenden nur die nothwendigsten, deren ich mich zur Verminderung von Weitschweifigkeiten durchaus werde bedienen müssen.

Abquirlen (abwellen, legiren) heißt, flüssige Speisen, namentlich Saucen und Suppen, durch Hinzurühren von Eiern, auch wohl von Eiern und Mehl, verdicken. Das dabei zu beobachtende Verfahren siehe ausführlich im Abschnitt II.

Blanchiren. Fleisch oder Geflügel vor der eigentlichen Zubereitung aufs Feuer setzen und eine kurze Zeit kochen. Das Blanchiren geschieht zu verschiedenen in Abschn. II. näher angegebenen Zwecken.

Blind abbacken. Kleine Gebäcke, wie Pastetchen u. dgl. backen, ohne daß sie dabei schon mit ihrem eigentlichen Inhalte gefüllt sind, welcher erst hinzugethan wird, nachdem der Teig gar gebacken worden.

Croutons. Semmelscheiben oder -Streifen in Butter gebraten oder in Backbutter ausgebacken.

Dressiren heißt, die Speisen in eine dem Auge gefällige Form bringen. Vom Dressiren des Geflügels speciell siehe Abschn. III.

Farce. Eine sehr verschiedenartig bereitete Mischung feingehackten Fleisches, Fisches oder Leber mit Fettsubstanzen und Gewürzen. Die Bereitung mehrerer Arten von Farcen enthält Abschnitt II.

Farciren, mit Farce anfüllen.

Filet. Die Mürbebraten von allem Schlachtvieh und Wildpret, so wie die von den Knochen gelösten Brüste des Geflügels. Bei Fischen nennt man Filets die beiden großen Fleischstücke, welche man durch Auslösen des Rückgrates aus dem Fische gewinnt; zerschneidet man diese, so heißen auch die dadurch erhaltenen kleineren Stücke Filets.

Flambiren. Das Absengen des Geflügels über hellem Feuer.

Fond. Der Saft gekochten oder gebratenen Fleisches, dessen man sich besonders bedient, um Saucen kräftiger zu machen. Die Brühe kurz abgekochter Fische nennt man Fischfond, welchen man bei Bereitung verschiedener Fischsaucen verwendet.

Friture. Jede Art Fett, worin Fleisch oder Fische ausgebacken werden. Auch das Ausgebackene selbst.

Garniren. Speisen zum Belegen mit Früchten, Gelees, Croutons 2c., oder durch Umgeben mit den dazu gehörigen Beilagen ausschmücken.

Garnitur. Alles was zum Garniren dient.

Glace. Bis zur Sirupsdicke eingekochter Fleischsaft. Außerdem giebt es eine Zuckerglace, bestehend aus einer Zuckerlösung, mit Eiweiß und Citronensaft vermischt.

Glaciren. Vermittelst eines Pinsels mit der einen oder der andern Glace resp. Fleischstücke oder Backwerke überstreichen.

Klarkochen. Suppen oder Saucen neben dem Feuer langsam kochen und dabei von dem sich obenauf sammelnden Schaum und Fett befreien.

Klarmehl. Weizen- oder Kartoffelmehl mit Wasser, Milch oder Bouillon flüssig gerührt, zum Verdicken zu dünn gerathener Saucen.

Kneffs. Kleine Klöße von Fleisch- oder Fischfarce. Ihre Bereitung siehe Abschn. II.

Küchenpfeffer. Schwarzer Pfeffer und Nelkenpfeffer zu gleichen Theilen, Gewürznelken zu einem halben Theile und Muskatnuß zu einem Viertheile fein zusammengestoßen.

Kurzkochen. Fleischsuppen oder Saucen dadurch kräftiger machen, daß man durch Kochen die Wassertheile bis zu einem gewissen Grade verdunsten läßt.

Marinade. Eine scharfe Brühe oder Beize. Vgl. Abschn. II.

Paniren. Sachen, die zum Backen, Braten oder Rösten bestimmt sind, dadurch eine Umhüllung geben, daß man sie erst in zerlassene Butter oder in eine Mischung aus derselben und Eiern taucht und hernach mit geriebener Semmel, gestoßenem Zwieback, Mehl oder Parmesan-Käse bestreut.

Passiren bedeutet 1) flüssige Speisen durch ein Sieb oder eine Serviette gießen; 2) breiartige Speisen durch einen Durchschlag reiben; 3) Fleisch oder Gemüse mit irgend einem Fette auf dem Feuer so lange schwitzen lassen, bis eine ganz kurze Brühe entsteht; 4) Suppen, Saucen oder Gemüsen mittelst in Butter geschwitzten Mehls die nöthige Bindung geben.

Püree. Jedes Mus von Fleisch-, Fisch- oder Pflanzenstoffen.

Salpicon. Ein Ragout aus sehr fein geschnittenem Fleisch, Fisch, Zunge, Kalbsmilch, Champignons ꝛc. zur Füllung von kleinen Pasteten, Omelettes u. dgl.

Sautée. Ein Gericht von dünnen Scheiben von Fleisch, Fisch, Schinken u. dgl., welche durch schnelles Schwitzen in Butter auf beiden Seiten in sehr kurzer Zeit gar gemacht sind.

Schrecken. 1) Flüssigkeiten während des Siedens durch plötzliches Hinzugießen kalten Wassers abklären. 2) Gewisse Braten, auch Fische, kurz vor dem Ende des Bratens mit kaltem Wasser besprengen.

Schwitzen (auch anschwitzen). 1) Eine Mischung von Butter und Zwiebeln allein oder mit Hinzuthun von etwas Mehl, oder nur Butter und Mehl über dem Feuer eine Zeit lang brodeln lassen. 2) Speisen in einer der obigen Mischungen brodeln lassen, so daß sie bis zu einem gewissen Grade, jedoch nicht über die Hälfte, gar werden.

Suppenkräuter. Diejenigen Kräuter, welche hauptsächlich dazu verwandt werden, Suppen wohlschmeckender zu machen. Es sind dies namentlich Petersilie, Selleriekraut, Körbel und Sauerampfer.

Suppenwurzeln haben denselben Zweck, wie die Suppenkräuter. Man rechnet dahin Mohrrüben, Sellerie, Petersilienwurzeln und Porree.

5. Berechnung von Maß und Gewicht der zu einer Mahlzeit für die Person im Durchschnitt nöthigen Zuthaten.

Vorbemerkung. Bei der folgenden Berechnung bin ich von dem für die bürgerliche Küche gewöhnlichsten Falle ausgegangen, daß außer der Suppe nur 2 Gänge und höchstens noch ein Dessert gegeben werden. Ist die Anzahl der Gänge größer, so bedarf es selbstverständlich für die einzelnen derselben eines geringeren Quantums von Zuthaten; will man aber nicht in Verlegenheit kommen, so vermindere man dieselben nicht zu sehr — bei einem Diner bis zu sechs Gängen etwa um $\frac{1}{4}$, bei einem noch größeren höchstens um $\frac{1}{3}$. — Bringt es der Haushalt so mit sich, daß außer der Suppe nur ein Gang gereicht wird, so müssen natürlich die Portionen verstärkt werden.

1) Suppe. Zu einem Pott guter Fleischsuppe, welcher für 3 Personen ausreicht, rechnet man:
   a. Rindfleisch 2 ℔; ist dasselbe von einem alten Thiere so genügen $1\frac{1}{2}$ ℔. — Soll klare Suppe gegeben werden, so gehört auf 4 Pott Suppe außerdem noch ein altes Huhn.
   b. Kalb- und Hammelfleisch $2\frac{1}{2}$ bis 3 ℔.
   c. Rind-, Kalb- und Schweinefleisch zusammen. $\frac{3}{4}$ ℔ Rindfleisch, $\frac{1}{2}$ ℔ Kalbfleisch, $\frac{1}{4}$ ℔ ganz mageres Schweinefleisch.
   d. Geflügel, 1 altes Huhn.

2) Saucen.
   a. Zum Braten genügt $\frac{1}{2}$ Pott kräftige Sauce für 10 Personen.
   b. Zu Fischen rechnet man an zerlassener klarer Butter 4 Loth auf die Person, Buttersauce $\frac{1}{2}$ Pott auf 6 Personen.
   c. Saucen zu Gemüsen, z. B. Blumenkohl oder Spargel, $\frac{1}{2}$ Pott auf 6 Personen.
   d. Eben so viel an Frucht-, Wein- und andern Saucen zu Mehlspeisen, Puddings u. dgl.

3) Fleisch.
   a. Rindfleisch, Kalbfleisch, Hammel- und Lammfleisch,

jenachdem dasselbe mehr oder weniger fett ist, ½ bis ¾ ℔ auf die Person, Schweinefleisch nicht über ½ ℔. Wird das Fleisch zu Steaks, Cotelettes oder Karbonaden zugerichtet, so ist höchstens ½ ℔ für die Person erforderlich.

b. Wild. — Von Hirsch und Wildschwein reicht gut ½ ℔ für die Person; ebenso ein feister Ziemer von einem etwa 25pfündigen Rehe für 10 bis 12 Personen, eine Keule von einem gleichen Rehe für etwa 8 Personen. Ein gut genährter 5- bis 6pfündiger Hase genügt für 6 bis 8 Personen.

4) Zahmes und wildes Geflügel.

Ein gemästeter Puterhahn ist ausreichend für 10 bis 12 Personen, eine desgl. Henne für etwa 8 Personen. — Eine gute s. g. Stoppelgans giebt ein Gericht für 6 Personen, eine gemästete Gans für 8 Personen. — Eine gemästete Ente ist für 4 Personen hinreichend. — Ein gutes Huhn reicht gebraten für 3, als Fricassee bereitet für 4 Personen. — Küken mittlerer Größe rechnet man gebraten eins auf die Person, als Fricassee reichen 2 für 3 Personen. — Tauben, gebraten, 3 für 2 Personen, fricassirt eine für die Person. — Auf einen Fasan rechnet man 4, auf eine Schnepfe 2 Personen, auf ein Rebhuhn eine Person, Krammetsvögel endlich gehören mindestens 3 auf eine Person.

5) Fische.

Von fetten, schweren Fischen, als Lachsen, Karpfen, Brachsen, genügt, zumal wenn sie mit zerlassener klarer Butter gereicht werden, ½ ℔ für die Person; von mehr mageren Fischen, z. B. Hechten und Barschen, rechnet man ¾ ℔.

6) Gemüse. Von grünen Gemüsen läßt sich die Quantität im Allgemeinen nicht genauer angeben, als daß man auf die Person einen Teller voll rechnet. Dazu gehört eine Staude Blumenkohl, oder ein halber Kopf Weißkohl, oder etwa ¾ ℔ Spargel u. s. w. Als kalte Beilage zu Blumenkohl und Spargel giebt man gewöhnlich Lachs oder Schinken, und zwar von ersterem 1 ℔ für

8, von letzterem 1 ℔ für 6 Personen. Von trockenen Gemüsen, z. B. Erbsen, Bohnen, Linsen, genügt 1 ℔ für 4 bis 5 Personen.

7) Mehlspeisen und Pudding.

Wieviel an Mehlspeisen oder Pudding für eine Person nöthig ist, berechnet sich am besten nach der Zahl der Eier, indem nach ihnen wiederum sich das Quantum der übrigen Zuthaten richtet. Man rechnet, wenn nur 3 Gänge, einschließlich der Suppe, auf den Tisch kommen, 3 Eier auf 2 Personen; werden mehrere Gänge gereicht, so genügt 1 Ei für die Person.

Anmerk. Bei großen Diners, wo ein Voressen und außer dem eigentlichen Dessert noch Gefrornes oder Gelee gereicht wird, rechnet ma n zu einem gewöhnlichen Voressen für 20 Personen 2 ℔ Schweizer- oder Holländischen Käse (Fromage de Brie, Neufchateller, Mont d'Or und derartige feinere Käse verhältnißmäßig weniger), ferner etwa 30 bis 40 Sardines à l'huile oder 40 bis 50 Sardellen in Oel und Essig und 1½ ℔ Caviar. Erscheinen Austern als Voressen, so rechnet man ½ Dutzend auf die Person und giebt außerdem nur Käse, am liebsten Chester. — Vom Gefrornen reicht 1 Pott für 8, vom Gelee 1 Pott für 10 Personen.

6. Die Aufeinanderfolge der verschiedenen Gänge einer Mahlzeit, je nach ihrer Anzahl.

a. Drei Gänge.

1. Suppe. — 2. Gemüse mit Beilage, Fische, ein Saucengericht u. dgl. — 3. Braten mit Compotes.

b. Vier Gänge.

Dieselben Gänge in derselben Reihenfolge wie unter a., doch wird zwischen dem zweiten und dritten Gange eine Mehlspeise eingeschoben.

c. Fünf Gänge.

1. Suppe. — 2. Kleine Pasteten oder Fritures von Fisch oder Geflügel. — 3. Gemüse mit Beilage oder Fische. — 4. Braten mit Compotes. — 5. Mehlspeise.

d. Sechs Gänge.

1. und 2. wie unter c. — 3. Fleisch im großen Stück. — 4. Fische oder Gemüse mit Beilage. — 5. Braten. — 6. Mehlspeise oder Backwerk.

e. Sieben Gänge.

Ganz wie unter d., nur daß man aus dem Gemüse mit Beilage und aus den Fischen zwei Gänge macht und zwar Gemüse zuerst giebt.

f. Acht Gänge.

1. Zweierlei Suppe, eine klare und eine abgequirlte. — 2. Hors d'oeuvres. — 3. Fisch. — 4. Fleisch im großen Stück. — 5. Gemüse mit Beilage. — 6. Kaltes Entree. (Mayonnaise, große Pastete) u. dgl. — 7. Mehlspeise. — 8. Braten; wenn möglich 2 Arten.

Anm. Hat man als 6. Gang eine Pastete, so giebt man die Mehlspeise lieber nach dem Braten.

g. Neun Gänge.

Ganz wie unter f., nur daß man nach dem Braten noch Gefrornes giebt.

h. Zehn Gänge.

Ganz wie unter g., nur daß man vor dem kalten Entree noch ein warmes von Geflügel, Wild 2c. einschiebt.

Anm. 1. Will man die Zahl der Gänge noch vergrößern, so kann man zwischen Suppe und Hors d'oeuvres noch Austern und nach dem Gemüse noch eine Gänseleber-Pastete einschieben.

Anm. 2. Ein Dessert gehört eigentlich zu jedem Diner, zu einem ganz einfachen mindestens Butter und Käse, zu einem größeren fügt man noch Südfrüchte, Feigen, Traubrosinen und Krachmandeln u. dgl. hinzu. — Bei jedem größeren Diner wird vor der Suppe noch ein Voressen servirt; die Bestandtheile desselben sind bereits oben angegeben.

7. Kennzeichen für die Güte des Fleisches, des Geflügels und der Fische.

Rindfleisch. Als Kennzeichen für die Güte des Rindfleisches dienen sowohl dessen Farbe, als auch der Grad seiner

Weichheit oder vielmehr Mürbigkeit. Das Magere von gutem Rindfleisch hat eine rothe, etwas ins Braune fallende Farbe, ein feuchtes, saftiges Ansehen und ist fast überall mehr oder weniger mit Fett durchwachsen; das Fett selber ist fast rein weiß. Schabt man mit einem Messer quer über die Muskelfasern, so bleiben mit Leichtigkeit Fleischtheile am Messer hängen, drückt man mit dem Finger hinein, so giebt das Fleisch leicht nach und der Eindruck bleibt eine Zeit lang daran haften. Rindfleisch, dessen Farbe ins Rosa spielt, ist eben so wenig wie bläuliches mit stark gelblichem Fette zum Ankaufe zu empfehlen.

Kalbfleisch ist in der Regel desto besser, je weißer es von Farbe ist; es ist dies ein ziemlich sicheres Zeichen, daß das Kalb mit süßer Milch getränkt worden; freilich erreicht der Schlächter einen größeren Grad der Weiße des Fleisches auch dadurch, daß er das Thier vor dem Schlachten eine Zeit lang hungern läßt; immerhin aber bleiben Farbe und Fettigkeitsgrad die einzigen Merkmale, nach denen man sich beim Einkaufe richten kann. Fällt die Farbe etwas in's Bräunliche, so kann das Fleisch dennoch gut sein, ist sie aber bläulich, so ist das Kalb mit saurer Milch oder Buttermilch getränkt und das Fleisch ist hart und saftlos.

Hammelfleisch ist gut, wenn das Magere von hellbräunlicher Farbe und von recht weißem Fett rings umwachsen, zum Theil auch damit durchwachsen ist. Vor dem Ankaufe von Hammelfleisch, dessen Farbe in's Rosa fällt, hüte man sich ungeachtet des anscheinend guten Aussehens.

Schweinefleisch. Nur das Fleisch von solchen Schweinen, welche gleich, nachdem sie abgesogen, gelegt worden sind, ist für die Küche zu brauchen; weder das Fleisch von Säuen, noch das von Ebern, welche erst kurz vor dem Mästen gelegt sind, taugt etwas; Letzteres am allerwenigsten. Von großem Einfluß auf die Güte des Fleisches ist auch das Alter des Thieres, die Race, von welcher es stammt, so wie endlich die Art der Mästung. Gutes Schweinefleisch hat vor Allem eine dünne Schwarte, das Fett ist weiß und sehr fest, das Magere hellroth, fast weißlich. Diese Merkmale genügen zur Erkenntniß der Güte vollkommen; man hüte sich vor dem Ankaufe von Schweinefleisch mit dicker fester Schwarte, noch mehr aber vor solchem in welchem etwa einen kleinen Finger breit unterhalb der Schwarte durch das Fett eine Rille läuft; dies ist Fleisch vom Eber.

Geflügel.

Außer dem Puter, den man an seiner Größe, an der dunklen Farbe seines Fleischlappens und an der Dicke seiner Beine sehr leicht als einen alten erkennt, ist es besonders die Gans, nach deren Alter man beim Einkaufe fragt. Lebt die Gans, so verräth sie ihr Alter theils durch ihre Stimme — „eine alte Gans singt Tenor, eine junge Discant", — theils durch ihre Gestalt. Eine alte Gans hat nämlich vom Legen einen spitzigen, oft fast bis zur Erde herabhängenden Bauch, der Leib der jungen Gans dagegen ist rund. Ist die Gans gerupft, so erkennt man die junge Gans an der Biegsamkeit des Schnabels und des Kehlkopfes, welche beide bei der alten Gans hart sind; ferner an den helleren, mehr gelblichen Füßen, so wie an der weißeren, zarteren Haut. Endlich sind auch die Ballen unter den Füßen bei der alten Gans härter als bei der jungen, ein Kennzeichen, dessen man sich namentlich auch zur ungefähren Abschätzung des Alters des Huhnes bedient. Junge Tauben endlich unterscheidet man von den alten am Brustknochen. Derselbe läßt sich bei erstern leicht eindrücken, bei letztern ist er hart.

Fische.

Von Fischen soll hier nur gesagt werden, daß todte Süßwasserfische nur dann frisch und für die Küche brauchbar sind, wenn sie noch rothe Kiemen und klare Augen haben; Seefische sind frisch, so lange sie blanke Schuppen und klare Augen haben, auch ihnen der Bauch nicht eingefallen ist. Näheres über die Kennzeichen für die Güte einzelner Fischarten wird in dem Capitel über deren Bereitung vorkommen.

II. Allgemeine Vorbereitungen.

1. Zubereitung der Champignons und Kennzeichen für deren Echtheit.

Die Champignons werden für die Küche sowohl frisch, als auch eingemacht oder getrocknet verwendet.

Die Zubereitung frischer Champignons geschieht auf folgende Weise. Man löst und schält den Stiel, reinigt das Innere des Hutes von seinen Blättern, zieht die obere Haut ab und legt während der Dauer der Reinigung das so gewonnene reine Fleisch des Pilzes in eine Mischung von ¾ Wasser und ¼ Essig. Sind die Champignons sehr groß, so zerklüftet man sie in gleichmäßige Stücke. Inzwischen schmilzt man für einen Suppenteller voll Champignons gut ¼ ℔ Butter, wobei dieselbe durchaus nicht braun werden darf, legt die Champignons hinein, nachdem das Wasser gut davon abgetropft ist, drückt den Saft einer halben Citrone hinzu und schwitzt sie bei gelindem Feuer damit eine Viertelstunde lang durch. Hiebei vermischt sich der Saft der Champignons mit der Butter und hat man wohl darauf zu achten, daß derselbe sich nicht verkocht, was bei zu langem Braten sehr leicht geschieht. Sodann wird das Ganze mit der Brühe in die Sauce gethan, für welche es bestimmt ist.

Um Champignons einzumachen, verfährt man auf verschiedene Arten. Nach einer Methode kocht man sie in der eben angegebenen Weise ein, verwendet jedoch dazu das doppelte Quantum an geklärter Butter und setzt das Kochen so lange fort, bis die Butter klar oben schwimmt und damit der Saft möglichst ganz verkocht ist, worauf sie in Gläser gefüllt und nach dem Erkalten mit einer Schicht trockenen Salzes oder mit Schweinsblase oder Papier verschlossen und an einen trocknen, kühlen Ort gestellt werden. Nach geschehener Füllung müssen sie ganz mit Butter bedeckt sein, sonst werden sie vom Schimmel befallen.

Eine zweite Methode ist das Einmachen in Blechbüchsen. Um dies zu bewerkstelligen, kocht man die Champignons wie vorher, jedoch mit um die Hälfte weniger geklärter Butter und nur eine gute Viertelstunde lang. Sie werden sodann mit der gewonnenen Brühe in die Büchse gethan; sollten sie in derselben von der Brühe nicht bedeckt sein, so muß das Fehlende durch geklärte Butter ergänzt werden; sodann verlöthet man die Büchsen und kocht sie je nach der Größe 1 bis 1½ Stunde.

Endlich macht man Champignons auch noch auf folgende Weise ein, welche sie namentlich für Saucen besonders wohlschmeckend macht. Nachdem sie, wie angegeben, geputzt worden, kocht man 3 Suppenteller voll in Wasser, welches ein wenig gesalzen ist, etwa 10 Minuten und läßt sie abtropfen. Sodann übergießt man sie mit Weinessig, wovon der Pott etwa mit 6 Lorbeerblättern, 12 Körnern Nelkenpfeffer, 6 Muskatblüthen und 12 bis 16 kleinen Chalotten einige Minuter lang aufgekocht ist, und thut auch diese Gewürze mit hinzu. Nach etwa 8 Tagen kocht man den Essig noch einmal auf und gießt ihn wiederum auf die in Gläser gelegten Champignons, worauf man die Gläser wie oben verschließt. Zu bemerken ist, daß der Essig bei beiden Aufgüssen vorher abgekühlt sein muß.

Getrocknete Champignons werden in kaltem Wasser gewaschen und gleichfalls in kaltem Wasser auf das Feuer gestellt, bis sie einmal überkochen, wonach sie zu ihrer weiteren Verwendung tauglich sind.

Beim Einsammeln der Champignons muß namentlich der Ungeübte mit einiger Sorgfalt verfahren und dabei auf folgende Kennzeichen der echten und der giftigen achten. Der Stiel der echten Champignons ist rund und fleischig und es findet sich an ihnen durchaus keine beutelartige Umhüllung, der Hut ist auswendig weiß, ein wenig ins Gelbliche fallend, die ihn inwendig füllenden Blätter sind rosafarben. Die giftigen Champignos stecken mit dem Fuße in einer Umhüllung, wie in einer Zwiebel, die Außenseite des Hutes ist blendend weiß oder grünlich und die Blätter im Innern desselben sind ebenfalls weiß.

2. Bereitung der Soya von Champignons.

Zur Soya verwendet man ordinaire Champignons, welche man wie unter Nr. 1 angegeben, reinigt, mit dem Wiegemesser fein zerhackt und auf einen Durchschlag zum Trocknen legt. Man nimmt sodann auf 2 ℔ Champignons ¼ ℔ geschälte und zerschnittene Chalotten, 2 Eßlöffel voll Salz, ½ Loth durcheinander gestoßenes Gewürz, bestehend aus 2 Theilen Nelkenpfeffer, einem Theil schwarzen Pfeffer und einem halben Theil Gewürz-Nelken, so wie ferner 4 Lorbeerblätter und knapp eine halbe Hand voll kleingeschnittenen Estragon. Diese Gewürze mischt man, füllt abwechselnd mit Schichten davon und von den Champignons einen steinernen Topf und läßt das Ganze darin 3 Tage stehen. Sodann nimmt man die Champignons wieder heraus und preßt ihren Saft sorgfältig mit der Hand zu dem andern im Topfe angesammelten Safte, seiht das Ganze durch ein reines Tuch und läßt es bis zur Sirupsdicke einkochen. Zur Aufbewahrung der Soya verwendet man gut verkorkte Flaschen.

3. Zubereitung der Morcheln.

Von frischen Morcheln schneidet man die Stiele ab und zerklüftet dann die Morcheln selbst, nachdem man sie gewaschen und mit kochendem Wasser abgebrüht hat. Hirauf werden sie ¼ Stunde lang in Butter geschmort und sodann in Bouillon gar gekocht.

Trockne Morcheln bringt man in kaltem Wasser auf das Feuer und läßt sie etwa eine Stunde lang ziehen und langsam kochen. Sodann schüttet man sie zum Abtropfen auf einen Durchschlag, befreit sie sorgfältig von allem Sandigen, zerklüftet sie und kocht sie zum zweiten Mal auf, worauf sie so lange mit Wasser zwischen den Händen gerieben werden, bis dasselbe nicht mehr trübe wird. Damit sind sie zur weitern Verwendung tauglich.

4. Zubereitung der Trüffeln.

Die Trüffeln werden sorgfältig gewaschen und sodann mit Wasser auf das Feuer gebracht, um zu weichen. Nach einer

Viertelstunde ist dies geschehen, man nimmt sie wieder ab, schält sie und läßt sie etwa eine Stunde lang in Bouillon kochen. Hiemit sind sie zu weiterer Verwendung fertig.

5. Bereitung des Senfes.

Man mahlt Senfsamen zu feinem Pulver, wozu man im Nothfall eine ganz fein gestellte Kaffeemühle nehmen kann, oder man zerstößt ihn in einem Mörser. Zu 1 ℔ von diesem Pulver mischt man ¼ ℔ Zucker und gießt kochenden Weinessig hinzu, bis die gewünschte Dicke erreicht ist. Nachdem man diese Mischung ½ Stunde mit einer Reibkeule oder einem hölzernen Löffel gerieben, läßt man sie verdeckt ein paar Stunden lang gehörig ausquellen, thut den noch nöthigen Essig hinzu und füllt den Senf in Kruken oder Gläser.

6. Estragon-Essig.

In den Monaten Juni bis August eignet sich der Estragon zur Bereitung dieses Essigs am besten. Man pflückt zu diesem Zwecke die Blätter von den Stengeln, thut sie ungewaschen in eine Flasche und gießt besten Weinessig hinzu, wobei man auf einen Pott Essig eine Hand voll Estragon nimmt. Für Salate genügt diese Mischung, soll aber der Essig zu Ragouts benutzt werden, so fügt man auf den Pott noch 4 Chalotten, eben so viel Lorbeerblätter, etwa 10 Körner Pfeffer und ein wenig Muskatblüthe und Nelken hinzu. Man verkorkt nun die Flasche fest, läßt die Mischung 14 Tage bis 3 Wochen in der Sonne oder an einem warmen Orte destilliren, gießt sie durch ein Tuch und zieht sie auf Flaschen.

7. Gewürz-Extract zu Ragouts.

Man legt die vorher völlig gereinigten Kerne von einem Schock Wallnüsse mit folgenden gut unter einander gemischten Gewürzen schichtenweise in einen steinernen Topf: 2 Loth gelben Senfsamen, 1 Loth Muskatblüthe, eben so viel Nelken, Ingwer und Knoblauch, letzteren fein geschnitten, die Gewürze alle fein gestoßen; ferner ¼ Loth ganzen weißen Pfeffer, eine geriebene Stange Meerrettig mittlerer Größe, 6 Lorbeerblätter und eine Hand voll Salz. Auf das Ganze gießt man einen guten Pott kochenden Weinessig, bindet den Topf nach dem Erkalten zu und läßt ihn 14 Tage bis 3 Wochen stehen. Sodann zieht man den Extract auf kleine Flaschen und verkorkt sie; derselbe ist so kräftig, daß 2 Theeloffel voll davon statt aller andern Gewürze zu einem Ragout für 6 Personen genügen.

8. Krebsbutter.

Für die Krebsbutter rechnet man auf 1 ℔ Butter 1 Schock Krebse mittlerer Größe. Nachdem man dieselben gar gekocht, bricht man die Schwänze aus und entfernt dabei die schwammigen Theile am Bauch und das Bittere in der Nasenspitze. Die so gewonnenen Schalen stößt man mit der Butter zusammen in einem Mörser, bis das Ganze eine breiartige Masse geworden ist. Diese schwitzt man unter beständigem Umrühren ½ Stunde lang über dem Feuer und gießt sodann das Ganze durch ein Sieb, um die Butter ablaufen zu lassen. Das Zurückbleibende wird dann noch einmal mit Bouillon, im Nothfall auch mit Wasser, ausgekocht, die ganze Masse ausgepreßt und die gewonnene Flüssigkeit zum Abkühlen hingestellt, wobei sich wiederum oben Butter sammelt, die man mit der vorher gewonnenen vermischt. — Nach einer andern Methode wird gleich nach dem Zerstoßen die ganze Masse mit Bouillon durchgekocht und dann wie oben verfahren. — Die nachgebliebene Flüssigkeit verwendet man zur Krebssuppe, ebenso die Schwänze, die auch an Fricassees gegeben werden.

9. Sardellenbutter.

Mit einem Pfund vorher möglichst ausgewässerter Butter vermischt man, ohne zu rühren, in einem Topfe ½ ℔ Sardellen, nachdem man dieselben von allen Gräten gereinigt und so fein wie irgend möglich gehackt hat. Das Ganze wird sodann durch ein Sieb gerieben. Um die Sardellenbutter aufzubewahren, thut man sie in steinerne Töpfe oder Glashäfen, legt ein Stück weißes Papier darauf, welches man mit einer Schicht Salz bedeckt und stellt sie unverschlossen an einen kühlen Ort. — Fehlt es an Sardellen, so kann man statt ihrer auch guten Hering nehmen.

10. Sardellen zum Belegen von Butterbröden.

Man wäscht das Salz von den Sardellen und legt sie sodann in frisches Wasser. In diesem entfernt man, ohne sie weiter auszuwässern, die Schuppen und Flossen von ihrem Rücken und reißt sie mit den Händen vom Schwanze nach dem Kopfe zu auseinander, entfernt den Rückgrat, läßt die gewonnenen Hälften abtrocknen und servirt sie zierlich für die Tafel.

11. Trüffelbutter.

Hiezu verwendet man die bei der Reinigung der Trüffeln nach Nr. 4 sich ergebenden Abfälle. Nachdem dieselben wieder hart getrocknet sind, stößt man sie in einem Mörser mit dem gleichen Gewicht an Butter zusammen und reibt das Ganze durch ein Sieb. Damit ist die Butter zur Verwendung fertig.

12. Kräuterbutter für den Frühstückstisch.

Man hackt Petersilie, Estragon und Schnittlauch, und je nach dem Geschmacke auch noch andere Kräuter, fein, stößt Alles mit frischer Butter eine halbe Stunde lang in einem Mörser, reibt die Mischung durch ein Sieb und stellt sie zur Aufbewahrung an einen kühlen Ort. Diese Kräuterbutter hält sich aber nur etwa 14 Tage gut.

13. Braune Butter.

Man setzt Butter in einer eisernen Pfanne auf gelindes Feuer und rührt sie über demselben, bis sie allmälig braun geworden ist. — Was in solcher Butter gebraten werden soll, wird erst nach deren Bräunung hineingelegt; man rühre aber fleißig und unausgesetzt, sonst brennt sie an.

14. Abgeklärte Butter zum Ausbacken.

Man setzt die Butter in einem nicht zu kleinen eisernen Topfe auf ganz gelindes Feuer und läßt sie auf demselben etwa 2 Stunden schwach kochen. Der sich dabei entwickelnde Schaum wird nicht abgenommen, sondern sinkt zu Boden und verbindet sich dort mit den Salztheilen der Butter, welche für ihre Zwecke fertig ist, sobald sie nicht mehr kröscht, d. h. sobald man sie nicht mehr kochen hört. Sodann wird die Butter mit sorgfältiger Zurücklassung des Bodensatzes in Steintöpfe gegossen und nach ihrer vollständigen Erkaltung Papier darüber gelegt, auf welches man eine fingerdicke Schicht Salz streut. Die Töpfe stellt man offenstehend an einen kühlen Ort.

15. Petersilien-Butter.

Man bringt die nach Nr. 14 abgeklärte Butter zum Kochen, rührt auf das Pfund einen gehäuften flachen Teller voll fein gehackter Petersilie hinzu und thut das Ganze zur Aufbewahrung für den Winter in Steintöpfe oder noch besser in Glashäfen. Die Petersilien-Butter verwendet man im Winter, wo es an frischer Petersilie fehlt, namentlich zu Fisch-Saucen.

16. Zu Sahne gerührte Butter.

Man erweicht die Butter ein wenig durch Hinstellen an einen warmen Ort und rührt sie sodann in einem irdenen Topfe vermittelst einer Reibkeule oder einer Holzkelle immer nach derselben Seite hin, bis sie schaumartig wird und Blasen wirft. Zu salzige Butter muß man vorher in kaltem, oder, wenn die Butter hart ist, in lauwarmem Wasser auswaschen, auch erwärmt man im Winter das Geschirr und die Kelle. Sehr unreine Butter klärt man nach Nr. 14 vorher ab; dieselbe muß jedoch vor der Bearbeitung wieder abkühlen.

17. Verbesserung ranzig gewordener Butter.

Man knetet die Butter einmal mit frischer Milch, und zum zweiten Male mit frischem Wasser recht sorgfältig durch. Nach dieser Behandlung ist der Geschmack der Butter wieder rein. —

Ein etwas umständlicheres Verfahren ist, die Butter mit etwas scharfem weißen Essig durchzukneten, der aber wieder heraus gearbeitet wird. Sodann schlägt man sie in einen Topf und steckt einige Süßholzstangen bis auf den Grund desselben, womit sie einige Wochen stehen bleibt. — Dies letztere Verfahren empfiehlt sich für besonders schlecht gewordene Butter.

18. Bereitung und Klärung von Rindsnierentalg.

Man schneidet den Talg in einige Stücke und wässert ihn 24 Stunden lang in kaltem Wasser aus, wobei man das Wasser einmal wechselt. Sodann wird er mit einem erwärmten Wiegemesser fein zerhackt und mit einer kleinen Tasse Milch auf das Pfund und einem Theelöffel voll Salz auf gelindem Feuer unter öfterem Umrühren so lange gekocht, bis er ganz ruhig geworden ist und klar erscheint. Sodann gießt man ihn zur Aufbewahrung durch ein Sieb in Steintöpfe.

19. Ausbraten des Schweinespecks.

Zum Ausbraten eignet sich besonders recht dicker, fester Speck. Man schneidet denselben in möglichst gleichmäßige Scheiben und diese in Streifen, welche man zusammenfaßt und durch Querdurchschnitte in kleine Würfel zertheilt. Diese setzt man in einer Pfanne auf ein langsames Feuer und läßt sie unter öfterm Umrühren bräunlich braten. Nur bei solcher Bereitung des Specks ist man sicher, daß weder das Fett verdampft, noch das Zurückbleibende einen brenzlichen Geschmack annimmt.

20. Das Schwitzen des Mehls.

Zu 2 Loth geschmolzener Butter thut man, sobald sie zu kröschen aufhört, 1 Eßlöffel voll Mehl, vermischt dies zu einer Masse und läßt es zusammen auf dem Feuer brodeln, bis es kraus wird. Man hat sodann die weiße Mehlschwitze, durch weiteres Rösten erhält man die gelbe, durch noch stärkeres die braune. Während des Schwitzens ist unausgesetztes Rühren durchaus nothwendig. Die Mehlschwitze findet zu Suppen, Fricassees und Ragouts häufige Verwendung und es sollte daher immer einiger Vorrath davon für die Küche gehalten werden.

21. Das Rösten des Mehls.

Auf einem Blech oder einer von allem Fett durchaus gereinigten Bratpfanne breitet man Mehl locker aus und rührt es über gelindem Feuer, oder besser noch im heißen Bratofen fortwährend um, bis es braun wird. Rührt man nicht sorgfältig oder befindet sich das geringste Fett in der Pfanne, so setzt sich das Mehl an, wird schwarzklumpig und dadurch für seine Zwecke unbrauchbar.

22. Klare (Ausbackteig) zum Paniren.

Auf ¼ ℔ Mehl nimmt man eine Theetasse voll warme Milch, 2 Eidotter und eine Prise Salz, zerrührt dies mit einander und fügt dabei 2 Loth Provenceöl oder zerlassene Butter, das zu Schaum geschlagene Weiße von 2 Eiern und 1 Loth trockne mit Milch gerührte Hefe hinzu. Man läßt sodann das Ganze aufgehen, wonach die Masse so dick sein muß, daß sie an dem Hineingetauchten hängen bleibt.

23. Klare nach einer andern Methode.

Auf ¼ ℔ Mehl nimmt man eine gute Theetasse voll Milch, 4 Eidotter und eine Prise Salz, zerrührt das Ganze und fügt das zu Schaum geschlagene Weiße von 4 Eiern nebst einem Theelöffel voll Rum hinzu.

24. Klare nach einer dritten Methode.

Man schwitzt 1 Theil geklärte Butter mit 3 Theilen Mehl weiß ab, rührt sodann nach Herabnahme vom Feuer noch $1/3$ des bereits verwandten Mehls, ferner das zu Schaum geschlagene Weiße von 3 Eiern, 1 Eßlöffel voll Zucker, eine Prise Salz und endlich so viel Wein hinzu, daß die Masse beim Eintauchen des zu Panirenden nicht abläuft, sondern dick daran hängen bleibt.

25. Das Braten der Semmel.

Man läßt Butter in einer Pfanne auf dem Feuer heiß werden, thut in Würfel oder, je nach dem Zwecke der Verwendung, in Scheiben geschnittene Semmel hinein und läßt sie unter fortwährendem Rühren oder Hin- und Herbewegen hellbraun braten. Wollte man letzteres unterlassen, so würden die Semmelstücke auf der Stelle schwarz brennen.

26. Das Abquirlen (Abwellen, Legiren).

Siehe Abschn. I. 5.

Zu dieser in der Küche vielfach vorkommenden Operation verwendet man am besten nur Eidotter; man kann jedoch der Ersparniß wegen auch ganze Eier dazu nehmen und auch etwas Mehl hinzuthun, indessen sollte man nie mehr als 1 Eßlöffel voll Mehl auf 4 Eidotter nehmen. Das Verfahren beim Abquirlen ist folgendes. Man rührt zunächst die Eidotter oder ganzen Eier durcheinander, bis sie eine gleichmäßige dickflüssige Masse bilden, und gießt sodann unter fortwährendem Rühren von der abzuquirlenden Flüssigkeit, welche sieden muß, so viel hinzu, daß auf jedes Eidotter etwa 1 bis 2 Eßlöffel voll davon kommen. Hierauf gießt man die so gewonnene Masse durch ein Sieb und thut sie wiederum zu der abzuquirlenden Flüssigkeit, welche man jetzt damit, aber nur so lange, rührt, bis sich das Ganze gut mit einander verbunden hat. Sobald dies geschehen, muß die Speise vom Feuer genommen werden, weil sie sonst leicht gerinnt was außerdem geschieht, wenn das oben angegebene Verfahren nicht genau inne gehalten wird, oder wenn die Suppe oder Sauce zu lange vor der Verwendung abgequirlt wird. Ist eine längere Zeitpause unumgänglich nöthig, so halte man die Flüssigkeit fortwährend warm. Dies, so wie das Erwärmen abgequirlter Speisen geschieht am besten durch Hineinstellen in ein Gefäß mit heißem Wasser, indem die Speise darin weder gerinnt, noch anbrennt, noch sich eine Haut darüber bildet.

27. Das Schlagen des Eiweiß zu Schnee.

Man thut das Eiweiß, welches durchaus von allem etwa zufällig dazu gekommenen Gelben befreit sein muß, in eine nicht zu tiefe Schüssel und schlägt es sodann mit einem Draht- oder Reisig-Quirl zuerst langsam, dann immer schneller von unten nach oben, wobei man Sorge trägt, daß es immer recht hohl über den Quirl fällt. Die Masse erhält zuletzt das Ansehen des Schnees und ist hinreichend bearbeitet, sobald der Quirl darin aufrecht stehen bleibt. Wohl zu beachten ist, daß das Gefäß durchaus trocken und frei von jeder Fettigkeit sein muß, weil sonst die Verwandlung des Eiweiß in Schnee nicht erfolgt. Die Procedur, welche im Ganzen etwa 10 Minuten in Anspruch nimmt, läßt sich dadurch abkürzen, das man vor Beginn des Schlagens einige Tropfen Citronensäure in das Eiweiß tröpfelt. Der Schnee muß sofort nach seiner Bereitung verwandt werden durch längeres Stehen wird er wässerig.

28. Verlorene Eier.

Man schlägt recht schnell hintereinander in ein flaches Gefäß mit kochendem Wasser, zu dem man etwas Salz gemischt hat, durchaus frische Eier, läßt sie darin pflaumenweich kochen, schreckt sie mit ein wenig Essig und nimmt sie wieder, möglichst gleichzeitig, mit der Schaumkelle heraus, worauf man sie in kaltes Wasser legt, jedoch vor dem Gebrauche zur Erwärmung an einen heißen Ort stellt.

Anm. Bei nicht ganz frischen Eiern fließt leicht das Weiße auseinander, wodurch sie dann mißrathen.

29. Tafelbouillon.

Man setzt 12 ℔ Rindfleisch, 6 ℔ Kalbfleisch, 3 Hühner, 4 Kalbsfüße und 2 ℔ magern Schinken mit etwa 20 Pott Wasser auf das Feuer. Nachdem rein abgeschäumt worden, läßt man die Bouillon noch 7 bis 8 Stunden kochen, gießt sie durch ein Sieb und läßt sie bis zum nächsten Tage stehen. Dann hebt man das darauf angesammelte Fett rein ab und gießt die Bouillon in ein anderes Gefäß, um allen Bodensatz zurückzulassen. Jetzt kocht man sie noch einmal, bis sie in die Höhe steigt und Blasen wirft, worauf man sie einen guten Finger hoch in Gefäße gießt. Nachdem sie in diesen steif geworden, schneidet man sie in Tafeln heraus, welche man an einem kühlen Orte ganz trocknen läßt. — Aus den oben angegebenen Zuthaten erhält man etwa 1 ℔ gute Tafelbouillon.

30. Vom Blanchiren des Fleisches und der Gemüse.

(Siehe Abschn. I. 5.)

Das Blanchiren kann bei allen Fleisch- und Gemüsearten angewandt werden, ist aber bei einzelnen für ihre weitere Bereitung unerläßlich. Man erreicht dadurch mehrere Zwecke. Einmal macht das Blanchiren das Fleisch steif und deshalb sowohl zum Spicken, als zum gleichmäßigen Zerlegen geeigneter, man blanchire daher stets Kalbsfleisch und Geflügel, welches zu Fricassees bestimmt ist. Zerlegt man es in rohem Zustande, so behalten die Stücke beim Kochen nie ihre Form und das Gericht wird unappetitlich aussehen. Ferner blanchirt man frische Gemüse, um ihnen den strengen Geschmack und die blähenden Eigenschaften zu benehmen, von welchen auch die feinsten Sorten nicht frei sind; endlich dient das Blanchiren dazu, Fleisch, welches nicht mehr ganz frisch ist, bis zu einem gewissen Grade zu verbessern.

Blanchirte Gegenstände kühlt man in der Regel vor der weitern Bereitung durch kaltes Wasser ab, doch ist das nicht unumgänglich nothwendig.

31. Bereitung einer guten Braise.

Unter Braise versteht man eine gewürzhafte Brühe, in welcher man Kalb- und Hammelfleisch, sowie besonders auch Geflügel gar macht; es erhält dadurch einen bedeutend angenehmeren Geschmack und bleibt auch saftiger, als wenn es auf gewöhnliche Weise gekocht oder gebraten wird. Zur Bereitung einer guten Braise gehört vor Allem eine Casserole mit dicht schließendem Deckel. Man bedeckt den Boden derselben mit magern Schinkenstücken, über welche man Butter oder Bratenfett, etwa halb so viel an Gewicht, wie der Schinken, giebt. Nachdem man dies eine Viertelstunde mit etwas ganzem Pfeffer, einigen Chalotten, Lorbeerblättern, etwas Sellerie, Mohrrübe, Petersilienwurzel und Salz auf gelindem Feuer hat schwitzen lassen, gießt man so viel Bouillon hinzu, daß das zu Braisirende etwa bis zur Hälfte darin liegt. Das Ganze läßt man sodann zusammen eine Stunde kochen, legt das Fleisch oder Geflügel hinein, bedeckt es mit Speckscheiben, schließt die Casserole fest und läßt es dann dämpfen.

Anm. Die Maße lassen sich bei diesem Recepte nicht genau angeben, weil sie zu sehr von der Größe des zu braisirenden Fleisches abhängen. Vor zu viel Gewürz muß man sich, wie immer, hüten; da man die Braise aber nur zur Bereitung besonders feiner Gerichte verwendet, so wird Jeder, der sich ihrer bedient, schon geübt genug sein, um von selbst das Richtige zu treffen.

32. Bereitung der Krebsmatte.

Man zerstößt ½ Schock Krebse mittlerer Größe, nachdem man ihnen die Nasen abgeschnitten und das Bittere daraus hat ablaufen lassen, mit 2 Eidottern so fein wie möglich und vermischt diese Masse mit einem Pott ungekochter Milch, mit der man es etwa eine Stunde stehen läßt. Sodann gießt man das Ganze durch ein Haarsieb, drückt einige Tropfen Citronensaft (etwa vom vierten Theil einer Citrone) hinzu und läßt es über gelindem Feuer, ohne daß es in's Kochen geräth, unter stetem Rühren allmälig gerinnen. Man benutzt diese Masse bei der Bereitung von Fricassees und Ragouts, denen sie ganz besonderen Wohlgeschmack mittheilt.

33. Die Marinade.

Derselben bedient man sich theils zur Aufbewahrung, theils zur Erhöhung der Schmackhaftigkeit von Fleisch, Geflügel und Fischen. Um sie für rohe Fleischstücke zu bereiten, schneidet man alle Sorten Suppenwurzeln (Abschn. I. 5.) nebst Zwiebeln und Chalotten in Scheiben, von Allem gleichmäßig viel, legt z. B. für ein Rinder-Filet von 10 ℔ einen gehäuften Teller voll davon mit dem Fleische zusammen in einen irdenen Topf und übergießt das Ganze, bis es gerade bedeckt ist, mit bestem Weinessig und zwei Eßlöffeln voll Provenceöl. Rohe Fische marinirt man mit denselben Zuthaten, denen man noch eine Hand voll Salz hinzufügt. Man kocht auch Fische in einer Marinade, die man bereitet, indem man in Scheiben geschnittene Suppenwurzeln nebst Zwiebeln, Nelken, Pfeffer und Lorbeerblättern in Wasser auskocht und die dadurch gewonnene Brühe durch ein Sieb gießt und hinreichend salzt. Endlich werden zur Bereitung verschiedener Gerichte auch Filets von Wild, Geflügel oder Fischen einfach mit Essig, Oel, Petersilienkraut und ein wenig gestoßenem Pfeffer marinirt.

34. Die Zuckerfarbe.

Man verwendet dieselbe zur Färbung der Fleischsuppe, so wie brauner Ragouts und Saucen. Um sie zu bereiten, rührt man fein gestoßenen Zucker in einer Pfanne oder Casserole unausgesetzt über dem Feuer, bis er dunkelbraun geworden ist; man nehme sich aber dabei in Acht, ihn nicht schwarz brennen zu lassen, da dann das Ganze unbrauchbar wird. Hat der Zucker die richtige Farbe, so gießt man schnell etwas Wasser hinzu — etwa einen Pott zu 12 Loth — und rührt den Zucker, nachdem man ihn vom Feuer genommen, noch einige Minuten lang um. Die Zuckerfarbe wird in zugekorkten Flaschen aufbewahrt; ein Eßlöffel voll genügt zur Färbung von etwa 1 Pott Flüssigkeit.

35. Bereitung einer Cochenille-Auflösung zum Rothfärben von Speisen.

Man mischt Cochenille, Alaun, Cremor Tartari und Sal Tartari, Alles fein gestoßen, zu gleichen Theilen durcheinander und gießt zu 4 Loth davon $^1/_3$ Pott Wasser. Die Mischung steigt zuerst in dem Gefäße in die Höhe und man hat sich in Acht zu nehmen, daß sie nicht überfließt; nach einigen Stunden haben sich die Ingredienzien gehörig verbunden, worauf die Flüssigkeit, welche von schöner rother Farbe ist, durch ein Tuch geseiht, noch einige Minuten gekocht und zur weitern Aufbewahrung in eine Flasche gegossen wird.

36. Bereitung der Farcen.

(Siehe Abschn. I. 5.)

a. Farce von Kalbfleisch.

Zu 1 ℔ recht fein gehacktem magern Kalbfleisch rührt man 12 Loth zerlassene Butter, 12 Loth in Wasser eingeweichte Semmel nebst 4 Eiern (das Weiße davon zu Schaum geschlagen), Alles kalt, und thut sodann noch eine Messerspitze voll schwarzen Pfeffer, einen Theelöffel voll gemischtes Gewürz, 1 kleinen Eßlöffel voll Salz, 1 Eßlöffel voll Sardellenbutter oder 3 bis 4 gehackte Sardellen und 2 fein gehackte, zuvor in Butter geschwitzte, Zwiebeln hinzu, was man Alles mit einander recht tüchtig durchrührt. Diese Farce eignet sich besonders zu Fleischklößen.

Anmerk. Um sich zu überzeugen, ob die Farce den richtigen Grad von Festigkeit hat, kocht man vorher einen Kloß zur Probe. Sollte derselbe zu fest werden, so fügt man noch etwas Sahne hinzu, ist er zu weich, so macht man die Farce durch Hinzurühren von gehacktem Fleisch und einem Ei fester. Dieselbe Regel gilt für alle übrigen Farcen. Das Rühren geschieht in einem Mörser.

b. Farce von Rindfleisch.

Auf 1 ℔ mageres Rindfleisch, welches man schabt und gehörig zerhackt, nimmt man 12 Loth zerhacktes Nierenfett, 8 Loth Butter, 12 Loth in Wasser eingeweichte Semmel, so viel Chalotten, wie in 4 Loth Butter geschwitzt werden können, ½ geriebene Muskatnuß, ein Paar fein gestoßene Nelken, 1 Eßlöffel voll Salz und eine Messerspitze voll schwarzen Pfeffer. Das Ganze wird mit so viel Bouillon durchgerührt, daß es den gehörigen Grad von Festigkeit erhält.

c. Farce von Schweinefleisch.

Man nimmt 1 ℔ mageres Karbonaden- oder Schinkenfleisch, oder noch besser Mürbebraten, und hackt es ganz fein mit den Gewürzen unter b., sowie mit 12 Loth frischem, vorher in Würfel zerschnittenen Speck durch.

d. Farce von Hammelfleisch.

Man hackt 1 ℔ Hammelfleisch mit 10 Loth Hammelnierenfett zusammen, schwitzt 2 feingehackte Zwiebeln in 12 Loth Butter und reibt sie durch ein Sieb daran, schlägt 4 Eier hinzu, rührt das Ganze mit ½ ℔ geriebenem Weißbrod, 1 Messerspitze voll Pfeffer, ½ geriebener Muskatnuß, 1 Eßlöffel voll Salz und der nöthigen Bouillon durch einander.

e. Farce von Wild.

Man schabt und hackt 1 ℔ Hirsch- oder Rehfleisch recht fein, mischt es, wenn es zu warmen Pasteten gebraucht werden soll, mit 12 Loth Kalbsnierenfett, soll es zu kalten Pasteten dienen, mit ½ ℔ nicht zu stark geräuchertem Speck, welcher zur Hälfte geschabt, zur andern Hälfte in feine Würfel geschnitten wird. Sodann schwitzt man eine fein gehackte Chalotte nebst 8 Loth geriebener Semmel in 8 Loth Butter, rührt ferner 8 Loth Butter zu Sahne, nimmt noch 8 Loth geriebenes ausgesiebtes Roggenbrod und endlich 3 Loth feingehackte, in Butter geschwitzte Champignons hinzu, so wie an Gewürzen außerdem 1 Messerspitze voll Pfeffer, eben so viel feingestoßene Nelken und 1 kleinen Eßlöffel voll Salz. Das Ganze wird mit der nöthigen Bouillon gut durch einander gerührt.

f. Farce von Geflügel.

Man hackt das Fleisch eines nicht zu alten Huhnes, nachdem man es von Fett und Sehnen befreit hat, nimmt auf

1 ℔ davon am besten 8 Loth Ochsenmark, oder, wenn dies nicht zu haben ist, 4 Loth Rinder- und 4 Loth Kalbsnierentalg, ferner 12 Loth zu Sahne gerührte Butter, 3 ganze Eier und 2 Eidotter, sowie 12 Loth geriebenes Weißbrod. An Gewürzen fügt man ½ geriebene Muskatnuß und 2 Theelöffel voll Salz hinzu und rührt sodann das Ganze mit süßem Rahm, bis es eine völlig gleichmäßig verbundene Masse bildet.

g. Farce von Leber.

Zur Bereitung derselben eignet sich nur Kalbsleber, allenfalls kann man auch Schweinsleber verwenden, Rinds- und Hammelleber ist unbrauchbar. — Nachdem die Leber abgehäutet und von der Galle befreit worden, schneidet man die eine Hälfte derselben in fingerdicke Scheiben, begießt sie mit kochendem Wasser und läßt sie etwa 10 Minuten darin liegen. Dies Verfahren wiederholt man, bis die Leber weiß ist. Die andere Hälfte bringt man mit gesalzenem Wasser zu Feuer, läßt sie heiß werden, bis das Wasser eben zu sieden aufängt und brät sie darauf in einer Bratpfanne auf einer Unterlage von dünnen Speckscheiben und unter Hinzuthun von 1 Theelöffel voll Salz ½ Stunde lang, wobei man sie öfters mit Bouillon übergießt. Hierauf nimmt man sie aus der Brühe, läßt sie ebenso, wie die andere Hälfte erkalten, treibt die Letztere durch ein Sieb und reibt die gebratene Leber fein, während man den mit ihr gebratenen Speck in ganz feine Würfel schneidet. Von diesem nimmt man auf 1 ℔ Leber 12 Loth; ferner 8 Loth Butter nebst darin geschwitzten 2 feingehackten Zwiebeln, 12 Loth in Wein aufgelöste Semmel, 1 Theelöffel voll gemischtes Gewürz und 2 Theelöffel voll Salz. Das Ganze wird mit 3 zu Sahne geschlagenen Eiern tüchtig durcheinander gerührt, womit die Farce zu weiterer Verwendung fertig ist.

h. Fischfarce.

Man hackt 1 ℔ Fleisch vom Barsch oder Hecht, nachdem man es von Gräten, Schuppen und Flossen sorgfältig gesäubert hat, recht fein und ¼ ℔ in Würfel geschnittenen Nierentalg damit hinein. Hiezu thut man 8 Loth Butter, nachdem sie vorher abgekühlt ist, nebst einer darin geschwitzten fein gehackten Chalotte, schlägt den Schaum von 3 Eiweiß und 2 ganze Eier hinein und nimmt ferner 12 Loth geriebenes Weißbrod, 3 Eßlöffel voll Rahm, 1 Theelöffel voll Muskatblüthe, 1 Theelöffel voll gestoßenen Ingwer, die zerstoßene getrocknete Schale einer halben Citrone und endlich einen kleinen Eßlöffel voll Salz hinzu. Hat man das Ganze mit 3 Loth Butter tüchtig in der angegebenen Weise durchgerührt, so ist es zur weitern Verwendung fertig.

i. Eine Farce anderer Art.

Man schabt und hackt 1 ℔ mageres Kalbfleisch, 1 ℔ mageres Schweinefleisch und ¾ ℔ frisches Schweinefett oder ungeräucherten Speck gut durcheinander. Hiezu thut man ½ ℔ in Milch oder Wasser aufgeweichte Semmel, eine fein gehackte Zwiebel und 4 in feine Scheiben geschnittene, in Butter weichgeschwitzte Chalotten, worauf man das Ganze über dem Feuer mit 4 Eiern und so viel Milch, wie nöthig, zu einem steifen Teige rührt. Nachdem dies geschehen, fügt man einen Theelöffel voll gemischtes Gewürz, einen Eßlöffel voll Salz, 2 Eßlöffel voll Sardellenbutter und noch ein paar Eidotter hinzu und rührt das Ganze, wie angegeben, durch.

k. Eine einfache und leicht herzustellende Farce.

Man hackt beliebige Reste von Kalb- oder Hammelfleisch oder von Geflügel fein, giebt auf 1 ℔ dieses Gehackt 12 Loth in Milch aufgeweichte Semmel, 4 Loth rohgehackte Leber, wenn dieselbe zur Hand ist, 4 Eier, 12 Loth zu Sahne geriebene Butter, 1 Theelöffel voll gemischtes Gewürz, eben so viel Salz und feingehackte Sardellen. Das Ganze wird, wie angegeben, durchgerührt.

l. Eine Farce ohne Fleisch (für Puter, Gänse und Tauben.)

Man rührt 8 Loth Butter zu Sahne und thut während des Rührens 4 Eidotter, eine Messerspitze voll Salz und eben so viel geriebene Muskatnuß hinzu, ferner die abgeriebene Schale von etwa ¼ Citrone, 6 fein geriebene bittere Mandeln und 6 Loth Corinthen. Nachdem Alles gehörig vermischt ist, rührt man 8 Loth in Milch eingeweichte und 4 Loth geriebene Semmel hinzu.

m. Eine andere Farce ohne Fleisch (speciell für Tauben und Kalbsbrust).

Zum Farciren von 4 Tauben rührt man $1\frac{1}{2}$ Loth Butter zu Sahne, rührt den Dotter von einem Ei mit hinein und thut ein ganz wenig gestoßene Muskatblüthe und den Saft von $\frac{1}{4}$ Citrone nebst einer kleinen Messerspitze voll Salz und eben so viel gehackter Petersilie hinzu. Nachem alles gehörig mit $\frac{1}{4}$ ℔ geriebener Semmel gemischt worden, rührt man es unter allmäligem Hinzugießen von Rahm und Hinzuthun des zu Schaum geschlagenen Weißen des Eies, bis es die richtige Consistenz hat.

Anm. Ist die Farce für Tauben bestimmt, so nimmt man auch noch die fein gehackten Herzen und Lebern der Tauben mit hinzu. — Zur Farcirung einer Kalbsbrust bedarf man etwa des Dreifachen der oben angegebenen Zuthaten.

n. Noch eine Farce ohne Fleisch (speciell für Puter).

Zu 5 Loth zu Sahne gerührter Butter thut man während des Rührens 3 Eidotter, eine Messerspitze voll gestoßene Muskatblüthe, 2 gewöhnliche Tassen voll geriebenes Weißbrod, eine solche Tasse voll geriebene Mandeln und rührt das Ganze mit der nöthigen Sahne recht tüchtig durch einander. Nachdem dies geschehen, rührt man noch das zu Schaum geschlagene Weiße der Eier dazwischen.

o. Farce zur Füllung der Krebsnasen.

Man rührt 10 Loth Butter mit 4 ganzen Eiern gut durch einander, wobei man eine Prise Salz, eben so viel Muskatnuß und einen Theelöffel voll Zucker hinzuthut. Zu dieser Mischung rührt man sodann 12 Loth in Milch eingeweichte, aber gut wieder ausgedrückte Semmel und treibt das Ganze durch ein Sieb.

Anm. Die Verwendung der übrigen Farcen wird bei den verschiedenen Gerichten erwähnt werden. — Jede Farce sollte man am

Schlusse der Bereitung durch ein Sieb reiben. Es ist dies zwar mühsam und zeitraubend, belohnt sich aber dadurch reichlich, daß es die Farce um ein ganz Bedeutendes besser macht.

37. Die Kneffs.

So nennt man kleine längliche Klöße von einer der vorstehenden Fleisch- oder Fischfarcen, welche bei verschiedenen Gerichten Anwendung finden. Um sie zu dressiren, taucht man einen Theelöffel in heißes Wasser, nimmt etwas von der Farce hinein und streicht dieselbe mit einem Messer glatt. Sodann legt man den Kneff mit einem andern Löffel in eine mit Butter ausgestrichene Casserole. Ist eine hinreichende Anzahl fertig, so gießt man etwas kochende Bouillon hinzu und stellt sie einige Minuten auf das Feuer, ohne sie jedoch in starkes Kochen gerathen zu lassen.

38. Vom Spicken.

Das Spicken dient theils dazu, das Fleisch, bei dessen Braten es in Anwendung kommt, saftiger und wohlschmeckender zu machen, theils erhöht es auch das gute Aussehen desselben. Zu letzterem Zwecke muß man aber vorsichtig und mit dem nöthigen Geschicke, welches letztere sich nur durch wiederholte Uebung erwerben läßt, dabei verfahren. Zum Spicken gehört zunächst recht weißer fester Speck, am besten Luftspeck. Man benutzt dazu nur die härteren Theile bis 3 Finger breit von der Schwarte. Diesen Speck schneidet man, ohne ihn von der Schwarte zu lösen, bis auf Letztere hinab mit einem scharfen dünnen Messer in gleichmäßige Scheiben, kantet das ganze Stück um und theilt die Scheiben durch Querschnitte ebenso in Streifen von etwa 3 Finger breit Länge. Die dadurch erhaltenen Streifen steckt man nach einander mit der linken Hand in die Spicknadel und fährt mit derselben schnell so weit durch das Fleisch, daß $^1/_3$ des Streifens darin sitzen bleibt und auf jeder Seite $^1/_3$ hervorragt. Man trägt dabei Sorge, daß die Speckstreifen gleichmäßig weit von einander zu sitzen kommen und eine möglichst gerade Reihe bilden. Ist eine solche Reihe fertig, so spickt man ihr parallel eine Zweite u. s. w., bis man deren ausreichend hat; beim Hasen z. B. 4 Reihen, auf jeder Seite des Rückgrats 2; kommt es nicht so sehr auf Zierlichkeit an, so nimmt man die Streifen etwas dicker und dafür weniger, z. B. beim Hasen nur 2 Reihen. — Zu bemerken ist, daß man in jeder Wirthschaft gern mehrere Spicknadeln von verschiedener Dicke und Größe vorräthig hält, um immer entsprechend fein spicken zu können. Die Nadeln, welche von Stahl oder Messing sein müssen, sind stets gleich nach dem Gebrauche zu reinigen.

39. Das Reinigen des Reis.

Nach Herausnahme der hülsigen Körner reinigt man den Reis zunächst durch Reiben mit den Händen in kaltem Wasser und setzt ihn sodann in reinem Wasser auf das Feuer, wo er bis kurz vor der Siedehitze verbleibt. Man läßt dann das Wasser durch ein Sieb ab und breitet den Reis auf einem Brette aus, wo er vor dem Kochen noch einmal ganz rein verlesen wird.

40. Das Reinigen des Sago.

Man wäscht den Sago in kaltem Wasser und bringt ihn kalt auf das Feuer, wo man ihn läßt, bis er einmal aufgekocht ist. Dann wird er noch einmal mit kaltem Wasser gewaschen, von allem Unreinen befreit und endlich mit kaltem Wasser nachgespült.

41. Das Reinigen und Vorbereiten der Graupen.

Man wäscht die Graupen in kaltem Wasser vermittelst eines Quirls gehörig durch und bringt sie in kaltem Wasser auf ein ganz langsames Feuer, auf welchem man sie vor weiterer Verwendung dick aufquellen läßt.

42. Das Reinigen des Gries und der Grütze.

Alle Sorten Gries und Grütze reinigt man durch sorgfältiges Waschen und wiederholtes Abschwemmen. In der Regel genügt dazu kaltes Wasser; nur wenn Gries oder Grütze sehr unrein sein sollte, verwendet man warmes.

43. Das Reinigen der Rosinen.

Die oft sehr unreinen Rosinen verliest man zuerst nach Kräften. Dann schüttet man sie auf ein Tuch und reibt sie in etwas darüber gestreutem Mehl nicht zu stark, bis sich die Stengel von ihnen gelöst haben. Diese schwemmt man zwischen den Rosinen heraus, zu welchem Zwecke man dieselben auf einen Durchschlag schüttet; setzt sie auf das Feuer und läßt sie unter langsamem Kochen aufquellen, worauf sie wieder in kaltem Wasser abgespült und noch einmal verlesen werden. Das Auskernen der Rosinen geschieht, wo es nöthig ist, am besten vermittelst eines Holzstäbchens.

44. Das Reinigen der Korinthen.

Man reibt die Korinthen, nachdem man die Steine und sonstigen Unreinigkeiten möglichst dazwischen herausgesucht hat, zunächst trocken auf einem Durchschlag mit der Hand, wobei der größere Theil der Stengel hindurch fällt. Von dem noch übrigen und vom sonstigen Schmutz befreit man sie sodann, indem man sie mit dem Durchschlage ins Wasser stellt und das Reiben zwischen den Händen fortsetzt.

45. Das Reinigen der Hefe.

Die Hefe kommt in flüssigem und trockenem Zustande vor. Um erstere zu reinigen, rührt man sie mit vier Theilen Wasser um und gießt die Mischung durch ein Sieb, wobei ein Theil des Unreinen zurückbleibt. Die Hefe wird alsdann zu Boden sinken und von dem bräunlich gefärbten Wasser überstanden sein. Dies gießt man ab und wiederholt die

Vermischung mit frischem Wasser. Ist die Hefe alsdann wieder zu Boden gesunken, so hat sie eine weiße Farbe angenommen und der bittere Geschmack ist davon. — Auch trockne Hefe verbessert man bedeutend dadurch, daß man sie vor dem Gebrauch eine Nacht hindurch an einem kühlen Orte in Wasser stehen läßt.

Beim Gebrauch reicht man mit einem Loth trockner Hefe so weit, wie mit einem guten Eßlöffel voll flüssiger.

III. Von der Güte, vom Abschlachten, Ausnehmen, Dressiren, Spicken und Ausknöcheln des Geflügels.

46. Von der Güte des Geflügels.

Die allgemeinen Kennzeichen, an welchen man altes und junges Geflügel unterscheidet, sind bereits oben unter Nr. 7 angegeben; es ist aber das Geflügel zum größten Theil keineswegs zu allen Jahreszeiten zum Verspeisen gleich geeignet, und hat man in dieser Hinsicht Folgendes zu beachten. Keine Art von Geflügel taugt etwas in der Lege- und Brütezeit. Die Gänse sind am besten von Mitte October bis Weihnachten, die Puter von Ende August bis in den December, die Kapaunen während der Wintermonate, Enten, Hühner und Küken benutzt man, während man sie haben kann, Enten und Hühner jedoch nicht während der Legezeit, Tauben, so lange sie jung sind, alte nur zu Suppe. Von dem wilden Geflügel ist die Gans nur, so lange sie noch ganz jung ist, der Bereitung werth, die Ente fängt je nach der Wärme des Frühlings von Mitte bis Ende Juli an gut zu werden, die Zeit für Rebhühner und Fasanen ist von Mitte August bis gegen Weihnachten, Schnepfen sind am besten im Frühjahr, Krammetsvögel im Herbst, doch verspeist man umgekehrt auch jene im

Herbst, diese im Frühjahr; die Zeit der Becassinen, Wachteln und Lerchen ist der Frühherbst bis zu ihrem Wegzuge von hier.

Soll das Geflügel nach der Bereitung milde sein und zugleich seinen Saft bewahren, so darf es weder gleich nach dem Schlachten gebraucht werden, noch auch zu lange geschlachtet hängen. Am längsten hängen die Gänse, 4 bis 6 Tage nach dem Schlachten, in der Kälte noch länger; bei starkem Froste erhalten sie sich sogar einen vollen Monat gut, wenn man ihnen die Kehle dicht zuschnürt und den Steiß versiegelt. Puter hängen 3 Tage; Enten, Hühner und Kapaunen 2 Tage; Küken und Tauben 24 Stunden. — Ist es einmal nöthig, das Geflügel gleich nach dem Abschlachten zu gebrauchen, so gebe man ihm vorher etwas Essig, einer Ente etwa 1 Eßlöffel voll, ein und bringe es zu Feuer, ohne es vorher ganz erkalten zu lassen.

47. Vom Abschlachten des Geflügels.

Es geschieht dies auf verschiedene Weise. Putern und Enten haut man den Kopf ab und hält sie, um sie gehörig abbluten zu lassen, an den Beinen, mit dem Halse nach unten; Gänse sticht man mit einem spitzen Messer dicht hinter der Hirnschale in das Genick, wobei man sorgfältig die richtige Stelle sucht, weil sonst die Abblutung nicht vollständig erfolgt; um diese zu befördern, biegt man den Kopf der Gans möglichst nach unten; soll das Blut benutzt werden, so fängt man es in einem Gefäß mit etwas Essig auf; zum Schluß brennt man das Loch, um Nachblutung zu vermeiden, mit einer glühenden Zange zu; den Kapaunen, Hühnern und Küken endlich schneidet man die Kehle mit einem Messer durch. Nach dem Schlachten und Rupfen, welches bei allem Federvieh, das zum Braten bestimmt ist, geschehen muß, so lange es noch warm ist, sengt man die verbleibenden Federreste an einem hellen Stroh- oder Papierfeuer, noch besser aber, was freilich kostspieliger ist, an einem Spiritusfeuer ab. Das Rupfen und Absengen sollte eigentlich bei allem Geflügel angewandt werden, und muß angewandt werden, wenn dasselbe farcirt werden soll. Ist dies nicht der Fall, so kann man der Zeitersparniß wegen Kapaunen, Hühner, Küken und Tauben auch, nachdem man sie nach dem Schlachten ½ bis 1 Stunde in kaltem Wasser hat liegen lassen, in heißem Wasser durch Abbrühen von den Federn befreien; dies Verfahren hat aber immer sein Mißliches, da, namentlich bei Tauben und Küken, durch etwa zu heißes Wasser die Haut leicht mürbe wird und dann beim Spicken zerreißt. — Puter, Gänse, Enten und alles wilde Geflügel muß ohne Ausnahme gerupft werden. Zum Schlusse reinigt man die Haut, indem man sie mit Wasser abreibt, in welchem Kleie aufgeweicht worden.

48. Vom Ausnehmen des Geflügels.

Den Putern schneidet man die Beine im Gelenk ab und schlägt ihnen, am besten mit einem Fleischklopfer, den spitzen Brustknochen ein, bedeckt denselben indessen vorher mit einem Tuche, weil man sonst die Haut zerreißen und der Knochen heraustreten würde. Sodann wird der Hals an der Seite aufgeschlitzt und der Kropf nebst Gurgel behutsam, damit sie nicht entzweireißen, herausgeholt, hierauf an der rechten Seite des Bauches der Länge nach ein Schnitt gemacht und die Fettdrüse abgeschnitten, sowie auch die Stelle, wo der Darm endet; jetzt greift man mit zwei Fingern hinein und entfernt das Eingeweide, nimmt die Galle behutsam von der Leber, schneidet den Magen auf, nachdem man die weiße Haut oben abgezogen hat, entfernt das Harte aus demselben und reinigt ihn ebenso wie Leber und Herz. Darauf wird der Puter in- und auswendig mit kaltem Wasser gut abgewaschen und bis zum Dressiren an eine Stelle in der freien Luft gehängt, wo ihn die Sonne nicht trifft.

Kapaunen, Hühner, Küken und Tauben werden ganz in derselben Weise ausgenommen, nur läßt man bei Letzteren den Brustknochen lieber unversehrt; den ersteren drei Geflügel-Arten, die, wie oben gesehen, beim Schlachten die Köpfe behalten, sticht man die Augen und Ohren mit einem spitzen Messer aus, zieht ihnen die Oberhaut vom Kamme und die hornartige Haut vom oberen Schnabel ab und schneidet endlich den untern Schnabel mit der Zunge weg. Alles dies geschieht noch vor Herausnahme des Kropfes.

Den Gänsen schneidet man gleichfalls zuerst die Beine ab und macht sodann unmittelbar unterhalb des Schnabels an beiden Seiten der Kehle längs derselben 1½ Zoll lange Einschnitte, die man nach unten durch einen Querschnitt verbindet. Den zwischen diesen Schnitten liegenden Hautlappen klappt man hintenüber, reißt die Zunge heraus und löst Speiseröhre und Luftröhre von der äußeren Umgebung. Jetzt macht man am untern Ende des Halses, jedoch noch etwas oberhalb der Brust, gleichfalls einen Querschnitt und zieht aus demselben das obere Ende von Speise- und Luftröhre heraus. Hierauf wird unten die Fettdrüse und der After abgeschnitten und an jeder Seite, gut einen Zoll unter den Rippen anfangend, ein Schnitt auf die Fettdrüse zu gemacht, wo sich also beide Schnitte in einen vereinigen, und einen Fettlappen so weit lösen, daß man ihn zurücklegen kann, um zunächst das Fett von den Gedärmen zu lösen und sodann diese selbst auszubrechen, wobei Speise- und Luftröhre, die daran festsitzen, mit herausgezogen werden. Nun verfährt man mit Magen, Leber und Herz wie beim andern Geflügel, trennt sorgfältig noch alles Fett von den Gedärmen ab, schlitzt dieselben auf und reinigt sie gründlich. Sodann trennt man den Hals beim untern Einschnitte vom Rumpfe und haut die Flügel einen Zoll vom Körper entfernt ab, schlägt den Schnabel vom Kopfe und diesen selbst vom Halse und reinigt ihn, indem man ihm die Augen und Ohren aussticht und den an der Stelle, wo der Schnabel weggehauen worden, befindlichen Schleim vermittelst eines spitzen Messers entfernt. Der Kopf wird sodann in heißem Wasser gut ausgebrüht. Die Gans wird endlich gut gewaschen und ausgewässert, womit sie zu weiterer Verwendung fertig ist.

Das Ausnehmen der Enten, der zahmen sowohl wie der wilden, geschieht am besten ganz in derselben Weise, wie das der Gänse.

Anm. Die Methode, nach welcher Gänsen und Enten zum Ausnehmen der Bauch der Länge nach aufgeschnitten wurde, ist veraltet, sie ist auch lange nicht so bequem, wie die oben angegebene, wenn man sich an letztere erst etwas gewöhnt hat, und man erhält bei deren Anwendung namentlich einen bei Weitem appetitlicheren Braten.

Fasanen, Birkhühner und Rebhühner nimmt man ganz ähnlich aus wie Kapaunen, doch werden bei den beiden erstern die Füße nicht abgeschnitten, sondern nur die Sporen und es wird von den Füßen nur die Oberhaut abgezogen. Schnepfen und Becassinen werden entweder gar nicht ausgenommen, oder man giebt die Eingeweide (Schnepfendreck), nachdem der Magen davon entfernt worden, zu in Butter gerösteter Semmel. Krammetsvögel nimmt man gleichfalls im Herbste nicht aus, im Frühjahr sollte man dies jedoch nicht unterlassen.

49. Vom Dressiren des Geflügels.

Beim Puter werden zunächst die Flügel im Mittelgelenk abgehauen, um für sich abgesondert mit gebraten zu werden. Sodann wird der Kropf gefüllt. Zu diesem Zwecke streift man die Halshaut bis zur Brust hinab über den Knochen, haut letzteren heraus und legt eine geschälte Semmel unten hinein, um das Eindringen des Füllsels in den Leib zu verhüten. Dann füllt man die noch übrige Oeffnung mit der entsprechenden Farce an und schließt sie durch Zunähen.

Dem nach Nr. 47 zum Zwecke des Ausnehmens an der rechten Seite aufgeschnittenen Puter macht man jetzt auf der linken Seite einen gleichen Schnitt, reibt ihn inwendig mit Salz ein, steckt Magen, Leber und Herz hinein, schiebt die Beine, eines nach dem andern, so weit wie möglich in die Höhe und steckt die Spitzen derselben in die gemachten Einschnitte. Die Beine werden sodann innerhalb des Körpers soweit wieder hinabgedrückt, daß die Spitzen derselben zur Darmöffnung herausragen. Sodann schiebt man sie wieder gegen den Oberkörper hinauf und befestigt sie dadurch, daß man durch jeden der Schenkel sammt dem Körper zwischen Brust und Rücken eine Spille quer hindurch steckt. (Spille nennt man ein rundes, dünnes, scharf zugespitztes Stäbchen, am besten von Buchenholz.) Man kann die Beine auch durch Annähen befestigen, indem man mit der Dressirnadel einen Bindfaden durch den einen Schenkel quer durch den Bauch und durch den andern Schenkel zieht. Man holt sodann mit den beiden Enden des Fadens die Beine so weit in die Höhe, wie man sie haben will und bindet den Faden quer über dem Rücken fest zusammen.

Tauben dressirt man ganz wie Puter. — Kapaunen, Hühner und Küken, denen man den Kropf nicht zu füllen pflegt, macht man unmittelbar unter einem der Flügel einen Schnitt durch die Rippen, steckt den Kopf hindurch und zieht ihn dann durch den zur Herausnahme des Kropfes in den Hals gemachten Schnitt wieder hervor. Zur Befestigung der Beine allen diesen Geflügels genügt eine Spille, welche den Körper quer durchdringt; will man die Dressirnadel zum Hindurchziehen eines Fadens verwenden, so geschieht dies ganz wie beim Puter.

Gänse und Enten, welche zum Braten verwandt werden sollen, müssen vor dem Dressiren inwendig mit Salz gerieben und dann in der weiter unten bei der Bereitung der Braten angegebenen Art gefüllt und unten und oben fest zugenäht werden. Sodann befestigt man ihnen die Beine, wie beim Puter gezeigt worden, bindet aber außerdem die untern Enden derselben, welche bei ihnen frei abstehen, mit einem durch den Hintertheil gezogenen Bande zusammen. Ganz ebenso verfährt man mit Wildenten, welche indessen nicht gefüllt werden.

Fasanen, Birkhühnern und Rebhühnern werden nur die Spitzen der Flügel abgeschnitten und Letztere nach dem Kopfe hin herumgedreht, so daß sie flach auf den Rücken zu liegen kommen; ferner werden die Beine im Kniegelenk von unten auf so gedreht, daß die Füße nach dem Kopfe gerichtet sind, worauf die Schenkel in angegebener Weise mittelst einer Spille befestigt werden. In gleicher Weise dressirt man Schnepfen und Becassinen, doch wird ihnen noch der Schnabel in die Brust gestochen. Krammetsvögeln und Lerchen endlich schneidet man die Füße im untersten Gelenke so ab, daß die Gelenkknöchel stehen bleiben. Sodann steckt man die Füße durch die Augenhöhlen.

50. Vom Spicken des Geflügels.

Wie überhaupt das Spicken (m. s. Nr. 38), so erfordert besonders das Spicken des Geflügels längere Uebung und große Sorgfalt. Man spickt auf der Brust und auf den Keulen, und zwar in der Regel auf jeder Seite in zwei Reihen. Kleines Geflügel spickt man am besten auf der Hand, ist es indessen farcirt, so thut man besser, es auf ein Brett zu legen, weil es sonst leicht die Form verliert.

51. Vom Ausknöcheln des Geflügels.

Soll Geflügel ausgeknöchelt werden, so wird es vorher nicht ausgenommen, sondern nur nach Nr. 47 geschlachtet und äußerlich gereinigt, wobei hier, da das Ausknöcheln hauptsächlich zum Zwecke des Farcirens geschieht, wiederholt darauf aufmerksam gemacht werden soll, daß hiezu bestimmtes Geflügel nicht durch Abbrühen gereinigt sein darf, die unausbleibliche Folge würde sonst sein, daß die Haut bei der Operation zerrisse. Das Verfahren beim Ausknöcheln ist nun folgendes. Man legt den Vogel, nachdem man ihm die Flügel im untern Gelenk abgehauen, mit dem Bauche nach unten vor sich auf ein Brett, zieht zunächst Luft- und Speiseröhre, wie in Nr. 48 angegeben worden, heraus und sticht den Halsknochen in der Weise ab, daß etwa 2 Zoll von der Halshaut sitzen bleiben; sodann macht man an beiden Seiten des Rückgrats, dicht neben einander und der ganzen Länge nach, bis zum Steiß hinunter, mit einem spitzen scharfen Messer Einschnitte in die Haut und trennt mit demselben Messer das Fleisch an beiden Seiten rund um bis ganz vorne am Brustknochen ab, wobei man sehr vorsichtig verfahren muß, damit die Haut nicht verletzt werde. Hiebei löst man zugleich die Flügel aus den Schultergelenken, trennt sodann die Haut von der Spitze des Brustknochens, woran sie noch festsitzt, der Länge nach ab, löst auch die Beine aus den Obergelenken und nimmt nun das Gerippe zusammen mit dem Eingeweide heraus. Man löst sodann auch die Haut vom Obertheile der Flügel bis halb an das Gelenk, und sticht die Flügelknochen vorsichtig ab, und löst endlich die Knochen aus den Beinen, indem man das inwendige Schenkelfleisch in der Mitte aufschlitzt, es bis auf den Knochen zurückschiebt, diesen bis ans Knie löst, absticht und mit den Sehnen herauszieht, was übrigens ziemlich schwierig ist und am besten durch fortwährendes Herumdrehen bewerkstelligt wird. Auch vom Knie abwärts kann man in gleicher Weise noch einen Theil des Knochens auslösen; dies geschieht indessen in der Regel nicht. Das so ausgeknöchelte Geflügel wird endlich abgewischt, und wo es nöthig sein sollte, etwas abgewaschen, das lose Fleisch angedrückt und das Ganze vor weiterer Benutzung mit einer Mischung aus Oel und Essig so weit übergossen, daß es damit überall gut angefeuchtet ist. Hierin bleibt das größere Geflügel 24, das kleinere 12 Stunden liegen und man rechnet dabei auf einen Pott Essig eine gute Theetasse voll Oel.

IV. Verschiedene Klöße.

A. Klöße und sonstige Ein- und Beilagen zu Suppen, Fricassees und Ragouts.

Vorbemerkung. Ueberall, wo in Folgenden für die Bereitung ein und desselben Gerichtes ein mehrfaches Verfahren angegeben wird, hat die Verfasserin dasjenige, welches von ihr im Verhältniß zu den Kosten als das beste erprobt worden, vorangestellt.

52. Fleischklöße.

Man verwendet dieselben theils als Einlage von klarer Bouillon und andern Fleischsuppen, theils als Bestandtheile von Fricassees und Ragouts. Für die Suppen eignen sich besonders Klöße von Kalb- oder Geflügelfarce (Nr. 36 a. u. f.), für Fricassees und Ragouts Klöße von Kalb- oder Rindfleisch-

Farce. (Nr. 36 b.) Man dressirt dieselben entweder als Kneffs (Nr. 37), oder man macht eine Rolle aus der Farce, oder man sticht die Klöße einfach mit dem Löffel ab. Die Klöße werden sämmtlich vorweg auf eine Schüssel gelegt, welche man, damit sie nicht daran hängen bleiben, mit Mehl bestreut, für sich allein in Bouillon oder Wasser in 10 Minuten gar gekocht, oder, falls sie zu Ragouts bestimmt sind, eine kleine Viertelstunde in Butter gebraten und dann hinzugethan. Hat man die Rollenform gewählt, so schneidet man nach der Abkochung die Rolle erst in entsprechende Scheiben.

53. Fischklöße

verwendet man nur bei Fricassees und Ragouts. Man bereitet sie aus der Fischfarce (Nr. 36 b.), dressirt sie wie die Fleischklöße, am liebsten in Rollenform, jedoch auch rund, und kocht sie gleichfalls 10 Minuten in Wasser oder Butter, welche man nachher zur Sauce giebt.

54. Klöße von Kalbsmilch.

Man blanchirt (Abschn. I. 5.) die Kalbsmilch, indem man sie mit kaltem Wasser auf das Feuer setzt, das Wasser warm werden läßt und dann abgießt und dies Verfahren einige Male wiederholt. Dann zieht man die Haut ab. Die Bereitung der Klöße, welche zu feinen Fricassees und Pasteten Verwendung finden, ist folgende. Auf 1 ℔ Kalbsnierenfett, welches man gleichfalls erst von den Häuten befreit, nimmt man 20 Loth Milchfleisch, hackt und stößt Beides so fein durcheinander, daß man es nicht mehr unterscheiden kann und streut 1 kleinen Eßlöffel voll Salz nebst $^1/_8$ Theelöffel voll Pfeffer, Beides fein pulverisirt darüber. Das Ganze rührt man gehörig durcheinander, schlägt 2 Eier hinzu, eins nach dem andern, und stößt nach Hinzuthun eines jeden Eies auf's Neue. Dann gießt man 3 Mal hinter einander in Pausen von 5 zu 5 Minuten jedesmal 2 Eßlöffel voll Wasser hinzu und setzt während dessen das Stoßen unausgesetzt fort. Hat man nach dem letzten Zugusse noch etwa 5 Minuten gestoßen, so ist die Masse zur Anfertigung der Klöße vorbereitet, welche Letztere auf einem mit Mehl bestreuten Brette etwa von der Größe einer Wallnuß geformt und vor der weitern Verwendung in Bouillon gar gekocht werden.

55. Klöße zu Krebs- oder Aalsuppen.

Mit 1 Untertasse voll fein gehacktem Krebsfleisch rührt man das gleiche Quantum eingeweichter und gut wieder ausgedrückter Semmel, so wie 3 Eßlöffel voll dünn geriebener Krebsbutter (Nr. 8) gut zusammen, thut während des Rührens 2 Eidotter, 1 Messerspitze voll feines Salz und halb so viel geriebene Muskatnuß hinzu, und rührt endlich das Ganze mit dem zu Schaum geschlagenen Weißen der Eier noch einmal durch. Von der erhaltenen Masse formt man entweder jetzt runde Klößchen auf einem mit Mehl bestreuten Brette, oder man slicht sie mit einem Theelöffel ohne Weiteres in die Suppe, in welcher sie nach 5 Minuten langem Kochen gar werden.

56. Markklöße.

Man schwitzt gut 3 Loth Butter über dem Feuer und läßt sie eben aufkochen. Ist sie soweit, so thut man 9 Loth gut gereinigtes, in möglichst feine Würfel geschnittenes und mit ein wenig Salz durchmischtes Ochsenmark hinzu, läßt dasselbe aber nicht mit der Butter kochen. Ferner rührt man 2 ganze Eier und 2 Eidotter mit 3 Loth süßen und 10 bittern gestoßenen Mandeln eben, fügt unter fortgesetztem Rühren 1/4 Pott kräftige kalte Bouillon, 20 Loth geriebenes Weißbrod und das Mark mit der Butter hinzu und rührt nun das Ganze noch etwa 1/4 Stunde recht gut durch, wobei man noch 2 Theelöffel voll Salz und eine kleine halbe geriebene Muskatnuß hinzu thut. Damit ist der Teig zum Abstechen der Klöße fertig.

Anm. Sollte es an Ochsenmark fehlen, so kann man statt seiner auch guten Nierentalg nehmen.

57. Kartoffelmehlklöße.

Man läßt 4 Loth Butter mit ¼ Pott Milch auf dem Feuer zum Kochen kommen und rührt sodann 3 Loth mit etwas kalter Milch eben gerührtes Kartoffelmehl möglichst schnell so lange damit durch, bis die Masse vom Topfe losläßt. Dieselbe muß sodann unter wiederholtem Umrühren bis etwa zur Hälfte abkühlen, worauf man sie noch einmal mit 2 ganzen Eiern, 2 Eidottern, 1 Messerspitze voll Salz, eben so viel Kanehl und 1 Theelöffel voll Zucker tüchtig durchrührt.

Klöße aus diesem Teige eignen sich für alle Arten Suppen, in welche sie kurz vor dem Anrichten mit einem Löffel abgestochen werden.

58. Schwemm- (abgerührte) Klöße

verwendet man als Einlage nicht nur von klarer Bouillon und andern Fleischsuppen, sondern namentlich auch von Milch- und Fruchtsuppen. Um sie zu bereiten, zerläßt man 6 Loth Butter in einem Kochtopf über dem Feuer, sodann thut man 7 Loth Mehl hinzu und rührt es auf dem Feuer mit der Butter durcheinander, gießt ¼ Pott kochende Milch hinzu und rührt das Ganze weiter über dem Feuer möglichst schnell, bis die Butter oben auf dem Teige etwas zum Vorschein kommt. Hierauf thut man den Teig in eine Schüssel und läßt ihn, jedoch nicht völlig, erkalten, rührt sodann 2 Eidotter und 3 ganze Eier hinzu, und endlich, nachdem dies geschehen, noch 1 Theelöffel voll Zucker, eine Messerspitze voll Salz, eben so viel Kanehl und ¼ abgeriebene Citronenschale. Statt des Kanehls und der Citronenschale nimmt man auch gern eine Messerspitze voll geriebener Muskatnuß. Man sticht die Klöße sodann mit einem Löffel in kochendes gesalzenes Wasser und läßt sie darin kochen, bis sie obenauf schwimmen.

59. Schwemmklöße anderer Art.

Man schmilzt 7 Loth Butter über dem Feuer und gießt ¼ Pott Milch hinzu. Wenn die Mischung kocht, rührt man sie mit 7 Loth Mehl schnell über dem Feuer ab und während des Verkühlens noch 3 ganze Eier und 2 Eidotter, und wenn dies geschehen, noch 1 Loth Kartoffelmehl, 1 Messerspitze voll Salz und halb so viel Muskatnuß hinzu. Die Klöße werden gleich in die Suppe gestochen.

60. Schwemmklöße noch anderer Art.

Ein guter Eßlöffel voll Butter wird auf dem Feuer mit 1 Obertasse voll Mehl und eben so viel Milch so lange tüchtig gerührt, bis die Masse sich von den Wänden des Kochtopfes löst. Man läßt dieselbe sodann etwa zur Hälfte erkalten, thut unter fortwährendem Rühren 2 Eidotter, 1 Messerspitze voll Salz, eben so viel fein gestoßenen Kanehl, halb so viel abgeriebene Citronenschale und 1 Theelöffel voll Zucker hinzu, und rührt endlich das Ganze noch einmal mit dem zu Schnee geschlagenen Weißen von einem Ei gut durch.

61. Schwemmklöße einfacherer Art.

Man zerläßt 12 Loth Butter und rührt sie mit 24 Loth Mehl zusammen. Hiezu gießt man langsam 1 Pott kochende Milch und rührt es damit schnell über dem Feuer, bis es vom Topfe losläßt. Nachdem die Masse zur Hälfte erkaltet, schlägt man unter fortwährendem Rühren erst 3 Eidotter und dann 7 ganze Eier hinzu, und würzt den Teig mit 1 Theelöffel voll Salz, 1 halben abgeriebenen Citrone, 9 süßen und 3 bittern Mandeln (zerstoßen) und 1 Eßlöffel voll Zucker. Man kann auch das Weiße der 7 Eier zu Schnee schlagen und diesen zuletzt, kurz vor Verwendung des Teiges hinzurühren.

Anm. Bei diesen, wie bei allen andern Klößen, thun Anfängerinnen gut, erst einen Kloß zur Probe zu kochen. Geräth er zu weich, so rührt man zum Teige am besten Kartoffelmehl, ist er zu hart, ein Ei.

62. Schaumklöße.

Die Dotter von 3 Eiern werden mit 3 Theelöffeln voll Mehl und 1 Messerspitze voll Salz langsam durchgerührt.

Nachdem sich Alles gehörig vermischt, rührt man das zu Sahne geschlagene Weiße der 3 Eier hinzu und thut das Ganze auf die kochende Suppe, wo man es 4 bis 5 Minuten kochen läßt und während dessen einmal mit dem Schaumlöffel umwendet. Ist die Masse gar geworden, so wird sie mit der Suppe in eine Terrine gegossen und schwimmend mit einem Löffel in beliebige Stücke zertheilt.

63. Schaumklöße einfacherer Art.

Auf die eben in eine Terrine gegossene kochende Suppe legt man mit einem Löffel Klöße von recht steifem Eiweiß-Schnee mit so viel Zucker, daß der Schnee eben einen süßlichen Geschmack angenommen hat. Diese Klöße bestreut man möglichst schnell mit einem reichlichen Quantum feingestoßenem Kanehl und noch etwas Zucker, worauf man die Suppe sofort wieder zudeckt. Die Klöße werden sodann in derselben von selbst gar.

64. Mandelklöße.

Man rührt 4 Eidotter, 2 Eßlöffel voll zerlassene Butter, 3 Eßlöffel voll Zucker und 5 Loth geriebene Semmel mit 6 Loth süßen und 5 bis 6 Loth bittern gestoßenen Mandeln gut durch und sodann das zu Schnee geschlagene Weiße der Eier nur leicht darunter. Aus dieser Masse sticht man Klöße, welche man auf ein mit Butter eingefettetes Kuchenbrett setzt und in einem mäßig erhitzten Ofen bäckt, bis sie eine gelbbraune Farbe haben.

65. Mandelklöße anderer Art.

Man stößt $1/4$ ℔ süße Mandeln — oder statt ihrer eben so viel rein abgehäutete Wallnuß- oder Haselnußkerne — mit ein wenig Eiweiß recht fein. Dann rührt man zu 4 Loth zu Sahne geriebener Butter (Nr. 16) nacheinander 3 Eidotter und ein ganzes Ei, die abgeriebene Schale von $1/4$ Citrone, 1 Eßlöffel voll Zucker, 1 Messerspitze voll gestoßenen Kanehl, eben so viel Salz, die gestoßenen Mandeln oder Nüsse, und endlich 4 Loth feingeriebener und 1 Eßlöffel voll in Sahne aufgeweichter Semmel. Nachdem das Ganze tüchtig durchgerührt worden, mischt man das zu Schnee geschlagene Weiße von 2 Eiern leicht hinzu und bereitet aus dieser Masse die Klöße in der unter Nr. 64 angegebenen Weise.

66. Griesmehl-Klöße.

Man rührt 6 Loth Griesmehl mit ½ Pott Milch und Wasser, von jedem die Hälfte, und 2 Loth Butter über dem Feuer, bis das Ganze eine steife Masse bildet. Ist dieselbe zur Hälfte abgekühlt, so rührt man sie noch einmal mit 3 Loth zu Sahne geriebener Butter (Nr. 16), 1 guten Theelöffel voll Zucker, 1 Messerspitze voll geriebener Muskatnuß, einem halben Theelöffel voll Salz, 4 Eidottern, und endlich mit dem zu Schnee geschlagenen Weiß von 3 Eiern tüchtig durch. Hierauf sticht man Klöße davon mit einem kleinen Löffel in die kochende Suppe und läßt sie in derselben 10 Minuten lang kochen.

67. Griesmehlklöße mit Mandeln.

Es wird ½ Pott Milch mit 5 Loth Butter und 10 Loth Gries so lange über dem Feuer gerührt, bis der Teig vom Kochtopfe losläßt. Ist er zur Hälfte erkaltet, so rührt man noch 3 Loth Butter hinzu. Dann stößt man 6 Loth weiße und 4 bittere Mandeln, nachdem man sie von der Schale gereinigt hat, mit ein ganz wenig Milch und rührt sie zu geschlagenen 2 ganzen Eiern und 2 Eidottern. Dies zusammen nebst ½ Theelöffel voll Salz und der abgeriebenen Schale einer halben Citrone rührt man mit dem erhaltenen Griesteige tüchtig durch und mischt endlich das zu Schnee geschlagene Weiße der beiden Eidotter leicht hinzu, womit die Masse so weit fertig ist, daß Klöße davon in die Suppe gestochen werden können.

68. Reismehlklöße.

Zu ¼ Pott mit 4 Loth Butter aufgekochter Bouillon rührt man über gelindem Feuer 5 Loth vorher gut gereinigtes Reismehl so lange, bis der Teig vom Kochtopfe losläßt. Man läßt ihn sodann zur Hälfte erkalten und rührt ihn mit 3 ganzen Eiern, 1 Messerspitze voll Salz und eben so viel Muskatnuß gehörig durch. — Sollten die Klöße in Milch als Suppe gegeben werden, so reibt man statt der Muskatnuß ¼ Citrone dazu ab, kocht das Reismehl in Milch statt in Bouillon und giebt 2 Theelöffel voll Zucker hinzu.

69. Reisklöße.

Man läßt ½ ℔ nach Nr. 39 gereinigten Reis in gut ¼ Pott Wasser über dem Feuer aufquellen und sodann nach Hinzuthun von ¾ Pott Bouillon 1 Stunde lang so langsam, wie irgend möglich, darin kochen. Ist er unter öfterm Umrühren zur Hälfte erkaltet, so rührt man ihn mit 2 ganzen Eiern und 3 Eidottern, 8 Loth zu Sahne geriebener Butter, 1 kleinen Theelöffel voll Salz und ½ geriebener Muskatnuß gehörig durch. Nachdem diese Masse ganz kalt geworden, formt man daraus Klöße in einer mit Mehl bestreuten Schüssel und läßt sie in der Suppe vollends gar kochen. — Sollen die Klöße in Milch als Suppe gegeben werden, so verändert man die Zuthaten, wie am Schluß von Nr. 68 angegeben.

70. Zwiebackklöße.

Man rührt 2 Loth zu Sahne gerührte Butter mit 2 ganzen Eiern 2 Minuten lang durch und mische unter fortwährendem starken Rühren allmälig 4 gehäufte Eßlöffel voll fein gestoßenen Zwieback hinzu. Die Klöße sticht man vorweg ab, was freilich, da der Teig sehr weich ist, seine Schwierigkeit hat, und thut sie alle zugleich in die Suppe. Nach einmaligem Aufkochen nimmt man sie mit der Suppe vom Feuer und läßt sie darin vor dem Serviren noch 5 Minuten fest zugedeckt stehen.

71. Kartoffelköße.

Man reibt 1 ℔ geschälte und nach dem Kochen erkaltete Kartoffeln recht gleichmäßig fein und rührt sie mit 6 Loth zu Sahne geriebener Butter, 4 Eidottern, 8 gestoßenen süßen Mandeln und 1 Messerspitze voll Salz und eben so viel geriebener Muskatnuß gehörig durch, rührt noch einen Löffel voll fein gestoßenen Zwieback hinzu und mischt endlich das Ganze leicht mit dem zu Schnee geschlagenen Weißen von 2 Eiern. Dann sticht man die Klöße in die Suppe.

72. Kartoffelklöße nach anderer Methode.

Man schwitzt 6 Eßlöffel voll Mehl in 12 Loth Butter nach Nr. 20, bis die Masse kraus wird und läßt sie bis zur Hälfte abkühlen. Dann rührt man allmälig 4 ganze Eier, 8 Eßlöffel voll Rahm und 1 ℔ wie in Nr. 71 fein geriebene Kartoffeln, so wie fein gestoßenen Kanehl, Muskatblume und Salz, von jedem 1 Messerspitze voll, hinzu und das Ganze tüchtig mit einander durch, worauf die Klöße, welche sich zu Bouillon und Milchsuppen eignen, abgestochen werden.

73. Eierklöße.

Man quirlt nach Nr. 26 ½ Pott kräftige kalte Bouillon nebst ¼ geriebener Muskatnuß mit 5 Eiern gehörig ab, läßt das Ganze durch ein Haarsieb in eine Schale laufen und setzt es in derselben in kochendes Wasser, in welchem es dann kocht, bis es ganz steif ist. Aus dieser Masse sticht man sodann Klöße in die Suppe, nachdem dieselbe angerichtet worden. — Für Milchsuppen muß man statt der Bouillon eben so viel Milch abquirlen.

74. Chocoladenklöße.

Zu ½ Pott mit 3 Loth Butter zusammen aufgekochter Milch thut man gleich nach dem Kochen 6 Loth feingestoßene Chocolade und 6 Zwieback (beide Hälften), gleichfalls feingestoßen, hinzu und rührt während dessen unausgesetzt und so lange, bis die Masse vom Kochtopfe losläßt. Ist sie sodann gut zur Hälfte abgekühlt, so rührt man sie noch einmal mit 2 ganzen Eiern und einem Eidotter, 4 Loth zu Sahne geriebener Butter, 1 Prise Salz und 1 Prise feingestoßener Vanille tüchtig durch und mischt endlich das zu Schnee geschlagene Weiße von 2 Eiern hinzu. Die Klöße hieron giebt man zu Weinsuppen und in Milch, in welche der Teig zum sofortigen Garkochen abgestochen wird.

75. Gewöhnliche Mehl- oder angerührte Klöße zu Suppen.

Zu 1 Eßlöffel voll zu Sahne geriebener Butter rührt man 4 gehäufte Eßlöffel voll Mehl, 2 ganze Eier und 2 Eidotter, 1 Messerspitze voll Salz und eine Prise geriebene Muskatnuß. Nachdem man die Masse 5 Minuten lang tüchtig durchgerührt, sticht man davon Klöße in die Suppe, in welcher dieselben 10 Minuten kochen müssen.

76. Gefülltes Milchbrod.

Man schneidet die Enden des Milchbrodes ab, höhlt es möglichst vollständig aus und feuchtet es sammt den Deckeln mit Milch an, jedoch nicht zu stark, damit es nicht zerbreche. Sodann füllt man es mit einer Farce von Kalbsmilch und Kalbsohr, Beides fein in Würfel geschnitten, mit einigen fein gehackten Champignons und, wenn möglich, einigen grünen Erbsenkörnern zusammen gedämpft, schließt es mit den abgeschnittenen Enden, panirt es (Abschn. I. 5) und bäckt es in Schmalz. — Diese gefüllten Milchbrode bilden eine vorzügliche Beilage zu klarer Bouillon.

77. Einlage aus eingeweichten Semmeln zu Frucht-Suppen.

Zu ¼ ℔ zu Sahne geriebener Butter rührt man 6 Eidotter, 2 in Wasser oder Milch eingeweichte und gut wieder ausgedrückte Semmel, 3 Loth fein gestoßene süße Mandeln, 2 gute Eßlöffel voll Zucker, ein wenig abgeriebene Citrone, so wie Salz und fein gestoßenen Kanehl, von Beiden eine Messerspitze voll. Nachdem das Ganze tüchtig durchgerührt worden, mischt man leicht das zu Sahne geschlagene Weiße von 3 Eiern hinzu und läßt sodann das Ganze in einer länglichen schmalen Form gar backen. Nachdem man es herausgenommen und es erkaltet ist, zerschneidet man es in Scheiben, die man noch einmal auf einem Kuchenbleche leicht gelb rösten läßt.

78. Einlage aus gekochtem Reis zu Fruchtsuppen.

Mit 1/4 ℔ zu Sahne geriebener Butter rührt man 8 Eidotter, 1/2 ℔ gut gereinigten und recht weich gekochten Reis, dessen Körner indessen nicht zerkocht sein dürfen, 4 Loth Zucker, auf welchem 1/4 Citrone abgerieben ist, und 1 Messerspitze voll Salz gehörig durch, und mischt sodann noch das zu Schaum geschlagene Weiße von 4 Eiern hinzu. Mit dieser Masse verfährt man ganz, wie in der vorigen Nummer angegeben worden.

Den so bereiteten Reis kann man auch als Einlage zu Bouillon geben, muß aber dann Zucker nebst Citronenschale weglassen.

79. Croutons von Milchbröden.

Man reibt von Milchbröden, welche einen Tag alt, aber nicht älter sein müssen, die äußere Rinde ab, schneidet sie in Scheiben von der halben Dicke eines kleinen Fingers und diese wiederum in beliebige Formen. Dieselben legt man auf eine Schüssel und begießt sie mit einer Mischung aus 2 gequirlten ganzen Eiern und 2 Eidottern, 1/2 Pott Milch, 1 Prise Salz und Muskatnuß, Alles gehörig durcheinander gerührt. In dieser Mischung, welche die Brodstückchen ganz bedecken muß, läßt man dieselben 1/2 Stunde weichen, bestreut sie mit gestoßenem Zwieback und brät sie in einer Pfanne in Butter auf beiden Seiten schnell hellbraun.

Sollen diese Croutons zu süßen Suppen gegeben werden, so läßt man die Muskatnuß weg und bestreut sie vor dem Backen statt mit gestoßenem Zwieback mit Zucker, unter welchen man $^1/_4$ geriebene Citrone oder ein wenig fein gestoßenen Kanehl gemischt hat.

80. Geröstetes Brod.

In Scheiben oder Würfel geschnittene Semmel macht man entweder auf einem Roste über Holzkohlen recht hellbraun, oder, wo dies nicht angeht, brät man es in einer Pfanne in hellbrauner Butter, wobei man es mit einem Holzlöffel unausgesetzt umkehrt. — Soll es als Beilage zu Fruchtsuppen dienen, so streut man während des Bratens ein wenig Zucker darüber.

81. Eingetropfte Klüten.

Man rührt einige ganze Eier mit so viel Mehl durch, daß der Teig in der Dicke eines Bindfadens aus dem Löffel fließt. Diesen Teig läßt man, indem man ihn über einen Quirl gießt, in die kochende Milch oder Bouillon, für welche die Klüten bestimmt sind, tropfen und nimmt die Tropfen, sobald sie wieder nach oben gekommen sind und die Oberfläche bedecken, mit der Schaumkelle ab, welches Verfahren man fortsetzt, bis man die erforderliche Menge Klüten fertig hat.

82. Bouillon-Reis als Beilage.

Man gießt auf $^1/_2$ ℔ gut gereinigten Reis so viel Bouillon, daß dieselbe gnt 2 Finger hoch über dem Reis steht und läßt ihn unter öfterem Rühren langsam gar kochen. Kurz vor dem Garwerden thut man 4 Loth Butter, $^1/_4$ geriebene Muskatnuß und, wenn die Bouillon nicht schon ausreichend gesalzen war, das noch erforderliche Salz hinzu. Den in einer Form erkalteten Reis stürzt man in eine flache Schüssel und bestreut ihn leicht mit gehackter Petersilie.

83. Maccaroni als Beilage.

Man schüttet Maccaroni in kochendes Wasser und läßt sie etwa 5 Minuten darin kochen, worauf man das Wasser abgießt und sie in kaltem Wasser abspült. Nachdem man sie auf einem Siebe rein hat abtrocknen lassen, thut man sie in so viel Bouillon, daß dieselbe etwa einen Finger hoch darüber steht und kocht sie weich, so jedoch, daß sie ganz bleiben und nicht teigig werden. Um Letzteres zu verhüten, darf man sie auch während des Kochens nicht umrühren. Wenn sie gar geworden, richtet man sie in einer Schüssel an und streut etwas Parmesan-Käse darauf oder übergießt sie mit brauner Butter.

84. Reiskörner als Einlage.

Man reinigt den Reis nach Nr. 39, kocht ihn in Wasser vollends gar und streut davon kurz vor dem Anrichten nach Belieben in die Fleischsuppe.

85. Maccaroni als Einlage.

Man reinigt die Maccaroni nach Nr. 83, läßt sie auf einem Siebe abtropfen, kocht sie in Wasser halb gar und schneidet sie in Stücke von beliebiger Länge. Sodann giebt man sie in die kochende Fleischsuppe, läßt sie darin vollends gar werden und servirt sie in derselben.

86. Faden- und Form-Nudeln als Einlage.

Man reinigt dieselben ganz wie die Maccaroni (Nr. 83) schüttet sie in die kochende Fleischsuppe oder Milch, worin sie nach etwa 10 Minuten langem Kochen gar werden.

87. Sago als Einlage.

Man reinigt den Sago nach Nr. 40, thut ihn, wenn es Perl-Sago ist, in die Milch oder den Wein, die Fleisch- oder die Fruchtsuppen, nachdem sie zu kochen angefangen haben, und läßt ihn darin gar werden. Den ostindischen Sago, welchen man nur zu Weinsuppen benutzt, läßt man in Wasser kochen, bis er klar ist, und gießt den Wein hinzu. Nimmt man Perlsago zu Weinsuppen, so wählt man in der Regel den rothen.

B. Klöße in Saucen oder zu Obst.

Zunächst kann man von den bereits unter A. als Einlage zu Suppen aufgeführten Klößen die unter Nr. 61. 66. 71. 72. 75. 77 und 78 angegebenen auch in Saucen oder zu Obst geben und ferner noch die nachfolgenden.

88. Sächsische Klöße.

Man rührt $^1/_2$ ℔ Butter zu Sahne und thut 7 ganze Eier und 7 Eidotter, so wie 36 Loth Semmel und einen tiefen Teller voll gekochte und geriebene Kartoffeln hinzu. Die Semmeln müssen vorher geschält und 24 Loth davon in Milch eingeweicht und wieder ausgedrückt, 12 Loth in Würfel geschnitten und in Butter gebraten sein. Die ganze Masse rührt man mit $^1/_2$ ℔ Zucker, 1 Hand voll Salz, 1 geriebenen Citronenschale und unter allmäligem Hinzuthun von so viel Mehl, daß der Kloß haltbar wird und doch locker bleibt, tüchtig durch, wozu bei obigen Zuthaten etwa 1 ℔ Mehl erforderlich ist. Die Klöße werden mit einem Löffel abgestochen und in Wasser, welches ein wenig gesalzen ist, gar gekocht. Dieselben passen sich besonders zur Anrichtung mit gekochtem frischen oder gebackenem Obst.

89. Gewöhnliche Klöße von Mehl und Semmel.

Man weicht die Krume von $1^1/_2$ ℔ Semmel in $^1/_2$ Pott Milch mit etwas Wasser auf und schneidet die abgeschälte Kruste in Würfel, die man in Butter brät. Zu der Milch mit der Semmel giebt man 3 ganze Eier und 3 Eidotter, $^1/_4$ ℔ zerlassene Butter, 1 Theelöffel voll Salz und die Schale von $^1/_2$ Citrone, rührt Alles mit einander durch und thut während des Rührens noch $1^1/_2$ ℔ Mehl und zuletzt die geröstete Semmelkruste hinzu. Die Klöße werden in gesalzenes Wasser gestochen und $^1/_4$ Stunde darin gekocht. Man giebt sie zu gekochtem Obst.

90. Mehlklöße ohne und mit Füllung.

Auf 5 klein gerührte Eier nimmt man $^1/_2$ Pott Milch und 8 Loth geschmolzene Butter, thut 1 Theelöffel voll Salz und 1 Messerspitze voll Muskatnuß oder statt ihrer eben so viel Kanehl und ein wenig abgeriebene Citronenschale hinzu und rührt das Ganze mit so viel Mehl durch, daß ein Teig entsteht, der sich leicht kneten läßt. Von diesem Teige formt man fingerdicke Rollen, die man in beliebige Enden schneidet und in gesalzenem Wasser gar kocht. Angerichtet werden die Klöße mit einem Ueberguß von einer Speck- oder Zwiebelsauce, die man auch etwas säuerlich machen kann.

Will man diese Klöße füllen, so werden die Rollen, die dann etwas dicker gemacht werden, mit dem Rollholze breit gerollt und Compotes beliebiger Art in kurzen Zwischenräumen auf den Teig gelegt, nachdem man ihn vorher mit geschlagenem Ei bestrichen hat. Sodann legt man die Rollen wieder fest zusammen, schneidet sie der Art in Stücke, daß jedes derselben ein Häufchen Compote enthält, thut sie in kochendes Wasser und läßt sie darin gar werden. Diese Klöße richtet man am besten mit einer Weinsauce an.

91. Kirschenklöße.

Man steint 1 ℔ saure Kirschen aus und läßt sie mit $^1/_2$ ℔ Zucker, der Schale einer halben Citrone und 5 bis 6 Gewürznelken weich kochen. Sind sie zur Hälfte abgekühlt, so rührt man sie mit 4 ganzen Eiern und so viel geriebener Semmel gehörig durch, daß sie beim Kochen nicht mehr aus einander fallen, wovon man sich durch Probiren überzeugt. In gut 5 Minuten sind sie gar, worauf man sie mit einer Schaumsauce reicht.

92. Aepfelklöße.

Auf 2 Tassen Milch nimmt man 6 Eidotter, 3/4 ℔ geriebene Semmel, 2 Eßlöffel voll zerlassene Butter und die abgeriebene Schale von 1/2 Citrone. Das Ganze rührt man mit einem tiefen Teller voll in kleine Würfel geschnittene Aepfel und, je nach der Säure derselben, 1/4 bis 1/2 ℔ Zucker tüchtig durch und giebt während des Rührens das zu Schnee geschlagene Weiße der Eier hinzu. Von dieser Masse sticht man Klöße in kochendes gesalzenes Wasser, läßt sie darin gut kochen, bestreut sie mit Zucker und reicht eine Weinsauce dazu.

93. Gebackene Mehlklöße.

Man rührt 1 ℔ Mehl mit 1/2 Pott warmer Milch, 4 ganzen Eiern, 2 Loth gereinigter trockener Hefe (Nr. 45) und 1 Eßlöffel voll Salz gut durcheinander und läßt den Teig aufgehen, worauf man noch 1 ℔ Mehl, 1 Tasse voll zerlassene Butter und 2 Eßlöffel voll Zucker hinzu- und die ganze Masse recht stark durchrührt. Ist dies geschehen, so läßt man sie noch einmal aufgehen, rollt den Teig dick aus und sticht mit einem Glase Klöße davon aus, die man sodann noch einmal aufgehen läßt, bäckt sie etwa 10 Minuten in nach Nr. 14 geklärter Butter und reicht sie mit gekochtem Obst.

94. Gebackene Griesmehlklöße.

Man rührt 1/2 Pott Milch, mit 2 Eßlöffel voll zerlassener Butter vermischt, so lange mit 12 Loth Griesmehl über gelindem Feuer, bis die Masse vom Kochtopfe losläßt. Ist sie zur Hälfte abgekühlt, so rührt man 5 ganze Eier, 1/2 Theelöffel voll Salz und die abgeriebene Schale von 1/4 Citrone hinzu und formt Klöße, die man mit gestoßenem Zwieback bestreut und in Butter gelb bäckt. Sodann werden sie noch einmal mit gestoßenem Kanehl und Zucker bestreut und mit gekochtem Obst, einer Frucht- oder einer Weinsauce gegeben.

95. Abgerührte Klöße zu gekochtem Obst.

Man rührt 1/2 Pott Milch mit 12 Loth Mehl und 1 Eßlöffel voll Butter über dem Feuer, bis sich der Teig vom Kochtopfe löst. Nachdem er zur Hälfte erkaltet ist, rührt man 8 Eidotter, die geriebenen Krumen von 12 Loth Semmeln, die in Würfel geschnittenen und in Speck hellbraun gebratenen Krusten derselben, 1 kleinen Löffel voll Salz und endlich das zu Schnee geschlagene Weiße von 6 Eiern hinzu und Alles tüchtig mit einander durch, worauf die Klöße in gesalzenes Wasser gestochen, darin gar gekocht und auf eine Schüssel mit gekochtem Obst nebst dessen Brühe angerichtet werden.

96. Kartoffelklöße zu Schwarzsauer oder mit einer Sirupssauce.

Man schwitzt eine fein zerhackte Zwiebel in 1/2 ℔ ausgebratenem Nierentalg und übergießt damit 3 ℔ fein geriebene gekochte Kartoffeln, thut 6 ganze Eier, 1 Tasse Milch, 1 Theelöffel voll Salz, 1 Messerspitze voll geriebene Muskatnuß und 1 Eßlöffel voll Mehl hinzu und rührt das Ganze gehörig mit einander durch. Die von dem Teige geformten Klöße läßt man in einer mit Mehl bestreuten Schüssel rund laufen und kocht sie in schwach gesalzenem Wasser gar

97. Buchweizenklöße.

Man kocht in 1 1/4 Pott Wasser, woran man 1 Eßlöffel voll Butter gethan, 1/2 ℔ nicht zu feine Buchweizengrütze, bis die Masse ganz dick ist. Dann rührt man dieselbe mit 1/4 ℔ zu Sahne geriebener Butter, 3 ganzen Eiern, 2 Theelöffeln voll Salz und 1/4 geriebener Muskatnuß tüchtig durch, läßt die davon abgestochenen Klöße auf einer mit Mehl bestreuten Schüssel rund laufen, kocht sie vollends gar und giebt sie zu gekochtem Obst.

98. Frankfurter Klöße.

Man rührt 1 ℔ Mehl mit der erforderlichen Milch zu einem nicht zu festen Kloßteige, welchen man allmälig mit 12 Loth zerlassener Butter, 2 mit einander klein geschlagenen ganzen Eiern nebst 3 Eidottern, 2 Theelöffeln voll Salz, der geriebenen Schale von einer kleinen halben Citrone und $1/4$ geriebener Muskatnuß so lange stark durchrührt, bis der Teig Blasen wirft. Darnach rührt man noch 8 Loth in feine Würfel geschnittene und in Butter hellbraun gebratene Semmel hinzu und sticht von der Masse Klöße in kochendes, etwas gesalzenes Wasser, in welchem sie in etwa $1/2$ Stunde gar werden. Dieselben werden zu gekochtem Obst gegeben.

99. Englische Markklöße.

Man mischt zunächst in trocknem Zustande $3/4$ ℔ fein gehacktes Ochsenmark, oder in dessen Ermangelung Rindsnierentalg, welcher von der Haut vollständig befreit und gut gereinigt ist, mit $3/4$ ℔ Mehl, $1/4$ ℔ geriebener Semmel, $1/4$ ℔ Zucker, $1/2$ geriebener Muskatnuß und 6 fein gestoßenen Gewürznelken. Ist Alles gehörig durch einander gemengt, so thut man $1/2$ ℔ nach Nr. 44 gereinigte Korinthen, sowie 2 ganze Eier und 2 Eidotter, zusammen klein geschlagen, daran und gießt endlich $1\,1/4$ Pott Bouillon hinzu. Hierauf rührt man das Ganze mindestens $1/2$ Stunde lang tüchtig mit einander durch und formt Klöße daraus, die nach $1/4$stündigem Kochen in gesalzenem Wasser gar sind. Außer zu Obst kann man dieselben auch zu gekochtem Schinken oder Rauchfleisch reichen.

100. Markklöße mit Aepfeln.

Man schneidet $1/2$ ℔ Ochsenmark und $1/2$ ℔ gereinigten Rindsnierentalg, nöthigenfalls auch von Letzterem allein 1 ℔, in Würfel und schmilzt es an einem langsamen Feuer, thut 2 ℔ geschälte und in Würfel geschnittene Aepfel, die in Stücke geschnittene und in etwas Wasser eingeweichte, sodann aber sorgfältig wieder ausgedrückte Kruste von $1/2$ ℔ Semmel, mit

1 ℔ Weizenmehl vermischt, 2 Eidotter und 6 ganz klein geschlagene Eier und gut 1/2 Pott warme Milch hinzu, und rührt Alles tüchtig mit einander durch. Während des Rührens giebt man 1 Eßlöffel voll Salz, 1 Theelöffel voll gestoßenen Kanehl, 1/2 geriebene Muskatnuß, die abgeriebene Schale einer halben Citrone und 1/2 ℔ nach Nr. 44 gereinigte Korinthen zu der Masse und mengt Alles mit derselben gehörig durch, worauf man die davon abgestochenen Klöße in gesalzenem Wasser gar kocht und mit einer Frucht- oder Weinsauce anrichtet.

V. Fleisch- und andere Suppen, auch Kalteschalen.

A. Fleisch- und Fischsuppen.

101. Allgemeine Anweisungen.

Ueber das zu einer guten Fleischsuppe nöthige Quantum Fleisch ist oben, S. 16, das Nähere angegeben und soll hier nur noch vorweg bemerkt werden, daß man jenes Quantum noch ein wenig vermindern kann, wenn das Fleisch selbst nicht für den Tisch bestimmt ist, also der Suppe wegen rein ausgekocht werden darf. Zum Kochen wähle man, wo die Wirthschaft es irgend gestattet, einen irdenen Kochtopf, die Suppe kocht sich darin stets am klarsten und wird wohlschmeckender, als bei der Bereitung in andern Gefäßen. Unter Letztern sind wieder die emaillirten Geschirre allen andern vorzuziehen, nur hüte man sich, daß die Emaille erheblich gelitten habe, die Suppe würde dadurch an Geschmack und Farbe verlieren, was noch mehr der Fall ist, wenn man in einer kupfernen Kasserole kocht, deren Verzinnung schadhaft ist.

Soll das Fleisch nicht auf den Tisch gebracht werden, so ist das beste zur Bouillon zu verwendende Stück das Kluft- oder Schwanzstück; es wird dasselbe aber für die meisten Haushaltungen zu theuer sein, und da wähle man die Schulterblätter, das Nackenstück oder die Beine, namentlich Letztere, in welchen aber vorher die Knochen der Länge nach aufgeschlagen werden müssen. Befinden sich viele Knochen unter dem Suppenfleische, so ist selbstverständlich das S. 16 angegebene Gewicht verhältnißmäßig zu vergrößern.

Soll das Fleisch nach der Suppe gericht werden, wie dies in den meisten Privat-Wirthschaften Regel ist, so wähle man irgend ein mit Fett durchwachsenes Stück, namentlich ein Stück aus der Kernbrust (Schammbrust), oder aus dem Bauche oder ein Rippenstück. Man darf das Fleisch in diesem Falle aber nur grade so lange kochen, bis es gar ist, sonst wird auch das beste Fleisch trocken; die Suppe freilich wird weniger kräftig.

In manchen Wirthschaften ist es Sitte, das Fleisch vor dem Kochen auszuwässern. Dies ist durchaus falsch, indem es ihm einen Theil grade derjenigen Bestandtheile raubt, welche die Bouillon kräftig machen. Man wasche vielmehr das Fleisch nur tüchtig in kaltem Wasser und setze es dann ohne Weiteres auf das Feuer. Nur wenn ein Nackenstück verwandt werden soll, welches regelmäßig sehr blutig ist, wird das Auswässern nothwendig, ohne dasselbe würde man eine Suppe von dickem, trübem Aussehen erhalten.

102. Klare Bouillon.

Man bringt Rindfleisch in demjenigen Verhältniß zu dem Quantum der zu bereitenden Bouillon, wie dasselbe S. 16 angegeben ist, und zwar, wenn das Fleisch nicht mit als Gericht dienen soll, in kaltem Wasser — einem Viertheil mehr, als man Bouillon zu erhalten wünscht — auf das Feuer und salzt das Wasser sofort. Beim Salzen sei man indessen sehr vorsichtig, da keine Suppe leichter versalzen wird, als grade Bouillon, man gebe z. B. zu 8 ℔ Fleisch nur etwa 1 kleine Hand voll Salz; stellt sich beim Kosten kurz vor dem Garwerden des Fleisches heraus, daß es noch an Salz fehlt, so ist das Nachsalzen sehr leicht. Man bringe nun das Wasser möglichst schnell in's Kochen, schäume sorgfältig und unausgesetzt, so lange sich Schaum auf der Oberfläche bildet, gebe Suppenwurzeln (Abschn. I. 5) daran, verschließe den Topf möglichst dicht und lasse jetzt die Bouillon ganz langsam weiter kochen, bis sie sich um ein Viertheil eingekocht hat, was in der Regel in etwa 4 Stunden der Fall sein wird. Nachdem sodann das Fleisch herausgenommen worden, gießt man die Bouillon durch das Suppensieb und läßt sie in einer Schüssel stehen, bis sie sich vollständig geklärt hat, bringt sie wiederum auf das Feuer und läßt sie auf demselben, bis sie einmal überkocht.

Zu Einlagen in die Bouillon verwendet man in der Regel Suppenwurzeln, welche sorgfältig gereinigt, nach Abschn. I. 4. blanchirt, in zierliche Formen geschnitten und in einem besondern Geschirre in Bouillon gar gekocht sind. Sonstige Einlagen können bilden Spargel oder Blumenkohl, ferner Klöße von Kalb- oder Rindfleisch (Nr. 36 a. b.), oder von der Nr. 36 i. angegebenen Farce, so wie endlich Mehl-, Gries-, Reis-, Kartoffel-, Eier- oder abgerührte Klöße, blanchirte Maccaroni oder Nudeln, Sago oder Reis. Als Beilagen giebt man Croutons, gefüllte Milchbrode, Bouillon-Reis und steif gekochte Maccaroni.

Anm. 1. Wegen der Bereitung sämmtlicher angegebenen Ein- und Beilagen vgl. Abschn. IV. A.

Anm. 2. Soll das Fleisch mit auf den Tisch gebracht werden, so muß beim Einlegen desselben in das Wasser Letzteres nothwendig bereits kochen. Wollte man hier wie oben angegeben verfahren, so würde aller Fleischsaft verloren gehen.

Anm. 3. Will die Bouillon sich durch bloßes Stehen in der Schüssel nicht klären, was mitunter trotz der größten Sorgfalt durch die Beschaffenheit des Fleisches herbeigeführt wird, so muß man sie in folgender Art mit Eiweiß behandeln. Man nimmt zu 5 Pott Bouillon das Weiße von 3 Eiern, quirlt dasselbe zunächst mit ein wenig Bouillon und dann diese mit dem ganzen Quantum tüchtig durch und läßt die Bouillon hierauf schnell aufkochen und dann eine Viertelstunde ganz langsam weiter kochen. Hierauf gießt man dieselbe durch ein leinenes Tuch. — Vom Wohlgeschmacke geht indessen durch solches Klären stets etwas verloren.

Anm. 4. Will man die Bouillon braun haben, so brät man auf 4 ℔ Rindfleisch $1/2$ ℔ in Butter, oder noch besser, in Bratenfett gut braun und giebt dieses zusammen nach dem Abschäumen in die Suppe, mit welcher es bis zu Ende kocht. — Einfacher ist es freilich, bloß Zuckerfarbe (Nr. 34) zu verwenden,; jedoch verliert die Bouillon dadurch etwas an Wohlgeschmack.

103. Abgequirlte Bouillon.

Man kocht klare Bouillon durchaus nach Nr. 102, nur nicht ganz so kräftig, und quirlt sie dann nach Nr. 26 mit so viel Eidottern ab, daß sie seimig wird. Es ist indessen nicht nöthig und selbst nicht räthlich, nur Eidotter zu verwenden, da die mit ihnen allein gebundene Suppe leicht gerinnt, man giebt deshalb auch gern ein wenig Mehl hinzu. Dies Abquirlen erhöht zugleich den Wohlgeschmack und die Nahrhaftigkeit der Suppe, welche noch schmackhafter wird, wenn man während des Quirlens ein wenig Butter oder süße Sahne oder ein Glas Weißwein hinzuthut.

Als Ein- und Beilagen wählt man dieselben, welche nach Nr. 102 zur klaren Bouillon gehören, gern auch s. g. Wiener Gries, welchen man, nachdem er vorher mit Wasser genäßt worden, unter unausgesetztem Quirlen an die Suppe thun muß, in welcher er dann vollends gar kocht.

Anm. Sollten sich beim Abquirlen kleine Klößchen in der Suppe bilden, so muß dieselbe vor dem Hinzuthun der Ein- und Beilagen durch ein Sieb gegossen werden, was überhaupt geschehen muß, wo sich beim Verdicken einer Suppe kleine Klößchen in derselben bilden.

104. Kalbfleischsuppe.

(Vgl. S. 16.)

Man blanchirt das Kalbfleisch in kochendem Wasser und zerlegt es, nachdem es in kaltem Wasser hinreichend abgekühlt worden, in passende Stücke. Sodann gießt nan das Wasser, worin es blanchirt worden, durch ein Sieb und setzt das

Fleisch in demselben wieder auf das Feuer. Weiter verfährt man ganz wie in Nr. 102 für die Bereitung der klaren Bouillon angegeben worden; doch ist zu bemerken, daß man hier mit dem Salzen noch vorsichtiger sein muß, und daß ferner die Suppe durch Hinzuthun von einem Stücke Butter bedeutend an Wohlgeschmack gewinnt.

Zu Ein- und Beilagen wählt man mit Ausnahme der Klöße von Rindfleischfarce und des Bouillon-Reis dieselben, welche in Nr. 102 aufgeführt sind, außerdem noch das Fleisch selbst, von welchem die Suppe bereitet worden, nachdem man es vorher möglichst sauber geputzt hat.

Da es schwer ist, eine ganz klare Kalbfleischsuppe zu erzielen, so liebt man es, dieselbe abzuquirlen, was ganz nach dem in Nr. 103 angegebenen Verfahren geschieht.

105. Herzschlagsuppe.

Die Lungen und das Herz von einem fetten Kalbe, denen man wohl auch noch 1 ℔ Fleisch hinzufügt, werden gründlich gereinigt, in Stücke zerschnitten und in kaltem Wasser auf das Feuer und schnell ins Kochen gebracht. Nachdem die Suppe sehr sorgfältig abgeschäumt ist, thut man Suppenwurzeln hinzu und läßt sie langsam weiter kochen, bis Alles weich ist. Sodann gießt man sie durch ein Sieb auf vorher in Wasser und mit einem Stückchen Butter 1½ Stunde lang gekochte Graupen, wobei man auf einen Pott Suppe 2 Loth Graupen rechnet, kocht sie damit unter Hinzuthun von etwas gehacktem Petersilien- und Selleriekraut seimig und quirlt sie mit Eidottern ab. Als Einlage giebt man kleine, möglichst rund geschälte Kartoffeln, sowie Scheiben von der Lunge und dem Herzen.

106. Hammelfleischsuppe.

(Vgl. S. 16.)

Soll die Hammelfleischsuppe wohlschmeckend werden, so muß man das Fleisch, woraus man sie bereiten will, schon vorher möglichst entfetten und fernerhin während des Kochens das sich auf der Oberfläche ansammelnde Fett unausgesetzt rein abnehmen. Im Uebrigen verfährt man, wie in Nr. 102 für die Bereitung der klaren Bouillon angegeben worden, nur daß man vor dem auf das Abklären folgenden nochmaligen Aufkochen auf 2 Pott Suppe einen guten Eßlöffel voll Butter hinzuthut.

Als Ein- und Beilagen verwendet man die in Nr. 102 angegebenen, weniger jedoch die Klöße von Fleischfarcen.

107. Hühnersuppe.

(Vgl. S. 16.)

Man kocht ein nach Nr. 47 u.48 gut gereinigtes altes Huhn in leichter Kalbfleischsuppe mit ein ganz wenig Salz und einigen Suppenwurzeln, bis es gar ist, nimmt es heraus und gießt die Suppe durch ein Sieb, thut **1** Eßlöffel voll Butter daran und kocht sie noch einmal auf. Das Huhn selbst wird möglichst sauber in Stücke geschnitten und nebst Spargel, Blumenkohl, Klößen von einer Farce aus der Brust des Huhnes, oder Schwemmklößen, oder auch gefüllten Krebsnasen als Einlage gegeben.

Man liebt es, die Hühnersuppe mit Eidottern abzuquirlen oder auch mit Mehl und Butter seimig zu machen. Zu diesem Zwecke knetet man Beides zusammen, thut es in die Suppe und läßt es darin kochen, bis sie sich gehörig damit verbunden hat.

108. Taubensuppe.

Man reinigt die Tauben nach Nr. **47** u. **48**, bringt **1** ℔ Kalbfleisch in kaltem Wasser mit Suppenwurzeln auf das Feuer und thut, wenn das Wasser gehörig kocht, 4 Tauben zu dem Fleische in dasselbe. Sind die Tauben gar gekocht, so nimmt man sie mit dem Kalbfleische aus der Bouillon, gießt Letztere durch ein Sieb und giebt $^1/_4$ ℔ Butter nebst darin weiß geschwitzten **3** Eßlöffeln voll Mehl daran. Hiermit muß die Suppe so lange langsam kochen, bis das Mehl nicht mehr durchzuschmecken ist, worauf man noch eine Prise geriebene

Muskatnuß als Würze hinzufügt. Die Suppe wird sodann mit den in Viertel geschnittenen Tauben als Einlage angerichtet.

109. Wildsuppe.

Man zerhackt den gut ausgewässerten Abfall von Wild nebst den Knochen, brät das Ganze in braun gemachter Butter oder Bratenfett, bis es gut braun ist, gießt so viel Bouillon oder Wasser, wie man Suppe haben will, dazu und bringt es damit ins Kochen. Zu 4 Pott Suppe giebt man sodann die ausreichenden Suppenwurzeln nebst 2 Lorbeerblättern, 4 mittelgroßen Zwiebeln, 8 Körnern schwarzen und 8 Körnern Nelkenpfeffer und läßt das Ganze 3 Stunden langsam kochen, worauf man es durch ein Sieb gießt und zum Klären hinstellt. Nachdem man dann die Suppe entfettet hat, bringt man sie unter Zurücklassung alles Bodensatzes wieder auf's Feuer und gießt sie, sobald sie kocht, unter fortwährendem Rühren zu einer braunen Mehlschwitze (Nr. 20) von 8 Eßlöffeln voll Mehl, mit welcher sie dann noch etwa eine Viertelstunde weiter kochen muß, während dessen thut man noch $1/4$ Flasche Rothwein und $1/8$ Flasche Madeira oder Sherry dazu.

Als Einlage giebt man vorher in Bouillon gar gekochte Klöße von einer Farce von Wild (Nr. 36 e.) oder auch in Filets geschnittenen Wildbraten.

110. Eine billigere Wildsuppe.

Man zerhackt zurückgebliebene Wild- und andere Bratenknochen und behandelt sie, wie vorher, thut jedoch, wenn das Quantum nicht reichen sollte, noch ein Stück sonst für den Tisch nicht geeignetes Rindfleisch hinzu. Die weitere Bereitung der Suppe ist dieselbe, welche in der vorhergehenden Nummer angegeben ist, der Ersparniß wegen läßt man es aber bei einem Glase Rothwein bewenden, der indessen auch ganz fehlen kann, und giebt als Einlage Croutons oder Maccaronis (Nr. 79 und 85).

111. Suppe à la reine.

Man kocht 4 Pott Bouillon von 6 ℔ Rindfleisch, 2 ℔ Kalbfleisch und einem alten Huhn, klärt sie durch ein Sieb, gießt sie unter fortwährendem Rühren zu einer weißen Mehlschwitze (Nr. 20) von 6 Eßlöffeln voll Mehl und quirlt sie mit 8 Eiern ab; auch kann man einige Eßlöffel Sahne oder nach Belieben ein Glas Weißwein daran thun. Als Einlage giebt man Reiskörner nach Nr. 84, Schwemmklöße nach Nr. 58 und beim Anrichten der Suppe mit in die Terrine das in Filets geschnittene Fleisch des Huhnes.

112. Körbelsuppe.

Man macht zu 2 Pott Bouillon eine weiße Mehlschwitze von 3 Eßlöffeln voll Mehl (Nr. 20). Ist dieselbe fertig, so gießt man unter fortwährendem Rühren über dem Feuer die kochende Bouillon hinzu und streut 3 gehäufte Eßlöffel voll ganz fein gehackten Körbel hinein. Mit demselben läßt man die Suppe dann noch $1/4$ Stunde kochen. Als Beilage zu dieser Suppe giebt man verlorene Eier (Nr. 28).

Anm. Um die Suppe pikanter zu machen, kann man zum Körbel noch eine Chalotte, etwas Petersilie und Selleriekraut und ein wenig Estragon hacken.

113. Aalsuppe.

Zu 3 ℔ Aal kocht man 4 Pott Bouillon von 6 bis 8 ℔ Rindfleisch. Ist der Aal sehr klein, so zieht man einfach die Haut ab, reinigt ihn inwendig und zerschneidet ihn in Stücke von halber Fingerslänge, aus größerem Aal aber muß man vorher die Gräten auslösen und verhältnißmäßig kürzere Stücke schneiden, worauf derselbe in so viel Wasser und Essig — jedes zur Hälfte —, daß er oben davon bedeckt ist, mit 1 Zwiebel, 3 Gewürznelken und 6 Körnern Nelkenpfeffer, einem Lorbeerblatt und etwas Aalkraut gar gekocht wird. Ferner kocht man 2 Theetassen voll frische grüne Erbsen mit ebenso viel in Würfel geschnittenen Suppenwurzeln (Abschn. I. 5.), so wie davon abgesondert, fein gehackte Suppenkräuter nebst Majoran, Thymian; Salbei und Estragon, Beides, Wurzeln und Kräuter, in Bouillon gar. Endlich zerklüftet man 1 Spint sorgfältig geschälte Birnen in Viertel, löst die Gehäuse heraus und kocht die Birnen in so viel Rothwein und Wasser, daß sie kaum davon bedeckt sind, mit Zucker und etwas ganzem Kanehl, bis sie weich sind. Den Aal nebst sämmtlichen andern Zuthaten schüttet man sodann in die vorher geklärte, entfettete, mit einer gelben Mehlschwitze (Nr. 20) von 8 Eßlöffeln voll Mehl seimig gemachte und mit $^1/_2$ Flasche Weißwein ins Kochen gebrachte Bouillon, und läßt das Ganze noch, mit ein wenig Salz und $^1/_2$ geriebener Muskatnuß gewürzt, eine halbe Stunde lang ganz langsam kochen. Kurz bevor es vom Feuer genommen wird, gießt man endlich noch $^1/_2$ Flasche Johannisbeersaft dazu.

Als Einlage giebt man die Klöße zu Aalsuppen in Nr. 55 oder die Schwemmklöße in Nr. 58.

114. Aalquappensuppe.

Man kocht Bouillon in demselben Verhältniß zu den Aalquappen, wie in der vorigen Nummer für die Aale angegeben worden, jedoch nimmt man dazu halb Rind- und halb Kalbfleisch. Die Quappen reinigt man, nachdem man sie abgezogen, inwendig gründlich, reibt sie mit etwas Salz ein und läßt sie eine Stunde stehen; die sorgfältig von dem Eingeweide getrennten und gereinigten Lebern legt man eben so lange in Milch. Dann schneidet man die Quappen in beliebige Stücke und kocht sie in halb Milch und halb Wasser mit etwas Salz, 4 mittelgroßen Zwiebeln und 8 Körnern Pfeffer in $^1/_4$ Stunde gar, läßt sie gut abtropfen und legt sie in eine Suppenterrine, um die Bouillon darauf zu geben. Letztere hat man vorher geklärt, entfettet und mit einer weißen Mehlschwitze (Nr. 20) seimig gemacht, auch in dieselbe einige Mohrrüben, Petersilienwurzeln und 1 kleinen Kopf Sellerie — Alles in feine kurze Streifen geschnitten und in dem Bouillonfett gar gekocht — sowie eine fein geschnittene, in Butter gar geschwitzte Schalotte, nebst den in Bouillon gar gekochten Lebern hinzugethan.

Als Einlage giebt man die Klöße in Nr. 55.

115. Stuhren- (Kaulbarsch-) Suppe.

Auf 2 Pott rechnet man je nach der Größe 32 bis 40 Kaulbarsche. Dieselben schuppt man sauber ab, löst ihnen Bauch- und Rückenstacheln ab, nimmt sie aus, wobei man ihnen aber die Leber und die Milch oder den Rogen läßt, wäscht sie zweimal sauber ab und legt sie bis zu fernerem Gebrauch auf einen Teller. Zur Bereitung der Suppe macht man dann nach Nr. 20 eine weiße Mehlschwitze von 3 Eßlöffeln voll Mehl, gießt das kochende Wasser unter fortwährendem Rühren hinzu und streut noch 1 Eßlöffel voll fein gestoßene Zwieback nebst eben so viel gehackter Petersilie hinein. Liebt man die Suppe seimiger, so kann man nach Belieben noch mehr Zwieback, auch allenfalls einen Eßlöffel voll Mehl, in Wasser eben gerieben, hinzuthun. Sodann giebt man die Kaulbarsche nebst dem nöthigen Salz in die Suppe und läßt sie darin 10 Minuten kochen, worauf die Suppe mit gebratenen Semmelschnitten oder Würfeln angerichtet wird.

116. Stuhrensuppe anderer Art.

Man reinigt $1^1/_2$ Schock kleine Kaulbarsche, wie dies zur vorigen Nummer angegeben worden, jedoch ohne dieselben zu schuppen, und kocht sie in etwa $1^1/_2$ Pott Wasser mit einer halben Hand voll Salz so lange, bis sich das Fleisch von den Gräten löst. Hierauf schlägt man das Fleisch mit der Brühe zusammen durch ein Haarsieb, so daß nur Schuppen und Gräten zurückbleiben. In der erhaltenen Suppe kocht man sodann etwas — jedoch nur sehr wenig — junges Gemüse, z. B. etwa 1 bis 2 Mohrrüben nebst 3 bis 4 Spargeln, gar, niemals aber Gemüse, welches stark vorschmeckt. Endlich giebt man Krebsbutter an die Suppe, so viel von den Schalen von 20 Krebsen, unter Zurücklassung der Nasen, nach Nr. 8 bereitet werden kann, auch macht man die Suppe nöthigenfalls mit weißer Mehlschwitze (Nr. 20) seimiger.

Als Einlage in die Suppe wählt man am besten die ausgebrochenen Schwänze der Krebse, nebst den mit der Farce in Nr. 36 c. gefüllten und vor dem Anrichten einmal durchschnittenen Nasen derselben, kann indessen auch bloß Fleischklößchen von der Farce in Nr. 36 a. dazu geben, jedoch nicht zu viel, um nicht den eigenthümlichen Fischgeschmack zu verderben.

117. Fischsuppe.

Man säubert einen oder mehrere größere Süßwasser-Fische gehörig, nimmt sie aus und zerschneidet das Fleisch in kleine Filets. Die Ueberreste der Fische, sowie, je nach Bedürfniß, noch andere kleinere, vorher gleichfalls gesäuberte und ausgenommene Süßwasser-Fische, thut man mit einem guten Stücke Butter und etwas Wasser in einen Kochtopf, dessen Boden man vorher mit in Scheiben geschnittenen Suppenwurzeln, Zwiebeln und einem Lorbeerblatt belegt hat. Das Ganze läßt man auf einem langsamen Feuer kurz einschmoren, gießt so viel Wasser, wie man zur Suppe braucht, darauf, salzt, jedoch nicht zu stark, läßt die Suppe eine Stunde langsam kochen und gießt sie durch ein Sieb. Dann schwitzt man Mehl mit Selleriescheiben in Butter gelb, gießt die inzwischen entfettete Suppe unter fortwährendem Rühren hinzu, läßt sie mit fein gehackten Suppenkräutern noch 5 Minuten kochen und quirlt sie endlich mit Eidottern ab. Diese Suppe richtet man mit den Fischfilets an, welche man vorher eingesalzen und zur einen Hälfte mit Salz und Wasser gar gekocht, zur andern Hälfte nach Abschn. I. 5. panirt und in Butter gelb gebacken hat. Auch kann man noch Klöße von Fischfarce (Nr. 36 b.) in die Suppe geben.

Anm. Bei dem vorstehenden Recepte war es nicht möglich, Maße und Gewichte genau anzugeben, da dieselben nicht nur von der Quantität, sondern auch von der Art der gewählten Fische abhängen. Uebrigens sollte sich an die Bereitung dieser Suppe nur eine schon geübtere Köchin machen, die dann leicht auch ohnehin das Richtige treffen wird.

118. Austernsuppe.

Man kocht für 12 Personen eine Suppe von 6 ℔ Rinds- und 6 ℔ Kalbsknochen auf folgende Weise. Nach Ablösung des Fleisches bringt man die zerhackten Knochen mit 1 Petersilienwurzel, 1 Stange Porree und 1 Selleriekopf, Alles zerschnitten, auf das Feuer und bereitet davon eine klare Bouillon nach Nr. 102. Das Fleisch zerschneidet man und läßt es mit 2 fein geschnittenen Chalotten und etwas Mehl gut durchschwitzen, aber nicht braun werden. Hiezu gießt man auf einem langsamen Feuer ganz allmälig die Bouillon, läßt dieselbe 3 Stunden kochen, gießt sie durch ein Sieb und läßt sie sich wieder abklären. Sodann bereitet man eine Brühe, indem man die Bärte von 1 Schock Austern in etwas mit ein paar Tropfen Citronensaft vermischtem Wasser auskocht. In dieser Brühe bringt man ½ Schock Austern auf das Feuer, läßt sie jedoch nur anziehen, aber nicht kochen, damit steif, aber nicht hart werden. Die andere Hälfte der Austern panirt man (Abschn. I. 4) und backt sie möglichst schnell in halbbrauner Butter. Jetzt bringt man die abgeklärte Bouillon wieder ins Kochen, gießt das Austernwasser und die Brühe, in welcher die Austern gar gemacht worden, nebst dem Safte einer halben Citrone durch ein Sieb hinzu, quirlt sie mit 4 Eidottern ab und rührt endlich noch 4 hartgekochte, fein zerrührte Eidotter hinzu. Diese Suppe richtet man mit Croutons (Nr. 79) an, giebt die Austern aber erst bei Tische dazu, weil sie sonst in der heißen Suppe leicht hart werden würden.

119. Echte Schildkrötensuppe.

Vorbemerk. Bei dem folgenden Recepte ist immer an eine Schildkröte mittlerer Größe gedacht worden, da die zu großen in der Regel sehr zähe sind. — Um die Schildkröte zu schlachten, hängt man sie an den Hinterfüßen auf und haut ihr den Kopf ab, sobald sie ihn lang genug herausstreckt, oder man erfaßt ihn, aber vorsichtig, um nicht gebissen zu werden, und schneidet ihn ab, wozu ein starkes scharfes Messer nöthig ist.

Ist die Schildkröte geschlachtet, so läßt man sie vorerst volle 4 Stunden hängen; so lange braucht sie, um rein abzubluten; dann schneidet man die untere weiße Platte rund um heraus und nimmt die Gedärme heraus, wobei man sehr vorsichtig zu Werke gehen muß, damit die Galle, welche sogleich zu entfernen ist, nicht verletzt werde. Ferner trennt man Leber und Herz von den Gedärmen und legt sie nebst den etwa sich vorfindenden Eiern in Wasser, ebenso die Gedärme selbst, nachdem sie gehörig gereinigt worden sind. Nun schneidet man die Füße heraus und die Flossen ab, so weit die Außenhaut geht, setzt den Körper in kochendem Wasser auf das Feuer und läßt ihn einige Male überkochen, worauf die Haut sich abziehen läßt. Fleisch und Gedärme werden sodann, jedoch von einander getrennt, mehrere Stunden in kaltes Wasser gelegt und letzteres öfters erneuert; man thut dabei gut, das Fleisch in mehrere Stücke zu zerschneiden, weil dadurch der Schleim besser entfernt wird, und es nach Herausnahme aus dem Wasser noch eine Nacht an einer luftigen Stelle hinzuhängen, um den strengen Geruch, den es an sich hat, möglichst verdunsten zu lassen.

Zur weitern Bereitung bringt man dann das Fleisch nebst dem Herzen in kalter, nicht zu starker Bouillon, zum Kochen und gießt, nachdem tüchtig und vollständig abgeschäumt worden, 1 Flasche Weißwein hinzu. Ferner thut man noch 1 Theelöffel voll Salz, 4 fein gehackte Zwiebeln mittlerer Größe, ein ganz wenig Muskatblüthe und eine halbe Hand voll Estragon und Thymian daran und läßt damit das Fleisch langsam gar kochen, was, je nach der Größe der Schildkröte, 1½ bis 3 Stunden erfordert. Die hiedurch gewonnene Suppe klärt man, gießt sie zu einer braunen Coulis von 2 ℔ Rindfleisch (s. deren Bereitung Abschn. VII.) und läßt sie damit unter Hinzuthun von einer kleinen Messerspitze voll Cayennepfeffer, nebst eben so viel fein gestoßenen Nelken, geriebenem Ingwer und pulverisirtem Estragon seimig kochen, doch richtet man dieselbe auch klar an.

Als Einlage giebt man zunächst das Fleisch der Schildkröte, nebst der in Butter weichgedämpften Leber, Ersteres in zierliche Stücke, Letztere in Scheiben geschnitten; ferner Klöße aus der Farce in Nr. 36 b., oder aus einer Farce von zurückgelassenem rohen Schildkrötenfleisch, welches mit fein gehacktem

6

Ochsenmark, 20 Loth auf das Pfund Fleisch, nebst Eiern und Semmeln, in dem Verhältniß, wie es Nr. 36 b. angegeben worden, in einem Mörser zu Brei zusammen gestoßen wird. Als Gewürz giebt man auf 1 ℔ Fleisch 1 Eßlöffel voll Salz, ½ geriebene Muskatnuß, die abgeriebene Schale von ¼ Citrone und eine Messerspitze voll weißen Pfeffer. Die aus dieser Farce geformten Klöße müssen aber in der Suppe gar gekocht werden, bevor dieselbe seimig gemacht ist; man kann von der Farce indessen auch Würste bereiten, indem man sie in die Gedärme der Schildkröte stopft, wo man dann noch ein paar fein gehackte und in Ochsenmark geschwitzte Chalotten ein wenig geriebene Leber und ein kleines Glas Cognac hinzuthut. Die Würste werden für sich gar gekocht und, ehe man sie beim Anrichten in die Terrine legt, schräg in Stücke geschnitten. — Als letzte Einlage verwendet man die für sich gar gekochten Schildkröten-Eier; da man aber deren öfter nicht vorfindet, so kann man sie auch nachmachen, indem man 8 hartgekochte, geriebene Eidotter mit 6 rohen Eidottern, 2 Loth zu Sahne geriebener Butter, 1 Theelöffel voll Mehl, ½ Theelöffel voll Salz und ¼ geriebener Muskatnuß zu einem Teige rührt und daraus kleine Eidotter formt, welche man für sich in Bouillon gar kocht.

Die genannten Einlagen giebt man in eine Terrine und richtet die Suppe darüber an, nachdem man kurz vorher noch eine Flasche Madeira zu derselben gegossen hat.

120. Mock-Turtle-Suppe.

Der Kopf von einem recht fetten Kalbe wird gehörig abgebrüht und, wenn noch einzelne Reste von Haaren daran bleiben, abgesengt, dann sauber abgewaschen und gut getrocknet, worauf man das Fleisch von den Knochen löst und die Zunge ausschneidet, die Hirnschale spaltet und das Gehirn herausnimmt. Fleisch und Zunge werden sodann blanchirt (Abschn. I. 5) und in schwacher, aber fetter Bouillon mit 4 mittelgroßen Zwiebeln, 2 Lorbeerblättern, 8 Körnern schwarzem Pfeffer, eben so viel Nelkenpfeffer und einigen Suppenwurzeln gar gekocht und zum Erkalten auf eine Schüssel gelegt.

Sollte die Bouillon noch nicht gesalzen sein, so thut man während des Kochens 1 Eßlöffel voll Salz hinzu, sonst verhältnißmäßig weniger. Die Knochen des Kopfes werden so klein, wie möglich, zerhackt und in einem Kochtopfe mit einigen in Scheiben zerschnittenen Zwiebeln und Suppenwurzeln, einem halben Glase Wasser und einem Lorbeerblatte, so wie Butter nach Belieben, auf langsamem Feuer so lange geschmort, bis sich auf dem Boden des Topfes eine braune Glace gebildet hat. Dann giebt man noch etwa ½ Pott Wasser darauf, läßt das Ganze 2 Stunden zusammen kochen und gießt es durch ein Haarsieb. Ferner bereitet man nach Nr. 20 eine braune Mehlschwitze von 10 Eßlöffeln voll Mehl und gießt unter stetem Rühren sowohl die von dem Kopffleische, als die von den Knochen gewonnene Brühe hinzu, nachdem Beide gehörig entfettet sind. Zu dieser Suppe giebt man sodann 4 Pott Rindfleisch-Bouillon, läßt sie damit zusammen, unter fortwährendem Abnehmen des Fettes, noch eine Stunde langsam kochen und thut während dessen ein wenig Cayenne-Pfeffer, höchstens eine halbe Messerspitze voll, daran. Ist die Suppe nicht braun genug, so kann man sie mit Zuckerfarbe (Nr. 34) färben. Den Kalbskopf nebst der Zunge schneidet man, nachdem sie erkaltet sind, in möglichst zierliche Stücke und kocht dieselben mit Madeira und Bouillon, Beides zur Hälfte, kurz ein. Diese Fleischstücke benutzt man, nachdem sie so bereitet sind, als Einlage, außerdem aber noch die künstlichen, nach der Anweisung in der vorhergehenden Nummer bereiteten Schildkröten-Eier, so wie endlich Klößchen von der Farce Nr. 36 a. oder 36 f. Will man die Suppe besonders fein haben, so giebt man noch eine Einlage von dem Gehirn des Kalbskopfes. Man kocht dasselbe zu dem Zwecke eine Viertelstunde in Essig und Wasser — von Ersterem drei Viertel, von Letzterem ein Viertel — nebst einem Theelöffel voll Salz, läßt es abtrocknen, schneidet es in kleine Stücke und bäckt es, in Ei und geriebener Semmel panirt, in Butter. — Vor dem Anrichten gießt man an die Suppe auf 5 Pott 1 Flasche Madeira.

121. Krebssuppe.

Man bereitet nach Nr. 8 Krebsbutter, und zwar von ½ Schock Krebsen zu 4 Pott Suppe. In dieser Butter macht man eine weiße Mehlschwitze (Nr. 20) von 8 Eßlöffeln voll Mehl und gießt dazu die bei der Bereitung der Krebsbutter verwandte und vorher abgeklärte, so wie außerdem noch so viel Bouillon, daß man das ausreichende Quantum Suppe erhält. Das Ganze quirlt man gehörig und läßt es unter Hinzuthun von ¼ geriebener Muskatnuß, auch wohl ein wenig Sahne und einer Prise Zucker eine Viertelstunde lang kochen. Man kann die Suppe auch mit etwa 4 Eidottern abquirlen, muß aber dann zu der Mehlschwitze 3 Eßlöffel voll Mehl weniger verwenden.

Als Einlage giebt man die Krebsnasen, welche mit einer der in Nr. 36 a. und 36 o. angegebenen Farcen gefüllt, im Ofen oder einer Pfanne gar gebacken und vor dem Anrichten der Länge nach durchschnitten werden. Ferner giebt man noch Klöße von den Farcen in Nr. 36 a. und 36 h., welche man auf einem mit Mehl bestreuten Brette aufrollt; die Rollen werden sodann, nachdem man sie gar gekocht hat, vor dem Anrichten in Scheiben zerschnitten. Auch kann man noch ein wenig gekochten Reis hineinthun. Endlich werden noch die Schwänze und Scheeren der Krebse, Beide ausgebrochen, als Einlage benutzt.

122. Muschelsuppe.

Für 6 Personen nimmt man etwa ein Schock Muscheln (sog. Kieler Pfahlmuscheln), wäscht sie erst oberflächlich und im zweiten Wasser gründlich durch Abschruppen vermittelst eines Besens. Nachdem man sie noch zum dritten Male nachgewaschen, läßt man sie auf einem Durchschlage abtropfen und giebt drei Viertheile der ganzen Anzahl derselben in Wasser, welches vorher mit ein wenig Salz und einer eingekerbten weißen Zwiebel zum Kochen gebracht ist. Unter öfterm Umrühren läßt man sie nun kochen, bis sie sich alle geöffnet haben und legt sie wieder mit der Schaumkelle zum Abkühlen auf einen Durchschlag. In der Zwischenzeit löst man die rohen Muscheln aus den Schalen, befreit sie von den Bärten und schwitzt sie mit ein wenig Butter und einer kleinen weißen Zwiebel. Ferner bereitet man eine Suppe, indem man 1 Löffel voll Mehl in ½ ℔ Butter weiß schwitzt, 3 mittelgroße feingehackte Zwiebeln, nebst etwas fein gehackter Petersilie, Majoran und Thymian hinzuthut und unter stetem Rühren darin gar schwitzt, worauf dann 2 Pott Bouillon dazu gefüllt und gut damit durchgekocht werden. In diese Suppe giebt man zuerst die geschwitzten und dann die gekochten Muscheln, nachdem man Letztere gleichfalls von den Stühlen genommen und vom Barte befreit hat, auch kann man noch ein wenig Citronensäure kurz vor dem Anrichten hinzuthun. Als Beilage reicht man am besten Weißbrod in Würfel geschnitten und in Butter gebraten.

Anm. Das Hineinlegen einer Zwiebel sowohl beim Kochen, als auch beim Schwitzen der Muscheln ist ganz unerläßlich. Man erkennt dadurch, ob sich, was mitunter der Fall ist, giftige darunter befinden, es wird dann die Zwiebel schwarz und die Muscheln sind selbstverständlich ungenießbar.

B. Gemüse- und Püree-Suppen.

123. Russische Suppe mit Weißkohl.

Man kocht einen Kopf Weißkohl mittlerer Größe mit 1 ℔ Schweinefleisch und einer Bratwurst von 1 ℔ in gut 1 Pott Wasser gar und giebt die entfettete Kohlbrühe zu 2 Pott kräftiger Bouillon, läßt sie damit gut durchkochen, macht die Suppe mit 3 Eßlöffeln voll Mehl seimig und quirlt sie endlich mit 3 Eidottern ab. In diese Suppe thut man sodann den inzwischen auf einem Durchschlage abgetropften Kohl, nachdem man ihn mehrere Male durchschnitten hat, so wie das Schweinefleisch und die enthäutete Bratwurst nebst einem entsprechenden Stücke Rindfleisch aus der Bouillon, Alles in kleine Stücke zerschnitten.

124. Eine andere Weißkohlsuppe.

Man schneidet und hackt einen Kopf Weißkohl mittlerer Größe ganz fein und thut ihn in etwa 3 Pott nach Nr. 106 bereitete Hammelfleischsuppe, welche vorher mit einer weißen Mehlschwitze von etwa 3 Eßlöffeln voll Mehl etwas seimig gemacht worden ist. In dieser Suppe läßt man den Kohl gar kochen und würzt dieselbe mit einer Prise fein gehacktem Kümmel, etwas Salz, einer fein geschnittenen Zwiebel und einer guten Messerspitze voll fein gestoßenem schwarzen Pfeffer. Außerdem giebt man, nachdem der Kohl eine Stunde gekocht hat, so viel in Wasser klein gerührtes Reismehl an die Suppe, daß dieselbe hinreichend seimig wird.

125. Grünkohlsuppe.

Man kocht frisches oder gepökeltes Schweinefleisch nebst einigen Fleisch- oder Lungenwürsten in sehr reichlicher Brühe. Von Letzterer gießt man zu leichter Bouillon etwa ein Gleiches Quantum hinzu, wie diese; sollte sie aber räucherig danach schmecken werden, weniger. Auf 4 Pott hievon, welche zusammen ins Kochen gebracht sind, giebt man 2 Suppenteller voll fein gehackten Grünkohl, der vor dem Hacken sorgfältig verlesen und von den Rippen gestreift werden muß; ihn gar gekocht in die Brühe zu geben, wie dies häufig geschieht, ist weder nöthig noch zweckmäßig. Ist die Brühe mit dem Kohl wieder im Kochen, so streut man unter stetem Rühren 3 Hände voll vorher gut abgebrühte und in kaltem Wasser nachgewaschene ganz feine Hafergrütze nebst 1 Eßlöffel voll Zucker und ¼ geriebener Muskatnuß hinzu und läßt die Suppe zwei Stunden lang zugedeckt kochen, muß sie aber während dessen wiederholt umrühren. — Als Beilage giebt man entweder Kastanien, welche vorher gekocht, abgehäutet und in Butter gebraten sind, oder, wie es bei uns mehr Sitte ist, kleine runde, in Butter und mit etwas Zucker gleichmäßig hellbraun gebratene Kartoffeln. Neben denselben wird auch das Schweinefleisch nebst der Wurst servirt.

Will man einfacher, wie vorstehend angegeben, verfahren,

so bringt man den Kohl nebst sonstigen Zuthaten mit in die Schweinefleischbrühe und läßt ihn mit Fleisch und Wurst zusammen gar kochen.

126. Blumenkohlsuppe.

Zu einer weißen Mehlschwitze von 4 Eßlöffeln voll Mehl (Nr. 20) gießt man unter stetem Rühren 2 Pott kochende leichte Kalbfleischbouillon oder auch nur kochendes Wasser und giebt daran den in möglichst kleine Röschen zerpflückten und von Haut und Blättern gesäuberten Blumenkohl, welcher nun in der Suppe gar kocht, aber nicht zerkochen darf. Wie viel Blumenkohl man nehmen will, hängt vom Belieben ab, doch darf es nicht zu wenig sein, da er der Suppe den eigentlichen Geschmack geben soll. Außer dem Kohl thut man noch eine gute Prise Salz und ¼ geriebene Muskatnuß daran und richtet endlich die Suppe mit Klößen von der Farce in 36 a. oder mit gebratenen Semmelscheiben an.

127. Spargelsuppe.

Man kocht 4 ℔ Spargel in dem nöthigen, jedoch in so wenig Wasser wie möglich, eine halbe Stunde lang, nachdem man sie vorher gehörig gereinigt, geschält und die harten Enden abgeschnitten hat. Die Brühe läßt man abklären, giebt dieselbe unter sorgfältiger Zurücklassung des Bodensatzes zu 3 Pott leichter Kalbfleischbouillon und läßt sie damit eine Viertelstunde lang kochen. Sodann giebt man die Suppe auf eine weiße Mehlschwitze von 4 Eßlöffeln voll Mehl nach Nr. 20, kocht sie damit unter stetem Rühren gehörig durch und quirlt sie endlich mit 4 Eidottern ab, thut auch 1 Theelöffel voll Salz, eben so viel Zucker und eine Messerspitze voll geriebene Muskatnuß hinzu. Die inzwischen in beliebige Stücke geschnittenen Spargel werden in der Suppe vollends gar gekocht; die Köpfe thut man, um sie nicht zu zerkochen, eine Viertelstunde später hinein. Als weitere Einlage kann man Schwemmklößchen nach Nr. 60 geben, auch noch etwas gehacktes Petersilienkraut hinzuthun.

128. Suppe von jungen Erbsen.

Um 2 Pott Suppe zu erhalten, kocht man 6 Theetassen voll ziemlich reifer aber noch grüner Erbsen, so wie für sich allein eine Hand voll von den gut gereinigten Erbsenschalen, nebst einer halben Hand voll grob geschnittener Petersilie gar. Die Erbsen reibt man durch einen Durchschlag zu so viel leichter Kalbfleischbouillon, wie angegeben worden, hat man indessen solche nicht, so genügt auch das Wasser, in welchem die Erbsen gekocht worden. Dann drückt man die Schalen und die Petersilie gehörig aus, giebt den Seim durch ein Sieb in die Suppe und thut ferner junge recht klein geschnittene Mohrrüben und Petersilienwurzeln, eine gute Prise Salz, einen Theelöffel voll Zucker und endlich einen Eßlöffel voll Butter mit einem Theelöffel voll Mehl durchknetet, daran und läßt Alles kochen, bis die Suppenwurzeln gar sind. Zu Klößen in dieser Suppe wählt man die Schwemmklöße in Nr. 60, auch schmeckt es sehr gut, wenn man kurz vor dem Anrichten ein paar Eßlöffel voll ganz junge für sich allein mit etwas Butter und Zucker gar gekochte Erbsen hineingiebt.

129. Eine billigere Suppe von jungen Erbsen.

Man pahlt nicht zu alte Erbsen in dem Verhältniß von 6 Theetassen voll zu 2 Pott Suppe, reinigt die Schalen gut, kocht dieselben gar und reibt sie durch einen Durchschlag wieder zu der Brühe. Ist dieselbe wieder ins Kochen gebracht, so giebt man die Erbsen nebst klein geschnittenen Mohrrüben und Petersilienwurzeln, so wie Salz, Zucker und Butter, mit Mehl durchknetet, wie in der voraufgehenden Nummer angegeben worden, auch 1 Messerspitze voll geriebene Muskatnuß daran und läßt dies zusammen kochen, bis Erbsen nebst Suppenwurzeln gar sind. Alsdann giebt man Klöße nach Nr. 75, oder auch in Butter gebratene Semmelscheiben daran.

130. Erbsen-Püree-Suppe.

Vorbemerk. Diese Suppe dient ihrer Nahrhaftigkeit wegen meistens als Hauptgericht und ist dieser Fall auch im Folgenden berücksichtigt worden.

Um Erbsensuppe für 8 Personen zu kochen, wässert man 4 ℔ gepökeltes Schweinefleisch, darunter auch Schnauzen, Pfoten und Ohren, so weit aus, daß die Brühe davon nicht salziger wird, als sie zu der Suppe selber sein muß. Dies Fleisch kocht man für sich in 4 Pott Wasser mit einem Kopfe Sellerie, einer Stange Porree und einigen Mohrrüben gar. Ferner wird 1 Spint Erbsen in kaltem Wasser gut gewaschen und dann gleichfalls in kaltem weichen Wasser auf das Feuer gebracht. Kocht dasselbe, so wird es abgegossen und wieder durch kaltes Wasser ersetzt, welches Verfahren man, um den Erbsen den strengen Geschmack zu nehmen, noch einmal wiederholt. Sind die Erbsen gar, so reibt man sie durch einen Durchschlag in einen Kochtopf, gießt die Fleischbrühe unter Zurücklassung der Suppenwurzeln durch ein Sieb dazu und läßt sie damit so lange kochen, bis sie seimig ist. Sollte dies nicht zu erreichen sein, so rührt man etwas Mehl in Wasser klar oder knetet es auch mit Butter durch und thut dies zur Suppe. In dieselbe giebt man 2 große Köpfe Sellerie, 4 Mohrrüben und 3 Petersilienwurzeln, welche vorher in Würfel geschnitten und für sich in etwas von der Fleischbrühe gar gekocht sind.

Als Beilage giebt man außer dem Fleische noch in Würfel geschnittene und in Butter gebratene Semmel oder auch Bratkartoffeln.

Anm. Viele wählen zur Erbsensuppe sogenannte Splett-Erbsen, d. h. Erbsen, von denen die äußere Haut vorher entfernt worden ist. Es ist dies für die Köchin etwas bequemer, da von ihnen das Wasser nur einmal abgegossen zu werden braucht und sie sich leichter durch den Durchschlag reiben lassen; indessen die Suppe davon ist lange nicht so wohlschmeckend, wie von Erbsen, die mit der Haut gekocht werden. Will man aber doch Spletterbsen nehmen, so genügt 1 Spint davon für 10 Personen.

131. Bohnen-Püree-Suppe.

Für 8 Personen bringt man 2 ℔ Bohnen in weichem kalten Wasser auf das Feuer und ersetzt es, nachdem es kocht, einmal durch frisches Wasser. Sind die Bohnen weich, so reibt man sie durch einen Durchschlag zu 3 Pott schwacher, aber fetter Rindfleisch-Bouillon und läßt sie damit kochen bis sie seimig ist. Fehlt es an Fett, so muß mit Butter nachgeholfen werden; will die Suppe nicht seimig werden, so verfährt man wie in der vorigen Nummer angegeben worden. Während des Kochens giebt man 2 Mohrrüben, 2 Petersilienwurzeln und 1 mittelgroßen Kopf Sellerie, Alles in Würfel geschnitten und vorher in Bouillon gar gekocht, so wie auch einen Theelöffel voll Zucker an die Suppe, und thut endlich, wenn sie von der Bouillon noch nicht salzig genug geworden sein sollte, vorsichtig noch etwas Salz hinzu. Zu der Suppe reicht man in Würfel geschnittene und in Butter gebratene Semmel.

132. Bohnen-Püree-Suppe mit Speck.

Von 2 ℔ nicht zu stark geräuchertem, möglichst magerem Bauchspeck kocht man 3 Pott Brühe, bis der Speck weich ist, worauf die Brühe entfettet und durch ein Sieb gegossen wird. Außerdem kocht man 2 ℔ Bohnen so, wie in der vorhergehenden Nummer angegeben worden, reibt eine Hälfte davon durch einen Durchschlag zu der Brühe und kocht dieselbe mit etwas gehackter Petersilie, Körbel und jungem Selleriekraut seimig; will sie es nicht werden, so hilft man mit in Wasser klar gerührtem Mehl nach. Kurz vor dem Anrichten giebt man die übrigen Bohnen, so wie den in beliebige Stücke geschnittenen Speck in die Suppe.

133. Linsen-Püree-Suppe.

Man bringt zu einer Suppe für 8 Personen 3 ℔ Linsen mit weichem Wasser auf das Feuer, läßt sie darin weich kochen und reibt 2 Drittheile davon erst durch einen Durchschlag und dann durch ein Sieb zu 4 Pott Rindfleisch- oder Hammelfleisch-Bouillon, zu welcher man vorher eine Coulis von 2 ℔ Rindfleisch (s. Abschn. VII.) hinzugegeben hat. Nachdem die Suppe sich seimig gekocht hat, wobei man nöthigenfalls mit in Wasser klar gerührtem Mehl nachhilft, thut man die noch übrigen Linsen hinzu und richtet mit in Würfel geschnittenen und in Butter gebratenen Semmeln an.

Anm. Man kann die Coulis indessen auch sparen, dann muß man aber 1 Eßlöffel voll Butter, so wie fein zerschnittene Suppenwurzeln, nämlich 1 guten Kopf Sellerie, 4 Mohrrüben und 3 Petersilienwurzeln, nebst etwas fein gehacktem Suppenkraut, Alles vorher in Bouillon gar gekocht, sammt dieser Bouillon daran thun.

134. Wurzel-Püree-Suppe.

Man kocht recht große Mohrrüben, Sellerie- und Petersilienwurzeln nebst einigen Kartoffeln in Bouillon oder gesalzenem Wasser weich, und rührt Alles zusammen durch einen Durchschlag zu so viel Kalbfleisch-Bouillon, daß die Suppe so dünn wird, wie man sie haben will. Hierauf läßt man das Ganze noch einmal wieder aufkochen und färbt es, wenn die Suppe noch nicht dunkel genug sein sollte, noch mit etwas Zuckerfarbe nach Nr. 34.

135. Rüben-Püree-Suppe.

Man kocht 1 Spint gut gereinigte weiße Rüben zuerst in Wasser halb gar und giebt sie dann in 3 Pott Bouillon von Hammelfleisch, worin man sie ganz gar kochen läßt. Die Hälfte der Rüben wird sodann durch ein Sieb gerieben und nebst ½ ℔ geriebenem und in Butter braun geschwitztem Weißbrod mit der Suppe seimig gekocht, will dieselbe nicht seimig werden, so muß man in Wasser klar geriebenes Mehl hinzuthun. Kurz vor dem Anrichten thut man die noch übrigen Rüben in die Suppe, wobei noch zu bemerken ist, daß man immer die größten zum Durchreiben wählt. Als Einlage giebt man in Butter gebratene Semmelschnitte.

136. Kartoffel-Püree-Suppe.

Gut geschälte Kartoffeln werden in ungesalzenem Wasser gar gekocht und, nachdem das Wasser abgegossen worden, gehörig zerstampft. Dann giebt man klare Bouillon darauf und reibt sie mit derselben durch ein Sieb, wobei man gut thut, nicht gleich zu viel Bouillon zu nehmen, da man davon noch immer hinzuthun kann. Hat die Suppe die gehörige Consistenz, so bringt man sie wieder auf das Feuer und giebt, sobald sie kocht, fein gehackte Suppenkräuter und fein geschnittene Suppenwurzeln, vorher in Bouillon mit einem guten Stück Butter gar gekocht, nebst dieser Bouillon, auch wohl ein klein wenig geriebene Muskatnuß daran. Die Suppe vor dem Anrichten zu pfeffern, ist nicht rathsam, da nicht Jedermann Pfeffer daran liebt. Als Beilage giebt man in Butter gebratene Semmelschnitte.

C. Wein-Suppen.

Vorbemerk. Zur Bereitung der Weinsuppen sollte man sich nur irdener Kochgeschirre bedienen; fehlt es daran, so mag man auch ganz unversehrte emaillirte eiserne oder messingne nehmen, darf in ihnen aber die Suppe nicht nach dem Kochen stehen lassen. Kupfergeschirre sind durchaus zu vermeiden. Im Uebrigen vgl. das S. 10—12 über Kochgeschirre im Allgemeinen Gesagte.

137. Weinsuppe mit Perlsago.

Mit 1 Pott kaltem Wasser setzt man 6 Loth nach Nr. 40 gereinigten Perlsago auf das Feuer und thut 12 Loth Zucker, ein etwa 2 Zoll langes Stück Kanehl und die Schale einer halben Citrone, unter sorgfältiger Zurücklassung der weißen Unterhaut daran. Wenn der Sago bei langsamem Kochen klar ausgequollen ist, gießt man eine Flasche Roth- oder Weißwein dazu, drückt auch wohl noch den Saft einer halben Citrone durch ein Sieb daran und läßt die Suppe noch einmal aufkochen. Sollte sie alsdann noch zu seimig sein, so verdünnt man sie nach Geschmack mit etwas Wein oder Wasser. Auch kann man zugleich mit dem Weine einige nach Nr. 44 gereinigte Korinthen dazu geben.

138. Weinsuppe von ostindischem Sago.

Man reinigt 10 Loth ostindischen Sago nach Nr. 40 und kocht ihn unter wiederholtem Umrühren mit einem Stück Kanehl von 2 Zoll Länge, der Schale einer halben Citrone und ½ ℔ Zucker in 1 Pott Wasser, bis er klar ist. Alsdann giebt man, jenachdem der Sago roth oder weiß ist, eine Flasche Roth- oder Weißwein und durch ein Sieb den Saft einer halben Citrone dazu und läßt das Ganze gut zugedeckt noch 10 Minuten durchkochen.

139. Weinschaumsuppe.

Mit ½ Pott Wasser wird ½ ℔ Zucker, auf welchem die Schale einer Citrone abgerieben worden, nebst dem Safte der Citrone ins Kochen gebracht. Alsdann thut man erst 1 Flasche Weißwein und sodann 8 ganze Eier hinzu und quirlt das Ganze über gelindem Feuer tüchtig, bis es eben kochen will. Die Suppe wird alsdann schäumig sein, was sie indessen noch mehr wird, wenn man zuerst die Eier mit dem Zucker und der abgeriebenen Citrone zu Schaum schlägt, dann Weißwein, Wasser und Citronensaft dazu giebt, Alles kalt zu Feuer setzt und nun bis kurz vor dem Kochen unausgesetzt quirlt. Es ist dies letztere Verfahren aber des längeren Quirlens wegen etwas umständlich. — Als Beilage zu dieser Suppe reicht man Biscuitplättchen oder auch Macronen.

140. Eierwein.

Man kocht 1 Flasche Weißwein mit ¼ Flasche Wasser, ½ ℔ Zucker, der Schale einer halben Citrone und einem zolllangen Stücke Kanehl auf, macht ihn mit ein wenig klar gerührtem Kartoffelmehl seimig und quirlt ihn endlich, nachdem er vom Feuer genommen und Citronenschale und Kanehl daraus entfernt worden, mit 4 bis 5 Eidottern ab. Auch zu dieser Weinsuppe reicht man Biscuitplättchen oder Macronen.

141. Weinsuppe mit Reismehl.

Mit 2 Flaschen Wasser, 12 Loth Zucker, der Schale einer Citrone und ein wenig Kanehl wird ½ Loth vorher mit Wasser eben gerührtes Reismehl unter fortwährendem Rühren auf langsamem Feuer gar gekocht, was etwa eine halbe Stunde erfordert; dann gießt man 1 Flasche Weißwein dazu und läßt die Suppe unter fortgesetztem Rühren noch einmal aufkochen. Nachdem sie vom Feuer genommen, quirlt man sie noch mit 2 Eidottern ab.

142. Weinsuppe mit Reis.

Man reinigt 1 ℔ Reis nach Nr. 39 und läßt ihn in 1 Pott Wasser mit der Schale einer halben Citrone, ½ Loth Butter und 1 Messerspitze voll Salz langsam gar kochen, was etwa 1 Stunde erfordert. Dann gießt man 1½ Flaschen Weißwein daran und thut ½ ℔ Zucker hinzu, läßt die Suppe damit durchkochen, quirlt sie mit einigen Eidottern ab und giebt für sich allein gekochte Rosinen und Korinthen daran.

143. Weinsuppe mit Graupen.

Acht Loth Perlgraupen werden in 1 Pott Wasser mit 12 Loth Butter und 1 Messerspitze voll Salz unter fleißigem Rühren langsam weich gekocht. Dann gießt man ¾ Flaschen Weißwein daran und thut 12 Loth Zucker, die Schale einer halben Citrone und ein wenig Kanehl hinzu und läßt die Suppe damit noch eine Viertelstunde lang kochen. Endlich quirlt man sie mit einigen Eidottern ab und giebt für sich gekochte Korinthen dazu.

144. Weinsuppe mit Brod.

Man röstet Weißbrodscheiben im Ofen oder in der Pfanne, jedoch ohne Butter, bis sie bräunlich werden, und kocht davon mit Wasser nebst der Schale von ¼ Citrone, einem Stückchen Kanehl und 6 Gewürznelken, und eben so viel geriebenen süßen, auch 2 bittern Mandeln, unter gutem Umrühren einen Brei. Diesen reibt man durch ein Sieb und gießt 1 Flasche mit 12 Loth Zucker in einem verdeckten Gefäße aufgekochten Wein dazu. Nachdem man die Suppe jetzt noch einmal hat aufkochen lassen, quirlt man sie mit einigen Eidottern ab, drückt den Saft einer halben Citrone dazu und richtet sie mit vorher gar gekochten Rosinen und Korinthen an.

D. Frucht-Suppen.

Vorbemerk. Da die Früchte mit wenigen Ausnahmen, auch wenn sie derselben Gattung angehören, von Geschmack und Säure sehr verschieden sind, so hat bei mehreren der nächstfolgenden Recepte das Gewicht der Gewürze und namentlich auch das des Zuckers nicht genau angegeben werden können. Es wird hier nur die Regel wiederholt: nicht zu viel, namentlich nicht zu viel auf einmal; man überzeuge sich von dem Geschmacke durch Kosten; nachwürzen und nachsüßen kann man immer noch.

Ueber die zur Bereitung der Fruchtsuppen zu wählenden Kochgeschirre vgl. d. Vorbemerk. zu den Weinsuppen.

145. Aepfelsuppe.

Man schält saure Aepfel, am besten Borsdorfer oder Reinetten, zerklüftet sie, nimmt Blume, Stengel und Kerngehäuse heraus und thut sie mit der Schale von ¼ Citrone und ein paar Körnern Anis in kochendes Wasser, wobei man auf ½ Spint Aepfel 2 Pott Wasser rechnet. Nach halbstündigem Kochen rührt man das Ganze durch einen Durchschlag, bringt es wieder auf das Feuer, thut einige fein zerstoßene Zwieback, 1 Messerspitze voll Salz und eine weiße Schwitze von 1 Eßlöffel voll Mehl (Nr. 20) daran und läßt die Suppe damit kochen, bis sie seimig ist. Auch einige vorher gar gekochte

Korinthen kann man daran geben. Angerichtet wird die Suppe mit in Würfel geschnittenen und in Butter gebratenen Semmeln.

146. Eine feinere Aepfelsuppe.

Man nimmt 1/4 Spint Aepfel, zerklüftet sie und sticht Blume und Stengel heraus; das Schälen und Herausnahme des Kerngehäuses ist nicht nöthig. Diese Aepfelstücke kocht man in 2 Pott Wasser so weich, daß sie sich mit demselben durch ein feines Sieb reiben lassen, wobei selbstverständlich Schale und Kerngehäuse zurückbleiben. Das Durchgeriebene setzt man sodann wieder mit der Schale von 1/4 Citrone, etwa 1 Zoll von einer feinen Kanehlstange und einer Messerspitze voll Salz auf das Feuer, thut 1/4 Spint kleine Aepfel, von Schale, Stengel, Blume und Kerngehäuse befreit und in Scheiben geschnitten, so wie 6 Loth Perlsago dazu und läßt das Ganze kochen, bis die Apfelscheiben weich sind. Dann giebt man noch 6 Loth vorher gar gekochte Korinthen und 1 Flasche Weißwein dazu, läßt die Suppe damit noch einmal aufkochen und zuckert sie während dessen nach Probe.

147. Birnensuppe.

Man reinigt und zerklüftet recht saftige Birnen ganz wie dies bei Aepfeln angegeben worden und schüttet 1/2 Spint davon in 2 Pott kochendes Wasser und läßt sie mit 8 Loth Zucker, ein wenig Kanehl und der Schale von 1/4 Citrone gar kochen. Dann reibt man die Hälfte der Birnen nebst 4 Loth in Wasser eingeweichter Semmel, oder 8 Stück eingeweichten Zwiebacken, durch ein Sieb, gießt 1/2 Flasche Weißwein und den Saft einer halben Citrone dazu, läßt es damit gut kochen und thut nach Probe noch Zucker daran. Alsdann richtet man die Suppe mit den übrigen Birnen und in Butter gebratenen Semmelschnitten an.

148. Citronensuppe.

Man schält 3 Citronen recht fein, unter sorgfältiger Zurücklassung aller weißen Haut, und läßt die Schale mit 6 zerstoßenen Zwiebacken und ³/₄ ℔ Zucker eine Stunde lang in 1¹/₂ Pott Wasser kochen. Dann reibt man das Ganze durch ein Sieb, giebt ebenfalls durch ein Sieb den Saft der beiden Citronen daran, gießt ¹/₂ Flasche Weißwein hinzu und quirlt endlich die Suppe mit 4 Eidottern ab. Sollte dieselbe jetzt nicht süß genug sein, so wird sie noch nachgezuckert. Als Einlage giebt man in Stücke geschnittene Biscuitplättchen.

149. Erdbeersuppe.

Man löst die Stengel von 4 ℔ Erdbeeren, wäscht sie sauber und zuckert 1 ℔ davon eine Stunde bevor die Suppe angerichtet werden soll, gut ein. Die übrigen 3 ℔ setzt man in 3 Pott Wasser mit ein wenig Kanehl und der Schale von ¹/₄ Citrone auf das Feuer, läßt sie ganz weich kochen und reibt Alles durch ein Sieb. Hierauf bringt man es mit ³/₄ ℔ Zucker und einer Flasche Rothwein wieder zum Kochen, macht die Suppe mit 2 Eßlöffeln voll in Rothwein klar geriebenem Kartoffelmehl seimig und giebt sie endlich in eine Terrine über die eingezuckerten Erdbeeren. Als Einlage giebt man in Stücke geschnittene Biscuitplättchen.

150. Fliedersuppe.

Man pflückt die Fliederbeeren von den Stengeln, reinigt sie und kocht einen gehäuften Suppenteller voll in 3 Pott Wasser eine Viertelstunde lang. Nachdem die Flüssigkeit mit den Beeren durch ein Sieb gegeben, kocht man sie mit ¹/₂ ℔ Zucker auf 1 ℔ Beeren wieder auf und beinahe einen Suppenteller voll Aepfelschnitte darin weich. Will man die Suppe seimig haben, so geschieht dies am besten dadurch, daß man feinen Perlsago — 1 gehäuften Eßlöffel voll auf den Pott — zugleich mit den Aepfelschnitten darin gar kocht. Als Einlage giebt man die Klöße in Nr. 58 oder 67.

151. Hagebuttensuppe.

Man reinigt 1¹/₂ ℔ frische Hagebutten und kocht sie in 2 Pott Wasser recht weich. Sodann reibt man sie mit 6

Stück in Wasser eingeweichten Zwiebacken durch ein Sieb, thut 12 Loth Zucker, worauf die Schale einer halben Citrone abgerieben ist, nebst einem Stückchen Kanehl, dem Safte der halben Citrone und 1/2 Flasche Wein daran, läßt die Suppe unter gutem Umrühren seimig kochen und richtet sie mit gebackenen Semmelschnitten an.

152. Heidelbeer- (Bickbeer-) Suppe.

Frische Heidelbeeren werden gehörig verlesen, gewaschen und in Wasser 1/4 Stunde lang gekocht, wobei man auf einen gehäuften Suppenteller voll Heidelbeeren 3 Suppenteller voll Wasser rechnet. Sodann reibt man sie durch ein Sieb und kocht sie mit einem Glase Wein, etwas Citronenschale und Zucker nach Probe noch einmal auf. Man kann jetzt die Suppe nach Belieben so lassen, oder noch mit in Wasser klar geriebenem Kartoffelmehl seimig kochen. In beiden Fällen giebt man als Einlage entweder geröstete Semmelscheiben oder Klöße nach Nr. 58, 70 oder 75. Man kann aber auch die Suppe dadurch seimig machen, daß man, nachdem sie durch das Sieb gerührt worden, recht feinen Perlsago, einen gehäuften Eßlöffel voll auf den Pott, darin gar kocht. In diesem Falle reicht man nur Zwieback dazu.

Die Suppe von getrockneten und eingemachten Heidelbeeren wird ebenso bereitet, nur müssen erstere etwas längere, letztere etwas kürzere Zeit kochen.

153. Himbeersuppe.

Nachdem die Himbeeren von den Stengeln gepflückt und diejenigen, welche Würmer enthalten, sorgfältig herausgelesen sind, bringt man sie in Wasser zum Kochen, wobei auf das Pfund 1 Pott Wasser gerechnet wird. Sind sie abgeschäumt worden, so reibt man sie durch ein Sieb, thut auf das Pfund Himbeeren 1/4 ℔ Zucker nebst ein wenig Kanehl daran und kocht die Suppe mit 2 Eßlöffeln voll Kartoffelmehl auf 3 Pott Suppe, nachdem dasselbe in Rothwein klar gerieben worden, seimig und richtet sie über zerschnittene Biscuitplättchen an.

154. Johannisbeersuppe.

Man kocht Johannisbeeren, nachdem man sie von den Stengeln gepflückt und zerquetscht hat, mit Wasser, und zwar mit 1 Pott auf das Pfund, rasch auf und reibt sie durch ein Sieb. Die erhaltene Flüssigkeit wird mit etwas Kanehl und halb so viel Zucker, als das Gewicht der Johannisbeeren betrug, nachdem zu jedem ℔ derselben eine halbe Citrone abgerieben worden, wieder auf das Feuer gebracht und mit in Rothwein klar geriebenem Kartoffelmehl — 1 Eßlöffel voll Mehl auf 1½ Pott Suppe — seimig gekocht. Angerichtet wird die Suppe mit in Stücke geschnittenen Biscuitplättchen.

155. Kirschsuppe.

Man steint saure Kirschen aus, bringt das Fleisch mit kaltem Wasser — einem Pott auf das Pfund — zu Feuer und läßt es eine halbe Stunde lang kochen. Die Steine zerstößt man und kocht sie mit den Kernen gleichfalls in ein wenig Wasser, welches man sodann durch ein Sieb mit an die Suppe thut. Während des Kochens süßt man mit ½ ℔ Zucker auf das Pfund Kirschen und macht die Suppe mit klar geriebenem Kartoffelmehl — 1 Eßlöffel voll auf 1½ Pott — seimig, oder man kocht Sago darin, 1 gehäuften Eßlöffel voll auf den Pott, oder man läßt die Suppe wie sie ist. Als Einlagen giebt man die Klöße in Nr. 58, 67 oder 75, so wie auch die Einlagen in Nr. 77 und 78.

156. Kirschsuppe anderer Art.

Man stößt saure Kirschen mit den Steinen und kocht das Ganze mit dem in voriger Nummer angegebenen Quantum Wasser eine halbe Stunde lang. Dann reibt man Alles durch ein Sieb, stellt es zum Klären hin und kocht es sodann mit einigen Gläsern Wein, ½ ℔ Zucker, woran ein wenig Citronenschale abgerieben ist, auf das Pfund Kirschen und ein wenig Kanehl noch einmal auf. Seimig kann man die Suppe machen, wie in der vorigen Nummer angegeben worden; als Einlagen nimmt man besonders die der Nrn. 77 und 78.

157. Pflaumen- (Zwetschen-) Suppe.

Zwei Pfund von den Stengeln und Steinen befreite und gut gewaschene Zwetschen werden mit 3 Pott Wasser auf das Feuer gesetzt. Wenn sie kochen, giebt man ½ ℔ Zucker, ein zolllanges Stück Kanehl und die Schale von ¼ Citrone daran, rührt 1 Eßlöffel voll Mehl in Wasser klar und kocht die Suppe damit seimig. Als Einlage giebt man die Klöße in Nr. 67, die man gleich in die Suppe stechen kann.

Will man die Suppe feiner haben, so reibt man die Zwetschen mit dem Wasser, worin sie ½ Stunde gekocht haben, bevor man Zucker und Gewürz daran thut, durch ein Sieb, gießt vor dem Anrichten ein paar Gläser Weißwein dazu und wählt als Einlage Schwemmklöße nach Nr. 58.

158. Suppe von geschälten Zwetschen.

Um die Zwetschen zu schälen, gießt man kochendes Wasser darüber und läßt sie eine kurze Zeit damit stehen, worauf sich die Haut leicht abziehen läßt. Dann löst man die Steine aus, zerstößt sie mit den Kernen und kocht sie ½ Stunde in etwas Wasser tüchtig durch. Dies Wasser gießt man zu anderm kochenden Wasser, wobei auf jedes Pfund Zwetschen gut 1 Pott Wasser gerechnet wird, süßt mit ¼ ℔ Zucker auf das Pfund, thut Kanehl und Citronenschale daran und giebt endlich die Zwetschen hinein, kocht sie gut weich und macht die Suppe mit fein gestoßenem Zwieback oder einer weißen Mehlschwitze (Nr. 20) seimig. Kurz vor dem Anrichten gießt man noch etwas Weißwein dazu und giebt Schwemmklöße nach Nr. 58, oder die Einlagen in Nr. 77 und 78 hinein.

E. Bier-Suppen.

Vorbemerk. Zu Biersuppen eignet sich das untergährige Bier weit weniger, als das obergährige, wie man es in größeren Wirthschaften selbst braut, überall in Norddeutschland aber auch aus den Städten als sog. Haustrinken, Kleinbier oder Coventbier beziehen kann. Bei den nachfolgenden Recepten ist immer dies Bier verstanden.

159. Biersuppe von Brod.

Man setzt Bier, etwa ½ Pott für die Person, auf das Feuer, schäumt es, wenn es kocht, gut ab, giebt Schwarzbrod, ein wenig Kümmel und auf 2 Pott Suppe ¼ ℔ Zucker oder Sirup nach Verhältniß, auch, wenn man will, ein wenig Citronenschale und Kanehl daran, und läßt das Ganze ½ Stunde langsam kochen. Findet sich, daß die Suppe alsdann noch klütig ist, so reibt man sie durch ein Sieb und läßt sie noch einmal aufkochen.

160. Biersuppe mit Kartoffelgraupen, Sago, Gries u. s. w.

Zwei Pott Bier werden, wie vorher angegeben worden, gekocht und geschäumt, mit ¼ ℔ Zucker gesüßt und mit ein wenig Kanehl und der Schale von ¼ Citrone gewürzt. Hierauf streut man unter fortwährendem Rühren ¼ ℔ Kartoffelgraupen hinein und läßt die Suppe ½ Stunde kochen, muß sie aber während dessen wiederholt umrühren. Sind die Kartoffelgraupen Hausfabrikat, so sind sie in der Regel von sehr ungleicher Größe und man muß in diesem Falle oft länger kochen, jedenfalls so lange, bis die Graupen alle klar sind. Eine Hand voll Korinthen in dieser Suppe schmecken sehr gut. Statt der Graupen kann man auch Sago, Buchweizengrütze oder Reismehl nehmen, wo dann das Verfahren und die Zuthaten im Uebrigen sind, wie angegeben worden, das Reismehl nur muß vorher mit kaltem Bier angerührt, in das zur Suppe bestimmte kalte Bier gegeben und damit unausgesetzt umgerührt werden, bis die Suppe kocht.

161. Biersuppe mit in Butter gebratenem Brod.

Man kocht, zuckert und würzt das Bier, wie vorher angegeben worden, kocht auf den Pott eine Hand voll Korinthen darin und macht es ein wenig seimig, indem man während des Kochens unter stetem Rühren an 2 Pott Suppe 1 Eßlöffel voll Kartoffelmehl giebt, welches vorher mit Bier angerührt sein muß. Nach halbstündigem langsamen Kochen wird das Bier in die Terrine über geriebenes Roggenbrod gegeben, welches vorher in der Pfanne in Butter unter stetem Rühren gebraten worden. Von diesem Brode darf man nicht zu wenig geben.

162. Biersuppe mit Semmel.

Man kocht und schäumt das Bier, wie in Nr. 159 angegeben worden, giebt auf den Pott 5 bis 6 Loth Semmel, ½ Loth Butter, 6 gestoßene süße Mandeln und ein wenig Citronenschale. Nach viertelstündigem Kochen reibt man das Ganze durch ein Sieb, bringt es mit einer kleinen Hand voll Korinthen wieder auf das Feuer, zuckert nach Probe und richtet die Suppe, nachdem Alles noch einmal gut durchgekocht ist, mit Croutons (I. 4) an.

163. Eier-Bier.

Das Bier wird zum Kochen gebracht, geschäumt und mit ¼ ℔ Zucker auf den Pott, nebst ein wenig Kanehl durchgekocht. Inzwischen hat man 6 ganze Eier auf den Pott stark zu Schaum geschlagen, zu welchem man unter unausgesetztem Schlagen das kochende Bier gießt, worauf die Suppe mit in Butter gebratenen Semmelschnitten angerichtet wird, oder man giebt Zwieback dazu. Soll das Eier-Bier in der Kälte als Erwärmungsmittel in Gläsern gereicht werden, so kocht man es mit einem Stück Ingwer statt des Kanehls, gießt für Männer auch wohl ein kleines Schnapsglas voll Rum oder Cognac dazu.

Fehlt es an Eiern, so kann man eine dem Eierbier ähnliche Suppe bereiten, wenn man das, wie angegeben, gekochte und gewürzte Bier mit Mehl, welches in Milch klar gerührt worden, seimig kocht.

F. Milch-Suppen.

Vorbem. 1. Unter allen Suppen sind die Milchsuppen der Gefahr des Anbrennens am meisten ausgesetzt, man versäume also, auch wo nicht ausdrücklich darauf hingewiesen wird, fleißiges Rühren nicht.

Vorbem. 2. Bei Milchsuppen kommt als Gewürz vielfach Vanille zur Anwendung. So angenehm der Geschmack ist, welchen dies schöne Gewürz den Suppen giebt, so muß man sich doch sehr in Acht nehmen, davon zu viel zu verwenden. Ist die Vanille gut und ungefälscht, so genügt ½ Zoll völlig für 2 Pott Suppe.

164. Milchsuppe mit Kartoffelmehl.

Man bringt für 6 Personen 2 Pott Milch mit ½ Pott Wasser zum Kochen, thut 1 gehäuften Theelöffel voll Salz, ein zollanges Stück Kanehl und 1 Eßlöffel voll Zucker daran und rührt endlich die Suppe mit Klarmehl (I. 4) von 2 Eßlöffeln voll Kartoffelmehl seimig.

165. Milchsuppe mit geröstetem Mehl.

Man röstet Mehl nach Nr. 21 und rührt es mit Milch oder Wasser zu einer ziemlich flüssigen Masse, wovon man auf 1 Pott Milch 2 Eßlöffel voll rechnet. Die Milch wird mit 1½ Eßlöffeln voll Zucker auf 2 Pott nebst einer Prise Salz und Vanille nach der Vorbemerkung aufgekocht, worauf man den bereiteten Mehlbrei unter fortwährendem starken Rühren dazu gießt, bis die Suppe nach Wunsch dick ist, und schließlich mit 1 Eidotter auf den Pott abquirlt.

166. Klöße in Milch.

Man bringt Milch zum Kochen, sticht in dieselbe von vorher angerührtem Teige Klöße und läßt sie darin kochen, bis sie gar sind. Zu Klößen eignen sich Schwemmklöße, Mandelklöße, Gries- und Reismehlklöße und Mehlklöße nach den Nrn. 58 bis 61, 64 bis 68 und 75.

167. Milchsuppe mit Klüten (Klütergrütze).

Man rührt so viel ganze Eier, wie man Pott Suppe haben will, mit Mehl zusammen, bis daraus eine dickflüssige Masse wird, die eben vom Löffel läuft, und würzt dieselbe mit 1 Messerspitze voll geriebener Muskatnuß und 1 Messerspitze voll Salz. Diese Masse läßt man über einen Quirl oder durch einen Durchschlag in die kochende Milch tropfen, wobei man unausgesetzt langsam umrührt, sonst bleiben die Klüten an einander hängen. (Vgl. Nr. 81.) Auf 2 Pott Suppe giebt man ferner 1 Theelöffel voll Salz, 1 Eßlöffel voll Zucker und 1 Zoll von einer Kanehlstange.

168. Milchsuppe mit Schaumklößen.

Zu einer Mahlzeit für 6 Personen werden 2 Pott Milch mit 1 Eßlöffel voll Zucker, der Schale von 1/4 Citrone oder ein wenig Vanille nach der Vorbem. und 1 Theelöffel voll Salz zum Kochen gebracht. Sodann giebt man Klarmehl von 1 Eßlöffel voll Kartoffelmehl daran, läßt die Suppe einige Minuten damit durchkochen, quirlt sie mit 4 Eidottern ab und richtet von dem Weißen der Eier Schaumklöße nach Nr. 63 darauf an. — Diese Suppe wird auch kalt gegeben.

169. Milchsuppe mit Reis.

Man läßt 1/2 ℔ Reis, nachdem derselbe nach Nr. 39 gereinigt worden, in 1/2 Pott Wasser auf schwachem Feuer aufquellen, gießt sodann 3 Pott kochende Milch dazu, thut 1 Theelöffel voll Salz, ein 1 1/2 Zoll langes Stück Kanehl und 1 Eßlöffel voll Zucker daran. Nach einstündigem Kochen ist dann die Suppe zum Anrichten fertig.

170. Milchsuppe mit Reismehl oder Gries.

Man rührt 1/2 ℔ Reismehl mit 1 Pott Milch oder Wasser eben und thut dies unter stetem Rühren zu 3 Pott kochender

Milch, welche mit einem zolllangen Stücke Kanehl oder mit Vanille nach der Vorschrift in der Vorbemerkung gewürzt ist. Ferner giebt man 1 Theelöffel voll Salz und 1 Eßlöffel voll Zucker, auch nach Belieben einige fein gestoßene Mandeln dazu und läßt das Ganze eine halbe Stunde lang auf schwachem Feuer kochen. — Milchsuppe mit Gries wird ganz ebenso bereitet.

171. Milchsuppe mit Nudeln.

Zu 2 Pott Suppe blanchirt man ¼ ℔ Faden= oder Form=Nudeln (s. Nr. 86) und schüttet sie in die kochende Milch, salzt, süßt und würzt verhältnißmäßig wie in vorstehender Nummer und läßt die Suppe noch 10 Minuten bis ¼ Stunde kochen. Nudeln von besonderer Güte quellen beim Blanchiren sehr stark an; dann muß man selbstverständlich etwas mehr Milch nehmen.

172. Milchsuppe mit Mannagrütze.

Zu 2 Pott kalter Milch giebt man 8 Loth in Milch aufgeweichte Manna, thut ½ Loth Butter, ½ Theelöffel voll Salz, 1 Eßlöffel voll Zucker und ein wenig Citronenschale oder Vanille (s. Vorbemerk.) hinzu und bringt das Ganze unter fortwährendem Rühren zum Kochen. Sodann läßt man die Suppe auf langsamem Feuer weiter kochen, bis sie seimig ist.

173. Dicke Buchweizengrütze in Milch.

Man kocht in 1½ Pott weichem Wasser ½ ℔ Buchweizengrütze, indem man dieselbe unter stetem Rühren hineinstreut, 2 Loth Butter hinzu thut und vorsichtig salzt. Nachdem die Grütze ½ Stunde gekocht hat, ist sie gar und wird als Brei heiß in einer Schüssel angerichtet. Man giebt dazu gekochte heiße oder ungekochte kalte Milch, auch Buttermilch, die man mit Sahne wohlschmeckender machen kann.

174. Mehlgrütze in Milch.

In scharf kochendes Wasser streut man, nachdem man auf den Pott 1 guten Theelöffel voll Salz und 1½ Loth Butter daran gegeben, unter unausgesetztem starken Rühren gesiebtes Roggenmehl, bis sich ein dicker Brei bildet, der weiter gekocht und gerührt werden muß, bis er ganz klar ist. Man muß dabei sehr vorsichtig verfahren, damit sich keine Klümpchen bilden, welche stets ungar bleiben. Ungeübten Köchinnen ist deshalb zu rathen, das Mehl vorher mit kaltem Wasser zu einem flüssigen Teige zu rühren, das kochende Wasser daran zu geben und dann gleichfalls weiter zu kochen, bis der Brei klar ist. Dies Verfahren erfordert freilich weit mehr Zeit. Zu der Mehlgrütze, welche recht heiß angerichtet wird, kann man heiße oder kalte Milch geben.

175. Kürbisgrütze.

Ein Kürbis von Kopfgröße wird geschält, und die inwendigen schwammigen Theile nebst den Kernen werden herausgenommen. Dann zerschneidet man ihn in zollgroße Stücke, kocht ihn mit 1 Theelöffel voll Salz in so viel Wasser, daß er eben davon bedeckt ist, weich und reibt ihn, jedoch ohne das Wasser, durch einen Durchschlag. Zu einem Kürbis der gedachten Größe hat man eine Milchsuppe von 4 Pott Milch mit ½ ℔ Buchweizengrütze oder Reismehl gekocht; hiezu thut man den Kürbisbrei und läßt ihn damit nebst 1 Loth Butter, noch etwas Salz und ¼ geriebener Muskatnuß, unter tüchtigem Rühren noch einmal durchkochen. Da die Suppe etwas weichlich ist, so lieben Manche gestoßenen schwarzen Pfeffer daran, es ist jedoch eben so gut, denselben erst bei Tische dazu zu reichen.

176. Milchsuppe mit Graupen oder Perl=Sago.

Für 6 Personen werden nach vorheriger Reinigung 12 Loth Perlgraupen mit ½ Loth Butter und 1 Theelöffel voll Salz auf langsamem Feuer etwa 1 Stunde lang gekocht. Man thut dabei gut, nicht sogleich zu viel Wasser zu nehmen, sondern, wenn die Masse zu dick werden sollte, unter stetem Rühren davon nachzugießen. Dann giebt man die Graupen in 3 Pott Milch und läßt sie damit noch 1½ Stunde kochen, nachdem man 1 Eßlöffel voll Zucker und 1 Messerspitze voll Kanehl dazu gethan hat.

Milchsuppe mit echtem Perlsago wird ganz ebenso bereitet, Milchsuppe mit groben Graupen ebenfalls, doch müssen dieselben etwa eine Stunde länger kochen.

177. Milchsuppe mit Kartoffelgraupen.

Man bringt für 6 Personen 2 Pott Milch mit ½ Pott Wasser ins Kochen und streut sodann 12 Loth Kartoffelgraupen hinein, würzt wie in der voraufgehenden Nummer und läßt die Suppe kochen, bis die Graupen alle klar sind. Sollte die Suppe nicht seimig genug werden, so hilft man mit 1 Eßlöffel voll Kartoffelmehl, in Milch klar gerührt, nach.

178. Milchsuppe mit Buchweizengrütze.

Zu 3 Pott kochender Milch, der auch etwas Wasser beigemischt sein kann, giebt man 12 Loth nicht zu feine Buchweizengrütze, 1 Theelöffel voll Salz und ein zolllanges Stück Kanehl. Ist die Milch ziemlich mit Wasser verdünnt, so muß man etwas Zucker hinzuthun, wird aber, was das Beste ist, die Grütze in reiner Milch gekocht, so ist dies nicht nöthig. Man thut wohl, die Suppe nicht zu lange kochen zu lassen, höchstens eine kleine halbe Stunde, sonst wird die Grütze zu weich.

179. Milchsuppe mit Gerstgrütze.

Man kocht 10 Loth Gerstgrütze in 1 Pott Wasser eine Stunde lang, gießt dann 2 Pott kochende Milch hinzu und läßt sie darin mit 1 Theelöffel voll Salz, 1 Eßlöffel voll Zucker und einem zolllangen Stück Kanehl weiter kochen, bis sie weich ist.

180. Milchsuppe mit Hafergrütze.

Zu 3 Pott kochender Milch giebt man ½ ℔ Hafergrütze, salzt und würzt, wie bei der Buchweizengrütze und läßt die Suppe 1½ Stunde lang kochen.

181. Milchsuppe mit Hirse.

Man blanchirt die Hirse ganz wie die Nudeln (vgl. Nr. 86), gießt wieder kaltes Wasser — auf ½ ℔ 1 Pott — darauf und läßt sie darin über langsamem Feuer eine Stunde lang aufquellen. Dann gießt man 2 Pott Milch hinzu, giebt ½ Loth Butter, 1 Theelöffel voll Salz, ½ Eßlöffel voll Zucker und ein zolllanges Stück Kanehl daran und läßt die Suppe weiter kochen, bis die Hirse weich ist.

182. Chocoladensuppe.

Man reibt ½ ℔ Chocolade recht fein und streut dieselbe in 2 Pott kochende Milch, giebt 1 Messerspitze voll Salz und 1 gehäuften Theelöffel voll Zucker daran und läßt dies zusammen ¼ Stunde langsam kochen. Inzwischen hat man 8 ganze Eier tüchtig zu Schaum geschlagen, zu welchen die kochende Suppe langsam unter fortwährendem Rühren gegossen wird. Man kann zu dieser Suppe Zwieback als Beilage reichen, oder die Schaumklöße in Nr. 63 hineinthun.

F. Wasser-Suppen.

183. Wassersuppe mit Reis.

Man reinigt den Reis nach Nr. 39 und bringt ihn, je nachdem man die Suppe dünner oder dicker liebt, mit mehr oder weniger Wasser ins Kochen. Für gewöhnlich rechnet man ½ ℔ auf 3 Pott Suppe; auf dasselbe Quantum giebt man etwa 2 Theelöffel voll Salz und 6 Eßlöffel voll Zucker, die Schale von 1/4 Citrone, ein zollanges Stück Kanehl, 1/4 ℔ Rosinen und kurz vor dem Garwerden 1 Loth Butter. Man kann auch den Saft einer Citrone mit dem Reis kochen, oder vor dem Anrichten 1/2 Flasche Wein dazu gießen.

184. Wassersuppe mit Reismehl.

Zu 4 Pott kochendem Wasser rührt man 1/2 ℔ vorher mit Wasser angerührtes Reismehl, wobei man recht vorsichtig zu Werke gehen muß, damit sich keine Klüten bilden. Nachdem die Suppe 1/2 Stunde gekocht hat, giebt man dieselben Gewürze und sonstigen Zuthaten daran, wie in voriger Nummer und quirlt sie schließlich mit 2 Eidottern ab.

185. Wassersuppe mit Griesmehl.

Man läßt 1/2 ℔ Griesmehl in 3 Pott Wasser gar kochen, würzt wie bei der Reismehlsuppe unter Hinzuthun von 10 fein geriebenen süßen Mandeln und quirlt die Suppe mit 2 Eidottern ab.

186. Wassersuppe mit Buchweizengrütze.

In 3 Pott kochendes Wasser streut man 12 Loth Buchweizengrütze und giebt 2 Theelöffel voll Salz, 3 Eßlöffel voll Zucker, ein etwa 2 Zoll langes Stück Kanehl und kurz vor dem Garwerden der Suppe 1 Loth Butter daran. Die Suppe darf nicht über 1/2 Stunde kochen.

187. Hafer- oder Gersteschleim.

Nachdem die Hafergrütze eine gute Stunde mit etwas Kanehl- und Citronenschale gekocht hat, reibt man sie durch ein feines Sieb, bringt den erhaltenen Seim wieder ins Kochen, giebt auf den Pott 1 Messerspitze voll Salz, 1 gehäuften Theelöffel voll Zucker, einige Korinthen und nach Belieben etwas Fruchtsaft daran, und quirlt endlich die Suppe mit einigen Eidottern ab. Soll der Schleim für Kranke zum Trinken dienen, so würzt man weniger und läßt namentlich auch Korinthen und Fruchtsaft weg.

188. Mehlsuppe.

Man bereitet eine weiße Mehlschwitze (Nr. 20) von 6 Eßlöffeln voll Mehl und einem Stück Butter von der Größe eines Eies. Zu derselben gießt man ganz langsam und unter fortwährendem Rühren 2 Pott kochendes Wasser, würzt und salzt die Suppe genau wie die Reismehlsuppe und quirlt sie, nachdem sie gehörig durchgekocht ist, mit einem Eidotter ab.

189. Brodsuppe.

Man kocht Brod, am besten zur Hälfte Schwarzbrod und zur Hälfte Weißbrod, bis es ganz weich ist. Dann reibt man es durch ein Sieb und giebt dieselben Zuthaten, wie bei der Reismehlsuppe daran.

190. Zwiebacksuppe.

Fein gestoßener Zwieback wird mit Wasser und 1 Messerspitze voll Salz auf den Pott, nebst einer Citronenscheibe, gekocht, bis die Suppe seimig wird, welche man dann noch mit einem Eidotter abquirlt.

191. Wassersuppe mit Graupen.

Man bringt $\frac{1}{2}$ ℔ Graupen mit 3 Pott Wasser ins Kochen, würzt wie in der vorigen Nummer und kocht mit der Suppe entweder gleichfalls Rosinen oder auch Pflaumen gar. In letzterm Falle pflegt man die Suppe etwas dicker zu kochen; sie bildet dann ein unter dem Namen Graupen mit Pflaumen in Mecklenburg, namentlich auf dem Lande, sehr beliebtes Gericht. Perlgraupen müssen $2\frac{1}{2}$ Stunden, grobe Graupen $3\frac{1}{2}$ Stunden kochen.

192. Graupen und Kartoffeln.

Man kocht einen Schinkenknochen in Wasser ½ Stunde lang, giebt dann zu 3 Pott Suppe gut ¼ ℔ Graupen in die Brühe und thut, nachdem dieselben darin 1 Stunde gekocht haben, gut gereinigte Suppenwurzeln und Kräuter und endlich ½ Stunde vor dem Garwerden des Ganzen geschälte und scheibig geschnittene Kartoffeln daran, von Letztern mehr oder weniger, je nachdem man die Suppe dicker oder dünner liebt.

G. Kalteschalen.

193. Bier-Kalteschale.

Auf 2 Pott Bier nimmt man 12 Loth Zucker, worauf die Schale einer Citrone abgerieben ist, eine in Scheiben geschnittene Citrone, 2 Theetassen voll geriebenes Schwarzbrod oder in Stücke zerbrochene sogenannte Kalteschalekringel und 12 Loth Korinthen. Hat man dies Alles in das Bier gethan, so stellt man die Kalteschale, bevor man sie aufträgt, an einen recht kühlen Ort, wenn möglich auf Eis.

Anm. Das zur Kalteschale genommene Bier darf gleichfalls durchaus nicht bitter sein und muß, wenn es zu stark ist, mit Wasser verdünnt werden.

194. Wein-Kalteschale.

Man thut zu 2 Pott Wasser 1 ℔ Zucker, worauf eine Citrone abgerieben worden, die Scheiben der Citrone und ein 2 Zoll langes Stück Kanehl. Das Ganze läßt man einmal zusammen aufkochen und gießt es sodann durch ein Sieb in eine Terrine. Ist es wieder abgekühlt, so gießt man 3 Flaschen Weißwein hinzu, süßt nach, wenn es nöthig ist, und stellt die Kalteschale, wenn möglich, auf Eis. Kurz vor dem Auftragen giebt man noch zerbrochene Zwieback daran.

195. Kalteschale mit Sago.

Man läßt 2 Pott Wasser mit 3/4 ℔ Zucker, worauf die Schale einer Citrone abgerieben worden, einem zolllangen Stück Kanehl, 3 bis 4 Gewürznelken, 1 Messerspitze voll Salz und 1/4 ℔ gut gereinigtem Sago kochen, bis letzterer gut weich ist. Dann läßt man das Ganze in einer Suppenschale abkühlen, wobei man, damit sich keine Haut bilde, fortwährend rührt; fehlt es an Zeit dazu, so muß man die Haut, welche sich obenauf bildet, abnehmen. Vor dem Anrichten gießt man 1 Flasche Rothwein hinzu und thut einige Citronenscheiben hinein. — Statt des Sago kann man auch Reis nehmen.

196. Wein-Kalteschale mit Eiern.

Man läßt 1 Pott Wasser mit 1 Flasche Weißwein und 10 Loth Zucker, den Scheiben einer halben Citrone und einem zolllangen Stück Kanehl aufkochen, quirlt es mit 4 Eidottern ab und gießt es zum Abkühlen in eine Terrine. Die Kalteschale wird mit Biscuitpläftchen angerichtet.

197. Erdbeeren oder Himbeeren in Milch.

Man pflückt die Erdbeeren von den Stengeln, wäscht sie, vermischt sie tüchtig mit Zucker und giebt, nachdem sie damit eine Stunde gestanden haben, kalte Milch darüber. Mit Himbeeren verfährt man ebenso, nur wäscht man sie nicht vorher, verliest sie dagegen recht sorgfältig.

198. Heidelbeeren in Milch.

Man verliest und wäscht die Heidelbeeren gehörig, zuckert sie recht tüchtig und giebt eine Stunde nachher kalte Milch darüber. Oder man kocht mit etwas Wasser, Zucker, Citronenschale und Kanehl ein Mus daraus, läßt es vollständig abkühlen und giebt kalte Milch dazu, welche man gleichfalls mit etwas Kanehl und Zucker würzen kann.

199. Erdbeeren- oder Himbeeren-Kalteschale.

Man pflückt die Erdbeeren von den Stengeln, wäscht sie, giebt sie in eine Suppenschale und streut reichlich Zucker darüber. Nach einer Stunde gießt man halb Weißwein, halb Wasser, mit 10 Loth Zucker auf die Flasche Wein, auch mit etwas Kanehl vermischt, darüber und stellt die Bowle, wenn möglich, auf Eis.

Die Himbeer-Kalteschale wird ganz ebenso bereitet, nur werden die Himbeeren auch hier nicht gewaschen, sondern nur sorgfältig verlesen.

200. Kirschen-Kalteschale.

Man steint saure Kirschen aus und kocht den vierten Theil derselben mit Zucker und ein wenig Wasser dick ein. Die übrigen werden mit 1/2 Eßlöffel voll gestoßenen Kirschkernen und einem Pott Wasser auf den Suppenteller voll Kirschen recht weich gekocht, durch ein Sieb gerieben und mit dem Saft einer halben Citrone, einem zolllangen Stück Kanehl und Zucker nach Probe gewürzt. Nachdem Alles gut abgekühlt, gießt man noch 1/2 Flasche Rothwein hinzu, süßt noch einmal und thut die vorher eingekochten Kirschen hinein. Als Beilage reicht man Zwieback.

201. Aprikosen- oder Pfirsich-Kalteschale.

Man zieht die Haut von den Aprikosen, was leichter geht, wenn man sie vorher einmal mit kochendem Wasser übergießt. Dann löst man die Steine heraus und kocht die Aprikosen mit so viel Wasser, daß sie davon bedeckt sind, nebst 1/2 ℔ Zucker auf das Pfund, so wie den Kernen und ein wenig Kanehl. Nach ein paar Minuten nimmt man etwa die Hälfte der Aprikosen wieder heraus und legt sie in eine Suppenschale, die andere Hälfte läßt man ganz weich kochen, reibt sie mit der Brühe durch ein Sieb auf die erste Hälfte, giebt eben so viel Weißwein, wie man Brühe hat, daran, zuckert noch einmal nach Probe und stellt das Ganze zum Abkühlen hin, am besten auf Eis.

Die Pfirsich-Kalteschale wird ganz ebenso bereitet. Beide Kalteschalen richtet man mit Biscuitplättchen an.

202. Apfelsinen-Kalteschale.

Man löst ¾ ℔ Zucker, worauf die Schale von 2 Apfelsinen abgerieben worden, in ½ Pott Wasser auf, drückt den Saft von 4 Apfelsinen durch ein Sieb dazu, gießt 1 Flasche Weißwein daran und richtet die Kalteschale mit in Achtel zerklüfteten gut gezuckerten Apfelsinen und mit Biscuitplättchen an.

203. Citronen-Kalteschale.

Man löst 1 ℔ Zucker, worauf die Schale von 3 Citronen abgerieben worden, in 2 Pott Wasser auf, drückt den Saft der Citronen durch ein Sieb dazu und gießt eine Flasche Weißwein daran. Die Kalteschale wird mit Biscuitplättchen angerichtet.

204. Milch-Kalteschale mit Vanille.

Man läßt eine halbe Stange Vanille mittlerer Größe in Milch eine Stunde lang ausziehen, kocht dann 2 Pott Milch mit 10 Loth Zucker auf, gießt die Milch, worin die Vanille liegt, mit dieser zu der kochenden Milch hinzu, rührt dieselbe mit Klarmehl von 1 Eßlöffel voll Kartoffelmehl (I. 4.) eben und quirlt sie endlich mit 4 Eidottern ab. Von dem Eiweiß bereitet man Klöße nach Nr. 63 und läßt sie, wie dort angegeben, auf der Suppe gar werden, worauf Letztere zum Erkalten in Wasser gestellt wird.

205. Milch-Kalteschale mit Mandeln.

Man kocht 2 Pott Milch mit gestoßenen ¼ ℔ süßen und 4 bitteren Mandeln, nebst einem Pfirsichblatte durch, giebt 10 Loth Zucker, worauf ¼ Citrone abgerieben worden, nebst ein wenig Kanehl hinzu, rührt die kochende Milch, wie in der vorigen Nummer angegeben worden, eben und quirlt sie ebenso mit 4 Eidottern ab. Auch giebt man dieselben Schaumklöße dazu.

206. Buttermilch-Kalteschale.

Man verbessert die Buttermilch nach Belieben durch Hinzuthun von Sahne und bröckelt etwas Zwieback hinein. Vorher hat man Schwarzbrod gerieben, mit halb so viel Zucker wie Brod ein wenig geröstet und wieder abkühlen lassen. Dies wird nun in die Buttermilch hineingestreut; wie viel man nehmen will, hängt ganz vom Geschmacke ab.

VI. Hors d'Oeuvres.

Vorbem. Unter Hors d'Oeuvres versteht man kleine leichte Gerichte, welche unmittelbar nach der Suppe gegeben werden, eher um den Appetit zu reizen, als um ihn zu stillen, und die man daher auch nur in geringen Quantitäten reicht. Es sind dies hauptsächlich kleine Ragouts, Pastetchen, Croquettes (s. d.) u. s. w., wie aus den Recepten dieses Abschnitts ersichtlich.

A. Coquillen.

207. Ragoût fin in Coquillen.

Man blanchirt und reinigt Kalbsmilch, wie in Nr. 54 angegeben worden, kocht sie in einer Braise (Nr. 31) gar, was nicht länger als eine Viertelstunde dauert, und läßt sie darin erkalten. Ferner kocht und vorbereitet man Kalbszungen auf folgende Weise. Man reinigt sie gehörig, bringt sie aufs Feuer, schäumt sie tüchtig, wenn sie kochen, thut etwas Salz und auf 3 Zungen eine Zwiebel, ein Lorbeerblatt und 6 Körner Nelkenpfeffer daran und läßt sie unter langsamem Kochen milde, jedoch nicht zu weich werden. Nachdem sie in der Brühe ziemlich abgekühlt sind, zieht man die Haut ab, bedeckt sie mit einem feuchten Tuche und läßt sie vollständig erkalten. Außerdem bereitet man noch eine Fischfarce nach

Nr. 36 h. und endlich Champignons nach Nr. 1 zu, und schneidet nun Alles in kleine Würfel. Dann kocht man ½ Pott weiße Coulis (Nr. 231 a.) mit einem halben Glase Weißwein unter stetem Rühren zu einer dickflüssigen Sauce ein, quirlt sie mit 3 Eidottern ab, giebt den Saft von ¼ Citrone und 1 Theelöffel voll Sardellenbutter daran und rührt endlich davon so viel zu den Milchfleisch- u. s. w. Würfeln, daß das Ganze eine dicke, aber noch gerade flüssige Masse bildet. Das nun fertige Ragout füllt man in Coquillen, bestreut es ganz wenig mit einer Mischung aus fein zerstoßenem Zwieback und Parmesankäse, träufelt einige Tropfen flüssig gemachte Krebsbutter (Nr. 8) darauf und backt es im Ofen, bis sich eine Kruste obenauf zu bilden anfängt.

Maße: ½ ℔ Milchfleisch, ¼ ℔ Zunge und ¼ ℔ Fischfarce, 5 Loth frische Champignons oder 3 Loth getrocknete.

208. Ragout von Krebsen in Coquillen.

Man schneidet die ausgebrochenen Schwänze und Scheeren von Krebsen in Würfel, ebenso Fischfarce, welche man nach Nr. 36 h., und Champignons, welche man nach Nr 1 zubereitet. Sodann schwitzt man 2 Eßlöffel voll Mehl in 4 Loth Krebsbutter (Nr. 8) und kocht daraus mit Bouillon eine seimige Sauce, die man noch mit 3 Eidottern auf ½ Pott abquirlt und durch Einkochen verdickt, thut 1 Eßlöffel voll Sardellenbutter und den Saft von ¼ Citrone daran und legt die in Würfel geschnittenen Krebsschwänze u. s. w. in so viel von dieser Sauce, daß das Ganze eine dicke, aber noch grade flüssige Masse bildet. Dies Ragout füllt man in Coquillen und verfährt damit weiter, wie am Schluß der vorigen Nummer angegeben worden.

Maße: ¼ Krebsschwänze, ¼ ℔ Fischfarce, 5 Loth frische Champignons oder 3 Loth getrocknete.

209. Ragout von Fischen in Coquillen.

Man zerschneidet 1 ℔ Fischfilets (I. 4.), zu welchen man sowohl See- als Flußfische benutzen kann, in nicht zu kleine

Würfel, salzt dieselben und schwitzt sie in Butter und dem Safte von ½ Citrone gar. Zum erhaltenen Fischfond (I. 4.), den man durch ein Sieb von den Fischen ablaufen läßt, gießt man ½ Pott Bouillon, kocht dieselbe mit einer weißen Mehlschwitze von 2 Eßlöffeln voll Mehl seimig und quirlt sie, nachdem noch ein Glas Weißwein hinzugethan worden, mit 3 Eidottern ab, giebt eine Messerspitze voll Pfeffer, einen Theelöffel voll Sardellenbutter, den Saft von ¼ Citrone, sowie 2 Loth in Butter geschwitzte Champignons, nebst einigen Krebsschwänzen, Beides in Würfel geschnitten, daran. Hiemit mischt man die, wie oben angegeben, gar geschwitzten Fischfilets recht vorsichtig, damit man sie nicht zerrühre, giebt das Ganze in Coquillen und verfährt damit weiter, wie am Schluß der vorletzten Nummer angegeben worden.

210. Muscheln in Coquillen.

Man reinigt und kocht ein Schock Muscheln nach Nr. 122 mit nicht zu viel Salz, nimmt sie von den Stühlen und befreit sie von den Bärten. Dann bereitet man eine Sauce, indem man 2 Eßlöffel voll Mehl weiß schwitzt, ½ Pott von dem Wasser, worin die Muscheln gekocht werden, dazu gießt, 1 Messerspitze voll Pfeffer und 1 Eßlöffel voll Essig hinzuthut, und dies mit 2 Eidottern abquirlt. In diese Sauce legt man die Muscheln, füllt sie in Coquillen, bestreut sie mit fein zerstoßenem Zwieback, träufelt etwas Butter darauf und backt das Ragout in einem Ofen, bis es obenauf gelb wird.

211. Austern in Coquillen.

Man nimmt die Bärte von 1 Schock Austern ab und kocht sie tüchtig mit Weißwein durch; die Austern selbst läßt man in Citronensaft auf schwachem Feuer heiß werden, aber nicht kochen. Sodann macht man ½ Pott Bouillon mit einer weißen Mehlschwitze von 2 Eßlöffeln voll Mehl seimig, gießt den Wein und Citronensaft, nachdem die Bärte der Austern und letztere selbst herausgenommen worden, dazu und quirlt die Sauce, an welche man noch höchstens ½ Messe spitze voll Cayenne-Pfeffer oder ¼ geriebene Muskatnuß thun kann, mit 3 Eidottern ab. In dieselbe legt man sodann die Austern, vermischt sie gehörig damit, füllt sie in Coquillen und verfährt weiter damit, wie am Schluß der vorigen Nummer angegeben worden.

212. Ein einfaches Ragout in Coquillen.

Man zerhackt Bratenreste und bereitet zu einem Pfunde davon eine Sauce, indem man ½ Pott Bouillon mit einer gelben Mehlschwitze von 2 Eßlöffeln voll Mehl seimig kocht, 1 kleines Glas Rothwein dazu gießt und 2 Theelöffel voll gehackte Cappern und eine halbe Messerspitze voll Cayennepfeffer hinzuthut. In die Sauce legt man den gehackten Braten, rührt Alles gehörig durch, füllt es in Coquillen, bestreut es mit zerstoßenem Zwieback, träufelt Butter darauf und backt es in einem Ofen braun.

B. Kleine Pasteten.

213. Butter- oder Blätterteig.

Bei der Bereitung von kleinen Pasteten verwendet man am besten nur sogenannten Butter- oder Blätterteig. Soll derselbe gerathen, so müssen die beiden Hauptbestandtheile, Butter und Mehl, von guter Beschaffenheit sein. Ist die Butter zu salzig, so muß man sie vorher gut auswaschen und dann durchkneten, bis das Wasser rein wieder daraus entfernt ist. Der Teig wird nun auf folgende Art bereitet. Man rührt 2 Eidotter klein und vermischt sie nebst einem Löffel voll Rum mit ¼ Pott Wasser, wovon man sodann immer nur ganz wenig zur Zeit unter stetem Rühren zu 1 ℔ Mehl gießt, bis ein Teig entsteht, der ungefähr die Festigkeit guter harter, aber noch geschmeidiger Butter hat. Diesen Teig arbeitet man auf einem Kuchenbrett mit beiden Händen tüchtig durch, bis er gleichmäßig klar und glänzend ist. Man bestreut sodann ein durchaus reines und trockenes Kuchenbrett mit Mehl, legt den Teig darauf, bestreut ihn gleichfalls mit Mehl und rollt ihn so dünn, wie möglich, auseinander. Nun schneidet man 1 ℔ gute harte Butter in 3 Theile, einen von ½ ℔, die beiden andern jeder von ¼ ℔. Den größern Theil zertheilt man in kleine Häufchen, mit denen man die eine Hälfte der Teigplatte belegt, die andere Hälfte klappt man darüber und dann den ganzen Teig dreifach zusammen, kehrt ihn um, streut Mehl darunter und rollt ihn wieder zu einer etwa einen halben Finger dicken Platte aus. Dies eben beschriebene Verfahren wiederholt man zum zweiten und dritten Male unter gleichem Hinzuthun des zweiten und dritten Stückes Butter, worauf man ihn wiederum in drei gleichen Blättern übereinander schlägt und 10 Minuten ruhen läßt. Dann rollt man ihn wieder aus und wiederholt das ganze Verfahren noch zweimal, worauf er zur Verwendung fertig ist.

Anm. 1. Um guten, recht grade aufsteigenden Teig zu erhalten, muß man ohne starken Druck und unausgesetzt gleichmäßig rollen; auch muß der Teig stets schnell bei ziemlich starker Hitze gebacken werden; in dem Ofen, den man dazu benutzt, dürfen nicht zugleich andere Speisen braten oder kochen. Will man ganz sicher sein, daß der Teig sich zum Backen eignet, so thut man gut, ein Stückchen davon zur Probe zu backen. Zeigt sich daran, daß er nicht aufgeht, so muß man das dreimalige Zusammenklappen und Ausrollen noch ein paar Mal wiederholen.

Anm. 2. Soll der Teig zu Pasteten verwandt werden, so verfährt man in folgender Weise. Man rollt ihn zur Dicke eines Federkiels aus und sticht mit einem runden Ausstecher von der Weite, wie man die Größe der Pasteten wünscht, doppelt so viel Scheiben, wie man Pasteten bereiten will. Aus der Hälfte derselben sticht man wieder kleine Deckel aus, bestreicht die Scheibe, welche den unteren Boden bilden soll, vermittelst eines Pinsels dünn mit gequirltem Ei, legt den zweiten, nun ringförmigen Boden darauf und bestreicht ihn sowohl, wie den ausgestochenen kleinen Deckel gleichfalls mit Ei. Endlich setzt man die Pastetchen sammt den Deckeln auf einem mit Mehl bestreuten Kuchenbleche in einen heißen Ofen und läßt sie schnell gar backen. Bei dem Bestreichen mit Ei muß man indessen recht vorsichtig verfahren, da die Pasteten nicht aufgehen, wenn der Pinsel die Seitenwände der Böden berührt.

Sollen aus dem Butterteige sog. Florents oder Fleurens zum Garniren feiner Ragouts oder Fricassees bereitet werden, so bestreicht man die ausgestochenen Scheiben mit Ei und klappt dieselben mit den äußern Rändern aufeinander, so daß Halbmonde entstehen. Diese bestreicht man noch einmal auf der obern Seite mit Ei und läßt sie, wie oben erwähnt, gar backen.

214. Pastetchen mit Milchfleisch-Ragout.

Man bereitet ein Ragoût fin nach Nr. 207, nimmt jedoch statt $1/2$ ℔, wie dort angegeben worden, $3/4$ ℔ Milchfleisch, giebt noch 1 bis 2 Loth Trüffeln daran und schneidet oder hackt das Ganze noch etwas feiner, als das Ragout. Vorher hat man Pastetchen von Blätterteig nach der voraufgehenden Nummer gebacken; die Oeffnungen in denselben füllt man mit möglichst viel von dem Ragout, legt die kleinen Deckel oben darauf und stellt die Pastetchen auf einer flachen Schüssel in einen gut geheizten Ofen, bis sie wieder völlig heiß geworden sind.

Anm. Zu diesen, wie zu allen folgenden Pastetchen, rechnet man für den Butterteig 1 ℔ Mehl und 1 ℔ Butter, und etwa 1 ℔ von der jedesmaligen Füllung auf 40 Stück.

215. Pastetchen mit verschiedenen Farcen gefüllt.

Man bereitet Blätterteig nach Nr. 213, rollt ihn aus und sticht aus ihm Scheiben, wie dort angegeben worden. Zur Füllung der Pastetchen bedient man sich der Farce von Kalbfleisch in 36 a., der Farce von Wild in 36 e., der Farce von Geflügel in 36 f., der Farce von Leber in 36 g. und endlich der Fischfarce in 36 h. Das Verfahren ist dabei folgendes. Man theilt nach der Berechnung in der Anmerkung zur voraufgehenden Nummer die Farce in so viele Theile, als Pastetchen zu backen sind, d. h. also immer 1 ℔ davon in 40 Theile. Sodann bestreicht man die Böden der Pastetchen mit gequirltem Ei, legt die Farcestückchen darauf und drückt sie so darüber, daß man ringsum einen Strohhalm breit vom Rande entfernt bleibt. In der Mitte der Farce macht man eine Vertiefung, legt die obern Deckel auf, bestreicht auch sie mit gequirltem Ei und backt die Pastetchen nach der Anweisung in Nr. 213 ¼ Stunde bis 20 Minuten.

Sind die Pastetchen gar, so nimmt man zunächst die Deckel wieder ab und giebt in die vorher in die Füllung gemachten Vertiefungen eine der nachstehenden Saucen:

a. Zu Pastetchen mit Farce von Kalbfleisch oder Geflügel eine Champignon-Sauce nach folgender Vorschrift. Man reinigt und bereitet 3 Loth frische Champignons im Uebrigen ganz, wie im ersten Absatze von Nr. 1 angegeben, nur daß man sie in möglichst kleine Würfel zerschneidet, giebt sie mit der Brühe, worin sie geschwitzt sind, nebst 2 Eßlöffeln voll Wein und 1 Theelöffel voll Citronensaft zu ½ Pott weißer Coulis (Nr. 231 a.), welche man, nachdem die Champignons recht weich gekocht sind, mit 2 Eidottern abquirlt. Fehlt es an frischen, so muß man sich mit eingemachten oder getrockneten Champignons begnügen. (Vgl. Nr. 1.)

b. Zu Pastetchen mit Farce von Wild oder Leber eine Trüffel-Sauce. Man reinigt dazu 4 Loth Trüffeln nach Nr. 4, schneidet sie in recht kleine Würfel, giebt sie mit 2 Eßlöffeln voll Rothwein oder 1 Eßlöffel voll Portwein in ½ Pott braune Coulis (Nr. 231 b.), läßt sie darin gar kochen und quirlt die Sauce mit 2 Eidottern ab. — Für Pastetchen mit Leberfarce genügt es indessen, die Trüffeln, nachdem sie weich gekocht sind, mit unter die Farce zu hacken.

c. Zu Pastetchen mit Fischfarce eine Cappern-Sauce, welche im Uebrigen ebenso bereitet wird, wie die Champignon-Sauce, nur daß man Wein und Citronensaft wegläßt und statt der Champignons 2 Eßlöffel voll Cappern in die Coulis giebt, die man damit vor dem Abquirlen 10 Minuten lang kochen läßt.

Ist Alles so weit zubereitet, so legt man die Deckel wieder auf die Pastetchen, stellt sie, da sie inzwischen mehr oder weniger abgekühlt sind, auf einer Schüssel wieder in den Ofen und servirt sie, wenn sie durch und durch heiß geworden sind.

Anm. 1. Die Saucen müssen recht dickseimig bereitet werden, geht es nicht anders, so muß zu dem Zweck mit Klarmehl (I. 4.) nachgeholfen werden.

Anm. 2. Das nach den Anweisungen a bis c erhaltene Quantum Sauce reicht für 40 Pastetchen.

216. Krebs-Pastetchen.

Man bereitet dieselbe Farce, wie sie in Nr. 55 angegeben worden, oder auch, wenn man die Pastetchen besser haben will, das Ragout in Nr. 208, hackt jedoch dann das aus Schwänzen und Scheeren herausgebrochene Krebsfleisch nebst den übrigen Zuthaten ganz fein. Die Pastetchen füllt man, nach der Anweisung in der voraufgehenden Nummer, bestreicht sie mit Krebsbutter, backt sie $1/4$ Stunde, nimmt, wenn die Farce in Nr. 55 verwandt ist, die Deckel wieder ab und giebt in die Vertiefung in der Füllung noch eine Sauce von einer weißen Coulis, mit 12 Loth Krebsbutter auf $1/2$ Pott. Weiter verfährt man dann nach der Vorschrift in der vorigen Nummer. Wählt man das Ragout in Nr. 208, so legt man noch einen ausgebrochenen Krebsschwanz darüber, backt die Füllung in den Pastetchen in $1/4$ Stunde gar und servirt dieselben sofort. In den Maßen ist das Verhältniß der Füllung zu den Pastetchen ganz dasselbe, wie in der voraufgehenden Nummer.

217. Austern-Pastetchen.

Zu 20 fein zerhackten großen holsteinischen oder verhältnißmäßig mehr englischen Austern, von denen man das Wasser zurückgestellt hat, mischt man 4 gestoßene Zwieback, drückt durch ein Sieb den Saft einer Citrone dazu und schwitzt dies zusammen in 8 Loth Butter gehörig durch, wobei es unausgesetzt gerührt werden muß. Außerdem befreit man 40 Austern von den Bärten, stellt sie einstweilen zurück und bewahrt ihr Wasser gleichfalls. Sind die geschwitzten Austern u. s. w. abgekühlt, so rührt man von dem Austernwasser mit etwas Bouillon 3 Eidotter, $1/4$ geriebene Muskatnuß und die abgeriebene Schale von $1/2$ Citrone, so wie zuletzt das zu Schnee geschlagene Weiße der Eier hinzu. Ist Alles gehörig durchgerührt, so bestreicht man nach der Angabe in Nr. 215 die Böden der nach der Vorschrift in Nr. 213 bereiteten Pastetchen damit, legt die Deckel darauf, bestreicht auch sie mit Ei und backt die Pastetchen auf einem mit Mehl bestreuten Bleche schnell gar. Inzwischen hat man die 40 vorhin zurückgestellten Austern in Ei und gestoßenem Zwieback panirt (I. 4.) und in Butter recht vorsichtig und nicht zu lange gebraten, damit sie nicht hart werden. Diese Austern legt man nach Abnahme der Deckel in die Pastetchen und giebt ein wenig Sauce daran, welche man bereitet, indem man 1 Eßlöffel voll Mehl in 6 Loth Butter weiß schwitzt, das übrige Austernwasser nebst so viel Bouillon, daß es eine gute Theetasse voll wird, so wie den Saft einer halben Citrone, Alles durch ein Sieb gegeben, dazu rührt und die Sauce, nachdem sie eine Viertelstunde lang langsam gekocht hat, mit 4 Eidottern abquirlt. Sind gebratene Austern nebst Sauce hineingegeben, so legt man die Deckel wieder auf.

Anm. Ist es möglich, so verfährt man so schnell, daß die Pastetchen nicht wieder erwärmt zu werden brauchen, was ihnen immer schadet.

218. Trüffel-Pastetchen.

Man reinigt und kocht 16 Loth Trüffeln nach Nr. 4 und zerschneidet sie in ganz kleine Würfel. Dann rührt man von der Bouillon, in welcher die Trüffeln gekocht sind, zu 8 Loth geschmolzener Butter hinzu und die Trüffeln nebst 8 Loth Leberfarce (36 g.) und dem Saft von ½ Citrone damit durch. Sollte die Masse zu steif werden, so kann man mit Bouillon nachhelfen. Das Füllen und Backen der Pastetchen geschieht sodann ganz nach der Anweisung in Nr. 215.

219. Pastetchen für den gewöhnlichen Tisch.

Man hackt Reste von Kalbs- oder Geflügelbraten, etwa 20 Loth, mit 5 Loth Kalbsnierenfett gehörig durch, thut 5 Loth gut gereinigte Korinthen, 5 Loth zu Sahne gerührte Butter, 2 Eidotter, ¼ geriebene Muskatnuß und die abgeriebene Schale einer halben Citrone hinzu und rührt Alles mit guter Bouillon gehörig durch. Von Letzterer gießt man, immer in geringen Portionen auf einmal, so lange hinzu, bis die Farce die gehörige Consistenz hat. Mit dem Füllen derselben in die Pastetchen und dem Backen der Letztern verfährt man dann nach der Anweisung in Nr. 215.

C. Croquettes oder Fritüren.

220. Croquettes von Fischen.

Man bereitet ein Fischragout im Uebrigen nach der Vorschrift in Nr. 209, nur daß man Fische, Krebsschwänze ꝛc. fein hackt und zu der Bouillon ein paar Kalbsfüße nimmt, damit sie sich nach dem Erkalten in eine gallertartige Masse (Stand) verwandle. Das Ragout muß nun vollständig erkalten und steif werden, worauf man es in Stücke von der Länge und Dicke eines Daumens zerschneidet, aus welchen man durch Rollen in geriebener Semmel Würstchen bildet. Diese panirt man nach Abschn. I. 4. in gequirltem Ei und zerstoßenem Zwieback und backt sie in abgeklärter Butter (Nr. 14) gut braun. Beim Anrichten werden sie mit ausgebackener Petersilie garnirt. Um diese zuzubereiten, pflückt man sie von den dicken Stengeln, wäscht sie und läßt die Stücke, welche man dazu auf einem Tuche auseinander breitet, schnell trocknen. Dann kehrt man sie über dem Feuer in heißer Butter einige Male um und nimmt sie wieder heraus, bevor sie ihre grüne Farbe verlieret.

221. Croquettes von Kalbsmilch.

Man bereitet ein Ragoût fin nach Nr. 207, jedoch unter Hinweglassung der Zunge, welche man durch Kalbsmilch ersetzt. Ferner schneidet man sämmtliche Zuthaten recht fein, hackt sie auch wohl etwas und nimmt endlich statt der weißen

Coulis eine Bouillon, worin Kalbsfüße gekocht sind, damit sich beim Erkalten Stand bilde (vgl. d. vor. Nr.). Im Uebrigen verfährt man bei der Bereitung ganz so, wie für die Croquettes von Fischen in der voraufgehenden Nummer angegeben ist.

222. Croquettes von Geflügel.

Zu ½ Pott Bouillon, welche nach der Vorschrift in Nr. 220 gekocht ist, wird so viel Klarmehl (I. 4.) gerührt, daß eine dicke Sauce entsteht, welche dann noch mit einem Glase Wein und dem Safte von ¼ Citrone durchgekocht und endlich mit 4 Eidottern abgequirlt wird. In diese Sauce rührt man ½ bis ¾ ℔ ganz fein geschnittenes Fleisch von gekochten Hühnern oder Küken, läßt das Ganze erkalten und verfährt dann weiter damit, wie in Nr. 222 für die Croquettes von Fischen angegeben ist.

Will man diese Croquettes billiger bereiten, so kann man dazu beliebige Reste von gekochtem oder gebratenem Kalbs- oder Hammelfleisch oder Geflügel verwenden.

223. Croquettes von Wild.

Man befreit Hirsch-, Reh- oder Hasenbraten von allen Sehnen und hackt das Fleisch fein. Sodann kocht man eine braune Coulis (Nr. 231 b.), vermischt damit einige Eßlöffel voll Stand (Nr. 220), drückt den Saft von ½ Citrone daran und gießt ein Glas Wein hinzu. Nachdem Alles gut zusammen durchgekocht ist. giebt man ½ Pott von dieser Sauce auf ½ bis ¾ ℔ von dem gehackten Wildbraten, läßt das Ganze erkalten und verfährt damit weiter, wie bei den andern Croquettes.

224. Croquettes von Kartoffeln mit Ragout.

Man bereitet aus gekochten kalten Kartoffeln einen festen Teig, indem man 10 Loth Butter zu Sahne reibt und zunächst 2 ganze Eier und 3 Eidotter, sodann aber hinreichend geriebene Kartoffeln dazu rührt; will man es, so kann man auch mit 1 Messerspitze voll geriebener Muskatnuß würzen. Von dem erhaltenen Teige streicht man Streifen von der Dicke eines Messerrückens und beliebiger Größe, am besten von 2 Zoll Länge und 1 Zoll Breite, auf ein Brett, legt Würstchen von einem der Ragouts zu den vorstehenden Croquettes darauf und drückt den Kartoffelteig rings darum fest. Sodann verfährt man weiter, wie bei den übrigen Croquettes.

D. Noch einige andere Hors d'Oeuvres.

225. Gebackene Kalbsmilchscheiben.

Man blanchirt und reinigt eine Kalbsmilch nach Nr. 54, kocht sie in Bouillon weich und schneidet sie in Scheiben. Von der entfetteten Bouillon, welcher man noch 1 Glas Weißwein und den Saft einer halben Citrone zusetzt, bereitet man durch Hinzurühren von Klarmehl (I. 4.) eine dickseimige Sauce, die nach tüchtigem Einkochen mit 4 Eidottern auf ½ Pott abgequirlt wird. Nachdem die Kalbsmilchscheiben nebst der Sauce abgekühlt sind, taucht man Erstere in Letztere, läßt sie abtropfen, panirt sie mit gequirltem Ei und feingestoßenem Zwieback und backt sie endlich in Ausbackbutter (Nr. 14) hellbraun. Angerichtet werden sie in kleinen Pyramiden, die man mit ausgebackener Petersilie (Nr. 220) garnirt.

226. Gebackenes Kalbsgehirn.

Man legt das Gehirn 1 Stunde lang in kaltes Wasser und kocht es ½ Stunde lang über schwachem Feuer mit etwas Salz, schwarzem Pfeffer und Zwiebeln in so viel Wasser und Essig — von Ersterem ¾, von Letzterem ¼ —, daß es grade davon bedeckt ist. Nachdem es erkaltet ist, schneidet man es in Scheiben, bereitet von der Brühe eine Sauce nach der Anweisung in voraufgehender Nummer, taucht die Scheiben hinein und verfährt weiter damit, wie mit den Kalbsmilchscheiben in vorhergehender Nummer.

227. Gebackene Kalbsfüße.

Kalbsfüße werden sauber abgebrüht und nach Herausnahme der großen Knochen in Wasser gekocht, welches ein wenig gesalzen und mit Zwiebeln nebst einigen Körnern schwarzem und Nelkenpfeffer gewürzt ist. Sind die Füße gar, so läßt man sie in der Brühe verkühlen, nimmt sodann auch die kleinen Knochen heraus, schneidet sie in mittelgroße Stücke und backt dieselben, nachdem man sie mit Ausbackteig (Nr. 22) panirt hat, in Butter hellbraun. Von Jüs — d. h. der kräftigen Brühe, welche man durch das Braten verschiedener Fleischarten, besonders des Rindfleisches und Kalbfleisches gewinnt — bereitet man endlich, indem man sie mit einer braunen Coulis (Nr. 231 b.), unter Hinzuthun der Säure von ½ Citrone auf ½ Pott, seimig kocht, eine Sauce, die man dazu giebt.

228. Gebackene Küken.

Man knöchelt die Küken nach Nr. 51 aus und übergießt sie, wie dort angegeben, mit Essig und Provenceöl nebst etwas Salz und gestoßenem Pfeffer. Es ist gut, wenn man die Küken, namentlich im Falle, daß nicht sehr reichlich von der Marinade vorhanden ist, einige Male darin umkehrt, damit sich der Geschmack allen Theilen derselben gleichmäßig mittheilt. Nach 8 bis 12 Stunden nimmt man sie wieder heraus, trocknet sie ab, panirt sie mit Ausbackteig (Nr. 22) und bäckt sie recht hellbraun. Angerichtet werden sie, mit ausgebackener Petersilie (Nr. 220) garnirt, auf einer flachen Schüssel.

229. Ausgebackene Omelettes mit Milchfleisch.

Man rührt zu einer Omelette 1 ganzes Ei mit 1 Eßlöffel voll Mehl gut durch und rührt diesen Teig mit ½ Tasse Bouillon, unter Hinzuthun von 1 Messerspitze voll Salz dünn.

Dann brät man ein Stückchen Butter von der Größe einer Haselnuß in der Bratpfanne braun, füllt die Omelettemasse darauf, backt sie auf beiden Seiten recht gleichmäßig hellbraun, wobei, wenn sie sich an die Pfanne ansetzt, noch mehr Butter darunter in die Pfanne gethan werden muß. Ist die Omelette herausgenommen, so giebt man auf die Mitte derselben 2 Eßlöffel voll von dem Milchfleisch-Ragout in Nr. 218, klappt den Ring so darüber, daß ein Dreieck oder Viereck entsteht und bestreicht die übergeklappten Theile mit Eigelb, welches sie an der übrigen Omelette festhält, die jetzt ganz verschlossen ist. Dieselbe wird sodann in Ausbackteig nach Nr. 22 getaucht und in abgeklärter Butter (Nr. 14) einige Minuten lang ausgebacken.

230. Kräuter-Omelettes.

Man rührt zu einer Omelette 5 Eier mit 2 Eßlöffeln voll Bouillon, nebst 1 Messerspitze voll Salz, ferner mit 1 Theelöffel voll gehackter Petersilie und eben so viel gehackten Chalotten oder Schnittlauch, gut durcheinander und backt diese Masse nach der Vorschrift in der vorigen Nummer, jedoch nur auf der einen Seite, hellbraun. Die Omelette wird dann so aufgerollt, daß die braune Seite nach oben kommt, und mit einer Jüs (Nr. 227), welche mit etwas Coulis seimig gemacht ist, angerichtet. — Beim Backen der Omelette muß man sich sehr in Acht nehmen, daß dieselbe sich nicht an die Pfanne ansetzt, was bei dieser Omelette noch weit leichter der Fall ist, als bei der voraufgehenden. Man schiebt zu dem Zwecke die Masse zu Anfang des Backens öfters zusammen und fährt sodann, sobald sich unten eine Kruste zu bilden anfängt, wiederholt mit dem Messer ganz darunter hindurch.

VII. Warme und kalte Saucen zu Fleisch, Geflügel, Fischen und Gemüsen.

Vorbem. Von äußerster Wichtigkeit für die Ausübung der meisten Theile der Kochkunst ist die Geschicklichkeit in der Bereitung guter Saucen; gutes Fleisch gewinnt dadurch noch bedeutend an Wohlgeschmack, mittelmäßiges, ja schlechtes wird wenigstens genießbar gemacht. Nirgends mehr, als grade bei uns, pflegt man in dieser Geschicklichkeit ein Kennzeichen für die Geübtheit und Tüchtigkeit einer Köchin zu finden und ist daher auch auf die in diesem Abschnitte enthaltenen Recepte von der Verfasserin ganz besondere Aufmerksamkeit verwandt worden. Es wird indessen bemerkt, daß unter der großen Anzahl von Saucen nur diejenigen ausgewählt sind, welche in der norddeutschen Küche wirklich Verwendung finden und ferner, daß die eigentlichen Bratensaucen in diesem Abschnitte noch nicht haben berücksichtigt werden können, sondern, weil sie von der Bereitung der verschiedenen Braten unzertrennlich sind, erst mit diesen in Abschn. XIII. vorkommen werden.

A. Warme Saucen.

231. Weiße und braune Coulis.

a. Weiße Coulis. Man schneidet 10 Loth magern Schinken in mittelgroße Würfel und einen gut blanchirten*) Kalbsfuß, aus welchem der Knochen gelöst worden, in Stücke und schwitzt Schinken- und Kalbsfußstücke mit 2 Zwiebeln mittlerer Größe, 2 Petersilien-Wurzeln und einem kleinen halben Sellerie-Knollen, Alles in Scheiben oder Würfel geschnitten, in ½ ℔ Butter mit so viel Mehl weiß, wie die Butter aufnehmen will. Zu dieser Mehlschwitze gießt man

*) Bei häufig vorkommenden Küchenausdrücken, wie z. B. „Blanchiren", „Klarmehl", „Mehlschwitze" u. dgl. wird fernerhin eine Verweisung auf die betreffende Nummer nicht mehr stattfinden, da einmal vorausgesetzt werden darf, daß Diejenigen, welche dies Buch benutzen, sich darüber bereits hinreichend instruirt haben, sodann aber auch das alphabetische Register am Schlusse bequemen Aufschluß giebt.

unter stetem tüchtigen Quirlen, damit Alles Mehl sich gut auflöse, langsam die kräftige Bouillon von 2 ℔ magerem Kalbfleisch und 1 ℔ Rindfleisch, und läßt die Sauce, die nun die Consistenz einer recht seimig gekochten Suppe haben muß, 3 Stunden lang auf langsamem Feuer einkochen, indem man inzwischen recht sorgfältig schäumt und das Fett abnimmt. Die dann fertige Coulis gießt man durch ein Sieb und stellt dieselbe, soweit sie nicht sofort gebraucht wird, an einen kühlen Ort, wo sie sich etwa 8 Tage lang hält.

b. Die braune Coulis. Man schwitzt 3 ℔ Rindfleisch — man kann Abfälle, wenn man deren hat, oder Fleisch von ordinairer Qualität verwenden —, 1 ℔ Kalbfleisch und 1/2 ℔ Schinken mit 2 Zwiebeln, 2 Petersilienwurzeln, 3 Mohrrüben und 1 Selleriekopf mittlerer Größe, das Fleisch in kleine Stücke, Zwiebeln und Suppenwurzeln in Scheiben geschnitten, in 1/2 ℔ auf dem Feuer vorher gebräunter Butter, bis es sich braun an den Kochtopf ansetzt, ohne jedoch anzubrennen. Dann rührt man das Ganze wiederholt so lange um, bis Alles gleichmäßig braun geworden und gießt nun 1 1/2 bis 2 Pott kräftige Bouillon, welche vorher mit einer braunen Mehlschwitze (Nr. 20) seimig gemacht worden, darüber, thut etwa 12 Körner schwarzen Pfeffer, eben so viel Nelkenpfeffer, 1 Lorbeerblatt und etwas Salz daran und läßt es unter sorgfältiger Abnahme des Fettes und Schaumes etwa 3 Stunden lang über schwachem Feuer einkochen. Endlich gießt man die Coulis durch ein Sieb; was davon nicht sogleich gebraucht wird, läßt sich an einem kühlen Orte 8 Tage lang aufbewahren.

Anm. Die Coulis finden bei der Bereitung sehr verschiedenartiger Saucen zu Fleisch, Geflügel, Fischen, Pasteten u. s. w. Verwendung, sie bilden gewissermaßen die Grundlage derselben. Aus diesem Grunde sind sie hier voraufgeschickt, obgleich sie selbst nicht Saucen im eigentlichen Sinne des Wortes genannt werden können. Für manche Haushaltungen wird es zu umständlich sein, Coulis zu bereiten; fehlt es daran, so muß man statt ihrer Klarmehl mit recht kräftiger Bouillon verwenden und gut mit der Sauce durchkochen; zum Färben derselben, wo eine braune Sauce nöthig ist, verwendet man Zuckerfarbe (Nr. 34), die übrigens häufig auch bei Verwendung der braunen Coulis noch zu Hülfe zu nehmen sein wird.

232. Fleisch-Fond.

(Abschn. I. 4.)

Man schneidet Rindfleisch und Kalbfleisch, von jedem gleich viel, in Scheiben, die man oberflächlich durchhackt. Diese Scheiben läßt man langsam auf beiden Seiten in einem möglichst flachen Kochtopfe braun anschwitzen und legt sie sodann in kochende, möglichst kräftige und vorher durch ein Sieb gegossene Hühner-Bouillon. Die Bouillon von einem alten Huhn reicht für 8 ℔ Fleisch aus. Nachdem das Fleisch darin eine Viertelstunde gekocht hat, gießt man die Bouillon wieder durch ein Sieb in den Topf, in welchem das Fleisch vorhin geschwitzt wurde, giebt ein wenig Salz daran und rührt den braunen Ansatz, der sich am Topfe gebildet hatte, los und fährt fort zu rühren, bis die Flüssigkeit zu einem dicken Safte eingekocht ist, den man in einem Glashafen an einem kühlen Orte 14 Tage lang aufbewahren kann. Ein Löffel voll von diesem Fond genügt, einem ganzen Pott Sauce einen kräftigen Geschmack zu geben.

Anm. Auch der Fleischfond gehört allerdings nicht zu den Saucen, seine Bereitung ist aber aus ähnlichen Gründen, wie die der Coulis, gleichfalls hier vorweg angegeben.

233. Die Jüs.

Das Wort Jüs hat eine mehrfache Bedeutung. Man versteht darunter:

a. Den gutem, richtig gebratenem Fleische entfließenden Saft, dessen sich die Engländer als einzige Bratensauce bedienen.

b. Die beim Braten des Fleisches gewonnene Brühe, bevor dieselbe durch sonstige Zuthaten in eigentliche Bratensauce verwandelt ist.

c. Eine Kraftbrühe, welche in ganz ähnlicher Weise bereitet wird, wie die braune Coulis, nur daß man dazu allemal von demjenigen Fleische nimmt, bei welchem sie zur Sauce verwandt werden soll, und daß man sie nicht durch Hinzuthun von Mehl seimig macht. Man verwendet zur

Jüs hauptsächlich die anderweitig nicht wohl zu benutzenden Fleischtheile und Fleischabfälle; vom Geflügel namentlich die Hälse, Flügel und Beine unterhalb der Kniee, natürlich Alles vorher sauber gereinigt und die Knochen gut zerhackt.

234. Rahm=Jüs.

Man schwitzt 1 ℔ Kalbfleisch und ¼ ℔ Schinken, Beides in Würfel geschnitten, mit 4 feingehackten Chalotten und 2 in Scheiben geschnittenen Petersilien=Wurzeln, nebst 4 Eßlöffeln voll Mehl, 6 Körnern Pfeffer und einem Lorbeerblatt in 10 Loth Butter, wobei man unausgesetzt rührt und gut Acht giebt, daß die Masse weiß bleibt. Sobald das Mehl kraus wird, gießt man 1 Pott Rahm daran, würzt vorsichtig mit einem Stückchen Muskatblüthe und noch etwas Pfeffer und läßt es damit gut ¼ Stunde lang durchkochen. Dann gießt man die Jüs durch ein Sieb, bringt sie wieder ins Kochen und quirlt sie mit 4 Eidottern ab.

Auch zu dieser Jüs kann man Kalbfleisch= und Schinken=Abfälle benutzen, doch müssen Letztere von allem Räucherigen gesäubert sein.

235. Trüffelsauce zu Geflügel.

Man reinigt Trüffeln nach Nr. 4 und kocht sie in kräftiger Bouillon, unter Hinzuthun von einem Glase Portwein oder Rothwein auf 1 Pott Bouillon, weich, was etwa eine Stunde erfordert. Die Trüffeln werden sodann geschält, in Scheiben geschnitten und nebst der durch ein Sieb gegossenen Brühe mit eben so viel brauner Coulis seimig gekocht, wobei man mit einer braunen Mehlschwitze nachhilft. Fehlt es an der braunen Coulis, so nimmt man eine braune Mehlschwitze von 4 Eßlöffeln voll Mehl auf den Pott und thut Gewürze, namentlich Gewürznelken und Nelkenpfeffer, Citronensäure, ein Lorbeerblatt, auch Suppenwurzeln nebst 4 bis 6 Eßlöffeln

Bratenjüs, an die Sauce, welche damit gut durchgekocht und vor dem Gebrauch durch ein Sieb gegossen wird.

Anm. 1. In letzterm Falle genau das Verhältniß der Gewürze anzugeben, ist nicht wohl möglich, einen Fingerzeig dazu findet man in der Anweisung zur Bereitung dar braunen Coulis.

Anm. 2. Wie später genauer mitgetheilt werden wird, kann man Trüffeln auch bei der Bereitung fast aller Bratensaucen verwenden. In diesem Falle giebt man die Trüffeln nebst Brühe zu der Bratenjüs.

236. Morchelsauce zu Kalbfleisch.

Sind die Morcheln nach Nr. 3 gereinigt, so schneidet man sie in Stücke und schwitzt sie in Butter weich; getrocknete Morcheln werden in so viel Bouillon, daß sie eben davon bedeckt sind, mit etwas Butter gar gekocht. Die erhaltene Brühe wird, nachdem die Morcheln mit einer Schaumkelle herausgenommen worden, vorsichtig, unter Zurücklassung des Bodensatzes, abgegossen, mit dem gleichen Quantum brauner Coulis nebst etwas Bratenjüs vermischt und noch einmal aufgekocht, wobei man, um die Sauce seimiger zu machen, mit einer braunen Mehlschwitze nachhilft. Ist die Sauce wieder ins Kochen gebracht, so giebt man die Morcheln nebst ein wenig geriebener Muskatnuß und etwas Citronensaft hinein und läßt sie noch einmal damit durchkochen. Hat man keine Coulis, so ersetzt man dieselbe nach der Anweisung in voraufgehender Nummer.

237. Champignonsaucen zu Fleisch und Geflügel.

Man kann 2 Champignonsaucen bereiten, eine weiße und eine braune.

Frische Champignons werden, wenn sie zu einer weißen Sauce bestimmt sind, genau nach Nr. 1, erster Absatz, bereitet; trockene muß man vorher in kaltem Wasser auf das Feuer bringen und einmal überkochen lassen. Die Brühe, worin sie geschwitzt worden, benutzt man sodann zur Bereitung einer weißen Mehlschwitze, welche man zu kräftiger Bouillon rührt, und wobei man auf den Pott 4 Eßlöffel voll

Mehl rechnet. Diese Sauce bringt man ins Kochen, legt die Champignons hinein, thut ein wenig Muskatblüthe, auch wohl 1 Messerspitze voll gestoßenen weißen Pfeffer daran und läßt Alles noch einmal durchkochen.

Zu einer braunen Champignonsauce bereitet man von der Champignonbrühe eine braune Mehlschwitze, mit welcher man gute Bouillon, zu der man halb so viel kräftige braune Coulis nebst ziemlich viel Bratenjüs hinzugesetzt hat, seimig kocht. Die erhaltene Sauce gießt man durch ein Sieb, bringt sie wieder aufs Feuer und läßt sie mit den Champignons, etwas geriebener Muskatnuß und 1 Messerspitze voll fein gestoßenem weißen Pfeffer noch einmal durchkochen. Fehlt es an der Coulis, so ersetzt man dieselbe nach der Anweisung in Nr. 235.

238. Gurkensauce, besonders zu Rind- und Hammelfleisch.

Man kann die Gurkensauce von frischen und von sauer eingemachten oder Senf-Gurken bereiten. Erstere schält man sauber, theilt sie in zwei Hälften, nimmt die schwammigen Theile heraus und zerschneidet sie in Würfel oder längliche Streifen. Auf einen Pott Sauce rechnet man einen tiefen Teller voll geschnittene Gurken, welche man in einer Theetasse voll Bouillon mit 2 Eßlöffeln voll Essig, 2 bis 3 Loth Butter, etwa einem Theelöffel voll gestoßenem Zucker und einem Lorbeerblatt weich schmort; Butter und Zucker werden zuerst braun gemacht, die Gurken darauf gegeben und unter wiederholtem Umschütteln gebräunt. Sobald dieselben weich sind, thut man sie mit der Brühe, worin sie geschmort sind, in 1 Pott mit einer braunen Mehlschwitze von 4 Eßlöffeln voll Mehl seimig gekochter Bouillon, an welche man einige Eßlöffel voll Bratenjüs gegeben hat, und läßt sie damit noch einmal überkochen.

Die sauer eingemachten, sowie die Senfgurken schneidet man in Stücke, thut davon etwa eine gehäufte Theeschale voll auf den Pott in die, wie oben angegeben, vorbereitete Bouillon und läßt sie damit einige Minuten lang durchkochen. Ist die Sauce nicht pikant genug geworden, so giebt man noch von dem Essig, worin die Gurken gelegen haben, daran.

239. Weiße Cappernsauce zu Fleisch und Fischen.

Man bereitet eine weiße Mehlschwitze aus 6 Loth Butter und so viel Mehl, wie dieselbe fassen kann und gießt unter stetem Rühren über schwachem Feuer kochende Bouillon oder auch nur Wasser hinzu, bis eine seimige Sauce entsteht. An dieselbe giebt man 1 gehäuften Eßlöffel voll Cappern, und, sollte die Sauce davon nicht säuerlich genug werden, etwas Citronensaft, ferner ein paar Messerspitzen voll Salz, die abgeriebene Schale von $1/4$ Citrone und 1 Theelöffel voll Zucker. Hiemit läßt man die Sauce noch 10 Minuten weiter kochen und quirlt dieselbe, wenn man zu ihrer Bereitung Wasser verwandt hat, noch mit 2 Eidottern ab. Ist sie zu Fischen bestimmt, so thut man gut, etwas von der Fischbrühe dazu zu verwenden, aber nicht zu viel, damit die Sauce nicht versalzen werde.

240. Braune Cappernsauce zu Pasteten, Geflügel und Zunge.

Man bereitet die Sauce von einer braunen Coulis oder nach der in Nr. 235 für die Trüffelsauce gegebenen Anweisung, giebt auf $1/2$ Pott 2 Eßlöffel voll Cappern, 1 Theelöffel voll Zucker, $1/4$ abgeriebene Muskatnuß und 1 Messerspitze voll Salz daran, und läßt das Ganze 10 Minuten lang über schwachem Feuer durchkochen.

241. Olivensauce zu Pasteten und Geflügel.

Auch diese Sauce bereitet man von einer braunen Coulis oder nach der Anweisung für die Trüffelsauce in Nr. 235. Dann steint man Oliven aus und giebt dieselben entweder ohne Weiteres, oder mit der Farce in Nr. 36 a. gefüllt, hinein, wobei man etwa 4 Oliven auf die Person rechnet; ferner auf 1 Pott Sauce 1 Eßlöffel voll Zucker und den Saft einer halben Citrone. Das Ganze läßt man etwa 10 Minuten über schwachem Feuer durchkochen.

242. Petersiliensauce zu Fleisch, Geflügel und Fischen.

Man hackt eine Hand voll Petersilie, nachdem man sie von den dicksten Stengeln gepflückt und gut gereinigt hat, recht fein und schwitzt sie nebst 2 Eßlöffeln voll Mehl in 12 Loth Butter, bis man nach Nr. 20 eine weiße Mehlschwitze erhalten hat. Zu dieser gießt man unter stetem Umrühren ½ Pott kochende Bouillon, oder auch nur Wasser, und läßt die Sauce seimig kochen, wobei mit Klarmehl nachgeholfen werden kann. Während des Kochens giebt man eine Prise Salz und 1 Messerspitze voll geriebene Muskatnuß daran und quirlt endlich die Sauce, wenn man Wasser dazu verwandt hat, mit 2 Eidottern ab.

243. Kräutersauce zu Fleisch und Fischen.

Es werden verschiedene Kräuter, namentlich Petersilien- und Selleriekraut, Kerbel, Estragon, Citronenmelisse und Majoranblätter, von allen gleich viel, nebst einer Chalotte fein gehackt und mit 3 Eßlöffeln voll Mehl in 12 Loth Butter weiß geschwitzt. Dann verfährt man weiter nach der voraufgehenden Nummer, doch giebt man außer der Bouillon oder dem Wasser noch ein halbes Glas Weißwein, auch wohl ein wenig Sardellenbutter, an die Sauce. Will man Letztere braun haben, so bereitet man statt der weißen eine braune Mehlschwitze.

244. Meerrettigsauce zu Rindfleisch.

Man reinigt guten, nicht holzigen Meerrettig, reibt ihn, nachdem er eine Zeit lang in Wasser gelegen, recht fein und giebt ihn mit feingestoßenem Zwieback, 1 Theil davon auf 4

Theile Meerrettig, nebst etwas Zucker und Butter in kochende Bouillon. Nachdem er darin 1/4 Stunde gekocht hat, thut man noch gut gereinigte Korinthen und Rosinen, die man vorher einmal hat überkochen lassen, nebst ein wenig Salz an die Sauce und läßt das Ganze noch einmal durchkochen. Zu bemerken ist, daß die Sauce, zu welcher der Natur der Sache nach die Maße nicht genauer angegeben werden konnten, recht dick sein und darnach das Quantum Bouillon, welches man verwendet, eingerichtet werden muß.

245. Meerrettig und klare Butter zu Fischen.

Man reinigt und reibt den Meerrettig nach der Anweisung in voraufgehender Nummer und servirt ihn trocken zu geschmolzener Butter und Weinessig. Wohlschmeckender wird er indessen, wenn man ihn vorher in so viel Sahne rührt, daß er gut davon angefeuchtet wird, auch gleich etwas Weinessig daran giebt.

246. Zwiebelsauce zu Rind- oder Hammelfleisch.

Man zieht die äußere Haut von einer guten Portion Zwiebeln ab, schneidet sie in dünne Scheiben und kocht dieselben in dem von der Bouillon abgenommenen Fett mit etwas Salz, bis sie hinreichend weich sind.

247. Zwiebelsauce mit Kümmel zu Hammelfleisch.

Man bereitet die Zwiebeln nach vorstehender Nummer und kocht sie mit einem gehäuften Theelöffel voll gut geweichtem Kümmel in 1/2 Pott recht fetter Hammelfleisch-Bouillon weich. Dann macht man die Sauce durch Hinzurühren von Klarmehl so seimig, wie man sie zu haben wünscht.

248. Eine bessere Zwiebelsauce zu jedem gekochten Fleisch.

Eine Untertasse voll in Würfel geschnittene Zwiebeln schwitzt man in 8 Loth Butter gelb, giebt 2 Eßlöffel voll

Mehl dazu und läßt dies zusammen weiter schwitzen, bis das Mehl kraus ist. Dann gießt man unter stetem Umrühren so viel Bouillon hinzu, daß eine seimige Sauce entsteht, läßt dieselbe mit dem nöthigen Salz, einer Prise gestoßenem Pfeffer und eben so viel geriebener Muskatnuß durchkochen, bis die Zwiebeln weich sind und quirlt sie mit 2 Eidottern ab. — Man kann nach Belieben auch 1 Eßlöffel voll Essig oder nach Verhältniß Citronensäure an die Sauce geben.

249. Sauerampfersauce zu Fleisch und Fischen.

Zu einer guten Mehlschwitze nach Nr. 20 giebt man eine Hand voll gut gereinigten und klein geschnittenen Sauerampfer, den man ein paar Minuten darin mit weich schwitzt, dann gießt man unter fortgesetztem Rühren so viel Bouillon hinzu, daß eine seimige Sauce entsteht, die man mit einer Prise Salz und 1/4 geriebener Muskatnuß auf 1/2 Pott würzt und mit 2 Eidottern abquirlt.

250. Senfsauce zu Fleisch.

Man kocht 1/2 Pott Bouillon mit 4 Eßlöffeln voll Senf, 2 Loth Butter, Essig nach Belieben und Klarmehl von 2 Theelöffeln voll Mehl unter starkem Rühren durch und quirlt die Sauce mit 2 Eidottern ab.

251. Senfsauce zu Fischen.

Man bringt 6 Loth Butter mit 6 Loth Senf und so viel Wasser und Fischwasser, von jedem die Hälfte, daß die Sauce für 8 Personen reicht, ins Kochen, giebt 2 Theelöffel voll Zucker, oder nach Geschmack mehr, daran und rührt Klarmehl von Kartoffelmehl hinzu, bis die Sauce dickseimig ist. Endlich quirlt man sie mit 2 Eidottern und einem Stücke kalter Butter ab.

252. Senfsauce, zu Fleisch, Fischen und Eiern verwendbar.

Man kocht 6 Loth Butter mit ¼ Pott Wasser auf, rührt dies mit Klarmehl von Kartoffelmehl seimig und endlich so viel Senf hinzu, daß die Sauce den gewünschten Geschmack erhält. Auch diese Sauce wird durch Hinzuthun von ein wenig Zucker angenehmer.

253. Heringssauce zu Fleisch und Fischen.

Eine mittelgroße Zwiebel wird ganz fein gehackt und mit 2 Eßlöffeln voll Mehl in 4 Loth Butter gelb geschwitzt. Diese Schwitze kocht man mit ½ Pott Bouillon oder Wasser und, wenn möglich, mit etwas Bratenjüs zu einer seimigen Sauce, würzt diese mit 1 Messerspitze voll Nelkenpfeffer, eben so viel schwarzem Pfeffer und dem Safte von ¼ Citrone und quirlt sie mit 2 Eidottern ab. Nachdem man sie vom Feuer genommen und ganz aus dem Kochen hat kommen lassen, rührt man das feingehackte Fleisch eines Herings daran, welcher vorher eine Stunde lang, am besten in Milch, ausgefrischt ist, und färbt, wenn man die Sauce braun haben will, mit etwas Zuckerfarbe (Nr. 34). Darauf reibt man die Sauce durch ein Sieb und erhitzt sie wieder über dem Feuer, läßt sie jedoch nicht ins Kochen kommen, weil sie dadurch einen thranigen Geschack annehmen würde.

Anm. Will man der Sauce einen andern Geschmack geben, so kann man statt der vorgeschriebenen Gewürze auch 1 Eßlöffel voll Senf, 1 Theelöffel voll Petersilie und halb so viel Estragon, beides fein gehackt, wählen.

254. Weiße Sardellensauce.

Zu ½ Pott Sauce schwitzt man 2 Eßlöffel voll Mehl in eben so viel Butter und mit 4 gehackten Chalotten weiß. Zu dieser Schwitze rührt man die erforderliche kräftige Bouillon und läßt sie mit einer Messerspitze voll schwarzem Pfeffer, eben so viel Nelkenpfeffer und einem Lorbeerblatt ein paar

Minuten lang durchkochen. Mit einigen Löffeln voll von dieser Sauce rührt man dann 2 gute Eßlöffel voll Sardellenbutter (Nr. 9) klein, giebt dies nebst einem halben Glase Weißwein wieder daran und läßt es unter gutem Rühren eben einmal aufkochen, längeres Kochen würde die Sauce bitter machen.

255. Braune Sardellensauce.

Hat man braune Coulis, so kocht man damit ½ Pott Bouillon seimig, giebt den Saft von ½ Citrone nebst 3 Eßlöffeln voll Sardellenbutter daran und läßt Alles unter gutem Rühren eben einmal aufkochen.

Ist keine braune Coulis vorhanden, so kocht man die Sauce im Uebrigen nach dem voraufgehenden Recepte, nur daß man eine braune Mehlschwitze bereitet und, wenn man Bratenjüs (Nr. 233 b.) hat, einige Eßlöffel voll davon, so wie auch einen Löffel voll Cappern daran giebt. Wird die Sauce nicht braun genug, so hilft man mit Zuckerfarbe (Nr. 34) nach.

256. Krebssauce zu Geflügel und Fischen.

Zu ½ Pott Sauce bereitet man nach Nr. 8 Krebsbutter von 10 Krebsen, in welcher man 2 Eßlöffel voll Mehl weiß schwitzt. Hiezu rührt man hinreichend von der Bouillon, von welcher die Krebsbutter abgefüllt worden und würzt vorsichtig mit ein wenig Muskatblüthe. Soll die Sauce zu Geflügel verwandt werden, so nimmt man bei Bereitung der Krebsbutter die von dem Geflügel gekochte Bouillon und thut gern noch einige ganz kleine Klößchen von der Farce in Nr. 36 a. hinein; ist dagegen die Sauce für Fische bestimmt, so drückt man den Saft von ¼ Citrone daran und legt das Fleisch aus den Scheeren und die ausgebrochenen Schwänze, Letztere der Länge nach durchschnitten, hinein.

257. Austernsauce zu Geflügel und Fischen.

Vorbem. Um die Austern zu öffnen, nimmt man sie beim scharfen Ende, die flache Seite nach oben, in die linke Hand, bohrt mit dem Austermesser in die Mitte des hintern stumpfen Theils, des sog. Schlosses, bricht dasselbe auf und fährt mit dem Messer dicht unter der flachen oberen Austernschale entlang. Fehlt es an einem Austermesser, so muß ein starkes gewöhnliches Tischmesser genügen, man umwickelt dann aber die linke Hand mit einem Tuche, um sie nicht zu verwunden, wenn, wie es oft geschieht, das Messer ausgleitet.

Zu ½ Pott Sauce rechnet man 25 Stück holsteinische Austern. Man befreit dieselben von den Bärten, und legt Letztere zum Abkochen auf ein Sieb über ein Gefäß, in welches man das übrige Austerwasser gegossen hat. Ferner schwitzt man 2 Eßlöffel voll Mehl in 4 Loth Butter, rührt zu dieser Schwitze die nöthige Bouillon mit dem Safte von ½ Citrone und läßt Alles seimig kochen. Dann nimmt man die Sauce vom Feuer und legt die Austern hinein, die nicht darin kochen dürfen. — Man kann auch die eine Hälfte der Austern in klein gerührtem Ei und gestoßenem Zwieback paniren und sie in gelb geschwitzter Butter ein ganz wenig backen; diese Austern kommen alsdann zuletzt und erst kurz vor dem Anrichten in die Sauce.

258. Muschelsauce zu Fleisch- und Fischspeisen.

Man reinige und koche die Muscheln nach der Vorschrift in Nr. 122 und befreie sie von den Bärten. Im Uebrigen verfährt man mit der Sauce nach der Anweisung in der vorigen Nummer, nur daß man nicht Bouillon dazu nimmt, sondern von dem Wasser, worin die Muscheln gekocht sind, und daß man die Sauce mit 2 Eidottern abquirlt.

259. Sauce à la Béchamel (zu vielen Gerichten passend).

Man schwitzt 4 mittelgroße, in feine Scheiben geschnittene Zwiebeln mit einer Schinkenschnitte von 4 Loth in 6 Loth

Butter weich, nimmt dann den Schinken heraus und läßt noch 2 Eßlöffel voll Mehl in der Butter mit den Zwiebeln weiß schwitzen. Hiezu rührt man 1/4 Pott Bouillon und 1/4 Pott Sahne, läßt unter stetem Rühren die Sauce seimig kochen, gießt sie durch ein Sieb und läßt sie mit einer Prise Salz noch einmal überkochen.

260. Eine Sauce zu Fricassees.

Zu einer weißen Mehlschwitze von 2 Eßlöffeln voll Mehl (Nr. 20) rührt man von der Bouillon, welche von dem zum Fricassee bestimmten Fleische oder Geflügel gekocht ist, 1/2 Pott nebst einem halben Glase Weißwein und dem Safte einer halben Citrone, läßt die Sauce unter stetem Rühren seimig kochen und quirlt sie mit 2 Eidottern ab.

261. Robert-Sauce zu Cotelettes und Bratwürsten.

Man bereitet eine gelbe Mehlschwitze von 2 Eßlöffeln voll Mehl und schwitzt 1 Eßlöffel voll gehackte Zwiebeln darin gelb. Hiezu rührt man 1/2 Pott Bouillon, 2 Eßlöffel voll Bratenjüs, eben so viel Weinessig, eben so viel Senf, eine Prise Salz, 1 Messerspitze voll Pfeffer und 1 gehäuften Theelöffel voll Zucker. Ist die Sauce seimig gekocht, so giebt man sie durch ein Sieb, läßt sie noch einmal wieder aufkochen und färbt sie, wenn sie nicht dunkel genug sein sollte, mit etwas Zuckerfarbe (Nr. 34).

262. Rosinensauce zu Kalbskopf.

Man röstet Mehl nach Nr. 21 und rührt davon so viel zu 1 Pott Bouillon, oder, wo diese fehlt, zu eben so viel Brühe von dem Kalbskopf, daß eine seimige Sauce entsteht, die man noch mit Zuckerfarbe oder Bratenjüs nachfärben kann. Die Sauce gießt man durch ein Sieb und thut eine Hand voll gut gereinigte Rosinen, eben so viel Korinthen, 3 Loth geschälte und in Stifte geschnittene Mandeln, so wie ferner 1 Glas Wein, den Saft einer Citrone, 1/2 Theetasse voll Weinessig und endlich 2 Eßlöffel voll Zucker und eine Prise Salz daran. Dies läßt man zusammen durchkochen, bis Rosinen und Korinthen weich sind, worauf man die Sauce kostet und, je nachdem sie für den Geschmack noch zu sauer oder zu süß sein sollte, mit Zucker oder Citronensäure nachhilft.

Anm. Das angegebene Quantum Sauce reicht für einen ganz großen Kalbskopf; ist der Kalbskopf nur von mittlerer Größe, so bereitet man verhältnißmäßig weniger.

263. Citronensauce zu Fleisch- und Fischspeisen.

Zu ½ Pott Sauce knetet man einen Eßlöffel voll Mehl mit 6 Loth Butter zusammen, rührt dies mit der erforderlichen Bouillon glatt, bringt es ins Kochen und thut 4 Loth Zucker, worauf die Schale einer großen Citrone abgerieben worden, nebst dem Safte von 1½ Citrone, so wie einer Prise Salz daran. Nachdem die Sauce hiemit einige Stunden gekocht hat, quirlt man sie mit 2 Eidottern ab und süßt, je nach dem Geschmacke, noch nach.

264. Buttersauce zu Fleisch, Fisch und Gemüsen.

Man läßt 6 Loth Butter über dem Feuer zergehen, rührt zunächst 2 Eßlöffel voll Mehl und dann je nach der Bestimmung der Sauce zu Fleisch, Fisch oder Gemüse, ½ Pott Bouillon, Fischwasser oder Wasser allein dazu, und kocht die Sauce unter Hinzuthun von ¼ geriebener Muskatnuß, oder 1 gehäuften Theelöffel voll fein gehackter Petersilie seimig. Fischwasser allein würde die Sauce zu salzig machen, man muß es daher mit Wasser vermischen. Ist die Sauce für gewisse Fischsorten, z. B. Karauschen, bestimmt, so thut man lieber etwas Muskatblüthe und Zucker, je nach dem Geschmacke mehr oder weniger, daran. Zuletzt quirlt man die Sauce mit 2 Eidottern ab.

265. Travemünder Sauce zu Seefischen.

Man bereitet eine weiße Mehlschwitze von 2 Eßlöffeln voll Mehl und ¼ ℔ Butter, rührt Fischwasser, mit so viel anderem Wasser vermischt, daß es nicht zu salzig ist, im Ganzen $1/2$ Pott, dazu, thut 8 Körner schwarzen Pfeffer und $1/4$ geriebene Muskatnuß, so wie die Säure von $1/4$ Citrone daran und läßt das Ganze 10 Minuten lang kochen. Kurz vor dem Anrichten quirlt man die Sauce mit 2 Eidottern und einem Stückchen kalter Butter ab.

266. Holländische Sauce zu Fischen und Gemüsen.

Mit 10 Loth zu Sahne geriebener Butter rührt man 4 Eidotter und 2 Eßlöffel voll Mehl recht gut durcheinander. Hierzu rührt man sodann, wenn die Sauce zu Fischen bestimmt ist, $1/2$ Pott lauwarmes Fischwasser, mit so viel anderem Wasser vermischt, daß die Sauce ja nicht zu salzig wird, sonst blos $1/2$ Pott lauwarmes Wasser, drückt den Saft einer Citrone dazu und giebt $1/2$ Eßlöffel voll Zucker und die Schale von $1/4$ Citrone daran. Sodann rührt man die Sauce auf gelindem Feuer so lange, bis sie einmal übergekocht ist.

267. Sauce zu Blumenkohl und Spargeln.

Man rührt einen gehäuften Eßlöffel voll Mehl mit 6 Loth zerlassener Butter zusammen. Hiezu rührt man sodann $1/2$ Pott Blumenkohlwasser und Milch, von Ersterem $3/4$, von Letzterer $1/4$, und bringt die Sauce zum Kochen. Sodann würzt man mit 1 Messerspitze voll Muskatnuß, und wenn die Sauce noch nicht salzig genug ist, mit einer Prise Salz und giebt, wenn man will, 1 kleinen Theelöffel voll Zucker daran und quirlt vor dem Anrichten die Sauce mit 2 Eidottern ab.

Ist die Sauce zu Spargeln bestimmt, so nimmt man selbstverständlich Spargelwasser.

Hat man Krebsbutter, so wird die Sauce noch wohlschmeckender, wenn man diese verwendet und der Länge nach durchschnittene Krebsschwänze, auch ein paar nach der Anweisung in Nr. 3 zubereitete und in Stücke geschnittene Morcheln daran giebt. Diese Sauce eignet sich jedoch nur zu Blumenkohl.

268. Saucen zu Pellkartoffeln und Hering.

Eine sehr beliebte Sauce zu Pellkartoffeln ist die Speck- und Zwiebelsauce. Man schneidet dazu Speck in recht kleine Würfel und läßt dieselben, indem man hin und her rührt, gelb braten; dann thut man ein gleiches Quantum gleichfalls in kleine Würfel geschnittene Zwiebeln hinzu, mit welchen die Sauce unter fortgesetztem Hin- und Herrühren weiter brät, bis die Zwiebeln gelb sind; nicht länger, sonst verlieren sie ihren Wohlgeschmack. Gesalzen wird die Sauce, indem man während des Bratens das nöthige Salz auf den Rand des Bodens der Pfanne legt und ein wenig heißes Wasser darauf gießt; unterließe man Letzteres, so würde das Salz entweder gar nicht, oder doch nur theilweise aufgelöst werden. Je kleiner namentlich die Speckwürfel geschnitten sind, desto besser wird das Aussehen und der Geschmack der Sauce.

Eine andere wohlschmeckende Sauce erhält man, wenn man in Würfel oder auch in dünne Scheiben geschnittene Zwiebeln in Butter leicht braun brät, wobei gleichfalls noch gesalzen werden muß. — Diese Sauce läßt sich auch noch in der Weise verändern und dadurch billiger herstellen, daß man nach Belieben Mehl in der Butter röstet und so viel Bouillon oder Wasser hinzurührt, daß die Sauce die gewünschte Seimigkeit erhält; auch kann man die Sauce bereiten, indem man die Zwiebeln in Butter oder Bratenfett unter Hinzuthun von hinreichend Bouillon oder Wasser weich kocht.

Endlich schmeckt auch die Senfsauce in Nr. 252 zu Pellkartoffeln sehr gut.

B. Kalte Saucen.

269. Citronensauce.

Man bereitet diese Sauce ganz, wie für die Citronensauce in Nr. 263 angegeben worden, hat aber dabei zu beachten, daß man sie während des Erkaltens fortwährend rühren muß. Man kann aber auch eine weiße Coulis (Nr. 231 a.) verwenden, welche man mit so viel Bouillon vermischt, daß eine seimige Sauce entsteht. Im Uebrigen verfährt man weiter nach Nr. 263, quirlt jedoch die Sauce nicht mit Eidottern ab.

270. Mayonnaisen-Sauce.

Vorbem. Von dieser in sehr verschiedener Weise bereiteten Sauce, die man fast zu allen kalten Fleisch- und Fischspeisen verwenden kann, folgen im Nachstehenden die hauptsächlichsten Arten.

Man zerreibt die hartgekochten Dotter von 4 Eiern und rührt damit 4 rohe Eidotter nebst einer guten Prise Salz so lange durch, bis sich eine ebene gleichartige Masse gebildet hat. Dann rührt man 12 bis 15 Loth feines Provence-Oel, oder die eine Hälfte Oel, die andere guten Rahm, tropfenweise und so langsam hinzu, daß man wenigstens eine halbe Stunde darauf verwendet. Hiezu giebt man unter fortgesetztem Rühren den Saft einer halben Citrone, $1/2$ Tasse Estragon-Essig (Nr. 6), in welchem ein Stück Zucker aufgelöst worden, nachdem man darauf die Schale von $1/4$ Citrone abgerieben hat, $1/6$ Flasche Madeira und 1 Tasse kräftige Bouillon, nebst einer Prise Salz. Soll die Sauce zu Fleischspeisen verwandt werden, so würzt man sie noch mit einer Messerspitze voll gestoßenem Pfeffer, ist sie zu Fischen bestimmt, so giebt man $1/2$ Theelöffel voll Ingwer daran. Auch kann man ein paar Theelöffel voll Senf und einige Cappern zusetzen.

Anm. Man muß unausgesetzt, und zwar immer nach derselben Seite hin, rühren, damit die Sauce nicht gerinne. Sollte dies dennoch geschehen, so rührt man 2 bis 3 Eidotter eben und gießt die Sauce unter fortwährendem starken Rühren allmälig hinzu; hiedurch wird der Fehler sicher gehoben.

271. Mayonnaisensauce anderer Art.

Man bereitet eine weiße Mehlschwitze (Nr. 20) von 1 Eßlöffel voll Mehl und 4 Loth Butter oder Provence-Oel. Hiezu rührt man eine Tasse kräftige Bouillon nebst 2 Eßlöffeln voll Stand von Kalbsfüßen (Nr. 220) und läßt dann dies zu einer seimigen Sauce verkochen. Ist dieselbe wieder abgekühlt, so stellt man sie auf Eis, giebt unter stetem Rühren nach derselben Seite hin 4 Eßlöffel voll Estragon-Essig und 6 Eidotter daran, würzt mit einer Messerspitze voll gestoßenem Pfeffer und einer kleinen Prise Salz, und rührt endlich nach der Anweisung in der vorigen Nummer 10 Loth Provence-Oel dazu.

272. Mayonnaisensauce mit Kräutern.

Man hackt verschiedene Kräuter, namentlich Petersilie, Estragon, Majoran und Schnittlauch, in gleichen Mengen, recht fein, reibt eine Chalotte dazu und rührt ein Glas Weißwein dazwischen. Diese Mischung rührt man allmälig zu 4 hartgekochten zerriebenen Eidottern, welche mit 4 rohen Eidottern recht eben gerührt sind, und rührt endlich 4 Eßlöffel voll Weinessig und nach der Anweisung in Nr. 270 10 Loth Provence-Oel hinzu, indem man mit ¼ geriebener Muskatnuß und einer Prise Salz würzt. Ist Alles gut durcheinander gebracht, so wird ¼ Pott braune Coulis dazu gerührt und das Ganze durch ein Sieb gerieben. Von den Kräutern ist so viel zu nehmen, daß die Sauce ein grünliches Aussehen erhält.

273. Eine einfache Mayonnaisensauce.

Man reibt 8 Loth Butter zu Sahne und rührt 8 Eßlöffel voll Weinessig und darauf 8 Eßlöffel voll Provenceöl nach der Anweisung in Nr. 270, so wie endlich die geriebenen Dotter von 4 hartgekochten Eiern, nachdem sie vorher mit ein wenig Essig recht eben gerührt worden, dazu. Endlich würzt man mit einer guten Messerspitze voll gestoßenem Pfeffer und einem halben Theelöffel voll Zucker. Die Sauce muß so lange gerührt werden, bis sie gleichmäßig seimig ist.

274. Remoladensauce.

Man reibt die Dotter von 3 hartgekochten Eiern fein und rührt sie mit 2 rohen Eidottern eben. Hiezu mischt man

1 Theelöffel voll gehackte Petersilie, halb so viel Schnittlauch, auch, wenn man will, eine geriebene Chalotte, rührt es mit einander durch und giebt unter fortgesetztem Rühren 6 Eßlöffel voll Provence-Oel, 1/4 Pott Essig, 1/2 Weinglas Madeira, 1 Eßlöffel voll Zucker und 1 Messerspitze voll Pfeffer daran. Ist Alles gut durcheinander gerührt, so reibt man es durch ein Sieb. — Ist die Sauce zu Wildschweinskopf bestimmt, wozu sie sich besonders eignet, so giebt man kurz vor dem Anrichten noch ein paar Eßlöffel voll Johannisbeersaft daran.

275. Einfache Sauce zu kaltem Rindfleisch.

Man rührt drei fein geriebene Dotter von hartgekochten Eiern mit etwas Essig eben, und giebt sodann ganz allmälig unter stetem Rühren 3 Loth Provenceöl, 3 Eßlöffel voll Essig, ein paar feingehackte Chalotten, ein paar Messerspitzen voll Pfeffer und so viel Bouillon dazu, daß die Sauce die richtige Consistenz erhält; ein Theelöffel voll Zucker macht sie noch wohlschmeckender.

276. Einfachste kalte Sauce.

Diese bereitet sich Jeder selbst bei Tische aus dem Inhalte der Plattmenage. Man giebt auf seinen Teller etwa einen Theelöffel voll Senf, ein paar Messerspitzen voll Pfeffer, 3 bis 4 Theelöffel voll Essig und 2 Theelöffel voll Provence-Oel. Dies rührt man gehörig durcheinander und zuckert dabei ein klein wenig. Diese Sauce, so einfach sie ist, schmeckt sehr gut zu kaltem Kalbs- und Rinderbraten und namentlich auch zu Aal in saurer Gelee.

277. Saucen zu Endivien-Salat.

Will man den Salat nicht einfach mit Oel und Essig bereiten, wobei man nie versäumen sollte, etwas Zucker hinzuzuthun, so giebt man entweder eine Sahne-, Eier- oder Speck-Sauce darüber. Erstere bereitet man, indem man ausreichend dicke saure Sahne mit einem Quirl tüchtig schlägt und dabei Essig und etwas Zucker dazu giebt. Zur Eiersauce rührt man drei hartgekochte feingeriebene Eidotter mit ein wenig Essig eben und giebt unter stetem Rühren 6 Eßlöffel voll Provenceöl, 1 Glas Rothwein und so viel Essig daran, daß die Sauce so dünn wird, wie man sie zu haben wünscht. Endlich macht man dieselbe durch Hinzuthun von ein wenig Zucker wohlschmeckender. — Um die Specksauce zu bereiten, schneidet man Speck in recht kleine Würfel und brät ihn in einer Bratpfanne, bis er eben hellgelb wird; dann giebt man unter fortwährendem Rühren 4 Eßlöffel voll Sirup und eine Theetasse voll Essig, mit einem Drittheil Wasser vermischt, dazu und macht endlich die Sauce mit etwas Klarmehl von Kartoffelmehl seimig. Man muß sich hüten, den Speck zu Anfang zu braun zu braten, weil sonst die Würfel beim Hinzuthun des Sirups und Essigs leicht schwarz werden. Vor der Verwendung muß man die Sauce vollständig erkalten lassen.

VIII. Entrees von Fleisch und Geflügel und sonstige Saucen-Gerichte.

278. Allgemeine Unterweisungen in Betreff des Fleisches und Geflügels.

Zu Fleischgerichten jeder Art sollte man stets nur Fleisch von bester Qualität wählen, da solches nicht allein das wohlschmeckendste, sondern, wovon sich die aufmerksame Hausfrau gar bald selbst überzeugen wird, auch das billigste ist. Fleisch von altem mageren Vieh kann oft durch die sorgfältigste Behandlung und die besten Saucen kaum genießbar gemacht werden; statt locker aufzuquellen, kriecht es in sich zusammen und verdichtet sich zu einer harten Masse, die oft selbst gute Zähne kaum bewältigen können. Der Natur der Sache nach kauft man bei solchem Fleische stets auch unverhältnißmäßig viel mehr Sehnen und Knochen, so daß endlich, bei rechtem Lichte besehen, man durch scheinbare Ersparniß von kaum einem Drittheil des Preises an obendrein unschmackhaftem Fleische nur etwa die Hälfte erhält. Anders steht die Sache freilich, wenn das Fleisch nur zu Bouillon verwandt und zu diesem Zwecke ganz ausgekocht werden soll; hier thut man sogar gut, Fleisch von einem älteren Thiere zu nehmen, da dasselbe mehr von den Stoffen enthält, welche die Bouillon kräftig machen. Die Kennzeichen für die Güte des Fleisches und Geflügels sind in Abschn. I. Nr. 7 enthalten.

Aber auch das beste Fleisch kann durch unrichtige Behandlung seinen ganzen Werth verlieren, indem es, wenn man nicht alle darauf bezüglichen Unterweisungen beachtet, bei aller Güte doch unschmackhaft und zähe oder hart und trocken auf den Tisch kommen wird.

Vor allen Dingen verwende man kein ganz frisch geschlachtetes Fleisch; wie dasselbe auch bereitet werden mag, es ist ihm eine gewisse Festigkeit und Härte der Fleischfaser nicht zu nehmen; namentlich gilt dies für Rindfleisch. Alles Fleisch und Geflügel muß bei seiner Verwendung im Sommer mindestens 2 bis 3 Tage, im Winter kann es 8 Tage und darüber alt sein. Damit es nicht verderbe, muß man es freilich im Sommer auf Eis legen, oder, wenn es daran fehlt, an einem kühlen schattigen Orte, wenn irgend möglich in Zugluft, aufhängen. Ist auch dies nicht zu erreichen, so hänge man das Fleisch eine Nacht hindurch in möglichst scharfen Zug, schlage es sorgfältig in ein Tuch und vergrabe es in der Frühe an einer schattigen Stelle, lasse das Kalbfleisch jedoch nicht länger als 2 Nächte, Rindfleisch oder Wild nicht länger als 3 Nächte in der Erde; für Geflügel genügt in der Regel schon eine Nacht. Dies letztere, wohl seiner Umständlichkeit wegen im Ganzen nur selten angewandte

Verfahren ist unbedingt das beste, weil das Fleisch dadurch mehr, als durch irgend ein anderes, an natürlicher Mürbigkeit gewinnt.

Viel hängt für die Güte eines Fleischgerichts endlich davon ab, daß man in Betreff der Zeit und der Art und Weise des Kochens und Bratens das Richtige treffe; zu langes Kochen und Braten entkräftet das Fleisch, zu schnelles Kochen und Braten macht es von außen hart und läßt es inwendig roh und zähe. Solches Fleisch wird sehr verkehrter Weise häufig mit durch und durch garem, dabei aber rothem und so saftigem Fleische verwechselt, daß ihm beim Durchschneiden eine hellröthliche Jüs entfließt, eine Eigenschaft, die namentlich gebratenem Fleische, soll es anders seinen vollen Wohlgeschmack haben, nie fehlen darf. Man erreicht dies dadurch, daß man das Fleisch gleich zuerst scharf anbrät, sodann aber dasselbe bei ermäßigter Hitze ganz langsam weiter braten läßt. Ueber die Dauer des Kochens und Bratens der verschiedenen Fleischarten bindende allgemeine Regeln zu geben, ist nicht wohl möglich, es hängt dieselbe nicht von den Fleischarten allein, sondern auch von dem Alter des Thieres, von welchem das Fleisch genommen wird, von der Größe des Stückes, auch von der Art der Geschirre und bei Fleisch, welches zu Braten bestimmt ist, namentlich von den Küchen-Anstalten ab, indem es einen großen Unterschied macht, ob das Fleisch am Spieße, im Bratofen oder in der Bratpfanne gebraten wird. Bei den folgenden einzelnen Anweisungen wird diese Frage thunlichste Berücksichtigung finden und soll hier nur noch bemerkt werden, daß es bei der Bereitung von Braten durchaus verkehrt ist, sich durch Hineinstechen mit einer Gabel von dem Grade der Mürbigkeit überzeugen zu wollen; den durch die Gabel gemachten Löchern entfließt stets ein Theil des Fleischsaftes und das Fleisch wird um so viel trockener, als ihm davon entzogen wird; wird das Fleisch aber gekocht, so schadet ihm ein Untersuchen mit der Gabel eben nicht.

A. Entrees ꝛc. von Rindfleisch.

279. Suppenfleisch mit Saucen.

Man wählt von recht saftigem Rindfleisch ein Stück aus der Kernbrust oder der Schammbrust, aus dem Bauche oder ein Rippenstück, wäscht es tüchtig mit kaltem Wasser, wässert es aber nicht aus, und bringt es in so viel bereits kochendes Wasser, daß es gut davon bedeckt ist, auf das Feuer. Dann salzt man sogleich vorsichtig, wobei man auf 8 ℔ Fleisch eine Hand voll Salz rechnet. Kocht das Wasser wieder, so schäumt man es sofort und so lange ab, wie sich noch Schaum bildet, thut Suppenwurzeln daran und läßt es verdeckt langsam weiter kochen, bis es weich ist. Wie lange dies dauert, hängt ganz von dem Alter und der Art des Rindes ab, von welchem das Fleisch genommen worden. Fleisch von einem alten Thiere wird nie weich werden, Fleisch von jungen gemästeten Kühen und Starken schneller, als das von Ochsen. Im Durchschnitt kann man rechnen, daß das Kochen 3 bis 3½ Stunden dauern muß. Ein sicheres Kennzeichen für Fleisch von einem jungen Thiere ist, wenn es nach etwa halbstündigem Kochen stark aufquillt; man muß in diesem Falle besonders vorsichtig sein, weil schon ein nur ein wenig zu langes Kochen dem Fleische bedeutend schaden würde.

Ist das Fleisch gar, so nimmt man es aus der Brühe, legt es auf eine Schüssel und servirt es entweder mit geschälten Kartoffeln allein, oder nebenbei auch mit gestobten Mohrrüben. Ferner reicht man dazu eine Zwiebelsauce nach Nr. 246 und außerdem eine Meerrettigsauce nach Nr. 244, eine Sardellensauce nach Nr. 254 oder 255, eine Heringssauce nach Nr. 253 oder eine Senfsauce nach Nr. 250.

Um übrig gebliebenes Rindfleisch aufzuwärmen, legt man es entweder in die vorher wieder ins Kochen gebrachte Bouillon und läßt es in derselben an einer heißen Stelle stehen, bis es wieder durch und durch erwärmt ist, oder man schneidet es, wenn es an Bouillon fehlt, in Scheiben, erwärmt es sofort in der dazu bestimmten Sauce und servirt es in derselben. Besonders hiezu geeignete Saucen sind die Zwiebelsaucen in Nr. 246 und 248, sowie die Heringssauce in Nr. 253 oder eine der Sardellensaucen in Nr. 254 und 255.

280. Boeuf à la mode.

(Vorzüglich.)

Ein Stück Rindfleisch aus der Keule, am besten eine sog. Binnenkluft oder sonst auch ein Schwanzstück, von 12 ℔ wird gewaschen und mit dem Fleischklopfer tüchtig geklopft. Sodann sticht man mit einem spitzen Messer Löcher in das Fleisch und schiebt in dieselben Speckstreifen von der Länge und Dicke eines kleinen Fingers, welche vorher in einer Mischung von gestoßenem schwarzen Pfeffer, Nelkenpfeffer und Salz — vom schwarzen Pfeffer etwas weniger — gut umgekehrt sind. Dabei rechnet man auf ein Stück Fleisch von 12 ℔ 1 ℔ Speck. Das so zubereitete Fleisch legt man in eine Mischung von schwachem Bier und Essig, von Ersterem ¾, von Letzterem ¼, so daß es grade davon bedeckt ist, und läßt es darin im Sommer 4 bis 5, im Winter 8 Tage lang liegen. Zur weitern Bereitung macht man ¼ ℔ Butter nach Nr. 13 in einem Schmortopfe braun, legt das vorher mit etwas Salz bestreute Fleisch hinein, läßt es auf beiden Seiten darin braun werden und giebt von der Flüssigkeit, worin es gelegen, etwa ein Viertheil daran. In derselben läßt man es gut verdeckt schmoren, kehrt es von Zeit zu Zeit um und gießt wiederholt, so oft dies durch das Einschmoren nöthig gemacht wird, von der Flüssigkeit hinzu, bis dieselbe ganz verbraucht ist. Sollte indessen, wovon man sich durch Kosten überzeugen muß, die Sauce hiebei zu sauer werden, so läßt man von der Flüssigkeit zurück und nimmt dafür Bouillon, oder auch nur Wasser. Beim jedesmaligen Nachgießen hebt man das Fleisch ein wenig in die Höhe. Nachdem das Fleisch 2 Stunden geschmort hat, giebt man eine Kruste Schwarzbrod, etwa von der Größe einer Hand, daran und endlich etwa ¼ Stunde vor dem Garwerden eine kleine in Scheiben geschnittene Citrone, woraus man die Kerne sorgfältig entfernt hat. Mit dem Fleische nimmt man die Brodkruste zugleich aus der

Sauce, gießt ¼ Flasche Rothwein hinzu, läßt sie damit noch einmal durchkochen und giebt sie endlich durch ein Sieb. Sollte die Sauce nicht seimig genug gerathen sein, so kann man während des letzten Durchkochens mit ein wenig Klarmehl nachhelfen. — (Mit Brat- oder Pellkartoffeln.)

281. Boeuf anderer Art.

Ein Stück Rindfleisch nach Angabe in der voraufgehenden Nummer, welches in derselben Art, wie dort vorgeschrieben worden, gespickt ist, wird mit einer Mischung von zwei Theilen Bieressig und einem Theile Wasser übergossen, die man vorher mit 6 Zwiebeln mittlerer Größe, 4 Lorbeerblättern und 12 Gewürznelken aufgekocht hat. Der Essig muß beim Uebergusse kochend heiß und so viel davon vorhanden sein, daß er das Fleisch bedeckt, welches darin im Sommer 4 bis 5, im Winter 8 Tage oder noch länger liegen bleibt. Aus dem Essig herausgenommen, wird das Fleisch nach Angabe in voriger Nummer in Butter gebräunt, und unter Hinzuthun von einer gehörigen Menge Suppenwurzeln, so wie 3 bis 4 in Scheiben geschnittenen Zwiebeln und einer Schwarzbrodkruste, in einem Viertheile des Essigs, worin es gelegen, nebst so viel Bouillon, daß es kaum zur Hälfte bedeckt ist, geschmort. So oft es durch das Einschmoren nöthig wird, gießt man Bouillon nach, auch, jenachdem man das Gericht mehr oder weniger sauer liebt, noch von dem Essig. Auch ein paar Tassen Sahne kann man mit an die Sauce geben, namentlich wenn dieselbe etwas sauer gerathen sein sollte. Vor dem Anrichten wird die Sauce scharf durch ein Sieb gerieben und noch einmal eben aufgekocht. — (Mit gekochten oder Bratkartoffeln.)

282. Geschmorte Rinderbrust mit Trüffeln.

(Vorzüglich.)

Man kocht ein Stück aus der Kernbrust 1 bis 1½ Stunden in möglichst wenig Wasser, wobei man nach Ablauf der Hälfte der Zeit die untere Seite nach oben kehrt. Alsdann nimmt man sie heraus, läßt sie ein wenig abkühlen und besteckt sie mit Scheiben von nach Nr. 4 geweichten Trüffeln, was am besten durch Hineinschieben mit einem spitzen Messer bewerkstelligt wird. So zubereitet bringt man das Bruststück in einen Schmortopf mit braun gemachter Butter, läßt es darin recht gleichmäßig hellbraun werden und gießt so viel von der Brühe, nebst einem Glase bis zu ½ Flasche Rothwein, je nach der Größe des Stückes, hinzu, daß es halb darin liegt. Ist es in dem gut zu schließenden Topfe gar geschmort, so nimmt man es heraus, entfettet die Brühe, giebt sie durch ein Sieb, läßt sie mit nach Nr. 4 gar gekochten Trüffeln noch einmal gut durchkochen und macht sie während dessen mit ein wenig Klarmehl etwas seimig. — (Mit gekochten oder Bratkartoffeln.)

283. Schmorbraten.

(Ein Stück von 12 ℔.)

Auch hiezu eignet sich am besten eine Binnenkluft oder ein Schwanzstück, aus welchem der Knochen ausgelöst wird. Nachdem man das Fleisch nach der Anweisung in Nr. 278 hat hinreichend alt werden lassen, klopft man es tüchtig, reibt es mit einer Mischung von feingestoßenem schwarzen Pfeffer, Nelkenpfeffer und Salz ein und läßt es in braun gemachter Butter unter fleißigem Umkehren so lange braten, bis es ringsum gleichmäßig hellbraun ist. Sodann bestreut man es mit Mehl, legt es auf Scheiben von Nierenfett und Zwiebeln, welche auf dem Boden des Schmortopfes gleichmäßig vertheilt sind, läßt es darauf unter einmaligem Umkehren ½ bis ¾ Stunde schmoren und begießt es während dessen fleißig mit einer Jüs nach Nr. 233 c., von welcher man sodann so viel dazu gießt, daß es bis zur Mitte darin liegt. Nachdem es noch 1½ Stunde geschmort hat, schneidet man unter Entfernung aller Kerne die Scheiben einer kleinen Citrone daran und läßt es jetzt weich schmoren, wobei man, wenn es nöthig ist, noch etwas Jüs nachgiebt. Die Sauce wird vor dem Anrichten durch ein Sieb gerieben. — (Mit gekochten oder Bratkartoffeln.)

284. Ein einfacherer Schmorbraten.

(Ein Stück von 6 ℔.)

Ein nach der Anweisung in voriger Nummer zubereitetes Stück schieres Fleisch wird mit Nierenfett umwickelt, welches man mit einem Bindfaden darauf befestigt. So hergerichtet, wird das Fleisch in einen Schmortopf mit ausreichender, darin gebräunter Butter gelegt und langsam darin ½ Stunde lang unter öfterem Umkehren gebraten. Dann gießt man 1½ Pott Bouillon hinzu, giebt 3 mittelgroße Zwiebeln und einen Sellerieкopf in Scheiben geschnitten, so wie ein paar Petersilienwurzeln daran und läßt das Fleisch, welches öfters umgekehrt werden muß, darin weich schmoren. Eine halbe Stunde bevor es gar ist, schneidet man ein paar Citronenscheiben an die Sauce, welche vor dem Anrichten durch ein Sieb gerieben wird. — (Mit gekochten oder Bratkartoffeln.)

285. Hamburger Rauchfleisch.

Man reinigt ein Stück Rauchfleisch, am besten ein Kluftstück, durch Bürsten mit lauwarmem Wasser und Nachspülen und stellt es, wenn es schon alt und hart sein sollte, 8 bis 12 Stunden lang in Wasser an eine warme Stelle des Heerdes; bei frischgeräuchertem Fleisch ist dies nicht nöthig. Sodann setzt man es in kaltem Wasser auf das Feuer, bringt es allmälig ins Kochen und läßt es ganz langsam weich kochen, was, je nach der Beschaffenheit des Fleisches, 3 bis 4 Stunden erfordert. Hierauf läßt man es, wenn es als Entree dienen oder zu Gemüsen warm gegessen werden soll, in der heiß zu stellenden Brühe noch ½ bis 1 Stunde nachziehen; soll es kalt gegessen werden, so läßt man es in der Brühe vollständig erkalten. Es wird sodann ringsum von der braunen Haut gesäubert, auf eine Schüssel gelegt und mit der Senfsauce in Nr. 250 servirt. Auch die Meerrettigsauce in Nr. 244 kann man dazu geben. — (Als Entree mit geſtobten Kartoffeln oder Bratkartoffeln.)

286. In Bier geschmortes Rindfleisch.

(Ein Stück von 6 ℔.)

Ein hinreichend alt gewordenes Stück schieres Rindfleisch wird gut geklopft, mit Salz eingerieben und sodann in einen Kochtopf gelegt, dessen Boden mit Speckscheiben, 2 kleinen in Scheiben geschnittenen Zwiebeln, 2 Lorbeerblättern und 8 Körnern Nelkenpfeffer bedeckt ist. Sodann gießt man so viel mit 6 Eßlöffeln voll Essig und 1 Eßlöffel voll Sirup vermischtes Schwachbier hinzu, daß das Fleisch zur Hälfte darin liegt, schließt den Kochtopf recht dicht und läßt es darin gar schmoren. Vor dem Anrichten macht man die Sauce, nachdem das Fleisch herausgenommen worden, mit ein wenig Klarmehl etwas seimig. — (Mit Brat- oder Pellkartoffeln.)

287. Rollfleisch.

Man schneidet von schierem Rindfleisch Scheiben etwa von der Größe einer Hand und der Dicke eines kleinen Fingers und klopft dieselben auf beiden Seiten, bis sie um ein Drittel dünner geworden sind. Diese Scheiben bestreut man mit so viel von einer Mischung von feingestoßenem schwarzen und Nelkenpfeffer und Salz, daß man das Gewürz eben darauf sehen kann, belegt sie mit dünnen mit dem erwähnten Gewürze schwach bestreuten Speckscheiben, rollt sie mit diesen so, daß dieselben inwendig kommen, zusammen auf und bindet Bindfaden, den man vorher eine Zeit lang in reinem Wasser hat liegen lassen, darum. Dabei rechnet man ¼ ℔ Speck auf 2 ℔ Rindfleisch. Diese Rollen bestreut man auch auswendig noch mit ein ganz wenig von dem Gewürz, sowie mit etwas Mehl und legt sie in einen Schmortopf, in welchem ein gutes Stück Butter — zu 2 ℔ Fleisch etwa ¼ ℔ — braun gemacht worden ist. Hierin läßt man sie hellbraun werden und schneidet während dessen 2 mittelgroße Zwiebeln in Scheiben daran, welche in der Butter dunkelgelb schwitzen müssen. Alsdann gießt man so viel Bouillon zu den Rollen, daß sie alle davon bedeckt sind und läßt sie darin gar schmoren, nachdem man noch ein Lorbeerblatt daran gethan. — Vor dem Anrichten löst man die Bänder wieder ab, reibt die Sauce durch ein Sieb und giebt von derselben ein wenig über das Rollfleisch, den Rest nebenbei. — (Mit Pellkartoffeln.)

288. Fricandeaus.

Man schneidet Rindfleisch nach der Anweisung in voriger Nummer in Scheiben, nur müssen dieselben etwa von Daumesdicke sein, klopft sie, spickt sie auf der einen Seite und läßt sie in braun gemachter Butter auf beiden Seiten braun werden; zugleich läßt man auf 2 ℔ Fleisch 2 mittelgroße in Scheiben geschnittene Zwiebeln mit hellbraun schwitzen. Sodann bestreut man die Fleischstücke ringsum schwach mit feingestoßenem Pfeffer und Salz, so wie mit etwas Mehl, kehrt sie so, daß die gespickte Seite nach oben zu liegen kommt, und gießt, bis sie gut halb davon bedeckt sind, Bouillon hinzu, an welche man ein Lorbeerblatt und ein paar Scheiben Sellerie gegeben hat. Sind die Fricandeaus in dieser Sauce unter wiederholtem Begießen damit gar geworden, so richtet man sie an, indem man von der Sauce, nachdem sie durch ein Sieb gegossen worden, ein wenig darüber giebt. Den Rest davon servirt man nebenbei. — (Mit Bratkartoffeln.)

289. Ochsenzunge mit Sauce.

Man wäscht eine frische Ochsenzunge recht sauber und kocht sie in gesalzenem Wasser mit Suppenwurzeln gar, was je nach der Größe der Zunge 2½ bis 3 Stunden erfordert. Von der heißen Zunge zieht man sodann die Haut ab und servirt sie ganz auf einer flachen Schüssel. Als Saucen reicht man dazu eine Trüffelsauce, eine Champignonsauce, eine weiße Cappernsauce oder eine Rosinensauce (Nr. 235, 237, 239, 262), zu deren Bereitung man von der Bouillon, in welcher die Zunge gekocht worden, verwendet. Damit die Zunge inzwischen nicht kalt werde, legt man sie, während man die Sauce bereitet, abgehäutet in die übrige heiß gestellte Bouillon. — (Mit geschälten Kartoffeln.)

290. Farcirte Ochsenzunge.

(Ein sehr feines Gericht.)

Man bereitet und kocht eine Ochsenzunge sonst nach der vorigen Nummer, nur läßt man sie nicht ganz weich werden, sondern nimmt sie etwa ½ Stunde vorher vom Feuer. Nachdem man die Haut abgezogen, macht man der ganzen Länge der Zunge nach, etwa einen guten Finger breit von einander entfernt, zwei gleichlaufende Schnitte in dieselbe, so tief, daß die Zunge an der entgegengesetzten Seite nur noch gut zusammenhält. Die Schnittlöcher biegt man sodann auseinander und stopft so viel wie möglich von der Farce in Nr. 36 a. hinein, worauf man die Zunge mit ausgewässertem Bindfaden in der Art umwickelt, daß die Farce darin festgehalten wird. So zubereitet, bräunt man sie in einem Schmortopfe in braun gemachter Butter, wobei man sie rundum mit feingestoßenem Zwieback bestreut; gießt sodann von der Bouillon nach und nach so viel hinzu, wie man zur Sauce bedarf, und läßt sie darin völlig weich schmoren, was noch gut ½ Stunde erfordert. Nach Herausnahme der Zunge gießt man ein Glas Rothwein an die Sauce und thut Trüffeln oder Champignons nebst der Bouillon, worin sie gar gekocht worden, daran, macht sie mit Klarmehl seimig und legt, wenn sie kocht, die Zunge wieder hinein, bis sie wieder völlig erhitzt ist. Von der Sauce füllt man ein wenig über die auf eine Schüssel gelegte Zunge, das Uebrige servirt man nebenbei. — (Mit Bratkartoffeln.)

291. Danziger Klopps.

Man hackt Rindfleisch recht fein und befreit es dabei von allen sehnigen Theilen. Ferner hackt man zu 2 ℔ Fleisch ¼ ℔ Nierenfett, 6 nach Nr. 10 von Gräten und Schuppen befreite Sardellen, oder in Ermangelung derselben einen Hering, so wie eine ziemlich große Zwiebel gleichfalls sehr fein und rührt dies zusammen mit dem Fleische, nebst 10 Loth geriebener Semmel, 6 ganzen Eiern und 6 Loth Butter gründlich durcheinander. Aus dem erhaltenen Teige, den man noch mit höchstens 2 Theelöffeln voll Salz, $1/2$ Theelöffel voll gestoßenem schwarzen Pfeffer und 1 Messerspitze voll geriebener Muskatnuß gewürzt hat, formt man Klöße von der Größe eines Hühnereies und kocht dieselben 10 Minuten lang in Bouillon. Dann nimmt man sie heraus und bräunt sie ringsum in einem Schmortopf in braun gemachter Butter, gießt nach und nach von der Bouillon so viel dazu, wie man Sauce wünscht und schmort sie darin unter öfterem Umkehren in $1/2$ Stunde gar. Während des Schmorens streut man so viel feingestoßenen Zwieback an die Sauce, daß dieselbe schön seimig wird. — Die Klopps werden in der Sauce servirt. — (Mit gestobten oder Bratkartoffeln.)

292. Rindfleisch mit Aepfeln.

Man schneidet durchaus mageres Suppenfleisch in kleine recht feine Scheiben und ebenso geschälte und von den Kernhäuschen befreite Aepfel in etwas dickern Scheiben. Auf einen Suppenteller voll Fleisch und eben so viel Aepfel giebt man 2 bis 3 Eßlöffel voll von dem von der Bouillon gefüllten Fette und eine Theetasse voll Bouillon, so wie ferner 2 bis 3 fingerlange in kleine Würfel geschnittene Pfeffergurken, 1 Lorbeerblatt, 1 Gewürznelke und 2 Körner Nelkenpfeffer, bringt das Ganze in einem Kochtopf auf das Feuer und läßt es zugedeckt so lange kochen, bis die Aepfel weich sind. Sodann rührt man es mit einer Prise Salz und gestoßenem Zucker nach Geschmack ein paar Male um, vermeidet dabei jedoch möglichst, die Aepfelscheiben zu musen. — (Mit gekochten Kartoffeln.)

293. Beefsteaks.

(Allgemeines.)

Fast bei keinem Fleischgerichte kommt es außer der Bereitung so sehr auf die Güte des Fleisches und die richtige Wahl des Stückes an, wie beim Beefsteak. Am besten eignen sich dazu die Mürbebraten (Filets) vom Rinde, dieselben sind aber schwer zu haben und sehr theuer und Fleisch von der

Kluft genügt auch vollständig, nur muß es durchaus von einem jungen Thiere und im Sommer 3, im Winter 8 Tage alt sein, auch darf man es nicht längere Zeit vor dem Gebrauche von dem großen Stücke geschnitten haben. Endlich hat man beim Zertheilen des Fleisches in die zu Steaks bestimmten Stücke stets darauf zu achten, daß man quer über den Faden schneidet.

294. Hamburger Beefsteak.

Man schneidet das Fleisch nach der Angabe in der vorigen Nummer in fingerdicke Scheiben, klopft dieselben tüchtig auf beiden Seiten, ohne sie jedoch zu zerquetschen, und hackt sie ganz oberflächlich über. Sämmtliche zu bratende Stücke schiebt man mit dem Messer von der Seite, bis sie eine möglichst gleichmäßige Form haben, legt sie auf ein Hackbrett neben einander und bestreut sie mit feingestoßenem Salz und Pfeffer. Es kommt dabei 1 gehäufter Eßlöffel voll Salz auf 2 ℔ Beefsteak, Pfeffer mehr oder weniger, je nach Geschmack, am richtigsten 1 Quentchen auf 1 ℔. Die so zubereiteten Fleischstücke legt man mit der gewürzten Seite nach unten in eine Pfanne, in welcher nicht zu wenig Butter auf starkem Feuer brät, läßt sie darin unter wiederholtem Hin- und Herschieben 5 Minuten lang braten, streut inzwischen auf die andere Seite noch etwas Pfeffer und brät sie endlich auf dieser noch 3 Minuten. Die nun fertigen Beefsteaks legt man auf eine heiße Schüssel und bereitet die Sauce dazu, indem man schnell zu dem Inhalt der Pfanne noch Wasser oder Bouillon rührt. Man gießt die Sauce entweder über die Beefsteaks oder reicht sie nebenbei. — (Mit geschälten, Brat- oder Pellkartoffeln.)

Viele lieben Zwiebeln zum Beefsteak, welche dann entweder in Scheiben, oder in feine Würfel geschnitten, dazu gegeben werden. Man legt dieselben zur Seite mit in die Pfanne, in welcher die Beefsteaks gebraten werden, gleich nachdem dieselben umgekehrt sind, brät sie, wenn letztere herausgenommen worden, vollends gar und richtet sie mit der Sauce über das Beefsteak an.

Auch Spiegel-Eier giebt man auf die Beefsteaks. Man

thut am besten, dieselben in einem abgesonderten Geschirre zu braten und sie dann, nachdem man sie rundum glatt geschnitten, auf die fertigen Beefsteaks zu legen. Sind Letztere groß, so gehören zwei darauf, sonst nur eins.

295. Beefsteaks von gehacktem Fleisch.

Dieselben werden in der Regel von älteren Leuten oder Personen mit geschwächtem Magen den Beefsteaks von geklopftem Fleische vorgezogen. — Um sie zu bereiten, hackt man 2 ℔ Rindfleisch zusammen mit 1/4 ℔ Nierenfett so fein, wie nur möglich und befreit es dabei von allen sehnigen Theilen; man thut noch besser daran, das Fleisch aus den Sehnen erst herauszuschaben und es dann mit dem schon feingehackten Fett durchzuhacken, bis das Ganze eine teigige Masse bildet. Aus dieser formt man Kuchen von beliebiger Größe und der Dicke eines kleinen Fingers, mit denen man sonst ganz nach der Anweisung in der vorigen Nummer verfährt, nur daß man sie im Ganzen nur 5 Minuten braten läßt, sonst werden die Beefsteaks trocken. Spiegeleier pflegt man nicht auf dieselben zu geben, Zwiebeln werden dazu gleichfalls nach der Anweisung in voriger Nummer gebraten. — (Mit Kartoffeln wie in voriger Nummer.)

296. Schiffs-Beefsteaks.

Bei richtiger Bereitung unzweifelhaft die wohlschmeckendsten unter den Beefsteaks. — Man zerlegt dazu 2 ℔ Fleisch aus einer mehrere Tage alten Kluft in Stücke von der in Nr. 294 angegebenen Größe, jedoch von etwas geringerer Dicke, und klopft dieselben tüchtig. In einen Schmortopf hat man 1/4 ℔ Butter und 1/4 ℔ in Würfel geschnittenes Nierenfett, nebst halb so viel mittelgroßen in Scheiben geschnittenen Zwiebeln, als Fleischstücke vorhanden sind, gethan. Darauf legt man die Beefsteaks schichtweise und streut über jede Schicht so viel Pfeffer und Salz, daß man im Ganzen das in Nr. 294 angegebene Quantum verbraucht; etwas mehr Pfeffer kann nicht schaden. Sodann verschließt man den Topf so dicht, wie irgend möglich, und läßt das Fleisch über hellem, jedoch nicht zu reichlichem Holzfeuer $1/2$ bis $3/4$ Stunden in dem Fette und seinem eigenen Safte schmoren. Steaks und Sauce, von welcher Letztern man reichlich erhält, sind sodann zum Anrichten fertig. — (Am besten mit Pellkartoffeln.)

Anm. Ein besseres Geschirr zur Bereitung dieser Art von Steaks ist die sog. Beefsteak-Maschine, welche man in der Cajüte eines jeden Schiffes findet und bei jedem Klempner kaufen kann. Es ist dies ein blecherner oder kupferner, dicht verschließbarer Kochtopf auf ziemlich hohem Fuße, mit einer Spirituslampe unter seinem Boden; der entzündete Spiritus erzeugt die zur Bereitung nöthige Hitze. — Ich bemerke übrigens noch, daß diese Art Steaks eigentlich nur ein Gericht für Herren sind.

297. Rumsteaks.

Eigentlich ein englisches Gericht, welches sich indessen bei uns mit Recht mehr und mehr einzubürgern beginnt. Es gehören dazu Rindsrippen, von welchen das untere Ende so weit abgehauen wird, daß nur das obere mit dem dicken Fleische daran übrig bleibt. Jede Rippe muß 2 Steaks geben und wird zu diesem Zwecke der Länge nach durchgesägt, das daran befindliche Fleisch aber mit einem scharfen Messer durchschnitten, von aller Haut befreit, auf beiden Seiten tüchtig geklopft und leicht übergehackt. Sodann kehrt man die Rippen in kleingerührtem Ei um, welches man vorher bereits mit gehackten Zwiebeln, feingestoßenem Pfeffer, Nelken und Salz gewürzt hat, läßt das überflüssige Ei abtropfen und brät die Steaks über hellem Feuer in reichlicher Butter, mit welcher man sie wiederholt begießt. Die Rumsteaks sind gar, wenn sie auf der einen Seite 3, auf der andern 2 Minuten gebraten haben. Um die Sauce zu bereiten, gießt man, nachdem die Steaks aus der Pfanne genommen, je nach Anzahl derselben mehr oder weniger Bouillon zu der Butter und rührt um, bis sich Beide gut verbunden haben. — (Mit geschälten oder Bratkartoffeln.)

B. Entrees ꝛc. von Kalbfleisch.

(Vgl. Abschn. I. Nr. 7.)

298. Farcirte Kalbsbrust.

Aus einer Kalbsbrust löst man Schulterblatt und Knochen, so wie sämmtliche Rippen, letztere, indem man sie am Brustknochen absticht, die Haut darüber aufschlitzt und sie durch die so entstandene Oeffnung vom Fleische losbricht. Befindet sich der Rückgrat mit an der Brust, so muß er vorher weggehauen werden. Die durch Auslösung des Schulterblattes und Knochens entstandene Oeffnung erweitert man noch, indem man nach der Brust zu so weit wie möglich mit dem Messer einschneidet und füllt sie mit einer der Farcen in Nr. 27 a. oder 27 m., worauf man die Oeffnung durch Zunähen wieder verschließt. Sodann läßt man die Brust unter wiederholtem Umwenden, und indem man sie zugleich, jedoch nicht zu stark, salzt, etwa 1/2 Stunde lang in braun gemachter Butter braten, so daß sie ringsum recht gleichmäßig gebräunt wird. — Inzwischen hat man von den ausgelösten und vorher zerhackten Knochen, nebst 1 ℔ Rindfleisch mit nicht zu wenig Suppenwurzeln, so viel Bouillon gekocht, als man deren nach Berechnung zur Sauce bedarf. Von dieser Bouillon giebt man ein paar Kochlöffel voll unter die Brust und läßt sie darin, indem man wiederholt davon nachgießt und die Brust fleißig mit dem sich bildenden Fond übergießt, weich schmoren, was noch etwa 2 Stunden erfordert. Ist das Fleisch herausgenommen, so macht man die Sauce mit ein wenig Klarmehl seimig und giebt sie durch ein Sieb; auch kann man, will man sie recht wohlschmeckend haben, ein paar Champignons daran thun. — (Mit geschälten Kartoffeln.)

Anm. In ganz ähnlicher Weise bereitet man auch eine farcirte Kalbskeule, bei welcher man, um die Oeffnung zur Farce zu gewinnen, den Beinknochen vom Gelenke an abwärts auslöst. Nach Hineinthun der Farce wird das Loch wieder zugenäht, die Keule in gute Façon gedrückt und auf der Seite, wo sie nicht genäht worden, leicht gespickt.

299. Geschmortes Kalbfleisch.

Hiezu eignet sich jedes beliebige Stück gutes Kalbfleisch, am besten ein Stück aus der Keule. Nachdem man dasselbe sauber abgewaschen hat, bräunt man es nach der Anweisung in voriger Nummer in Butter und salzt dabei ein wenig. Sodann gießt man leichte Bouillon, in welcher vorher einige Suppenwurzeln, eine Zwiebel und ein paar Körner Nelkenpfeffer ausgekocht sind, darunter und läßt das Fleisch unter häufigem Begießen schmoren, indem man nur dann von der Bouillon wieder hinzuthut, wenn der Fond zu kurz eingeschmort ist. Letzterer wird, nachdem das Fleisch herausgenommen worden, durch ein Sieb gegossen und als Sauce dazu gegeben. — (Mit geschälten Kartoffeln.)

300. Fricandeaus von Kalbfleisch.

Man häutet eine Kalbskeule und löst das Fleisch derselben dergestalt von den Knochen, daß man 4 gleiche Stücke erhält, indem man bei dieser Eintheilung der sehr erkennbaren Lage der 4 Muskeln in der Keule folgt. Diese Stücke klopft man tüchtig mit der flachen Seite des Hackmessers über, so daß sie etwas breit und glatt werden, beschneidet sie zu gleichmäßiger Form und spickt sie auf der obern Seite recht dicht. Von der Haut, den Fleischabfällen und den zerhackten Knochen bereitet man eine Jüs nach Nr. 233 c., von welcher man unter die mit der gespickten Seite nach oben liegenden Fricandeaus gießt, nachdem dieselben vorher in einer Schmorpfanne in Butter hellbraun gemacht und gesalzen worden sind. So oft die Jüs zu sehr einschmort, gießt man davon nach und begießt die Fricandeaus recht fleißig damit, wodurch sie das Aussehen erhalten, als ob sie glacirt wären. Nach $1^1/_2$ bis 2 Stunden sind sie gar und auch die Sauce ist fertig, da sie so viel eingeschmort sein muß, daß sie genügend seimig ist. — (Mit Kartoffel-Püree.)

Anm. Es sind dies die sog. großen Fricandeaus; will man kleine machen, so schneidet man gleichmäßige Scheiben von Fingersdicke, etwa 3 von einem Pfund Kalbfleisch, spickt sie und verfährt im Uebrigen damit ganz nach der obigen Anweisung.

301. Farcirte Rouladen.

Von dem dicken Fleische einer vorher abgehäuteten Kalbskeule schneidet man handgroße und fingerdicke Scheiben, klopft sie etwas, bestreicht sie mit Ei und legt einen halben Finger hoch von der Farce in Nr. 36 a. darauf. Damit werden die Scheiben aufgerollt, mit einem Bindfaden umwickelt, mit etwas Mehl bestreut und in einem Schmortopfe unter öfterem Umwenden in Butter braun gemacht. Sodann gießt man leichte Bouillon, welche mit ein paar Chalotten und Champignons durchgekocht ist, daran und läßt sie unter öfterem Umwenden in etwa $1\frac{1}{2}$ Stunden weich schmoren, wobei man von der Bouillon nachgiebt, so oft die Sauce zu sehr eingeschmort ist. Vor dem Anrichten nimmt man die Bindfäden von den Rouladen und servirt sie in der Sauce, die gut seimig geschmort sein muß. — (Mit geschälten Kartoffeln oder Kartoffel-Salat, auch mit Maccaroni nach Nr. 83.)

302. Gespickte Leber in Rahm-Sauce.

Eine frische Leber von einem fetten Kalbe wird sorgfältig enthäutet und die obere Seite recht fein und gleichmäßig gespickt (Nr. 38), wozu etwa $\frac{1}{4}$ ℔ Speck gehört. Sodann wird sie gut gesalzen in einem Schmortopfe in reichlich Butter gebräunt und etwa 1 Theetasse voll Bouillon zum Schmoren darunter gegeben, nachdem die gespickte Seite nach oben gekehrt ist. Ist die Bouillon ziemlich verschmort, so gießt man so viel sauren Rahm hinzu, wie man Sauce zu haben wünscht jedoch ganz allmälig und nicht mehr als eine halbe Theetasse voll auf einmal. Während des Bratens, welches etwa eine Stunde erfordert, muß die Leber sehr fleißig mit der Sauce begossen werden. Nachdem man sie sodann herausgenommen, rührt man den Bratensatz von dem Schmortopfe los, worauf die Sauce, welche jetzt hinreichend seimig ist, durch ein Sieb gegeben wird. Mit einem Theile derselben übergießt man die Leber, das Uebrige servirt man nebenbei. — (Mit geschälten oder Pellkartoffeln.)

303. Geschmorte Leber.

Man schneidet 1/4 ℔ recht harten Speck in Streifen, halb so lang und halb so dick, wie ein Finger. Die Streifen kehrt man gehörig in einer Mischung von Salz, schwarzem Pfeffer und Nelkenpfeffer und spickt damit die vorher enthäutete Leber in der Art, daß man mit einem spitzen Messer in dieselben Löcher sticht und in diese den Speck hineinschiebt. Die in dieser Art zubereitete Leber wird noch mit ein wenig Salz bestreut und dann im Schmortopfe in reichlich Butter gebräunt, worauf man so viel Wasser darunter giebt, daß sie fast zur Hälfte darin liegt. Als Gewürz giebt man eine kleine Theeschale voll in Würfel geschnittene Zwiebeln, ein paar Körner Nelkenpfeffer und ein Lorbeerblatt daran, macht kurz vor dem Anrichten die Sauce mit geriebenem Weißbrod seimig, rührt noch 2 Eßlöffel voll Essig nebst 1 Glas Rothwein hinzu und zuckert nach Belieben. Mit der nun seimigen Sauce rührt man den Bratensatz vom Topfe und giebt sie durch ein Sieb. — Das Garmachen der Leber erfordert etwa 1 Stunde. — (Mit geschälten Kartoffeln.)

304. Kalbskopf in Rosinensauce.

Ein Kalbskopf wird gebrüht, abgetrocknet und dann gesengt, worauf man ihm die Augen aussticht und die Ohren säubert. Dann wird er unten der Länge nach aufgeschnitten, die Zunge wird ausgelöst, der Schädel durchhauen und das Gehirn herausgenommen, worauf der Kopf noch einmal gehörig abgewaschen, blanchirt (Nr. 30) und wieder in kaltem Wasser auf das Feuer gesetzt wird. Wenn das Wasser kocht, schäumt man sehr sorgfältig, giebt eine kleine Hand voll Salz, eine Zwiebel, 8 Körner Nelkenpfeffer, 1 Lorbeerblatt und Suppenwurzeln daran und läßt den Kopf nebst der Zunge darin gar kochen. Aus der Brühe genommen, muß der Kopf sodann erkalten; das Fleisch wird von den Knochen gelöst, nebst der Zunge in möglichst gleichmäßige Würfel geschnitten und endlich in eine heiße Rosinen-Sauce (Nr. 262) gelegt, mit der es noch ein paar Minuten auf schwachem Feuer durchkocht. — Das Gehirn wird für sich mit Butter, Salz und einer guten Portion gehackter Zwiebeln nebst feingestoßenem Pfeffer gar gekocht und nebenbei servirt. — (Mit geschälten Kartoffeln.)

305. Kalbsgekröse.

Das Gekröse eines fetten Kalbes wird so sauber wie möglich gereinigt, in kaltem Wasser zu Feuer gebracht und darin bis zum Kochen erhitzt. Nachdem es herausgenommen und wieder abgekühlt ist, schneidet man es in gleiche kleine Stücke und kocht dieselben mit einer kleinen Handvoll Salz, 3 Petersilienwurzeln, 2 Zwiebeln mittlerer Größe, 2 Lorbeerblättern und etwa 6 Körnern Nelkenpfeffer 2 Stunden lang. Von der Brühe giebt man sodann zu einer weißen Mehlschwitze von 4 Eßlöffeln voll Mehl so viel, daß eine seimige Sauce entsteht, d. h. etwa 1 Pott, fügt 1 Eßlöffel voll feingehackter Petersilie, eine gute Messerspitze voll feingestoßenen Pfeffer und $^1/_4$ geriebene Muskatnuß hinzu, thut das Gekröse hinein, läßt Alles mit einander noch einmal durchkochen und drückt während dessen den Saft einer halben Citrone daran. — (Mit geschälten oder Bratkartoffeln.)

C. Entrees 2c. von Hammelfleisch.

306. Gekochtes Hammelfleisch mit Sauce.

Man nimmt ein Stück Hammelfleisch — $^1/_2$ ℔ auf die Person — von der Keule, von der Brust oder den Rippen, wäscht es gut und bringt es in so viel kochendes Wasser, daß es gut davon bedeckt ist, auf das Feuer. So lange sich Schaum bildet, entfernt man denselben sorgfältig, salzt vorsichtig und thut auf ein Stück Fleisch von 6 ℔ eine ziemlich große eingekerbte Zwiebel, 1 Lorbeerblatt nebst 2 Petersilienwurzeln daran. Das während des Kochens sich ansammelnde Fett nimmt man ab und benutzt es nebst einem Theile der Bouillon zur Bereitung einer Zwiebelsauce nach Nr. 246, oder besser nach Nr. 247 oder 248, welche nebst geschälten Kartoffeln zu dem Fleische gereicht wird. Man giebt indessen noch lieber eine Gurkensauce nach Nr. 238 oder eine Sauce à la Béchamel nach Nr. 259 dazu. — Soll die Bouillon als Suppe vorher gegeben werden, so verfährt man damit nach Nr. 106. — (Mit geschälten Kartoffeln.)

Anm. Es ist hier nur der Fall berücksichtigt, wo das gekochte Hammelfleisch mit einer Sauce zu Kartoffeln allein gegeben wird. Weit häufiger wird es mit andern Gemüsen, z. B. Weißkohl, Mohrrüben oder weißen Rüben gegessen; über das alsdann zu beobachtende Verfahren vgl. den nächsten Abschnitt.

307. Geschmorte Hammelkeule.

Eine Hammelkeule, welche im Sommer 2 bis 3 Tage, im Winter 4 Tage bis zu einer Woche alt sein muß, wird, nachdem man das Bein zur Hälfte glatt abgehauen hat, gehörig geklopft und sodann mit der Länge nach durchschnittenen Chalotten oder kleinen in vier gleiche Theile zerschnittenen Zwiebeln gespickt, nachdem man dieselben schwach in einer Mischung von feingestoßenem Salz, sowie schwarzem und Nelkenpfeffer umgekehrt hat. Das Spicken bewerkstelligt man, wie in Nr. 282 für das Bestecken mit Trüffeln angegeben worden; die Chalotten müssen dabei ganz in das Fleisch hineingeschoben werden. So zubereitet, wird die Keule gesalzen, ringsum in $^1/_4$ bis $^1/_2$ ℔ Butter gebräunt und dann in Jüs, welche man von den Abfällen nach Nr. 233 c. bereitet hat, gar geschmort, was $2^1/_2$ bis 3 Stunden erfordert. Dabei darf man nicht mehr, als etwa eine Theetasse voll Jüs auf einmal daran geben, im Ganzen bedarf man ungefähr 1 Pott. Ist die Keule herausgenommen, so nimmt man das Fett von der Sauce, rührt den Bratensatz, allenfalls unter Zuthun von etwas Bouillon, von dem Schmortopfe los, macht die Sauce mit Klarmehl seimig und gießt sie durch ein Sieb; ein wenig davon kommt über die Keule, den Rest reicht man nebenbei. — (Mit geschälten Kartoffeln.)

308. Geschmortes Hammel-Carré.

Von einem Hammelrippenstücke haut man den Rückgrat behutsam ab, so daß man das Fleisch nicht beschädigt, und knickt die Rippen in der Mitte mit dem Hackbeile ein. Alsdann salzt man es, macht es in Butter braun, wie in der vorigen Nummer angegeben worden, und schmort es endlich in Bouillon oder Wasser mit 2 eingekerbten Zwiebeln, 3 Gewürznelken, 3 Körnern Pfeffer und einem Lorbeerblatt. So oft die Brühe zu kurz einschmort, wird Bouillon oder Wasser nachgegossen. Ist das Carré nach $2^1/_2$ bis 3 Stunden gar, so tranchirt man es auf einer heißen Schüssel durch Schnitte längs den Rippen und quer hindurch, wo dieselben vorher eingeknickt sind, und giebt etwas von der Sauce darüber, die man nach der Anweisung in der vorigen Nummer bereitet, die übrige Sauce wird nebenbei gereicht. — (Mit geschälten Kartoffeln.)

309. Geschmorte Hammelkeule mit Gurken.

Nachdem man die Keule gehörig geklopft und gesalzen hat, macht man sie ringsum in Butter braun, giebt Bouillon darunter und schmort sie darin allmälig nach Angabe in Nr. 307, unter Hinzuthun von 2 eingekerbten Zwiebeln, einem Lorbeerblatt, 3 bis 4 Körnern schwarzem Pfeffer und 6 Körnern Nelkenpfeffer in $2^1/_2$ bis 3 Stunden gar. Inzwischen bereitet man auch die Gurken zu. Hat man frische, so schält man sie, nimmt die schwammigen Theile heraus und zerschneidet sie in Würfel oder längliche Streifen. Auf einen Pott Sauce rechnet man dabei einen tiefen Teller voll Gurkenschnitte, welche man zunächst in einen Schmortopf bringt, in welchem 3 Loth Butter mit einem Theelöffel voll Zucker zusammen braun gemacht sind. Hierin bräunt man sie gleichmäßig unter wiederholtem Umschütteln, giebt eine Theetasse voll Bouillon, 2 Eßlöffel voll Essig und 1 Lorbeerblatt daran und läßt sie darin weich schmoren. Die Sauce bereitet man nach Herausnahme der Keule, indem man das Fett abnimmt, den Bratensatz vom Topfe losrührt, die Flüssigkeit mit Klarmehl seimig macht und durch ein Sieb in einen andern Topf thut, hiezu die Gurken mit der Brühe, worin sie geschmort sind, schüttet und das Ganze noch einmal miteinander durchschmoren läßt. Hat man Pfeffer- oder Senfgurken, so schneidet man einfach eine Theeschale voll davon in die Sauce, nachdem dieselbe durch das Sieb gegeben worden und läßt sie damit einmal durchschmoren. Während die Sauce bereitet wird, muß man die Keule recht heiß stellen. — (**Mit geschälten Kartoffeln.**)

310. Geschmorte Hammelkeule mit farcirten Zwiebeln.

Man bereitet und schmort eine Hammelkeule ganz nach der Angabe in der vorigen Nummer, nur daß man die Gurken aus der Sauce fortläßt, dagegen aber, nachdem das Fett abgenommen worden, den Bratensatz mit einem Glase Rothwein vom Topfe losrührt. Man kocht ferner Zwiebeln gewöhnlicher Größe, nachdem man die äußerste Haut davon abgezogen, in 10 Minuten bis $^1/_4$ Stunde halb weich und höhlt dieselben aus, indem man das Inwendige vom Keim aus abwärts mit dem Finger hinausstößt, was bei einiger Uebung sich sehr leicht machen läßt; den ausgestoßenen Theil kann man in gleicher Weise noch einmal aushöhlen und dies Verfahren noch zum dritten Mal wiederholen. Die Höhlungen der Zwiebeln füllt man sodann mit der Farce in Nr. 36 d. und macht jetzt die Zwiebeln in Butter recht gleichmäßig braun. Zu diesem Zweck legt man sie in einen Schmortopf mit braun gemachter Butter, die offenen Enden, wo die Farce hervortritt, nach unten, begießt sie fleißig und kehrt sie sodann um, so daß das andere offene Ende nach unten kommt. Dabei muß man vorsichtig verfahren, d. h. nur über gelindem Feuer braten, die Zwiebeln nicht zu lange auf dem einen Ende liegen lassen und fleißig begießen, sonst verbrennen sie leicht. Sind sie hinreichend gebräunt, so gießt man von der Sauce, in welcher die Keule schmort, jedoch bevor der Rothwein an dieselbe gegeben worden, darunter, verschließt den Topf mit einem Deckel, auf welchen man Kohlenfeuer gebracht hat und läßt die Zwiebeln unter wiederholtem Begießen in $^1/_2$ Stunde gar schmoren. Beim Anrichten legt man sie als Garnitur rund um die Keule, über welche man vorher ein wenig von der Sauce gegeben hat. Die übrige Sauce wird nebenbei gereicht. — (Mit geschälten Kartoffeln.)

Anm. Zum Garniren bedient man sich besser nur unserer Zwiebeln, die großen portugiesischen giebt man als Gemüse. (Vgl. den nächsten Abschn.)

311. Farcirte Hammelbrust.

Man klopfe eine Hammelbrust und knöchle sie aus, ganz wie dies in Nr. 298 für die Kalbsbrust angegeben worden, nur daß man die Rippen nicht herausbricht, sondern des Tranchirens wegen bloß mit dem Hackbeil einknickt. Die entstandene Oeffnung füllt man mit der Farce in Nr. 36 d., näht sie mit ausgewässertem Bindfaden wieder zu, salzt die Brust und bräunt sie recht gleichmäßig im Schmortopfe in braun gemachter Butter. Dann läßt man sie unter Hinzuthun von einer eingekerbten Zwiebel, 3 Gewürznelken, 3 Körnern schwarzem Pfeffer und 1 Lorbeerblatt in Bouillon gar schmoren, wovon jedoch nur so viel zur Zeit daran gegeben werden darf, daß man das Anbrennen am Topfe vermeidet; auch muß fleißig begossen werden. Besser noch verwendet man, ohne Hinzuthun weiterer Gewürze, eine Jüs, welche man nach Nr. 233 c. von den zerquetschten Knochen und den Fleischabfällen bereitet hat. Ist die in $2^1/_2$ bis 3 Stunden weich geschmorte Brust herausgenommen, so rührt man mit Bouillon den Bratensatz vom Topfe, entfettet die Sauce, macht sie, wenn es nöthig ist, mit etwas Klarmehl seimiger und giebt etwas davon durch ein Sieb über die Brust, das übrige nebenbei. Will man indessen die Sauce recht fein haben, so giebt man sie durch das Sieb in einen andern Topf und kocht vor dem Anrichten erst ein Loth in Wein weichgekochte Trüffeln nebst dem Weine damit durch. — (Mit geschälten oder Bratkartoffeln.)

312. Farcirte Lammsbrust.

Man trennt die vordere Hälfte eines Lammes dicht hinter den kurzen Rippen von der hintern, schneidet die häutigen Theile des Halses davon weg, löst die Vorderbeine heraus und knickt das Schulterblatt, den Brustknochen und die Rippen ein. Dann trennt man vorsichtig das Fleisch von den Rippen, von da ausgehend, wo die Brust von der hintern Hälfte des Lammes abgetrennt worden, füllt die entstandene Oeffnung ebenso, wie die durch Auslösen der Vorderbeine entstandenen Höhlungen, mit einer der Farcen in Nr. 36 a. oder 36 m. aus und näht Alles mit ausgewässertem Bindfaden wieder dicht zusammen. Mit dem Schmoren der Brust und dem Bereiten der Sauce verfährt man alsdann ganz so, wie in der voraufgehenden Nummer für die farcirte Hammelbrust angegeben worden. — (Mit geschälten oder Bratkartoffeln.)

D. Entrees 2c. von Schweinefleisch.

313. Gebackener Schweineschinken mit Saucen.

Ein geräucherter Schinken von einem jungen Schweine (vgl. Nr. 278) wird, nachdem er sorgfältig gereinigt worden, je nach seiner Größe 8 bis 16 Stunden lang ausgewässert. Ganz große Schinken eignen sich zu diesem Gerichte nicht. Sodann hängt man ihn zum Abtropfen ein paar Stunden auf, schneidet den Speck so weit herunter, daß davon ringsum so gleichmäßig wie möglich 2 Finger dick auf dem magern Fleische sitzen bleibt, und bestreut ihn so viel mit einer gleichmäßigen Mischung aus geriebener Muskatnuß, feingestoßenen Gewürznelken und Nelkenpfeffer, daß das Gewürz gut darauf zu sehen ist. Sodann rollt man Teig von schwarzem Roggenbrod bis zur Dicke von gut 2 Fingern auseinander, schlägt den Schinken hinein, wobei man die Fettseite desselben auf den Teig legt, und läßt ihn in einem Backofen gar backen, was etwa 3 Stunden erfordert. Ist die Kruste etwas abgekühlt, so nimmt man sie herunter, glacirt den Schinken (Abschn. I. 4) und servirt ihn mit einer der Saucen in Nr. 235, 236 und 237 oder mit einer Madeira-Sauce. (Abschn. XVI.) — (Mit Bratkartoffeln.)

314. In Sauer geschmorte Schweinskeule.

Man kocht Bieressig mit 2 Zwiebeln, 6 Körnern Nelkenpfeffer und einem Lorbeerblatt auf den Pott durch und gießt davon, nachdem er abgekühlt ist, so viel über eine von der Schwarte befreite und vorher gesalzene Schweinskeule, daß sie damit bedeckt ist. Man kann auch weniger nehmen, muß aber dann die Keule, während sie in dem Essig liegt, was 3 bis 4 Tage dauert, täglich mehrere Male umkehren. Die Keule wird sodann in einen Schmortopf gelegt, noch ein wenig gesalzen und etwas von dem Essig darunter gegeben. Das Schmoren geschieht am besten im Bratofen, sonst muß der Deckel des Topfes mit Kohlen bedeckt werden; immer aber muß man fleißig begießen und wenn die Brühe zu sehr wegschmort, von Zeit zu Zeit etwas kochendes Wasser nachgeben. Die weichgeschmorte Keule bestreut man mit einer Mischung aus Zwieback, Gewürznelken und Zucker, Alles fein zerstoßen, die Sauce wird nach Abnahme des Fettes bereitet, indem man mit ihr und etwas Bouillon den Bratensatz losrührt, sie durch ein Sieb giebt und mit etwas Klarmehl seimig kocht. — (Mit geschälten Kartoffeln.)

315. Schinken mit Burgundersauce.

Nachdem ein geräucherter Schinken 16 bis 20 Stunden gewässert worden, putzt man alles Unreine und Schwarze sorgfältig davon ab und kocht ihn in Wasser mit 2 Zwiebeln, 2 Lorbeerblättern, 4 Körnern Pfeffer und etwas Thymian zuerst scharf an und läßt ihn dann ganz langsam weiter brodeln. Es erfordert je nach Beschaffenheit des Schinkens 3 bis 4 Stunden, daß derselbe gar wird, man thut daher am besten daran, sich durch Hineinstecken mit einer Spicknadel von seinem Zustande zu überzeugen. Von dem garen Schinken zieht man die Schwarte ab, stutzt ihn rund zu und bringt ihn auf einer Bratpfanne in den mäßig erhitzten Bratofen. Inzwischen hat man Bouillon, welche so kurz eingekocht ist, daß sie sirupsartig erscheint — zu einem Schinken von 16 bis 20 ℔ die Bouillon von 5 bis 6 ℔ Rindfleisch —, mit einer Flasche Burgunder und 5 bis 6 Loth Zucker aufgekocht. Mit dieser Brühe übergießt man den Schinken, bis er eine schöne, gleichmäßige Farbe angenommen hat und wie glacirt erscheint, nimmt ihn heraus und servirt ihn mit einer Garnitur von farcirten Zwiebeln, die im Uebrigen ganz nach der Anweisung in Nr. 310 bereitet werden, nur daß man sie mit der Farce in Nr. 36 c. füllt, auch zum Schmoren von dem Schinken-Fond nimmt. Zur Bereitung der Sauce entfettet man Letztern, läßt ihn kurz einschmoren, giebt dabei 4 Eßlöffel voll braune Coulis (Nr. 231) daran und gießt die Sauce durch ein Sieb. — (Mit Bratkartoffeln.)

Anm. 1. Zu Anfang des vorstehenden Receptes findet man die Anweisung, wie geräucherter Schinken überhaupt zu kochen ist; soll derselbe kalt gegeben werden, so läßt man ihn in der Brühe erkalten. Vor dem Anrichten bestreut man ihn gut mit einer Mischung aus feingestoßenem Zucker, Gewürznelken und Nelkenpfeffer, letztere Gewürze zu gleichen Theilen.

Anm. 2. Hat man keine Coulis, so muß man 1 Petersilienwurzel, 1 Mohrrübe, 1 Zwiebel und etwas Thymian in die Pfanne thun, auch die Sauce, wenn es nöthig ist, noch mit etwas Klarmehl seimig machen. — Ist kein Bratofen vorhanden, so bestreut man den Schinken mit Zucker und bräunt ihn ringsum, indem man mit einer glühenden Schaufel darüber hinfährt. Dann legt man ihn in einen Schmortopf in die oben beschriebene kochende Brühe und läßt ihn darin unter fleißigem Begießen ½ Stunde schmoren, wo er dann ein schönes glacirtes Aussehen hat.

316. Geschmorte Schweins-Mürbebraten.

Von den beiden Mürbebraten eines Schweines zieht man auf der einen Seite die Haut ab und spickt sie dort. Sodann salzt man sie, macht sie in einem Schmortopfe gleichmäßig in Butter braun, was etwa eine Viertelstunde erfordert, bestreut sie mit feingestoßenem Zwieback und läßt sie in Schwachbier und Bouillon gar schmoren. Man gießt davon zuerst eine Theetasse voll und sodann abwechselnd von Beidem so viel daran, daß die Sauce nicht zu sehr einschmort. Hat man Bratenjüs, so giebt man auch davon einige Eßlöffel voll unter das Fleisch und würzt außerdem mit 6 Körnern Nelkenpfeffer, 1 Lorbeerblatt, 2 Gewürznelken und zwei eingekerbten Zwiebeln. Während des Schmorens, welches $1^{1}/_{2}$ bis 2 Stunden dauert, muß recht fleißig begossen werden. Nachdem die Mürbebraten aus der durch den Zwieback hinreichend seimig gemachten Sauce genommen worden, rührt man mit derselben den Bratensatz los und giebt sie durch ein Sieb. — (Mit Brat- oder Pellkartoffeln.)

Anm. Die Sauce wird noch feiner, wenn man die Mürbebraten nur in Bouillon schmort, und den Bratensatz zuletzt mit einem Glase Rothwein losrührt.

317. Schweinefleisch in Bier geschmort.

Man verwendet dazu junges, gut durchgewachsenes Schweinefleisch, so viel man davon nach der Personenzahl (Abschn. I. 5) bedarf und zerlegt es vor dem Schmoren in passende Stücke. Im Uebrigen verfährt man damit ganz ebenso, wie in Nr. 286 für das in Bier geschmorte Rindfleisch angegeben worden. — (Mit Brat- oder Pellkartoffeln.)

318. Schwarzsauer von Schweinefleisch.

Man setzt 6 ℔ Schweinefleisch, am besten in Stücke geschnittenes Bauchfleisch, nebst gut gereinigten Schnauzen, Ohren und Pfoten in 1 Pott scharfem Bier-Essig, zu welchem man so viel Wasser gießt, daß das Fleisch davon bedeckt wird, auf das Feuer, wenn möglich in einem irdenen Kochtopfe. Dazu giebt man 1 Eßlöffel voll Salz, 1 eingekerbte mittelgroße Zwiebel, 2 Lorbeerblätter, 3 Gewürznelken und 8 Körner Nelkenpfeffer und kocht das Fleisch darin gut weich. Sodann nimmt man es mit der Schaumkelle heraus, gießt die Brühe durch ein Sieb, bringt sie wieder zum Kochen und giebt 2 Pott Schweinsblut, zu dem vorher etwas Mehl mit Essig gerührt worden, langsam und unter stetem scharfen Rühren dazu und setzt dies Rühren so lange fort, bis die Brühe schwarz und seimig ist. Dieselbe wird endlich über das Fleisch nebst vorher für sich gar gekochtem frischen oder Backobst und Klößen oder Kartoffeln gegeben und damit zusammen servirt; indessen ziehen Manche es auch vor, Alles einzeln anzurichten und die Brühe bei Tische dazu zu reichen. Will man das Schwarzsauer aufbewahren, so legt man von dem Fleische immer so viel, wie zu einer Mahlzeit nöthig ist, in Töpfe, gießt reichlich Brühe darüber und über diese, nachdem sie vollständig erkaltet ist, Fett. So eingemacht, hält es sich an einem kühlen Orte sehr lange; in angebrochenen Töpfen indessen verdirbt es bald.

319. Schmorwurst.

Es wird 1 ℔ mageres Schweinefleisch (Mett) mit 6 Loth Fett (Flohmen) in feine Würfel geschnitten und sodann mit 4 geriebenen mittelgroßen Zwiebeln, 4 Loth geriebenem Weißbrod, 1 guten Theelöffel voll Salz, 1 Messerspitze voll gestoßenem schwarzen Pfeffer und einem kleinen Eßlöffel voll Zucker so lange durchgehackt, bis das Ganze eine teigige Masse bildet, unter welche man schließlich noch ein Glas Wein, allenfalls auch Wasser, rührt. Nach Belieben kann man auch ein wenig Wurstkraut hinzuthun. Von dieser Farce werden Würste gestopft, welche man in schwachem Bier langsam gar kocht, worauf man sie herausnimmt und nun die Brühe zuerst auf starkem, sodann auf schwächerem Feuer soweit einkochen läßt, daß sie als brauner Bodensatz erscheint, von welchem sich das Fett abgesondert hat. Letzteres nimmt man ab und rührt den Bodensatz mit so viel Bier los, daß eine seimige Sauce entsteht, in welcher man die Wurst unter wiederholtem Umkehren wieder heiß werden läßt. Etwas von der Sauce wird beim Serviren über die Wurst, das Uebrige nebenbei gegeben. — (Mit Kartoffel-Püree oder Bratkartoffeln.)

Anm. Sollte man auf diese Weise nicht Sauce genug erhalten, so kann man die Brühe auch weniger stark einkochen und nach der Entfettung mit etwas Klarmehl seimig machen.

E. Entrees rc. von Wild.

320. Geschmortes Wildpret (Hirsch, Reh oder Schwein).

Ein gehörig zurecht gehauenes und gründlich gehäutetes Stück aus der Keule, oder auch die ganze stumpf abgehauene Keule, oder auch das Blatt wird nach der in Nr. 280 für das Boeuf à la mode gegebenen Anweisung mit Speckstreifen und zugleich, je nach der Größe des Stückes, mit 1 bis 2 Hand voll Chalotten gespickt. Das so zubereitete Fleisch übergießt man mit einer heißen Mischung von 2 Theilen Bieressig und einem Theile Wasser, welche für ein Stück Fleisch von 12 ℔ mit 4 Zwiebeln mittlerer Größe, 4 Körnern schwarzem Pfeffer, doppelt so viel Nelkenpfeffer, 12 frischen zerquetschten oder 1 Theelöffel voll gestoßenen getrockneten Wachholderbeeren, einer in Scheiben geschnittenen Citrone und 2 Theelöffeln voll Salz aufgekocht worden. Das Fleisch muß von der Brühe ganz bedeckt sein und mindestens 8 Tage darin liegen bleiben, worauf man es mit Salz bestreut, in einem Schmortopfe ringsum schnell in Butter bräunt, von der Brühe, worin es gelegen, nebst eben so viel Wasser, wiederholt und nicht zu viel auf einmal darunter giebt und es unter fleißigem Begießen darin gar schmoren läßt. Ist das Fleisch herausgenommen, so rührt man recht viel süße Sahne zu der Sauce und macht sie, wenn es nöthig sein sollte, mit etwas leicht geröstetem Mehl (Nr. 21) seimig und giebt davon etwas über das Fleisch, das Uebrige nebenbei. — (Mit geschälten Kartoffeln.)

Anm. Noch besser, als die Keule, würde sich freilich zu solchem Schmorbraten das Ziemer eignen; indessen verwendet man es in der Regel nicht zu Entrees, da es das beste Stück zum Braten liefert.

321. Farcirte Hirschbrust.

Man verfährt mit der Brust genau so, wie in Nr. 312 für die farcirte Lammsbrust angegeben worden, nur daß man zur Füllung sich der Farce in Nr. 36 e. bedient. Von den

Fleischabfällen und den zerhackten Knochen hat man eine Jüs nach Nr. 233 c. bereitet, von welcher man unter die vorher gesalzene und in Butter braun gemachte Brust so viel giebt, daß sie zur Hälfte darin liegt. Ist die Jüs, mit welcher recht fleißig begossen werden muß, zu sehr verschmort, so giebt man davon nach; während des Schmorens, welches etwa 2 Stunden erfordert, sind unausgesetzt Kohlen auf dem Deckel des Topfes zu halten. Nach Herausnahme der Brust rührt man den Bratensatz mit einem Glase Wein los, gießt die Sauce durch ein Sieb, macht sie, wenn es nöthig sein sollte, mit etwas leicht geröstetem Mehl (Nr. 21) seimig und giebt endlich etwas davon über die Brust, das Uebrige nebenbei. — (Mit geschälten Kartoffeln.)

322. Mürbebraten vom Hirsch.

Die abgehäuteten und recht sauber gespickten Mürbebraten vom Hirsch werden bei rascher Hitze in Butter gebräunt und in einer Jüs oder in mit nicht zu wenig Suppenwurzeln gekochter Bouillon von Hirschfleisch in der Art geschmort, daß man allmälig, zur Zeit nicht mehr als ½ Theetasse voll, darunter giebt und fortwährend fleißig begießt. Während des Schmorens giebt man den Saft einer halben Citrone an die Jüs, thut auch, wenn man dazu nur Bouillon verwenden kann, noch ein kleines Lorbeerblatt und 6 Körner Nelkenpfeffer dazu. Nach Herausnahme der nach einer kleinen Stunde garen Mürbebraten rührt man den Bratensatz mit Bouillon los und schmort, wenn man davon vorräthig hat, 1 Eßlöffel voll Krebsbutter (Nr. 8) mit der Sauce durch, welche endlich durch ein Sieb gegossen und theils über die Mürbebraten, theils nebenbei gegeben wird. — (Mit Bratkartoffeln.)

323. Mürbebraten vom Wildschwein.

Die Mürbebraten vom Wildschwein werden im Uebrigen ganz nach der Anweisung in Nr. 316 bereitet. nur müssen sie vorher 24 Stunden in folgender Marinade gelegen haben. Man kocht 2 Pott Wasser und ½ Pott Essig mit einer Hand voll Salz, 2 eingekerbten Zwiebeln, 6 Gewürznelken und einer halben Messerspitze voll Cayennepfeffer $^1/_2$ Stunde lang durch und gießt sodann noch $^1/_2$ Flasche Rothwein hinzu. — Diese Marinade muß die Mürbebraten, während sie darin liegen, ganz bedecken.

324. Wildschweinskopf.

Soll der Wildschweinskopf nicht als bloßes Schaugericht auf der Tafel dienen, so thut man gut, einen Kopf vom Frischlinge zu bereiten, die Köpfe von alten Ebern und Bachen werden auch durch das andauerndste Kochen nicht ordentlich weich.

Der Schweinskopf wird zunächst — in der Regel vom Schmied — mit glühendem Eisen abgesengt, mit dem Messer abgeputzt und rein gewaschen. Sodann schneidet man ihn an der untern Seite auf und löst vorsichtig und ohne die Haut zu verletzen, die Hirnschale bis zum Rüsselbein heraus; man kann auch Letzteres entfernen, es ist das aber sehr umständlich, weshalb man den auszulösenden Knochen dort gewöhnlich durchhaut. Den Kopf in seinem jetzigen Zustande legt man auf ein Tuch, mit der Hautseite nach unten, und füllt die ganze durch die Wegnahme der Hirnschale gewonnene Oeffnung in folgender Art. Zuerst bestreut man den Kopf inwendig gut mit Salz und Pfeffer und streicht in der Dicke eines Fingers eine Farce darauf, welche sonst ganz nach der Vorschrift in Nr. 36 a. bereitet ist, nur daß man dazu zur Hälfte Kalb- und zur Hälfte Schweinefleisch nimmt. Auf diese Farce legt man längs des Kopfes $^1/_2$ Zoll dicke Streifen von Pfeffergurken, Ochsenzunge oder Rauchfleisch und Speck, streut ein wenig geriebene Muskatnuß und gehackte Chalotten darüber, streicht wieder Farce, wie vorher, darauf, läßt wieder eine Schicht Gurken u. s. w. folgen und streicht endlich noch einmal wieder so viel Farce obenauf, daß der Kopf, wieder zusammengenäht, seine vorige Gestalt erhält. An der hintern Seite desselben streicht man die Farce glatt ab und verschließt sie mit einer Speckschwarte, welche man fest darüber näht oder bindet. Den so zu bereiteten Kopf näht man in ein vorher gut ausgewässertes Leintuch und kocht ihn unter gutem Abschäumen in Wasser mit Salz, 1 Theetasse voll Essig, 1 Kopf Sellerie, 4 Körnern schwarzem und 8 Körnern Nelkenpfeffer und 2 bis 3 Lorbeerblättern weich, was bei dem Kopfe eines Frischlings etwa 3 Stunden, sonst längere Zeit erfordert. Den zur Hälfte in der Brühe erkalteten Kopf nimmt man aus dem Tuche, putzt ihn noch einmal sauber, läßt ihn vollends erkalten, glacirt ihn mit einer Fleischglace (Abschn. I. 4) und garnirt ihn geschmackvoll mit Aspic (Abschn. XII.), mit hellen und dunklen andern Gelees und mit Petersilie. Statt der Augen setzt man ihm Citronenscheiben ein, giebt ihm eine ganze Citrone in den Rüssel und schneidet eine Scheibe hinten von der Farce ab, welche dann hübsch marmorirt erscheint. Er wird sodann auf einer flachen, ringsum mit Petersilie belegten Schüssel servirt. Als Sauce giebt man dazu die Remoladensauce in Nr. 274. — (Mit Bratkartoffeln.)

Anm. Beim Kochen des Kopfes platzt regelmäßig die Haut auf dem Rüsselbein. Um dies zu verhüten, macht man vorher einen Einschnitt in dieselbe und klebt beim Glaciren mit der Glace ein Stück Speckschwarte auf die offene Stelle.

F. Entrees rc. von Geflügel.

325. Farcirter Puter mit Champignons- oder Austern-Sauce.

Es wird ein junger Puter nach der Anweisung in Nr. 51 ausgeknöchelt, gereinigt, gesalzen und mit einer der Farcen in Nr. 36 i. oder n. gefüllt. Nachdem man ihn wieder zugenäht, ihm auch die gehörige Form gegeben hat, umwickelt man ihn mit Speckscheiben, legt ihn in einen Schmortopf und gießt so viel von einer guten Braise (Nr. 31) darunter, daß er gut bis zur Hälfte darin liegt. Fehlt es an der Braise, so kann man auch Bouillon nehmen, muß aber dann im Verhältniß zu der Angabe in Nr. 31 würzen. Der Puter wird im dicht verdeckten Kochtopfe gar gedämpft, die Brühe, wenn sie stark eingekocht ist, mit etwas Bouillon verdünnt, durch ein Sieb gegossen und zur Bereitung einer weißen Champignon-Sauce (Nr. 237) oder besser noch einer Austern-Sauce (Nr. 257) verwandt, welche man dazu reicht. Da der Puter zu groß ist, um ganz tranchirt werden zu können, so durchschneidet man ihn vor dem Anrichten der Länge nach in 2 Hälften, von denen sodann Scheiben geschnitten werden. — (Mit geschälten Kartoffeln.)

326. Farcirter Kapaun mit Champignons- oder Austern-Sauce.

Wird ganz nach der Anweisung in der voraufgehenden Nummer bereitet, nur daß man ihn nicht vor dem Anrichten durchschneidet. — (Mit geschälten Kartoffeln.)

327. Kapaunen oder Hühner in einer Braise gedämpft.

Man bereitet eine Braise nach Nr. 31 und legt in dieselbe die nach Nr. 49 dressirten Kapaunen oder Hühner möglichst dicht gedrängt und so, daß sie von der Braise beinahe bedeckt sind. Vorher salzt man sie und umwickelt sie mit dünnen Speckscheiben, welche man mit ausgewässertem Bindfaden befestigt. Die Kapaunen werden sodann im dicht verschlossenen Kochtopfe gar gedämpft, der Fond wird durch ein Sieb gegeben, mit einem Glase Wein und 2 Eßlöffeln voll Klarmehl, nebst dem Safte einer halben Citrone auf den Pott, durchgekocht und mit 4 Eidottern abgequirlt. Will man die Sauce noch feiner haben, so kann man die Brühe auch zur Bereitung einer Trüffelsauce, einer weißen Champignonsauce oder einer Austernsauce (Nr. 235, 237, 257) verwenden. — (Mit geschälten Kartoffeln oder Bouillon-Reis nach Nr. 82.)

328. Gedämpfte Küken mit verschiedenen Saucen.

Man dressirt die Küken nach Nr. 49, bestreicht sie mit Butter, legt sie dicht gedrängt in einen Kochtopf, salzt sie und belegt sie mit ganz dünnen Speckscheiben. Dann gießt man so viel Bouillon darunter, daß sie gut zur Hälfte darin liegen und dämpft sie darin auf schwachem Feuer unter öfterem Begießen langsam gar, was $^3/_4$ Stunden bis 1 Stunde erfordert. Die erhaltene Brühe bis auf eine Kleinigkeit, worin die Küken heiß gestellt werden, entfettet man, gießt sie durch ein Sieb und benutzt sie zur Bereitung einer Champignons-, Oliven-, Krauter-, Krebs-, Austern- oder Muschelsauce (Nr. 237, 241, 243, 256, 257, 258), wovon ein wenig über die Küken gegeben, der Rest nebenbei servirt wird. — (Mit geschälten Kartoffeln.)

Anm. Verwendet man die zu diesem Gerichte besonders gut schmeckende Krebssauce, so giebt man recht reichlich davon, thut auch außer den vorher der Länge nach durchschnittenen Krebsschwänzen und gefüllten Krebsnasen (Nr. 121) gern noch besonders in Bouillon gar gekochte grüne Erbsen, Blumenkohl-Röschen oder zerschnittenen Spargel in dieselbe.

329. Farcirte Ente.

Eine vorher nach Nr. 48 ausgenommene, sauber gereinigte Ente wird nach Nr. 51 ausgeknöchelt, inwendig mit einem trockenen Tuche gereinigt, 6 Stunden in eine Marinade (Nr. 33) gelegt, mit etwa 1 Theelöffel voll Salz und einer guten Messerspitze voll Pfeffer bestreut und mit der Farce in Nr. 36 i. gefüllt und, nachdem sie wieder zugenäht und in gute Form gebracht worden, in einer Braise weich gedämpft, zu deren Bereitung man die Knochen und Abfälle der Ente mit benutzt. Die sodann herausgenommene Ente wird gut warm gestellt, die Brühe wird entfettet, durch ein Sieb gegossen, mit geröstetem Mehl (Nr. 21) seimig gemacht und ein Theil davon beim Anrichten über die Ente, das Uebrige nebenbei gegeben. Man kann die Ente auch mit $^1/_2$ ℔ Kastanien garniren, welche man, nachdem man die Haut davon abgebrüht hat, in Butter und Entenbrühe weich schmort. — (Mit geschälten oder Bratkartoffeln.)

330. Gedämpfte Ente.

Man bräunt eine nach Nr. 48 und 49 ausgenommene und dressirte Ente recht gleichmäßig im Schmortopfe in Butter, salzt sie und dämpft sie in einer Braise gar. In Ermangelung derselben giebt man 1 Zwiebel, 2 Mohrrüben, $^1/_2$ Kopf Sellerie, 3 Gewürznelken, 2 Körner Pfeffer und 1 Lorbeerblatt daran, gießt Bouillon, nicht zu viel auf einmal, darunter, und läßt sie unter allmäligem Nachgießen und indem man sie häufig begießt, weich schmoren. Nach Herausnahme der Ente rührt man den Fond vom Schmortopfe los, entfettet ihn, gießt ihn durch ein Sieb und macht mit geröstetem Mehl (Nr. 21) eine seimige Sauce daraus. — (Mit geschälten oder Bratkartoffeln.)

Anm. Ganz ebenso kann man auch Wildenten bereiten.

331. Geschmorte Ente.

Eine nach der vorigen Nummer zubereitete Ente wird inwendig mit Salz ausgerieben, in Mehl umgekehrt, ringsum in Butter gebräunt und nach Angabe in der vorigen Nummer geschmort. Etwa $^1/_4$ Stunde vor dem Garwerden gießt man 1 Glas Wein an die Brühe, entfettet dieselbe nach Herausnahme der Ente, rührt den Bratensatz damit los und giebt noch den Saft von $^1/_4$ Citrone und 1 Eßlöffel voll Sardellenbutter daran, worauf man die nun fertige Sauce durch ein Sieb gießt. — Will man die Sauce feiner haben, so kann man 1 Loth in dem Rothwein gar gekochte Trüffeln mit daran geben. — (Mit geschälten oder Bratkartoffeln.)

Anm. Obige Bereitung paßt auch für Wildenten, die man indessen auch mit einer braunen Cappern- oder Sardellensauce (Nr. 240 und 255) anrichtet. Bei Bereitung dieser Saucen verwendet man die Brühe mit, in welcher die Ente geschmort ist, ohne jedoch den Rothwein u. s. w. daran gegeben zu haben.

332. Farcirte Tauben.

Man knöchelt nach Nr. 51 die nach Nr. 48 ausgenommenen und gereinigten Tauben aus, trocknet sie mit einem

Tuche ab und legt sie 2 Stunden in eine Marinade (Nr. 33). Aus derselben herausgenommen, werden sie ein wenig gesalzen, mit der Farce in Nr. 36 a. gefüllt, wieder zusammengenäht, in richtige Form gebracht, in Butter gebräunt und in Bouillon, wovon man nur ganz allmälig zugießen darf, etwa 1/2 Stunde lang kurz geschmort. Dann gießt man Rothwein zu der Brühe und giebt so viel fein gestoßenen Zwieback daran, daß die Sauce seimig wird, welche man nach Herausnahme der Tauben vom Topfe losrührt, durch ein Sieb gießt und noch einmal mit Trüffeln nebst der Bouillon, worin dieselben weich gemacht worden, aufkocht. Das Quantum Wein und Bouillon hängt von der Zahl der Tauben, so wie von der Größe des Quantums Sauce, dessen man bedarf, ab; für 6 Tauben genügt 1/8 Flasche Rothwein. — (Mit geschälten oder Bratkartoffeln.)

333. Tauben mit Rothweinsauce.

Man nimmt die Tauben aus und dressirt sie nach Nr. 48 und 49, auch kann man die Kröpfe mit der Farce in Nr. 36 m. füllen oder sie ganz ungefüllt lassen. Mit den Tauben verfährt man sodann weiter ganz nach der Anweisung in der vorigen Nummer, giebt aber an die Sauce mit dem Rothwein zugleich auf 6 Tauben 3 Gewürznelken, eine halbe in Scheiben geschnittene Citrone und einen gehäuften Theelöffel voll Zucker. Die Trüffeln fallen dagegen weg. — (Mit geschälten oder Bratkartoffeln.)

334. Schwarzsauer von Gänseklein.

Unter Gänseklein versteht man Alles von der Gans, was nicht mit zum Braten benutzt wird, mit Ausnahme der Leber, also den Kopf, den Hals, die Flügel, die Füße, den Magen, das Herz und die Lunge. Der Hals und die Flügel werden in einige Stucke zerhauen, von den Füßen zieht man, nachdem man sie abgebrüht hat, die Haut ab und umwickelt sie mit den aufgeschlitzten und sauber gereinigten Gedärmen. Um nun das Schwarzsauer zu bereiten, muß man zunächst beim Schlachten der Gans das Blut auffangen und sogleich mit etwas Essig zusammenrühren, wo es sich dann nach der Jahreszeit 4 bis 8 Tage hält. Das Gänseklein wird in nicht zu viel Wasser auf das Feuer gebracht, gesalzen und in kurzer Brühe gar gekocht, worauf man in derselben Brühe geschälte frische, zerklüftete und von den Kerngehäusen befreite Birnen oder auch Backbirnen gar kocht und das Blut nebst feingestoßenen Nelken, Nelkenpfeffer, auch ein paar Körnern schwarzem Pfeffer und etwas Zucker dazu rührt. Nachdem diese Brühe, welche dickseimig werden muß, unter scharfem Rühren ein paar Mal mit den Birnen aufgekocht ist, richtet man das Ganze über das in eine Schüssel gelegte Fleisch nebst Kartoffeln oder Klößen, welche Letzteren die Meisten vorziehen, an. Die Klöße bereitet man nach den Anweisungen in Nr. 61, 66, 68, 71 oder 75.

Anm. Sollte das Schwarzsauer von dem Blute nicht seimig genug werden, so muß man mit etwas Klarmehl nachhelfen.

335. Salmi von Fasanen, Waldschnepfen, Rebhühnern oder Wildenten.

Zur Bereitung eines Salmi von wildem Geflügel dämpft man dasselbe in der Art, wie für die Ente in Nr. 330 angegeben worden. Dann zerschneidet man es in kleine, zierliche Stücke und legt es in die Schüssel, in welcher es angerichtet werden soll. Die Knochen und Abfälle zerstößt man, kocht sie in Fleischbrühe mit ein paar Chalotten, einem Lorbeerblatt, einigen Citronenscheiben und einer Messerspitze voll Pfeffer aus, rührt das Ganze nach halbstündigem Kochen durch ein Sieb, entfettet es, gießt ein Glas Wein dazu und läßt es weiter einkochen, bis es seimig ist. Ist Letzteres nicht zu erreichen, so muß man mit etwas geröstetem Mehl nachhelfen. Die nun fertige Sauce wird über die Geflügelstücke gegeben und mit ihnen durch Hineinstellen in kochendes Wasser erhitzt. Beim Anrichten garnirt man die Schüssel mit zierlichen in Butter gerösteten Semmelschnitten, welche man, wenn das Salmi von Schnepfen bereitet ist, vor dem Rösten mit sog. Schnepfendreck bestreicht. Dazu werden die Eingeweide der

Schnepfe, mit Ausnahme des Magens und der Galle, fein gehackt und mit ein wenig geschmolzener Butter, geriebener Semmel, Salz und Muskatnuß vermischt. Diese Masse muß dick aufgestrichen werden.

IX. Das Gemüse.

336. Allgemeine Unterweisungen.

Die Bereitung der Gemüse erfordert schon deshalb, weil es bei einer deutschen Mittags-Mahlzeit selten oder vielmehr nie daran fehlen darf, besondere Aufmerksamkeit; durch unrichtiges Kochen kann auch das beste Gemüse unschmackhaft werden, sorgfältige Behandlung kann oft manches Fehlerhafte daran gut machen.

Zunächst suche man das Gemüse, so lange die Jahreszeit es erlaubt, möglichst frisch zu erhalten; alle Gemüse, namentlich aber diejenigen, welche bis gegen Ende des Sommers wachsen, leiden durch längeres Aufbewahren. Das Gemüse muß ferner gut verlesen und sauber geputzt, und, mit Ausnahme der Kartoffeln, im Betreff deren noch besondere Unterweisungen folgen sollen, nicht ausgewässert, sondern nur tüchtig gewaschen und, ehe man es aufs Feuer bringt, zum Abtropfen auf einen Durchschlag gelegt werden. Viele Gemüsearten sind, wie schon oben in Nr. 30 bemerkt worden, zu blanchiren, um ihnen ihre blähenden Eigenschaften und den strengen Geschmack zu nehmen, andere werden in reichlichem Wasser ganz weich gekocht und Letzteres ist abzugießen, bevor man zu ihrer weiteren Zubereitung schreitet.

Alle Gemüse, bei denen im Folgenden nicht ausdrücklich das Gegentheil bemerkt wird, sind in kochendem Wasser auf das Feuer zu bringen; sollen größere Quantitäten auf einmal gekocht werden, so thut man gut, sie portionsweise, jedesmal etwa eine Schaumkelle oder einen Durchschlag voll, in das Wasser zu legen und nach jeder Portion wieder abzuwarten, daß dasselbe kocht; bei diesem Verfahren wird das Gemüse am schnellsten und gleichmäßigsten gar. Auch ist möglichst gleich zu Anfang das hinreichende Wasser zu nehmen; ist man dennoch genöthigt, nachzugießen, so darf man dazu nur kochendes Wasser verwenden.

Gesalzen wird frisches Gemüse am besten erst in der letzten Hälfte des Kochens; ist Butter daran zu verwenden, so thut man gut, die Hälfte davon gleich zu Anfang des Kochens daran zu geben, die andere Hälfte erst, wenn das Gemüse bereits gar ist, der Buttergeschmack erhält sich dadurch besser; andere Fettarten, z. B. Schmalz, Oel, Nierenfett u. s. w. sind schon vor dem Hineinlegen des Gemüse mit dem Wasser gut durchzukochen. Mit Mehl oder Eidotter darf das Gemüse erst seimig gemacht werden, wenn es völlig gar ist, eine Mehlschwitze macht es in der Regel wohlschmeckender, als Klarmehl.

Alle Gemüse müssen kochen, bis sie völlig weich sind, dürfen aber nie brei- oder grützartig werden, was leicht die Folge zu starken Umrührens ist. Letzteres kann man, so weit es nicht zur Verhütung des Anbrennens nöthig ist, ganz vermeiden, wenn man Salz und Fett zu rechter Zeit daran thut. Die Zeit des Kochens läßt sich nicht allgemein bestimmen, sie hängt von der Art der Gemüse und deren Beschaffenheit ab; so weit wie thunlich, wird später bei den einzelnen derselben davon die Rede sein.

Sollte einmal Gemüse anbrennen, so ist es unter Zurücklassung dessen, was am Boden hängen bleibt, in einen andern Kochtopf zu schütten und mit neuem Wasser, Salz und Fett weiter zu kochen; ist es schon gar, so verbessert man den Geschmack durch Herumschwenken in Bouillon, welche vorher mit einer recht fetten Mehlschwitze seimig gemacht worden ist.

Beim Anrichten werden die aus größeren vereinzelten Stücken bestehenden Gemüse, z. B. Blumenkohl, Spargel u. s. w., sauber mit Gabel und Löffel auf der Schüssel geordnet; andere mehr breiartige Gemüse, wie Spinat, Sauerampfer, Grünkohl u. dgl., werden mit dem Messer glatt, mit einer kleinen Erhöhung nach der Mitte zu, gestrichen. Immer aber ist dafür Sorge zu tragen, daß der Rand der Schüssel keine Spuren von dem darauf angerichteten Gemüse trage.

Manche Gemüse, namentlich Weißkohl, Grünkohl und weiße Rüben eignen sich besonders zum Aufwärmen und werden selbst von Manchen aufgewärmt wohlschmeckender gefunden, als frisch gekocht. Es ist zu beachten, daß die Gemüse beim Aufwärmen nicht zugedeckt werden dürfen.

337. Das Kochen der Kartoffeln.

Sollen die Kartoffeln als Pellkartoffeln gegeben werden, so reinigt man sie zunächst mit einem Reisigquaste von Sand und Erde und wäscht sie sodann unter wiederholter Erneuerung des Wassers so lange nach, bis Letzteres nicht mehr schmutzig wird. Geschälte Kartoffeln wirft man gleich beim Schälen nach einander in ein Gefäß mit Wasser, wäscht sie vor dem Kochen noch einmal in frischem Wasser und giebt sie am besten mit einem Durchschlage in das zum Kochen bestimmte Gefäß. Auch für die Kartoffeln gilt sonst als Regel, daß das Wasser, in welchem sie auf das Feuer gebracht werden, kochen muß, nur werden Frühkartoffeln und auch die Herbstkartoffeln, so lange man sie noch nicht zu Keller genommen hat, wohlschmeckender, wenn man sie in kaltem Wasser aufsetzt; das Wasser muß sorgfältig abgeschäumt werden. Im Betreff des Salzens ist zu bemerken, daß Pellkartoffeln mehr Salz verlangen als geschälte, und daß namentlich die ersten neuen Kartoffeln (Johanniskartoffeln), welche gewöhnlich sehr weich sind, durch scharfes Salzen eine bessere Consistenz annehmen. Das richtige Treffen des Salzes ist reine Sache der Uebung, es läßt sich dasselbe nicht angeben, da es allemal von dem zu kochenden Quantum Kartoffeln abhängt; zu bemerken ist, daß die Kartoffeln sogleich gesalzen werden müssen. Die Zeit, welche die Kartoffeln zum Garwerden gebrauchen, ist nach Art und Alter derselben verschieden. Frisch aus der Erde genommene Kartoffeln müssen eine Viertelstunde bis 20 Minuten kochen, nach Weihnachten bedürfen sie eine halbe bis drei viertel Stunde. Am besten überzeugt man sich von ihrem Zustande durch Hineinstechen mit einer Gabel. Lassen sie sich leicht durchstechen, so sind sie gut und müssen sogleich abgegossen werden, nach dem Abgießen aber noch einige Minuten an einer heißen Stelle, und zwar leicht — am besten mit einer Serviette — bedeckt, abdampfen.

Die Kartoffel kann sowohl geschält, wie auch als Pellkartoffel zu allen Fleischspeisen und Fischen gegeben werden, ob in der einen oder andern Gestalt, darüber entscheidet Gewohnheit und Geschmack. Zu Wildbraten möchte indessen die Pellkartoffel auf alle Fälle vorzuziehen sein.

Man servirt die geschälten Kartoffeln entweder trocken oder schwenkt sie vorher im Kochtopfe mit einem Stück Butter durch, in beiden Fällen bestreut man sie mit feingehacktem Petersilienkraut. Man kann aber auch verschiedene Saucen daran geben, namentlich die Saucen in Nr. 264 und 268.

338. Bratkartoffeln.

Man zieht Pellkartoffeln die Haut ab und zerschneidet sie in möglichst gleichmäßige Scheiben, etwa von der Dicke eines Messerrückens. Diese Scheiben schüttet man, jedoch nicht zu viel davon auf einmal, in eine Pfanne, in welcher reichlich Butter hellbraun gemacht ist und läßt sie darin, nachdem man sie mit ein wenig Salz bestreut hat, schön gleichmäßig dunkelgelb oder hellbraun braten. Um die Gleichmäßigkeit zu erreichen, ist es nöthig, die Kartoffeln in der Pfanne sehr fleißig mit einem Messer zu kehren.

Sollen die Kartoffeln zu einzelnen Gemüsen, z. B. zum Spinat oder Grünkohl, gegeben werden, so sucht man recht kleine runde Kartoffeln von möglichst gleicher Größe aus, die man vor dem Braten nicht zerschneidet. Während desselben bestreut man sie mit etwas Zucker, wodurch sie ein schönes, glänzendes Aussehen erhalten, und namentlich, wenn sie mit zu Grünkohl angerichtet werden, einen besonders dazu passenden Wohlgeschmack annehmen.

Anm. 1. Zur Ersparniß kann man auch statt der Hälfte Butter anderes Fett, namentlich Schweineschmalz, Bratenfett und gutes Nierenfett, verwenden. Ganz ohne Butter nur in anderem Fett gebratene Kartoffeln schmecken nie besonders.

Anm. 2. Manche ziehen es vor, die Kartoffeln vor dem Braten nur halbgar zu kochen. Es ist wahr, daß die Bratkartoffeln dann schöner schmecken, man bedarf aber eines bedeutend größern Quantums Fett und es ist verdoppelte Aufmerksamkeit nöthig. Nie wolle man indessen die Kartoffeln vor dem Braten zu weich kochen.

339. Gestobte Kartoffeln.

Man bereitet folgende Brühe. Zwei Tassen Bouillon werden mit einem Eßlöffel voll Butter und einer mittelgroßen, in feine Würfel geschnittenen Zwiebel so lange durchgekocht, bis die Würfel weich sind. Dann thut man noch eine Messerspitze voll feingestoßenen schwarzen Pfeffer nebst etwas gehackter Petersilie hinzu, schüttet kleine Pellkartoffeln, denen man die Haut abgezogen hat, hinein und schwenkt dieselben mit der Brühe gut durch, so daß alle gleichmäßig und reichlich angefeuchtet werden. Selbstverständlich darf man nur so viele Kartoffeln nehmen, daß dies möglich bleibt, oder man muß das Quantum der Brühe vergrößern. — (Mit gebratener Leber, Klopps, Preßkopf, Wurst u. dgl.)

340. Heringskartoffeln.

Man bereitet folgende Brühe. Es werden in Würfel geschnittene Zwiebeln mit etwas Mehl in reichlich Butter oder ausgebratenem Speckfett — 4 Loth auf 1 Eßlöffel voll Mehl — gelb geschwitzt, worauf man Wasser, etwas Essig — 1 Eßlöffel auf die Tasse Wasser — und gestoßenen Pfeffer hinzuthut und dies zusammen wieder ins Kochen bringt. Sodann schüttet man in feine Würfel geschnittene Heringe und endlich kleine, frisch gekochte und enthäutete Pellkartoffeln dazu und läßt dieselben unter wiederholtem Durchschwenken in der Brühe, von welcher recht reichlich vorhanden sein muß, auf gelindem Feuer gut heiß werden. — (Mit kaltem oder aufgewärmtem Braten.)

341. Saure Kartoffeln.

Zu einer Mahlzeit für 8 Personen bereitet man von 1/2 ℔ Speck nach Nr. 268 eine Speck- und Zwiebelsauce, in welcher man 6 Eßlöffel voll Mehl gelb schwitzt (Nr. 20). Hieran giebt man unter gutem Umrühren 2 kleine Theetassen voll Essig und 1 Pott Wasser oder besser Fleischbrühe nebst einer Prise Salz, und rührt endlich einige Eßlöffel voll Sirup dazu. Die vorher nach Nr. 337 beinahe gar gekochten und abgegossenen Kartoffeln schüttet man in diese Sauce, läßt sie darin vollends weich kochen und servirt sie darin. — (Mit geräuchertem Schinken eine gute Hausmannskost.)

342. Milchkartoffeln.

(Ein Löffel-Gericht.)

Man kocht geschälte Kartoffeln nach Nr. 337 recht weich, salzt, aber vorsichtig, da zu starkes Salzen das Gericht verderben würde; es kann lieber später noch nachgesalzen werden. Die abgegossenen Kartoffeln schüttet man in so viel kochende Milch, daß sie ein paar Zoll hoch davon bedeckt sind, giebt ein gutes Stück Butter daran und läßt das Ganze noch etwa 5 Minuten kochen, wo dann die Milch seimig ist. Kurz vor dem Anrichten giebt man noch je nach der Quantität eine größere oder geringere Prise Pfeffer daran. — (Mit geräuchertem Schinken oder kaltem Braten, auch mit Hering.)

343. Kartoffeln mit Aepfeln.

Man kocht geschälte Kartoffeln eine kleine Weile ab, gießt sodann das Wasser ab und frisches kochendes Wasser darauf und salzt, jedoch nur schwach. Sind die Kartoffeln gut halb gar, so thut man geschälte, zerklüftete und von den Kernhäuschen befreite saure Aepfel, und zwar etwa halb so viel, wie man Kartoffeln hat, dazu und läßt sie mit den Letztern zusammen weich kochen. Sind die Aepfel sehr sauer, so muß man Zucker zu Hülfe nehmen. Ist das Gericht gar, so rührt man über dem Feuer reichlich Speckfett daran. — (Mit den ausgebratenen Speckschnitten.)

344. Kartoffeln mit frischen Birnen.

Geschälte Birnen werden, wenn sie groß sind, zerklüftet und von den Kerngehäusen befreit; sind sie klein, so nimmt man nur die Blumen heraus, kerbt sie kreuzweis ein und schneidet die Stengel zur Hälfte ab. Alsdann werden sie in so viel Wasser, daß man reichlich Sauce erhält, mit ein wenig Salz gar gekocht, mit Klarmehl seimig gemacht und nach Probe gezuckert. Jenachdem man nun ausgebratene Speckschnitte oder frisch gekochtes saures Schweinefleisch dazu geben will, giebt man zuletzt reichlich Speckfett oder abgefülltes Schweinefett daran, womit die Birnen noch einmal durchkochen. Sodann werden sie mit der Sauce über den schon in der Schüssel befindlichen Kartoffeln angerichtet, welche mit nur wenig Salz gekocht sein müssen.

Anm. Giebt man Speckfett an die Birnen, so werden sie wohlschmeckender, wenn man ein paar saure Aepfel mit ihnen zusammen gar kocht.

345. Kartoffeln mit Backbirnen oder Backäpfeln.

Man kocht ein Stück durchgewachsenen Speck von der erforderlichen Größe — etwa 1/4 ℔ auf die Person — halbgar und bringt dann zu demselben das vorher durch Reiben und Waschen in heißem Wasser gut gereinigte Backobst auf das Feuer. Es muß so viel Wasser vorhanden sein, daß das Obst einen Finger breit bedeckt ist, auch muß dasselbe ganz langsam weich kochen. Die Kartoffeln kann man entweder in der Brühe mit gar kochen, oder für sich allein, im letztern Falle giebt man sie zum Obst, wenn dasselbe gar ist, und läßt sie noch einmal damit aufkochen. Die Backäpfel müssen etwas gezuckert werden, bei den Backbirnen hängt dies von der Art und dem Geschmacke ab.

346. Kartoffel-Püree.

Gekochte Kartoffeln werden mit der Kelle fein zerstampft und durch einen Durchschlag gerieben. Sodann rührt man so viel Milch oder Milch und Wasser dazu, daß eine teigige Masse entsteht, die man wieder auf das Feuer bringt und unter stetem Umrühren, während dessen man noch ein gutes Stück Butter daran thut, wieder heiß werden läßt. Beim

Anrichten streicht man das Püree glatt und giebt darüber entweder braune Butter nebst darin geröstetem gestoßenen Zwieback oder schwach gebratenen Zwiebeln, oder eine Speck- und Zwiebelsauce nach Nr. 268, die man auch etwas säuerlich machen kann. — (Mit allen säuerlichen Fleischgerichten, besonders Ragouts und Boeufs.)

347. Lapsgausch.

Beliebige Reste von gekochtem, gebratenem und geräuchertem Fleisch werden nebst reichlichem Fett, gleichfalls Resten, wenn man deren hat, ganz fein gehackt und mit geriebenen Kartoffeln, einigen gehackten Zwiebeln und etwas gestoßenem Nelkenpfeffer gehörig vermengt. Dann wird die Masse mit so viel ganzen Eiern, wie Personen zu der Mahlzeit sind, und mit so viel Milch oder Wasser vermengt, daß ein steifer Teig entsteht, welchen man in reichlich Butter auf beiden Seiten braun brät.

348. Gelbe Erbsen.

Man kocht die Erbsen nach dem in Nr. 130 für die Erbsensuppe angegebenen Verfahren in bloßem Wasser weich, was 2 bis 3 Stunden erfordert. Dann giebt man sie mit der Schaumkelle nach und nach in ein Sieb oder einen feinen Durchschlag und reibt sie durch. Das erhaltene Püree bringt man wieder auf das Feuer und thut unter unausgesetztem Rühren das nöthige Salz, ein Stück Butter, sowie nach Belieben eine Prise geriebene Muskatnuß daran. Beim Anrichten streicht man die Erbsen in der Schüssel glatt und giebt eine säuerlich gemachte Speck- und Zwiebelsauce darüber. — (Mit Pökelfleisch oder gesalzenen Heringen.)

349. Graue Erbsen.

Die grauen Erbsen werden die Nacht vor dem Kochen in kaltem weichen Wasser eingeweicht und im Uebrigen ganz nach dem in voriger Nummer angegebenen Verfahren bereitet. Sollten sie, was leicht vorkommt, nicht weich werden wollen, so thut man ein Stückchen Soda in das kochende Wasser. — (Mit Pökelfleisch und dem Boeuf in Nr. 281 nebst Bratkartoffeln.)

350. Weiße Bohnen.

Weiße Bohnen werden wie Erbsen gar gekocht, jedoch wird das dritte Mal nur so viel Wasser darauf gegeben, daß es die Bohnen nach Garwerden derselben noch gut anfeuchtet. Kurz vorher giebt man ein gutes Stück Butter, das nöthige Salz und eine Prise Pfeffer daran.

Etwas umständlicher ist folgendes Verfahren, es werden jedoch die Bohnen dabei wohlschmeckender. Sind die Bohnen gar, jedoch noch nicht teigig, so daß das Wasser noch klar ist, so läßt man Letzteres durch einen Durchschlag ablaufen. Inzwischen schwitzt man eine in feine Scheiben oder Würfel geschnittene Zwiebel in reichlich Butter weiß und gießt so viel Wasser oder Bouillon hinzu, als ausreichend ist, die Bohnen gut anzufeuchten, ohne sie flüssig zu machen. Dann schüttet man die Bohnen hinzu und läßt sie unter öfterem Umschwenken darin teigig kochen. Endlich salzt man und giebt eine Prise gestoßenen Pfeffer dazu. — (Mit gebratener Leber, Coteletten, Fricadellen, Bratwurst, saurem Schweinefleisch, Sülze u. dgl. Auch wird Apfelmus mit herumgereicht.)

351. Bohnen mit Aepfeln.

Es werden Aepfel geschält, in dünne Scheiben geschnitten und in so viel Wasser, daß eine etwas lange Sauce entsteht, mit dem nach Probe nöthigen Zucker weich gekocht. Eben so werden weiße Bohnen, am besten halbreife, mit dem nöthigen Salz gar gekocht; Letztere brauchen nicht eher abgegossen zu werden, als bis man sie zu den Aepfeln schüttet, wegen der ganz reifen vgl. die vorige Nummer. Mit den Bohnen giebt man etwas Butter zu den Aepfeln, schwenkt sie gehörig damit durch und läßt sie noch ein wenig damit kochen, bis die Aepfel etwas musartig werden. — (Mit Speckbrust, Klopfschinken, Karbonaden u. dgl.)

352. Weiße Bohnen als Suppenessen.

Nachdem das Wasser zum zweiten Male von den Bohnen gegossen worden, thut man dieselben in einen Topf, in welchem

Hammelfleisch auf's Feuer gebracht ist, und kocht sie mit demselben in der ausreichend gesalzenen Brühe nebst einigen Suppenwurzeln und ziemlich vielen Mohrrüben gar. Vor dem Anrichten giebt man noch für sich gekochte Kartoffeln daran und läßt das Ganze noch einmal durchkochen.

353. Linsen.

Man bereitet entweder von gut verlesenen und gewaschenen Linsen ein Püree ganz nach der Anweisung, welche für gelbe Erbsen in Nr. 348 gegeben worden, oder man reibt sie nicht durch ein Sieb, sondern gießt, sobald sie ganz weich gekocht sind, das Wasser ab und statt dessen Fleischbrühe mit etwas zerschnittenen Suppenwurzeln hinzu und läßt sie damit noch einmal gut durchkochen. Sodann werden sie mit einer weißen Mehlschwitze, zu welcher reichlich Butter verwandt ist, seimig gemacht. — **(Mit Pökelfleisch oder sauer gekochtem Schweinefleisch.)**

354. Weißkohl oder Spitzkohl mit Hammelfleisch oder Rindfleisch.

Man nimmt die äußern Blätter vom Weißkohl ab, zerklüftet ihn in Viertel, schneidet den Stengel nebst den dicken Rippen heraus und bringt ihn in kochendem Wasser auf das Feuer. Nach 10 Minuten langem Kochen nimmt man ihn mit der Schaumkelle wieder heraus und bringt ihn in einen Topf, in welchen man einen Theil der Brühe, worin das Rind- oder Hammelfleisch kocht, nebst recht reichlich von dem davon abgenommenen Fette, dem man auch noch etwas Butter hinzufügen kann, so wie ferner eine in Scheiben geschnittene Zwiebel und ein paar Körner schwarzen Pfeffer hineingethan hat. Ist der Kohl zur Hälfte gar, so wird er, jedoch vorsichtig, etwas nachgesalzen. Die Zeit des Kochens ist je nach der Jahreszeit $1^1/_2$ bis 2 Stunden, zu Anfang des Frühjahrs auch noch länger: der Kohl muß so gekocht werden, daß er einschließlich der Rippen durch und durch weich ist, ohne indessen zu zerfallen oder gar grützig zu werden; man darf ihn deshalb während des Kochens durchaus nicht rühren. — (Mit geschälten Kartoffeln nebst dem Rind- oder Hammelfleisch.)

Anm. 1. Man kann den Kohl auch mit dem Fleische zusammen gar kochen. Dann blanchirt man ihn und legt ihn in die Brühe zum Fleische, nachdem dasselbe $1\frac{1}{2}$ bis 2 Stunden gekocht hat.

Anm. 2. Der Spitzkohl wird ganz ebenso gekocht, bedarf indessen zum Garwerden kürzerer Zeit.

355. Savoyerkohl.

Der Savoyerkohl wird im Uebrigen nach der Anweisung in der vorigen Nummer gekocht, jedoch nicht mit Bouillonfett, sondern mit Butter, und statt der ganzen Pfefferkörner wird kurz vor dem Garwerden, wozu nur 1 Stunde nöthig ist, ein wenig gestoßener Pfeffer und geriebene Muskatnuß darüber gestreut. — (Mit Suppenfleisch oder auch mit Roastbeef, geschmorter Ente, Cotelettes, Bratwurst u. dgl.)

356. Rother Kohl.

Man säubert den rothen Kohl nach der Anweisung in Nr. 354 und zerschneidet ihn in dünne, recht lange Streifen. Alsdann wird er in Bouillon — nicht zu viel, damit die Sauce nicht zu lang wird — mit reichlich Butter, oder, wenn man davon hat, mit Bratenfett und einigen Körnern Kümmel gekocht. Nach einstündigem Kochen gießt man Essig, $\frac{1}{2}$ Theetasse auf den Kopf, und 1 Glas Rothwein hinzu, salzt, jedoch recht vorsichtig, und zuckert nach Probe. Ist der Kohl gar, so wird er mit etwas Klarmehl durchgerührt und beim Anrichten mit nicht zu großen Aepfeln garnirt, welche man in folgender Art geschmort hat. Man zerschneidet sie in Hälften, welche man mit der flachen Seite nach unten in ein flaches Geschirr setzt, worauf man Zucker darüber streut und etwas Wasser, Rothwein und Kirschsaft darunter gießt. Hierin läßt man sie weich schmoren, legt sie auf den Rothkohl und gießt die Brühe darüber. — (Mit Schweinebraten, Bratwurst, Mürbebraten, Rollfleisch, Fricadellen, namentlich aber auch mit Wildbraten. Außerdem mit geschälten oder Bratkartoffeln.)

357. Sauerkohl.

Sollen zum Sauerkohl dieselben Beilagen gegeben werden, wie zum Rothkohl in der vorigen Nummer, so bereitet man ihn im Uebrigen auf dieselbe Weise, nur giebt man etwas mehr Kümmel daran, läßt ihn noch kürzer einkochen und den Zucker, bevor man ihn hinzuthut, in einer Pfanne halbbraun werden; liebt man den Kohl sehr dunkel, so muß man mit etwas Zuckerfarbe (Nr. 34) nachhelfen. Auch kann man, was sehr wohlschmeckend ist, etwas Apfelmus dazwischen rühren, muß aber dann weniger Essig nehmen.

358. Sauerkohl auf andere Art.

Den nach Angabe in Nr. 356 feingeschnittenen Weißkohl bringt man in kochendem Wasser auf das Feuer und gießt während des Kochens von der Brühe und dem darauf angesammelten Fette von gleichfalls ins Kochen gebrachtem Schweinefleisch hinzu. Man kann den Kohl aber auch gleich in der Brühe auf das Feuer setzen. Ist derselbe halbgar, so giebt man etwas gut gereinigten Kümmel und kurz vor dem Garwerden noch Salz daran, wenn er von der Brühe nicht salzig genug sein sollte; ferner nach dem Garwerden den nöthigen Essig, Zucker oder Sirup nach Probe, und endlich so viel Klarmehl, daß der Kohl recht eben wird. Trocken darf derselbe nicht gekocht werden. — (Mit frischem Schweinefleisch.)

359. Eingemachter (Magdeburger) Sauerkohl.

Ist so viel Sauerkohl, wie man zum Verbrauche bestimmt hat, aus dem Gefäße, worin er eingemacht ist, herausgenommen worden, so wird der zurückbleibende Kohl zunächst wieder mit Kohlblättern bedeckt, auf diese legt man ein sauberes mit etwas Salzwasser angefeuchtetes Tuch und verschließt endlich das Gefäß recht dicht durch den mit Steinen beschwerten Deckel. — Sollte sich beim Kosten des Kohls, welches vor dem Kochen geschehen muß, herausstellen, daß er zu salzig ist, so muß man ihn erst waschen, sonst löst man ihn nur auseinander und giebt ihn in nicht zu wenig recht fette kochende Fleischbrühe. Ist er weich gekocht, was etwa 2 Stunden erfordert, so kann man, wenn die Brühe zu lang sein sollte, davon abfüllen, sodann thut man Zucker nach Probe daran und macht ihn mit einer weißen Mehlschwitze eben. — (Man reicht dazu Bratkartoffeln und gekochtes Schweinefleisch.)

360. Milchkohl.

Man zerschneidet oder zerhackt Weißkohl, jedoch nicht zu fein, und kocht ihn mit einer gleichfalls zerhackten Zwiebel, welche man in reichlich Butter weichgeschwitzt hat und wenig Salz in Fleischbrühe weich, wobei, damit die Sauce nicht zu lang werde, die Brühe ganz kurz einkochen muß. Zwischen diesen Kohl rührt man eine Sauce von Milch, welche mit Mehl seimig gekocht und mit ein wenig Muskatnuß und Zucker gewürzt ist, und läßt ihn damit noch einmal gut durchkochen. — (Mit Karbonade oder Schinken.)

361. Grünkohl.

Der Kohl wird von Stengeln und Rippen gestreift und in Wasser ohne Salz gar gekocht. Nachdem das Wasser abgegossen, läßt man den Kohl noch gut auf einem Durchschlage abtropfen, hackt ihn, jedoch nicht zu fein, und bringt ihn in reichlichem Fett (Butter, Schweine- oder Gänseschmalz) mit ein wenig Wasser oder Bouillon wieder auf das Feuer. Dann thut man das nöthige Salz, etwas geriebene Muskatnuß, Zucker und, wenn man will, ein wenig gestoßenen Zwieback daran, und läßt das Ganze unter wiederholtem Umrühren durchkochen. Sollte der Kohl jetzt noch strenge schmecken, so kann man ihn durch Hinzugießen von einer halben Tasse Milch oder Sahne verbessern. Beim Anrichten wird er in der Schüssel glatt gestrichen und mit nach Nr. 125 oder Nr. 338 gebratenen Kastanien oder Kartoffeln garnirt. — (Mit Hamburger Rauchfleisch, gepökeltem Schweine- oder Gänsefleisch, geräuchertem Schweinskopf, Brat- oder Lungenwurst.)

Anm. 1. Das Fett, welches sich beim Kochen auf geräuchertem Fleisch oder Schweinskopf ansammelt, schmeckt mitunter räucherig; dann darf man es nicht verwenden, es würde den Kohl verderben.

Anm. 2. Man kocht den Grünkohl auch, nachdem er wie angegeben abgestreift ist, bloß in Salz und Wasser zur Hälfte und hernach in Bouillon ganz gar und giebt Roastbeef dazu.

362. Rosenkohl.

Man nimmt die äußern losen Blätter von den Kohlröschen und kocht Letztere mit dem nöthigen Salz, bis sie durch und durch weich sind, ohne jedoch auseinander zu fallen. Dann läßt man sie auf einem Durchschlage abtropfen und schwenkt sie in einer Sauce durch, welche man bereitet, indem man zu einer weißen Mehlschwitze Bouillon gießt, dies ins Kochen bringt und mit ein wenig geriebener Muskatnuß und etwas Zucker würzt, auch kann man zur Hälfte Bouillon, zur Hälfte Rahm verwenden. Die Sauce darf aber weder zu lang noch zu dick sein, sondern muß den Kohl grade binden. — (Mit Roastbeef, Klopps, Carbonaden, Fricadellen u. dgl.)

Anm. Mit Roastbeef schmeckt der Rosenkohl am besten in Bouillon gar gekocht und ohne alle Sauce angerichtet.

363. Blumenkohl.

Man schneidet die grünen Blätter nebst dem Stengel vom Kohl, den Stengel aber nicht zu kurz, damit die Köpfe ganz bleiben, und kocht ihn dann in Wasser mit nicht zu viel Salz, bis er durch und durch weich ist, ohne jedoch auseinander zu fallen. Dies erfordert 1¼ Stunde. Sodann giebt man ihn mit der Schaumkelle in eine Schüssel, die Blumen nach oben, gießt das dabei sich in der Schüssel ansammelnde Wasser wieder ab und richtet eine der Saucen in Nr. 267 darüber an. — (Mit gebratenem Geflügel, Carbonaden, geräuchertem Lachs oder Schinken.)

364. Farcirter Kohlkopf.

Je nach der Größe der Tischgesellschaft blanchirt man einen größeren oder kleineren Kopf Weißkohl und löst ihn in einzelne Blätter auseinander. Dann legt man eine angefeuchtete Serviette in ein etwas tiefes Gefäß, etwa in einen Durchschlag, in der Weise, daß sie Boden und Wände desselben überall bedeckt. Die Serviette bedeckt man mit einer Schicht Kohlblätter, streicht auf diese eine Schicht von der Farce in Nr. 36 a., verwendet bei Bereitung derselben jedoch zur Hälfte Schweinefleisch, läßt wieder eine Schicht Kohl, dann wieder eine Schicht Farce und so weiter folgen, bis der Raum ausgefüllt ist; oben bedeckt man das Ganze wieder mit einer Schicht Kohlblätter. Sodann bindet man das Tuch mit einem Bindfaden zu und läßt das Gericht in Bouillon gar kochen, was 2 Stunden erfordert. Wieder aus dem Tuche genommen, wird der Kopf mit einer Sauce servirt, indem man eine in Würfel geschnittene Zwiebel mit etwas Mehl in Butter schwitzt, hiezu von der Bouillon rührt und das Ganze mit ein paar Eidottern abquirlt. — (Ohne Beilage.)

365. Farcirte Zwiebeln.

Sollen farcirte Zwiebeln als Gemüse gegeben werden, so wählt man dazu die großen portugiesischen. Ihre Bereitung ist genau so, wie für die zum Garniren geschmorter Hammelskeule bestimmten in Nr. 310 angegeben worden, nur daß man sie vor dem Aushöhlen etwa 20 Minuten kochen lassen muß. — (Ohne Beilage oder mit geschmorter Hammelskeule oder Schinken.)

366. Kohlrabi.

Man zerklüftet die geschälten Kohlrabi etwa in 8 Theile oder schneidet sie in Scheiben, wobei die etwa darin befindlichen stockigen Stellen herausgeschnitten werden müssen. Sind sie sodann nebst den von den Stielen gepflückten und zerhackten zartesten grünen Blättern in fetter Fleischbrühe weich gekocht, so wird die Brühe abgegossen und mit einer weißen Mehlschwitze unter Hinzuthun von etwas feingestoßenem Pfeffer oder geriebener Muskatnuß seimig gemacht, worauf die Kohlrabi mit der Brühe noch einmal durchkochen müssen. — (Mit Rind- oder Hammelfleisch; auch mit Klopps, Karbonaden oder Fricandeaus.)

367. Weiße Rüben mit Hammel- oder Schweinefleisch.

Man kocht das Hammel- oder Schweinefleisch entweder für sich allein oder mit den Rüben zusammen. Im ersteren Falle kocht man die gut geschabten und ganz kochend gewaschenen Rüben in einem Theil der Brühe weich, welche man nach 1 bis $1^1/_2$stündigem Kochen vom Fleische gefüllt hat, und die beim Hinzuthun der Rüben in vollem Kochen sein muß. Sollen die Rüben mit dem Fleische zusammen gar werden, so giebt man sie an dasselbe, nachdem es eine gute Stunde lang gekocht hat. Man richtet sodann die Schüssel entweder als Löffelgericht mit Kartoffeln darin an, oder man macht die Brühe mit etwas Klarmehl seimig und reicht Kartoffeln nebenbei.

368. Weiße Rüben, braun gekocht.

Man kocht die Rüben nach Angabe in voriger Nummer in so viel Fleischbrühe, daß sie gerade davon bedeckt sind, mit etwas Butter und Salz weich. Sodann gießt man die Brühe zu einer braunen Mehlschwitze, thut ein wenig Zuckerfarbe, etwas Zucker und nach Belieben eine Prise Pfeffer hinzu und läßt Alles zu einer seimigen Sauce verkochen, in welcher man die Rüben gut umschwenkt. — (Mit geschmorter Hammelkeule, geschmorter Ente, Bratwurst, auch sehr gut mit gekochtem Hecht.)

369. Mohrrüben (gelbe Wurzeln).

Man reinigt die Mohrrüben durch gehöriges Schaben und Waschen und zerklüftet sie, wenn sie alt sind; die jungen läßt man ganz. Sodann kocht man sie in fetter Fleischbrühe oder besser noch in Fleischbrühe mit einem guten Stück Butter weich, macht die Brühe mit Klarmehl seimig, thut etwas gehackte Petersilie nebst ein wenig Zucker daran und läßt die Mohrrüben, indem man sie etwas umschwenkt, damit noch einmal durchkochen. Man richtet sie über Kartoffeln an oder reicht Letztere dazu. — (Mit gekochtem Hammelfleisch, geräuchertem Schinken, gebratener Leber oder Karbonade.)

370. Spargel.

Man wähle möglichst weiße Spargel von ziemlicher Dicke, schäle sie sorgfältig, bis alle zähe Haut entfernt ist, wasche sie und bringe sie, in Bünde von 10 bis 12 Stück gebunden, in kochendem, nur schwach gesalzenem Wasser auf das Feuer. Sind sie weich gekocht, was je nach ihrer Beschaffenheit 10 bis 20 Minuten erfordert und stets an den Köpfen probirt werden muß, so richtet man sie nach Abnahme der Bänder auf einer runden Schüssel im Kreise, die Köpfe nach inwendig, an. Ueber Letztere giebt man etwas von einer nach Nr. 267 bereiteten Sauce, die übrige wird nebenbei gereicht.

Man kann aber das Gericht für den Familientisch auch dadurch verlängern, daß man die, wie oben angegeben, gereinigten Spargelstangen in 3 bis 4 Stücke zerschneidet und dieselben, nachdem sie gar gekocht worden, in der etwas lang gekochten Sauce servirt. Endlich kann man auch einige für sich gar gekochte, recht junge Mohrrüben, ganz oder in Streifen geschnitten, dazu mischen. — (Mit geräuchertem Lachs oder Schinken, gebratenen Küken, Karbonaden u. dgl.)

Anm. In Blechdosen eingemachte Spargel werden ganz ebenso gekocht, wie frische, doch ist zu beachten, daß sie mit dem in der Dose darauf befindlichen Wasser auf das Feuer zu bringen sind.

371. Junge Erbsen.

Die ausgepahlten und gut gewaschenen jungen Erbsen bringt man in kochendem Wasser auf das Feuer und thut Salz, aber nur ein wenig, daran. Zu ganz jungen Erbsen muß man auch nur wenig Wasser nehmen; etwas mehr, wenn sie schon reifer sind. Ist das Gericht nur von mittlerer

Größe, so knetet man etwas Butter mit Mehl zu einem Kloße — etwa 1 Eßlöffel voll Butter mit 1 Theelöffel voll Mehl auf 1 Pott Erbsen — und legt denselben gleich zu den Erbsen, damit er sich allmälig auflöse und die Brühe seimig mache. Kocht man dagegen eine größere Menge Erbsen, so thut man besser, die Brühe von den weichgekochten Erbsen zu einer weißen Mehlschwitze — Butter und Mehl nach obigem Verhältniß — zu geben und daraus eine seimige Sauce zu bereiten, mit welcher man die Erbsen unter mehrmaligem Umschwengen noch einmal durchkocht. Kurz vor dem Anrichten thut man ein wenig gehackte Petersilie, so wie nach Beschaffenheit der Erbsen und eigenem Geschmack etwas mehr oder weniger Zucker daran. — (Mit denselben Beilagen, wie in voraufgehender Nummer.)

Anm. Wegen der in Blechdosen eingemachten Erbsen vgl. d. Anm. z. d. vor. Nr.

372. Junge Erbsen und Wurzeln.

Recht junge Wurzeln (Mohrrüben) werden nach gehöriger Reinigung in kurze feine Streifen, oder besser noch in Würfel von der Größe der Erbsen zerschnitten und mit letztern nach der Anweisung in voriger Nummer gar gekocht. Es ist dabei nur zu beachten, daß man zuerst die Erbsen allein auf das Feuer bringen und die Wurzeln erst hinzuthun muß, wenn das Wasser wieder kocht. — (Mit Beilagen wie in Nr. 370.)

373. Brechbohnen.

Nachdem die Fäden von den Bohnen gezogen sind, werden diese in 2 oder 3 Stücke zerbrochen, gewaschen und einige Minuten blanchirt, worauf das Wasser abgegossen und frisches, oder besser noch Bouillon darauf gegeben wird. Bei recht jungen Bohnen genügt es, sie mit kochendem Wasser einzuwaschen. Nach halbstündigem Kochen salzt man die Bohnen, kocht sie völlig gar und macht sie seimig, wozu man entweder eine weiße Mehlschwitze nach Nr. 20 benutzt, oder man knetet Butter und Mehl zu einem Kloße, giebt diesen an die Bohnen und läßt sie damit durchkochen. Nach dem Seimigmachen, welches unter wiederholtem Umschwenken geschieht, schwenkt man sie noch einmal mit einer Prise Pfeffer und ein wenig gehackter Petersilie durch. Die Bohnen werden entweder mit Kartoffeln in abgesonderten Schüsseln angerichtet, oder in derselben Schüssel über die Kartoffeln gegeben. — (Mit Karbonaden, Fricadellen, geräuchertem Schinken oder Aal und gesalzenem Hering. Auch mit Bratfisch.)

Anm. 1. Wegen der in Blechdosen eingemachten Brechbohnen vgl. d. Anm. zu Nr. 371.

Anm. 2. Eingesalzene Brechbohnen werden am besten, wenn man sie gut gewaschen in kaltem Wasser auf das Feuer setzt, das Wasser, nachdem es ein paar Minuten gekocht hat, wieder abgießt und dies Verfahren wiederholt, bis sie nüchtern genug sind. Dann kocht man sie weiter, wie oben angegeben.

374. Schnittbohnen.

Die von den Fäden befreiten Bohnen zerschneidet man in gleichmäßige längliche Streifen und verfährt dann damit ganz nach der Anweisung für die Brechbohnen in der vorigen Nummer; ebenso auch mit den in Blechdosen eingemachten und den gesalzenen Schnittbohnen. — (Mit den in voriger Nummer angegebenen Beilagen.)

375. Schnittbohnen in Milch.

Man kocht die Schnittbohnen nach Anweisung in Nr. 373 und 374 weich und giebt sie zum Abtropfen auf einen Durchschlag. Inzwischen bereitet man eine Sauce, indem man Milch zu einer weißen Mehlschwitze gießt (auf 1/2 Pott Milch 2 gute Eßloffel voll Mehl) und dieselbe unter stetem Umrühren zum Kochen bringt. Man würzt mit einer Prise geriebener Muskatnuß, einer Prise Salz und nach Geschmack mit etwas Zucker, schüttet die Bohnen zu der Sauce und läßt sie unter tüchtigem Umschwenken einmal damit durchkochen. Auf eine Mahlzeit für 4 Personen rechnet man 1/2 Pott Milch.

Anm. In Betreff der Beilagen und des Verfahrens mit eingemachten und mit gesalzenen Bohnen vgl. Nr. 370.

376. Schnittbohnen und Wurzeln.

Mit den Schnittbohnen, die nach der Anweisung in den vorigen Nummern vorbereitet werden, bringt man in längliche Scheiben geschnittene Mohrrüben zu Feuer; sind indessen die Bohnen schon etwas alt, so giebt man die Mohrrüben erst etwa $^1/_2$ Stunde später dazu. In einem andern Topf kocht man ein Stück durchgewachsenen geräucherten Schweinespeck gar und giebt von dem darauf sich ansammelnden Fette, auch etwas von der Brühe zu den Bohnen. Sind Letztere gar, wobei die Brühe kurz einkochen oder sonst zum Theil abgegossen werden muß, so gießt man Essig dazu ($^1/_2$ Theetasse zu einem Gericht für 4 Personen), zuckert bis die Bohnen einen süßsäuerlichen Geschmack angenommen haben und macht sie unter gutem Umschwenken mit Klarmehl seimig. Kartoffeln werden nebenbei angerichtet und der gekochte Speck wird als Beilage gereicht.

377. Große Bohnen.

Die Bohnen, welche noch nicht zu alt sein dürfen, pahlt man aus der Schale und befreit sie sorgfältig von den Keimen. Sodann wäscht man sie mit kochendem in kochendes Wasser und kocht sie darin weich, was je nach dem Alter der Bohnen 1 bis $1^1/_2$ Stunde erfordert. Außerdem bereitet man eine weiße Mehlschwitze, welche man mit Wasser zu einer dickseimigen Sauce verdünnt; an dieselbe thut man das nöthige Salz, etwas feingestoßenen Pfeffer und gehackte Petersilie. Mit dieser Sauce kocht man die Bohnen, nachdem das Wasser davon abgegossen worden, unter wiederholtem Umschwenken noch einmal durch. — (Mit Hammel-Coteletten oder kalten Beilagen.)

378. Gefüllte Gurken.

Man schält recht große halbreife Gurken, schneidet sie durch, nimmt alle schwammigen Theile heraus, füllt sie mit der Farce in Nr. 36 a. und bindet sie wieder zusammen. Sodann macht man in einem Schmortopfe etwas Zucker und

Butter braun, legt die Gurken hinein und giebt nebst ein paar Gewürznelken und einem Lorbeerblatte so viel Bouillon darauf, daß sie zur Hälfte darin liegen. Während des Schmorens thut man so viel Essig oder Citronensäure dazu, daß ein säuerlicher Geschmack entsteht und streut etwas Zucker, auch so viel zerstoßenen Zwieback daran, daß sich eine seimige Sauce bildet. Sind die Gurken auf der einen Seite gar, so kehrt man sie vorsichtig, damit sie nicht aus der Façon kommen, um. Nach Abnahme der Bänder richtet man die Gurken auf einer flachen Schüssel an, schneidet sie in Stücke und giebt etwas von der Sauce darüber, den Rest nebenbei. — (Ohne Beilage oder mit geschmorter Hammelkeule.)

379. Gestobte Gurken.

Geschälte Gurken, aus denen man die schwammigen Theile entfernt hat, schneidet man in längliche Streifen, kocht sie und bereitet die Sauce ganz nach der Anweisung in der voraufgehenden Nummer.

380. Sauerampfer.

Man streift den gut verlesenen Sauerampfer von den Stengeln, wäscht ihn sehr sorgfältig und bringt ihn in kochendem Wasser mit etwas Salz auf das Feuer, worin er in etwa 10 Minuten weich kocht. Dann läßt man ihn auf einem Durchschlag abtropfen, wobei man ihn gut auspreßt, und hackt ihn fein. Ferner thut man etwas Butter, reichlich Zucker, so daß der Sauerampfer davon süßsäuerlich wird, etwas Weißwein, ein wenig gestoßenen Zwieback und recht viele vorher in Wasser weichgekochte Korinthen in einen Topf, giebt den gehackten Sauerampfer dazu und läßt ihn unter gutem Umrühren damit durchkochen. Der Sauerampfer wird beim Anrichten auf der Schüssel glatt gestrichen und mit halbhart gekochten in Viertel geschnittenen Eiern garnirt. — (Mit Karbonaden oder gebratenen Fischen.)

381. Spinat.

Der Spinat wird nach der Anweisung für den Sauerampfer in der vorigen Nummer gereinigt, abgekocht und gehackt. Sodann thut man etwas Bouillon und nicht zu viel Butter, mit ein wenig geriebener Muskatnuß und zerstoßenem Zwieback in einen Kochtopf und verfährt wieder nach der Anweisung in voriger Nummer. Im Betreff des Quantums Bouillon muß man vorsichtig sein; wird der Spinat zu dünn, so bedarf man zu vielen Zwiebacks, um ihn wieder zu binden, wodurch er dann zu weichlich wird. Garnirt wird der Spinat mit aufgerollten und in Scheiben geschnittenen Omelettes. (Vgl. Abschn. XVIII.) — (**Mit Karbonaden oder geräuchertem Schinken, auch kaltem Rauchfleisch oder Mettwurst.**)

X. Warme und kalte Beilagen zu Gemüse.

382. Entrecôtes von Rindfleisch.

Man schneidet und klopft Rindfleisch-Scheiben ganz nach den Anweisungen für die Beefsteaks in Nr. 293 und 294. Diese Scheiben überzieht man mit Eigelb, welches mit etwas Milch klein gerührt ist, kehrt sie in fein zerstoßener Semmel, bestreut sie mit einer Prise Salz, Pfeffer und ein ganz wenig geriebener Muskatnuß und legt sie in eine Bratpfanne, in welcher Butter braun gemacht ist. Nachdem sie 4 bis 5 Minuten auf der einen Seite schnell gebraten haben, wendet man sie um und läßt sie auch auf der andern braten. Dabei muß fleißig mit der Butter begossen werden. Inzwischen hat man Petersilie, Estragon, Schnittlauch und ein wenig Majoran fein gehackt, wovon man den einen Theil in Butter schwitzt, den andern mit frischer Butter und etwas Citronensaft durchknetet. Von der letztern Butter formt man Scheiben, mit welchen man die Entrecôtes belegt, die geschwitzten Kräuter verwendet man nebst etwas Mehl zu der Jüs, rührt damit den Bratensatz von der Pfanne los und giebt diese Sauce in einer Saucière nebenbei.

383. Kalbssteaks.

Von einer Kalbskluft werden alle häutigen Theile abgelöst, so daß nur das schiere Fleisch übrig bleibt. Dieses schneidet man ähnlich, wie in Nr. 293 für die Beefsteaks gezeigt worden, in Scheiben, klopft dieselben ein wenig, hackt sie leicht über, überzieht sie mit Eigelb, welches mit etwas Milch klein gerührt ist, kehrt sie in gestoßenem Zwieback und bestreut sie mit einer Prise Salz und Pfeffer. Sodann legt man sie recht schnell neben einander in eine Bratpfanne und brät sie unter öfterem Hin- und Herschütteln derselben ein paar Minuten erst auf der einen, dann auf der andern Seite, jedoch nicht zu lange, damit sie das Saftige nicht verlieren. Sind sie auf die Schüssel gelegt, so giebt man etwas von der klaren Butter aus der Pfanne darüber, den Rest rührt man in derselben unter Hinzuthun von etwas Mehl mit Jüs, Bouillon oder auch Wasser zu einer seimigen Sauce, die nebenbei gegeben wird.

384. Entrecôtes von Kalbfleisch.

Hiezu wählt man dieselben Stücke, wie zu den Kalbssteaks in voriger Nummer, oder auch Karbonadenstücke ohne die Rippen und verfährt damit ganz nach der Anweisung der Entrecôtes von Rindfleisch in Nr. 381.

385. Kalbskarbonade.

Auch hiezu kann man Scheiben aus der Kluft verwenden, man wählt jedoch in der Regel das Rippenstück von den Nieren bis zum Blatt, welches zunächst zu einem langen Stücke ausgehauen wird. Hievon trennt man durch Querschnitte die Stücke zu den Karbonaden, so daß an jeder eine Rippe sitzen bleibt; will man sparsamer verfahren, so kann man auch so schneiden, daß auf 2 Stücken mit einer Rippe eins ohne Rippe kommt; Letzteres muß aber alsdann doch einen Rückenwirbel erhalten. Sodann zieht man die Haut von den Rippenknochen, schiebt das Fleisch etwa um ein Drittel der Länge davon hinauf und schabt das dabei etwa hängen Bleibende ab, so daß der Knochen ganz weiß wird. Die Karbonaden werden nun auf beiden Seiten mürbe geklopft, leicht übergehackt, erst in Eigelb, welches mit Milch klein gerührt worden, und dann in reichlich feingestoßenem Zwieback umgekehrt und bis zur weitern Bereitung auf ein mit Zwieback bestreutes Brett gelegt. Sind alle fertig, so legt man sie in eine Bratpfanne, in welcher Butter hellbraun gebraten ist, indem man mit der einen Hand den Knochen faßt, mit der andern ein Messer unter die Karbonade schiebt und sie so hineinhebt. Nun braten sie über langsamem Feuer erst auf der einen, dann auf der andern Seite etwa 5 Minuten, während welcher Zeit man salzt und sie fleißig mit Butter begießt; beim Umkehren wird dasselbe Verfahren angewandt, wie beim Hineinlegen in die Pfanne. — Die garen Karbonaden servirt man neben einander auf einer flachen Schüssel, die Knochen nach auswärts; die Sauce bereitet man, indem man Jüs, Bouillon oder Wasser zu der Butter in der Pfanne rührt, nachdem man etwas Mehl dazu gethan hat. Etwas davon giebt man durch ein Sieb über die Karbonaden, den Rest nebenbei.

386. Gebratene Kalbsnieren.

Die, wenn möglich in einer Braise (Nr. 31), oder sonst in Bouillon gar gekochten Kalbsnieren schneidet man in Scheiben von der halben Dicke eines kleinen Fingers, bestreut sie mit einer Prise Salz und Pfeffer, kehrt sie zuerst in Eigelb, dann in gestoßenem Zwieback um und brät sie auf beiden Seiten hellbraun. Um die Sauce zu bereiten, rührt man etwas Mehl zu der Butter in der Pfanne und giebt unter fortgesetztem Rühren Bouillon und etwas Citronensäure oder Weinessig dazu, bis die Sauce eben ist, oder man reicht auch eine Robertsauce (Nr. 261) dazu.

387. Gebratene Kalbsleber.

Die enthäutete Leber zerschneidet man in Scheiben von halber Fingersdicke, salzt dieselben und läßt sie eine Zeit lang stehen, damit das Salz einziehe. Sodann panirt man sie mit kleingerührtem Eigelb und gestoßenem Zwieback, und läßt sie in hellbrauner Butter auf jeder Seite 5 Minuten braten. Will man Sauce dazu geben, so giebt man etwas Mehl zu der Butter in die Pfanne und rührt Bratensauce dazu; hat man davon aber nicht, etwas Bouillon oder auch nur Wasser.

388. Kleine Rouladen von Kalbfleisch.

Man schneidet aus der Keule Scheiben von halber Fingersdicke oder verwendet Karbonaden-Stücke, jedoch ohne die Rippen, und klopft dieselben mit der flachen Seite des Hackbeils, bis sie nicht dicker sind, als ein guter Messerrücken; sie dürfen aber dabei nicht zerreißen. Diese Scheiben salzt man ein wenig, bestreicht sie in derselben Dicke mit der Farce in Nr. 36 a., rollt sie auf und umwindet sie mit einem ausgewässerten Bindfaden. Sodann werden sie im Schmortopfe in Butter gebräunt und in Fleischbrühe langsam gar geschmort. Vor dem Anrichten nimmt man die Bindfaden davon und glacirt sie (I. 4). Will man Sauce dazu geben, so bereitet man die Trüffelsauce in Nr. 235 oder die braune Champignonsauce in Nr. 237.

389. Fricadellen von rohem Kalbfleisch.

Man hackt 1 ℔ feingeschabtes mageres Kalbfleisch mit $1/2$ ℔ in Würfel geschnittenem Nierenfett, nebst zwei mittelgroßen Zwiebeln gut durch. Hiezu giebt man das nöthige Salz, 2 gute Messerspitzen voll Pfeffer, $1/2$ Messerspitze voll geriebene Muskatnuß, 10 Loth gestoßene Semmel und 3 bis 4 ganze Eier und rührt das Ganze gut durcheinander, wobei man so viel Milch hinzugießt, daß ein steifer Brei entsteht. Man kann aber auch die Semmel in Wasser einweichen, gut ausdrücken und so dazwischen rühren, dann erhält der Brei ohne Hinzugießen von Milch grade die nöthige Consistenz. Aus dem Brei formt man nun auf einem mit Mehl bestreuten Brette Fricadellen von beliebiger Größe, die man in braun gemachter Butter gar brät, was etwa eine Viertelstunde erfordert. Zur Bereitung der Sauce, welche über den Fricadellen angerichtet wird, rührt man etwas Mehl zu der Butter und giebt unter fortgesetztem Rühren noch etwas Jüs, Bouillon oder Wasser daran.

390. Ausgebackene Kalbsmilch.

Man blanchirt und reinigt eine Kalbsmilch nach Nr. 54, schneidet sie in Scheiben von der Dicke eines halben Fingers, bestreut diese schwach mit Salz, ein ganz wenig geriebener Muskatnuß und feingestoßenem Pfeffer, panirt sie recht dick mit klein gerührtem Eigelb und gestoßenem Zwieback und backt sie in abgeklärter Butter (Nr. 14.) aus, oder brät sie in der Pfanne hellbraun. — (Ohne Sauce zierlich in Kranzform anzurichten und mit Petersilie zu garniren.)

391. Hammelsteaks.

Zu Hammelsteaks eignen sich am besten Stücken aus einer altgeschlachteten Keule, welche man, nachdem vorher die Muskeln sorgfältig enthäutet worden, quer über den Faden, wie die Fleischstücke zu Beefsteaks, ausschneidet. Sodann klopft man mit dem Fleischklopfer oder der flachen Seite des Hackbeils die Fleischstücke recht mürbe, ohne sie indeß zu zerquetschen, und verfährt weiter damit ganz nach der in Nr. 294 für Beefsteaks enthaltenen Anweisung, nur daß man die Zeit des Bratens noch um 1 oder 2 Minuten abkürzt.

392. Hammel-Coteletten.

Man nimmt dazu dasselbe Stück, wie zur Kalbskarbonade (Nr. 385), haut die Rückgratknochen dicht an den Rippen ab, schneidet das Fett möglichst herunter und trennt die Coteletten ab, indem man das Stück von zwei zu zwei Rippen durchschneidet und die eine der Rippen von jedem abgeschnittenen Stücke ablöst. Dann verfährt man weiter, wie für die Kalbskarbonaden angegeben worden, nur daß man beim Paniren gleich das nöthige Salz nebst einer Prise

Pfeffer darauf streuen kann. Die Sauce bereitet man gleichfalls ganz nach der Anweisung in Nr. 385.

393. Lamms-Coteletten.

Da das Lammfleisch auf der Rippenlage nicht so stark ist, daß sich Coteletten daraus schneiden lassen, so schabt man das Fleisch von den Rippen, so wie auch von andern Theilen des Lammes, namentlich von den Blättern aus den Häuten und Sehnen heraus, hackt es fein, mischt ziemlich Butter darunter und dressirt es in Coteletteform an die vorher sauber geputzten Rippen. Diese Coteletten bestreut man mit Salz und Pfeffer, panirt sie, brät sie und bereitet die Sauce, wie bei den Hammel-Coteletten.

394. Geröstete Lammsbrust.

Eine Lammsbrust wird unter Hinzuthun von einigen Suppenwurzeln, einer Zwiebel und etwas Salz in nicht zu viel Wasser mit etwas Butter weich gedämpft. Nachdem man sie hat kalt werden lassen, schneidet man das Fleisch in Scheiben herunter, bestreut diese mit Salz und ein wenig Pfeffer, panirt sie mit klein geriebenem Eigelb und gestoßenem Zucker und brät sie in Butter hellbraun.

395. Schweinskarbonaden.

Die Schweinskarbonaden werden aus demselben Stücke ebenso geschnitten und werden ebenso vorbereitet, wie die Kalbskarbonaden, doch muß man das daran befindliche Fett abnehmen und thut gut, sie etwas schärfer zu hacken, namentlich, wenn sie nicht von einem ganz jungen Schweine sind. Nachdem man sie mit dem nöthigen Salz bestreut und mit kleingerührtem Eigelb und geriebenem Weiß- oder Roggenbrod panirt hat, brät man sie in der Pfanne in hellbraun gemachter Butter gar. Es erfordert dies für jede Seite der Karbonaden etwa 8 Minuten, sie müssen dabei zuerst über hellem Feuer schnell anbraten und nachher auf Kohlen langsam weiter braten. Die Sauce wird ganz so bereitet, wie für die Kalbskarbonaden angegeben worden, man kann aber auch eine braune Champignons- oder Cappernsauce (Nr. 237 und 240) dazu reichen.

396. Steaks und Coteletten von Wild.

Will man vom Wilde (Hirsch oder Reh) Steaks oder Coteletten bereiten, so verfährt man nach den dafür bisher beim Rind-, Kalb- und Hammelfleisch gegebenen Anweisungen. Diejenigen, welche für das Rindfleisch gegeben sind, lassen sich ganz so auch auf Hirschfleisch anwenden, Steaks und Coteletten vom Reh werden bereitet, wie Steaks und Coteletten vom Kalbe oder vom Hammel. Auch für die Herstellung der Saucen gilt das in den betreffenden Nummern Gesagte.

397. Panirtes Fleisch.

Fleisch- und Bratenreste lassen sich zu Beilagen zu Gemüsen sehr gut verwenden, wenn man damit nach folgender Anweisung verfährt. Man schneidet davon möglichst gleichmäßige Scheiben, hackt sie leicht über und panirt sie. Letzteres geschieht auf die bekannte Weise durch Ueberziehen mit klein gerührtem Eigelb und Bestreuen, wozu man bei Rind-, Kalb- und Hammelfleisch am besten gestoßenen Zwieback mit etwas gehackter Petersilie wählt, für Schweinefleisch eignet sich mehr geriebenes Roggenbrod mit gestoßenem Nelkenpfeffer vermischt, für Wild geriebenes Weißbrod mit gestoßenen Gewürznelken. Das so panirte Fleisch brät man in hellbrauner Butter auf beiden Seiten, bis es durch und durch heiß ist. Man giebt die braune Butter allein darüber oder bereitet eine Sauce, indem man sie mit etwas Bratensauce von der Pfanne losrührt.

398. Panirte Ochsenzunge.

Von einer weich gekochten und in der Brühe etwas verkühlten Ochsenzunge zieht man die Haut ab und schneidet sie in Scheiben von der halben Dicke eines Fingers. Diese panirt man mit klein gerührtem Eigelb und gestoßenem Zwieback und brät sie in hellbrauner Butter auf beiden Seiten, bis die Panirung recht kroß ist. Man giebt die braune Butter allein darüber oder rührt sie erst mit etwas Bratensauce von der Pfanne los.

399. Ausgebackenes Huhn.

Man zerschneidet ein Suppenhuhn in möglichst gleichmäßige Stücke, etwa in acht, wobei man den Hals- und Rückgratknochen zurückläßt. Diese Stücke panirt man recht dick mit klein gerührtem Eigelb und gestoßenem Zwieback, mit feingehackter Petersilie vermischt, und backt sie in abgeklärter Butter (Nr. 14) aus. Man kann sie indessen auch in der Pfanne braten, bis sie durch und durch heiß sind. — (Anzurichten wie die ausgebackene Kalbsmilch in Nr. 389.)

400. Fricadellen von Fleisch- und Fischresten.

Man hackt beliebige Reste von gekochtem oder gebratenem Fleische — es können auch verschiedene Fleischsorten sein — recht fein durcheinander. Ist nicht so viel Fett daran, daß auf 1 ℔ mageres Fleisch 1/4 ℔ davon kommt, so muß man das fehlende Fett durch anderes ergänzen. Ferner mengt man auf das Pfund Fleisch eine große geriebene Zwiebel, zwei gute Messerspitzen voll gestoßenen Pfeffer, eine halbe Messerspitze voll geriebene Muskatnuß und das nöthige Salz darunter. Hiezu thut man 6 Loth in Wasser eingeweichte und gut wieder ausgedrückte Semmel, so wie 4 Eier, und rührt das Ganze mit dem Kochlöffel tüchtig durcheinander, wodurch es zu einem Teige wird, welcher grade die zu den Fricadellen nöthige Consistenz hat. Letztere formt man auf einem mit Mehl bestreuten Hackbrette in beliebiger Größe und brät sie in brauner Butter über hellem Feuer auf beiden Seiten, bis sie rundum recht kroß sind. Die Sauce bereitet man entweder, indem man Bratensauce mit der Butter in der Pfanne durchrührt, oder man macht etwas Mehl in der Butter braun, giebt eine Prise Salz daran und rührt so viel Bouillon oder Wasser dazu, daß eine seimige Sauce entsteht.

Die Fricadellen werden noch wohlschmeckender, wenn man Fischreste zu den Fleischresten mengt; in welchem Verhältniß, ist gleichgültig; man kann auch Fischreste allein nehmen; die Bereitung ist in allen Fällen dieselbe.

401. Kalte Beilagen zum Gemüse.

Als solche reicht man besonders geräucherte Sachen, namentlich Hamburger Rauchfleisch, Schinken, Gänsebrust, Lachs, außerdem auch Häringe und geräucherten Aal. Vom Rauchfleisch und Schinken schneidet man zierliche Scheiben, nachdem man sorgfältig alles Räucherige und Harte, vom Schinken auch das Fett bis auf einen schmalen Streifen entfernt hat. Eben so verfährt man bei der Gänsebrust, die man am besten nicht längs des Knochens, sondern quer über denselben in Stücke von der halben Dicke eines kleinen Fingers tranchirt. Sehr zierlich auf der Schüssel und sehr bequem zum Tranchiren ist die sogenannte Wickelbrust, die man bereitet, indem man den Brustknochen auslöst, die beiden Hälften der Brust ringsum mit Salz und Salpeter einreibt, sie zusammennäht und vor dem Räuchern preßt. Der Lachs wird gleichfalls in dünne Scheiben geschnitten und von dem Hartgeräucherten befreit; dem Häring endlich zieht man die Haut ab, indem man auf beiden Seiten dicht am Rücken vom Kopfe bis zum Schwanze hinab in dieselbe einen Schnitt macht, ebenso rund um den Kopf, an welcher letzteren Stelle man sie mit dem Messer faßt und nach unten zieht. Sodann schneidet man, unmittelbar über dem Bauche beginnend, in schräger Linie die Kiemen vom Kopfe, auch die Bauchhaut mit den daran befindlichen Flossen weg und theilt endlich den Häring mit einem sehr scharfen Messer durch rasche Schnitte, parallel demjenigen, durch welchen die Hälfte des Kopfes entfernt wurde, in zierliche Stücke. Die Bauchhaut mit den Flossen legt man oben darauf. Den geräucherten Aal endlich durchschneidet man mit der Haut schräge in Stücke von beliebiger Größe. — So lange irgend grüne Blätter, namentlich Weinblätter zu haben sind, sollte man nie versäumen, dieselben unter die kalten Beilagen auf die Schüssel zu legen, auch eine Garnitur von Petersilie darum erhöht das gute Aussehen und mithin die Appetitlichkeit derselben bedeutend.

XI. Fische und Schalthiere.

402. Allgemeines.

Woran man erkennt, ob todte Fische noch in frischem brauchbaren Zustande sich befinden, ist Abschn. I. Nr. 7 gesagt worden; hier soll noch einiges Nähere über die Fische erfolgen, dessen Kenntniß für die Küche von Interesse ist.

Zunächst sei bemerkt, daß keine Fischart während der Laichzeit für die Küche besonders brauchbar ist, ja einzelne Sorten sind um diese Zeit der Gesundheit gradezu schädlich; ferner sind aber auch außer der Laichzeit die Fische und Schalthiere keineswegs immer gleich wohlschmeckend. Ich gebe hier also zunächst die Zeit an, in welcher die am häufigsten bei uns vorkommenden Fische laichen und ferner die Zeit, wo sie und die Schalthiere am tauglichsten für die Küche sind.

Der Aal. Laichzeit unbekannt, ist immer gut, am besten im Herbst.

Der Aland laicht im April und Mai, ist am besten von September bis März.

Die Barbe laicht im Mai und Juni, ist am besten von September bis Ende März.

Der Barsch laicht von Anfang März bis Mitte Mai, ist am besten von Anfang September bis Mitte Februar.

Der Brachsen laicht im Mai und Juni, ist im ganzen übrigen Jahre gut.

Der Dorsch laicht von Mai bis Ende August, ist nur von Ende September bis Ende Februar gut.

Die Forelle laicht von October bis December, ist am besten von Mai bis September.

Der Gründling wie die Barbe.

Der Hecht laicht je nach der Witterung von Februar oder März bis Ende Mai, ist sonst immer gut, am besten in den Herbst- und Wintermonaten.

Der Häring laicht von October bis Ende März. Er ist zu jeder Jahreszeit, wo er gefangen wird, zum Essen gut.

Die Karausche laicht im Juni, ist im ganzen übrigen Jahre gut.

Der Karpfen laicht im Mai und Juni, ist am besten von October bis April.

Der Kaulbarsch laicht im April und Mai, ist am besten von September bis Februar.

Der Lachs laicht von September bis November, ist immer gut.

Die Lachsforelle wie der Lachs.

Die Muräne laicht im November und December, ist im ganzen übrigen Jahre gut.

Die Marene (kleine Muräne) wie die Muräne.

Das Neunauge laicht im März und April, ist immer gut.

Der Plötz wie der Aland.

Die Quappe laicht im December, ist im ganzen übrigen Jahre gut.

Das Rothauge wie der Aland.

Die Schleihe laicht im Juli, ist am besten von October bis April.

Die Scholle laicht von December bis Ende April, ist nur in den Sommermonaten gut.

Die Steinbutte wie die Scholle.

Der Stint laicht im März und April, ist am besten von September bis Februar.

Der Stör laicht von April bis Juni, ist im ganzen übrigen Jahre gut.

Der Wels laicht im Juni und ist gut von September bis Mai.

Der Zander ganz wie der Kaulbarsch.

Der Hummer laicht von December bis April, ist gut von Mai bis September.

Der Krebs wie der Hummer.

Die Krabbe wie der Hummer.

Austern sind von Ende September bis zum April gut.

Pfahlmuscheln (Kieler) wie die Austern.

403. Die Zubereitung der Fische.

Alle noch lebenden Fische sollte man vor weiterer Zubereitung durch einen derben Schlag auf den Kopf tödten oder doch betäuben. Sämmtliche Fische, mit Ausnahme einiger Sorten, welche die Meisten lieber ungeschuppt essen, werden vor dem Ausnehmen sorgfältig von den Schuppen befreit, das Neunauge erfordert eine besondere, unten angegebene Zubereitung, vom Aal wird die Haut abgezogen. Dies bewerkstelligt man am besten, indem man unmittelbar unter dem Kopfe ringsum in die Haut einen Einschnitt macht und die Haut von da nach unten mit dem Messer ein wenig löst. Dann ergreift man mit einem groben Tuche in der einen Hand den Kopf, mit einem Tuche in der andern fährt man über die gelöste Hautstelle, bis die Haut sich weiter und zuletzt mit Leichtigkeit ganz hinunter schiebt. Großen Aalen bindet man auch wohl einen Bindfaden dicht unter dem Kopfe fest um den Leib und hängt sie an einem starken Nagel auf.

Um Fische leicht zu schuppen, faßt man sie mit einer Hand an den Kopf, setzt mit der andern ein Messer fest auf den Schwanz auf und reckt nun den Körper so, daß der Rückgrat knackt. Einzelne Fischsorten, namentlich Barsche und Schleihe, sind aber auch dann noch nicht auf die gewöhnliche Art, nämlich mit dem Messer von unten nach oben zu schuppen; bei Barschen wendet man dazu das Reibeisen an und putzt nur mit dem Messer nach, die scharfen Rückenflossen haut man mit dem Hackbeil ab; die Schleihe legt man vor dem Schuppen 3 bis 4 Secunden in kochend heißes Wasser, dann geht es auf die gewöhnliche Weise ganz leicht.

Um das Ausnehmen der Fische zu bewerkstelligen, schneidet man ihnen den Bauch auf und zieht die Eingeweide nebst der am Rückgrat sitzenden zähen Haut vorsichtig daraus hervor; dabei muß man sich besonders hüten, die Galle zu verletzen, da der bittere Geschmack, welchen hiedurch Theile des Fisches annehmen, durch Waschen nicht wieder zu beseitigen ist. Rogen und Milcher nebst der Leber, von welcher man die Galle abgetrennt hat, werden sodann wieder zu dem gereinigten Fische gelegt, oder wenn derselbe ganz gekocht werden soll, in ihn hineingestopft. Flußfische bringt man in der Regel in kochendem Wasser auf das Feuer, Seefische in kaltem.

Das richtige Salzen der Fische, welches auf den Wohlgeschmack derselben von größtem Einflusse ist, hat für den Ungeübten um so mehr Schwierigkeiten, als dasselbe nicht nur von der Größe des Gerichts, sondern auch von der Art der Fische abhängt. Fische mit weichem zarten Fleische, wie Karpfen, Forellen, Schollen, vertragen weit weniger Salz als andere und können sehr leicht gänzlich versalzen werden, während andererseits ein zu nüchterner Fisch widerlich und ungesund ist. Eine Angabe des jedesmal nöthigen Quantums Salzes ist selbstverständlich unmöglich, eine ungeübte Köchin thut gut, nicht zu stark zu salzen und kurz vor dem Garwerden sich durch Kosten von dem Geschmacke zu überzeugen; es kann dann noch nachgesalzen werden und schadet es den Fischen eben nicht, wenn sie noch 5 Minuten in dem heißen Fischwasser stehen bleiben.

Von dem Garsein der Fische überzeugt man sich am besten durch Herausziehen der Flossen; sobald dieselben sich leicht vom Körper lösen, hat der Fisch genug gekocht und ist vom Feuer zu nehmen. Zu langes Kochen macht jeden Fisch weichlich.

Anm. 1. Da der Fisch bei der Herausnahme aus dem Wasser leicht zerbröckelt, so thut man gut, sich beim Kochen desselben des sog. Hebers zu bedienen, d. h. eines durchlöcherten Bodens, mit Griffen versehen, auf welchen man ihn aus dem Wasser hebt.

Anm. 2. Zu allen warm angerichteten Fischen reicht man geschälte Kartoffeln.

A. Flußfische.

404. Blau abgekochter Lachs.

Für einen Lachs von 6 Pfd. bereitet man eine Brühe, indem man 1 Pott Essig mit 4 Pott Wasser, 6 Zwiebeln, 20 Körnern schwarzen Pfeffer, 4 Lorbeerblättern und dem nöthigen Salz eine Viertelstunde lang durchkocht. Den ausgenommenen nicht geschuppten Lachs zerschneidet man vom Kopfe abwärts in 1 bis 2 Finger dicke Stücke, thut dieselben in ein Kochgeschirr, gießt die Brühe durch ein Sieb darüber und läßt ihn unter wiederholtem Abschäumen darin ganz langsam eine Viertelstunde lang an der Seite des Feuers kochen. Man richtet den Lachs sodann zierlich auf der Schüssel mit grüner Petersilie an und reicht dazu eine der Saucen in Nr. 239, 242, 256, 257 oder 266; auch kann man klare geschmolzene Butter nebst einem Teller gehackter Petersilie dabei geben. — Soll der Lachs kalt gegessen werden, so läßt man ihn in der Brühe verkühlen, richtet ihn, wie angegeben an und reicht eine Remoladensauce nach Nr. 274 dazu.

405. Gebratener Lachs in Marinade.

Soll der Lachs gebraten werden, so wird er vorher geschuppt und in passende Stücke geschnitten, mit Salz eingerieben und mit Citronensaft beträufelt. So bleibt er eine Stunde lang stehen, wird dann in Mehl und fein gestoßenem Zwieback umgekehrt und in Butter oder in halb Butter und halb Schmalz gar gebraten. Nachdem er erkaltet ist, übergießt man ihn, bis er grade davon bedeckt ist, mit einer Marinade aus $^1/_3$ Essig, $^1/_3$ Wein und $^1/_3$ Wasser, welche man mit etwas Salz, einigen Chalotten, einigen Gewürznelken, etwas Pfeffer und ein wenig Estragon gut durchgekocht hat. Vor dem Aufgießen muß die Marinade erkalten, sonst wird der Lachs trocken, auch muß sie auf denselben durch ein Sieb gegossen werden. Man servirt den Lachs in der Marinade und reicht nebenher geriebene hartgekochte Eidotter und feingehackte Petersilie; auch giebt man Bratkartoffeln dazu.

406. Marinirter Lachs auf andere Art.

Man schneidet den gehörig gereinigten Lachs in beliebige Scheiben oder Stücke, welche man eine Stunde eingesalzen liegen läßt. Ferner kocht man Wasser und so viel Essig, daß ein stark saurer Geschmack vorhanden ist, mit einigen Chalotten oder

Zwiebeln, einigen Körnern schwarzen Pfeffer, Lorbeerblättern und etwas Salz eine Viertelstunde lang. In diese Marinade, von der so viel vorhanden sein muß, daß der Lachs eben davon bedeckt ist, legt man denselben, nachdem man ihn wieder abgewaschen und kocht ihn darin ganz langsam gar. Sodann läßt man ihn auf einer Schüssel erkalten, legt ihn in einen Steintopf oder Glashafen, gießt die gleichfalls kalt gewordene Marinade darüber und verschließt den Topf.

407. Blau abgekochte Lachsforellen.

Man bereitet eine Brühe nach der Anweisung in Nr. 404, kocht darin die nicht geschuppten Lachsforellen ab und servirt sie ganz wie dort angegeben; sie bedürfen jedoch zum Garwerden nur 10 Minuten und werden vor dem Hineinlegen in die Brühe in der Art dressirt, daß man ihnen die Schwanzspitze an das Maul näht. Man reicht dazu eine holländische Sauce nach Nr. 266 oder auch klare geschmolzene Butter nebst einem Teller voll Petersilie. Soll der Fisch kalt servirt werden, so läßt man ihn in der Brühe verkühlen und giebt dabei eine der Mayonnaisen-Saucen in Nr. 271—273 oder die Remoladensauce in Nr. 274.

408. Blau abgekochte Bachforellen.

Die Forellen werden ganz nach Angabe in voriger Nummer dressirt und abgekocht, man schneidet sie indessen, wenn sie groß sind, auch vor dem Einlegen in die Brühe in Stücke, und kocht sie etwa 5 Minuten länger. Auch die Saucen sind dieselben, sie mögen warm oder kalt gereicht werden.

409. Gebratene Forellen in Marinade

werden ganz nach der Anweisung für den gebratenen Lachs in Marinade zubereitet, gekocht und servirt.

410. Gestobter Aal.

Der nach Angabe in Nr. 403 zubereitete Aal wird ausgenommen, in Stücke geschnitten und gesalzen. Sodann kocht man eine Brühe von dem nöthigen Wasser mit einigen Petersilienwurzeln, ein paar Lorbeerblättern und Chalotten oder einer Zwiebel, in welche man den Aal, nachdem er eine Stunde lang gesalzen gelegen hat, hineinthut und in 1/4 Stunde bis 20 Minuten gar kocht. Ferner bereitet man nach Nr. 20 eine weiße Mehlschwitze mit gehackter Petersilie, zu welcher man durch ein Sieb von der Aalbrühe so viel hinzurührt, daß eine seimige Sauce entsteht, die man mit Eidottern abquirlt; man rechnet dabei auf einen halben Pott Brühe einen gehäuften Eßlöffel voll Mehl, zwei Eidotter und einen Löffel voll Petersilie. Mit dieser Sauce läßt man den Aal noch einmal aufkochen und rührt ihn während dessen einige Male darin um.

Anm. Zu diesem Gerichte eignen sich nur kleinere Aale, große würden zu wehrsam sein.

411. Marinirter Aal.

Die abgezogenen, gereinigten und in Stücke geschnittenen Aale werden mit Salz bestreut, worin man sie eine Stunde lang liegen läßt. Sodann giebt man sie in ein Gefäß mit ziemlich viel Zwiebeln, ein paar Lorbeerblättern und etwas Nelkenpfeffer und gießt so viel Essig darauf, daß sie davon bedeckt sind. Hierin kocht man sie in 1/4 Stunde bis 20 Minuten gar und servirt sie entweder warm oder thut sie zum Erkalten mit der Brühe in einen Glashafen, den man bis zum Gebrauche zudeckt.

412. Gebratener Aal.

Der gehörig zubereitete Aal wird mit Salz bestreut und bleibt darin eine Stunde stehen. Sodann panirt man die Aalstücke und brät sie in hellbrauner Butter in einer Pfanne gar, was nach der Größe der Aale 10 bis 20 Minuten erfordert. Man richtet dieselben entweder mit der Butter an oder reicht eine braune Cappernsauce nach Nr. 240 dazu oder legt die Aale, nachdem sie erkaltet sind, in Essig, welchen man mit Nelkenpfeffer und Lorbeerblättern aufgekocht hat und wieder hat kalt werden lassen.

413. Gebratener Aal auf andere Art.

Man kocht die gehörig gereinigten, in Stücke geschnittenen und eine Stunde lang eingesalzenen Aale erst in der in Nr. 411 angegebenen Brühe 10 Minuten lang, so daß sie beinahe, jedoch nicht ganz gar sind; sodann panirt man sie, wobei man unter den gestoßenen Zwieback feingehackte Petersilie und Schnittlauch mengt, und brät sie in brauner Butter, da sie beinahe gar sind, einmal über. — Zum Aufbewahren in Essig eignet sich diese Art Brataal nicht.

414. Karpfen, blau gekocht.

Die Karpfen werden nicht geschuppt, aber vor dem Kochen aufgerissen und in portionsmäßige Stücke geschnitten; nur bei ganz kleinen Karpfen, die aber nie recht schmackhaft sind, geschieht dies nicht. Man kann nun zwar vorher die Eingeweide herausnehmen, es ist aber besser, wenn man dies erst nach dem Aufreißen thut, wo man sie offen vor sich liegen hat. Das Aufreißen geschieht nun, indem einen Finger breit oberhalb der Schwanzflosse ein rundlicher Einschnitt in den Fisch gemacht wird; in diesen faßt man mit der Messerschneide und fährt mit derselben unmittelbar oberhalb des Rückgrats quer durch den Fisch bis zum Kopfe in die Höhe, welchen man sodann mit dem Hackbeil spaltet; dann schneidet man Schwanz und Bauchflossen zur Hälfte ab. Jetzt nimmt man die Eingeweide heraus und entfernt davon nur die Galle sorgfältig, da alles Uebrige mitgekocht wird. Manche lieben es, auch das Blut mitzukochen und waschen daher die Stücke, in welche der Karpfen zerlegt wird, nicht mehr; die Meisten ziehen indessen das Gegentheil vor; die abgewaschenen Stücke taucht man in Essig, ohne sie darin liegen zu lassen und bringt sie in vorsichtig gesalzenes kochendes Wasser, in welches man auf einen Karpfen von 3 Pfd. eine mittelgroße eingekerbte Zwiebel gethan hat. Man gießt noch eine halbe Theetasse voll Essig hinzu, thut aber gut, alles weitere Würzen zu unterlassen, da dies dem Karpfen nur einen Theil seines natürlichen Wohlgeschmackes nimmt. Die Köpfe werden zuerst beim Hinzugießen des Essigs in das Wasser gelegt; erst wenn dasselbe wieder kocht, die übrigen Stücke. Sobald diese alle oben schwimmen, sind sie gar und werden nun sorgfältig mit dem Eingeweide in der Mitte auf einer flachen Schüssel servirt; man reicht aber auch das Eingeweide nebenbei und als Sauce geschmolzene klare Butter nebst Meerrettig nach Nr. 245, und Essig.

415. Karpfen in Bier.

Man kann hiezu die Karpfen schuppen, oder auch nicht; Letzteres ist jedenfalls vorzuziehen. Die nach Angabe in voriger Nummer zerlegten Karpfen bringt man in einen Kochtopf und thut auf einen Karpfen von 3 Pfd. eine eingekerbte mittelgroße Zwiebel, ein kleines Lorbeerblatt, 6 Körner Nelkenpfeffer, das nöthige, nicht zu reichlich Salz, eine Brodkruste und 1/4 Pfd. Butter dazu. Dann übergießt man das Ganze mit so viel schwachem Bier, daß die Fischstücke eben davon bedeckt sind und gießt 2 Eßlöffel voll Essig daran. Wenn die Karpfen kochen, giebt man noch ein paar Citronenscheiben, sowie etwas Zucker nach Probe dazu. Die garen Karpfen nimmt man vorsichtig mit dem Schaumlöffel aus der Sauce, reibt Letztere durch ein Sieb, macht sie mit ein wenig Klarmehl eben und thut die Karpfen wieder hinein. Sobald dieselben darin wieder durch und durch heiß geworden sind, richtet man Alles mit einander in einer tiefen Schüssel an.

416. Karpfen in Wein.

Die nach obigen Angaben zerlegten Karpfen bestreut man mit etwas Salz, tröpfelt ein wenig Citronensäure darauf und läßt sie damit eine Stunde zugedeckt stehen. Inzwischen hat man auf einen Karpfen von 3 Pfd. 1 Pott Wasser mit 3 Gewürznelken, 1 Lorbeerblatt, ein ganz wenig Muskatblüthe und einer kleinen Petersilienwurzel eine halbe Stunde lang durchgekocht, durch ein Sieb gegeben und mit einer halben Flasche Wein wieder auf das Feuer gesetzt. Dies macht man mit einer gelben Mehlschwitze von 1 Eßlöffel voll Mehl und

$^1/_4$ Pfund Butter seimig, giebt die Karpfenstücke nach Anweisung in Nr. 414 hinein, thut, sobald Alles wieder kocht, einige Citronenscheiben, sowie etwas Zucker nach Probe hinzu und verfährt dann weiter nach der Anweisung in voriger Nummer.

417. Brachsen, blau gekocht,

sowie

418. Brachsen in Bier,

werden genau nach den in den Nummern 414 u. 415 für die Karpfen gegebenen Anweisungen bereitet, indessen ziehen Manche beim Brachsen in Bier statt der Brodkruste ein Stück Honigkuchen vor.

419. Gekochter Sandart.

Man schuppt und reinigt die Sandarte nach Anweisung in Nr. 403 und bringt sie in kochendem Wasser, an welches man eine Zwiebel und eine Hand voll Salz auf den Pott gethan hat, auf das Feuer. Kleinere läßt man ganz, größere zerschneidet man, die ganz großen reißt man auf und zerschneidet man nach der Anweisung für die Karpfen in Nr. 414. Bevor man die Sandarte in das Wasser legt, taucht man sie in Essig, ohne sie jedoch darin liegen zu lassen. Sie werden in etwa einer Viertelstunde gar, man läßt sie jedoch noch 10 Minuten in der Brühe stehen, damit das Salz besser einziehe, worauf man sie, mit feingehackter Petersilie bestreut, servirt und zerlassene Butter mit Meerrettig oder eine Senfsauce nach Nr. 251, oder auch eine Krebs- oder Austernsauce (Nr. 256 u. 257) dazu reicht.

420. Gekochte, auch marinirte Muränen.

Die echte Muräne, welcher außer in den italienischen Gewässern nur noch im Schal-See bei Ratzeburg vorkommen soll, wird ganz nach der in der vorigen Nummer für den Sandart gegebenen Anweisung gekocht; auch reicht man dieselben Saucen dazu. — Besonders gut eignet sich der Fisch auch zum Mariniren. Zu diesem Zweck werden die Muränen, wie angegeben, gar gekocht, mit dazwischen gelegten Citronenscheiben und Lorbeerblättern in einem Glashafen aufgeschichtet und mit einer Marinade übergossen. Man bereitet dieselbe, indem man eine Mischung von $^2/_3$ Weinessig und $^1/_3$ Wasser mit zerschnittenen Suppenwurzeln, Zwiebeln, ein wenig Estragon, einigen Körnern Nelkenpfeffer und etwas Salz $^1/_4$ bis $^1/_2$ Stunde durchkocht. Vor dem Aufgießen muß die Brühe erkalten.

421. Gekochte Karauschen.

Die geschuppten, ausgenommenen und gereinigten Karauschen bringt man mit einer Zwiebel in kochendem Wasser mit Salz, wovon sie aber nicht allzuviel vertragen können, auf das Feuer, kocht sie, bis sie oben schwimmen und servirt sie zierlich auf einer flachen Schüssel. Zur Bereitung der Sauce thut man recht frische Butter mit Mehl und Fischwasser, oder, wenn durch dies allein der Geschmack zu salzig werden sollte, mit noch etwas anderem Wasser auf das Feuer. Wie viel Butter man nehmen will, hängt vom Belieben ab; jedoch rechnet man auf 3 Pfd. Fische nicht weniger als $^1/_4$ Pfd. Butter; auch muß man es immer so einrichten, daß bei fortwährendem Rühren eine dickseimige Sauce entsteht. Während des Rührens zuckert man die Sauce nach Probe, giebt auch ein Stück Muskatblüthe daran, welches aber sogleich herauszunehmen ist, wenn die Sauce zu scharf danach schmecken werden sollte.

422. Gekochte Barsche.

Man schuppt und reinigt die Barsche auf die in Nr. 403 angegebene besondere Weise, nimmt sie aus und wäscht sie. Die kleineren läßt man ganz und kerbt sie ein, größere durchschneidet man ein- bis zweimal. Sodann bringt man sie in ziemlich stark gesalzenem, mit einer Zwiebel kochendem Wasser auf das Feuer, oder man salzt sie auch vorher eine Stunde lang ein, wobei jedoch immer noch nachgesalzen werden muß. Da der Barsch durch zu langes Kochen stets weichlich wird, so hat man dies mit besonderer Aufmerksamkeit zu vermeiden. Das vorherige Einsalzen macht ihn stets fester und blättriger, indessen wird das richtige Salzen dadurch schwieriger. Man reicht zum Barsch zerlassene Butter mit Meerrettig und gehackter Petersilie oder auch eine der Saucen in Nr. 239, 242, 254 oder 263.

Anm. Manche kochen den Barsch auch ungeschuppt; es ist indessen davon abzurathen, da dies den Wohlgeschmack des Fisches wenig oder gar nicht erhöht und das Abnehmen der kleinen Schuppen bei Tische sehr unangenehm ist.

423. Gestobte Barsche und Kaulbarsche.

Man wählt dazu entweder kleine Barsche oder auch Kaulbarsche, so groß sie zu haben sind. Dieselben werden nach Angabe in voriger Nummer geschuppt, gereinigt, und entweder eine Stunde vorher eingesalzen oder in gesalzenem, mit einer Zwiebel kochendem Wasser auf das Feuer gesetzt. Ferner bereitet man eine weiße Mehlschwitze, wobei man auf die Person 1 Loth Butter und auf 1/4 Pfd. Butter 1 Eßlöffel voll Mehl rechnet, und thut an dies Quantum einen gehäuften Eßlöffel voll gehackte Petersilie, nach Belieben eine Prise gestoßenen Pfeffer, und unter gutem Umrühren so viel Fischwasser, daß eine seimige Sauce entsteht, zu der man schließlich noch ein kleines Stück kalte Butter rührt. Diese Sauce wird sodann über die in eine tiefe Schüssel gelegten Fische angerichtet.

424. Blaugekochter Hecht.

Hiezu eignen sich am besten Hechte mittlerer Größe, d. h. von 2 bis 5 Pfd. Dieselben bleiben ungeschuppt, werden aber im Uebrigen nach Anweisung in Nr. 403 gereinigt. Die kleinen bleiben ganz und man biegt ihnen den Schwanz in das Maul, größere theilt man durch Querschnitte in Stücke, ganz große reißt man vorher nach der Anweisung in Nr. 414 auf, nach welcher sodann beim Kochen und Anrichten überhaupt weiter verfahren wird. Auch der Hecht verträgt nicht allzuviel Salz, nur eine kleine Hand voll auf den Pott Wasser. Als Sauce reicht man zerlassene Butter und Meerrettig nebst Essig oder auch eine Petersiliensauce nach Nr. 242.

425. Gestobter Hecht.

Man schuppt den Hecht, nimmt ihn aus, schneidet ihn in Stücke, wäscht ihn und läßt ihn eingesalzen eine Stunde stehen. Inzwischen läßt man so viel Wasser als nöthig ist, daß der Hecht davon bedeckt werde, mit einer Zwiebel und einem kleinen Lorbeerblatt durchkochen, salzt ein wenig, legt die Hechtstücke, nachdem man sie abgetrocknet hat, hinein und läßt sie in 10 Minuten bis 1/4 Stunde darin gar kochen. Ferner bereitet man eine weiße Mehlschwitze, indem man dabei auf 3 Pfd. Hechte 1/4 Pfd. Butter und einen gehäuften Löffel voll Mehl rechnet, womit man einen Löffel voll gehackter Petersilie durchschwitzen läßt. Hiezu giebt man von dem Fischwasser, rührt, bis eine seimige Sauce entsteht, legt in dieselben die Fische nebst Klößen von der Fischfarce in Nr. 36b und läßt Beides gut darin heiß werden, worauf man Alles zusammen in einer tiefen Schüssel anrichtet.

426. Gespickter Hecht.

Man nimmt die Kiemen aus dem Hechte und aus der dadurch entstehenden Oeffnung das Eingeweide, nachdem man das Darmende durch einen Einschnitt unter den unteren Bauchflossen gelöst hat. Das Ausweiden muß vorsichtig geschehen, damit der Fisch nicht gegällt werde. Sodann stutzt man die Flossen, schuppt den Hecht und häutet ihn ab, indem man die Haut mit dem Messer faßt und zur Zeit immer so viel davon abzieht, wie sich löst. Jetzt wird der Hecht in drei Reihen auf jeder Seite vom Kopfe nach unten zu sauber gespickt und ihm der Schwanz an's Maul befestigt. Inzwischen hat man, wenn der Hecht im Ofen bereitet werden soll, in einer Bratenpfanne, sonst in einer Tortenpfanne Butter braun gemacht. In diese legt man den Hecht mit dem Bauche nach unten und bräunt ihn unter fleißigem Begießen. Dann giebt man ein wenig Bouillon oder Wasser darunter, thut ein paar kleine Zwiebeln, 1 Lorbeerblatt und ein paar Körner Nelkenpfeffer dazu und läßt den Hecht darin unter fortgesetztem Begießen gar schmoren. So oft die Brühe zu sehr einschmort, muß Bouillon oder Wasser nachgegossen, auch, wenn man eine Tortenpfanne anwendet, auf dem Deckel derselben Kohlenfeuer unterhalten werden. Ist der Hecht gar, so macht man die Sauce mit Klarmehl seimig und übergießt ihn damit noch mehrere Male, damit er ein schönes glänzendes Aussehen erhalte. Er wird auf einer runden Schüssel servirt, etwas von der Sauce durch ein Sieb darüber, das andere daneben gegeben. — Die Leber wird mit dem Hechte zusammen gar geschmort; auch kann man die Sauce noch mit ein wenig Wein oder Citronensäure abschärfen.

427. Schüsselhecht.

Man schuppt einen nicht zu kleinen Hecht, reißt ihn auf, nimmt Eingeweide und Rückgrat heraus, schneidet ihn in Stücke und streut Salz über dieselben, nachdem man sie sauber gewaschen. Dann legt man auf eine halbtiefe Schüssel kleine Häufchen Butter, und auf jedes derselben ein Hechtstück, diese bestreut man mit Zwieback, Petersilie, Cappern, Chalotten, Pfeffer und Muskatnuß, Alles feingestoßen und feingehackt, und giebt Sardellenbutter dazu, legt auf jedes Fischstück wieder ein Klümpchen Butter und auf jedes derselben wieder ein Fischstück, bestreut dieselben wie vorher und wiederholt dies Verfahren, wenn noch Hechtstücke vorhanden sein sollten. Butter, Zwieback und Gewürze müssen dabei recht gleichmäßig vertheilt werden, so daß alle Hechtstücke davon gleichmäßig erhalten. Zu 3 Pfd. Hecht gehören $1/2$ Pfd. Butter, 3 Eßlöffel voll Zwieback, 1 guter Eßlöffel voll Cappern, eben so viel Sardellenbutter, $1/2$ Eßlöffel voll Chalotten, eben so viel Petersilie, 2 Messerspitzen voll Pfeffer und 1 Messerspitze voll Muskatnuß. Ist Alles so weit fertig, so gießt man so viel Bouillon oder Wasser nebst einem Glase Weißwein und dem Safte von 2 Citronen darunter, daß der Fisch bis zur Hälfte darin liegt und macht ihn in der dicht verschlossenen Schüssel unter öfterm Begießen auf Kohlenfeuer oder im Ofen gar. Sollte die Sauce zu sehr einschmoren, so muß man etwas Bouillon oder Wasser nachgießen. Der Hecht wird in derselben Schüssel servirt.

Anm. In derselben Art kann man auch Karpfen, Sandarte und Barsche auf der Schüssel dämpfen.

428. Farcirter Hecht.

Es eignet sich hiezu nur ein größerer Hecht von etwa 6 bis 8 Pfd. Man schuppt denselben, schneidet den Bauch zur Herausnahme der Eingeweide auf und führt den Schnitt bis etwa 1 Zoll oberhalb der Schwanzflosse fort. Nach gehöriger Reinigung trennt man, durch die gemachte Oeffnung mit dem Messer hindurchgehend, vorsichtig, damit die Haut nicht verletzt werde, den Rückgrat unmittelbar hinter dem Kopfe los, schneidet die Rippen der Länge nach vom Rückgrate und durchschneidet den Letztern noch einmal am Schwanze an derjenigen Stelle, wo die Fortsetzung des Bauchschnittes endet. Es wird der so vollkommen gelöste Rückgrat, nebst so viel Rippen, wie man, ohne den Fisch zu verletzen, fassen kann, herausgenommen, Schwanz- und Brustflossen werden gestutzt und die Kiemen entfernt. Sodann nimmt man von dem dicken Rückenfleische und ebenso von dem Fleische unterhalb des Bauches bis zum Schwanze so viel heraus, daß eine hinreichende Oeffnung zur Aufnahme der Farce entsteht, welche man nach Nr. 36h von diesem Fleische, von dem, welches man noch vom Rückgrat abschabt und von demjenigen eines kleineren Hechtes bereitet. Der eine Stunde vorher inwendig mit Salz eingeriebene Hecht wird mit dieser Farce gefüllt und zugenäht, der Schwanz wird ihm in's Maul gegeben und er wird, mit dem Bauche nach unten, in eine Braten- oder Tortenpfanne mit gebräunter Butter gelegt und mit geriebener Semmel und etwas Salz bestreut. Nachdem er unter häufigerem Begießen braun gemacht worden, giebt man etwas Wasser oder Bouillon darunter und läßt ihn langsam gar schmoren. Man giebt dazu eine Cappernsauce nach Nr. 239, bei deren Bereitung man die Brühe, in welcher der Hecht geschmort ist, mit benutzt.

Anm. Benutzt man eine Bratenpfanne, so wird der Hecht darin im Ofen gar gemacht, bei Verwendung einer Tortenpfanne muß auf dem Deckel derselben Kohlenfeuer unterhalten werden

429. Gekochte Schleihen

Die nach Angabe in Nr. 403 geschuppten und gereinigten Schleihen übergießt man mit Essig und reibt sie ein wenig damit, um sie von allem Schleime zu befreien. Sodann bringt man sie je nach der Größe entweder ganz oder in Stücke geschnitten, auch, wenn sie groß sind, vorher gerissen in kochendem Wasser auf das Feuer. Das Wasser muß reichlich gesalzen sein und vorher $^1/_4$ Stunde mit einer Zwiebel und ein paar Körnern schwarzen Pfeffer gekocht haben. Die in etwa 10 Minuten gar gewordenen Fische läßt man noch etwa eben so lange in der Brühe stehen, damit sie mehr Salz an sich ziehen. Man reicht dazu zerlassene Butter mit Meerrettig und Essig oder eine der Saucen in Nr. 242, 264, 266.

430. Gekochter Wels.

Der Wels wird geschuppt und ungeschuppt gekocht. Man bringt ihn in kaltem Wasser auf das Feuer, giebt Zwiebeln, Lorbeerblätter und Nelkenpfeffer nebst reichlichem Salz daran, läßt ihn darin gar kochen und nachher, damit er mehr Salz anziehe, noch 10 Minuten darin stehen. Als Sauce giebt man Butter und Meerrettig oder eine holländische Sauce. (Nr. 266.)

431. Gekochter Stör.

Das Fleisch des Stör hat bekanntlich mit mehreren andern Fleischarten Aehnlichkeit; das Mittelstück, dessen Geschmack dem des Kalbfleisches nahe kommt, ist das beste. Nachdem man Sehnen und Knorpel von den Fischstücken entfernt hat, werden dieselben gewaschen und in kaltem Wasser auf das Feuer gebracht. Kurz vor dem Kochen wird das Wasser abgegossen und neues kaltes mit etwas Essig und Zwiebeln, Pfeffer, einem Lorbeerblatt und hinreichend Salz darauf gegeben, in welcher Brühe der Fisch, nachdem er gar gekocht ist, noch 10 Minuten stehen bleiben muß. Man giebt dazu die Saucen in Nr. 251, 252 und 266.

432. Gekochte Quappen.

Die gehörig gesäuberten Quappen bringt man in kochendem Wasser auf das Feuer, welches mit etwas Essig, einer Zwiebel, ein paar Körnern Nelkenpfeffer und hinreichend Salz vorher $^{1}/_{4}$ Stunde gekocht hat. Die Quappen brauchen nur 5 bis 10 Minuten zu kochen bis sie gar sind. Man giebt dazu am besten eine Senfsauce nach Nr. **251** oder 252.

Anm. Ganz vorzüglich sind die Quappenlebern, die als Delicatesse gelten und auch für sich allein zu Ragouts Verwendung finden.

433. Gekochte Marenen.

Die Marene, ein Fischchen von der Größe eines kleinen Härings und von sehr festem, kurzem wohlschmeckenden Fleische, wird, nachdem sie nach Nr. **403** geschuppt, ausgenommen und gereinigt worden, in gesalzenem Wasser, welches mit einer Zwiebel kocht, auf das Feuer gebracht und darin recht langsam gar gekocht. Man giebt dazu eine Senfsauce oder eine holländische Sauce. (Nr. 251, 252, 266.)

434. Plötze und andere Weißfische.

Plötze und andere Weißfische schuppt und reinigt man nach Anweisung in Nr. 403, bringt sie mit einer Zwiebel in kochendem gesalzenen Wasser zu Feuer und läßt sie darin gar kochen. Man vermeidet es möglichst, die Plötze, auch wenn sie groß sind, zu durchschneiden; wegen der Weichheit des Fleisches fallen sie dann leichter auseinander und werden unappetitlich aussehen. Eine Sauce bereitet man regelmäßig aus einer weißen Mehlschwitze mit mehr oder weniger Butter, welche man mit Fisch- und so viel anderm Wasser, daß sie nicht zu salzig wird, seimig rührt, und ziemlich stark — ihrer Weichlichkeit wegen — pfeffert; man giebt indessen auch die Petersiliensauce in Nr. 242 dazu. Sind die Fische besonders klein, so pflegt man sie in der Sauce zu serviren.

435. Gebratene Flußfische.

Zum Braten in der Pfanne eignen sich außer den Fischsorten, bei welchen in den vorstehenden Nummern das Specielle darüber angegeben ist, besonders kleinere Fische, namentlich kleine Sandarte und Hechte (Grashechte), kleine Forellen, Barsche, Karauschen, Quappen, Marenen, Plötze und alle andern Arten Weißfische. Man verfährt beim Braten aller dieser Fische auf gleiche Weise. Nachdem sie nach der Anweisung in Nr. 403 vorbereitet worden, läßt man sie, ziemlich scharf gesalzen, je nach ihrer Größe eine halbe bis eine Stunde stehen, wäscht sie wieder ab und giebt sie zum Abtropfen auf einen Durchschlag. Sodann kehrt man sie in einer Mischung von Mehl, zerstoßenem Zwieback und ein wenig Salz um, hat man grade etwas Eiweiß vorräthig, so schlägt man dasselbe ein wenig und kehrt sie vorher auch darin um; nöthig ist dies aber nicht. Nachdem sie so panirt worden, brät man sie in hellbrauner Butter in der Art gar, daß man sie zuerst scharf anbraten und hernach langsam nachbraten läßt. Als Sauce giebt man nur die braune Butter, man kann aber für den häuslichen Tisch dieselbe auch dadurch verlängern, daß man etwas Mehl darin braun werden läßt und Wasser dazu rührt, bis eine seimige Sauce fertig ist, die man noch mit etwas Citronensäure oder Weinessig abschärft.

436. Gebratene Neunaugen, marinirt.

Man salzt die Neunaugen mit einer guten Handvoll Salz auf das Schock; sie müssen sich unter öfterem Umrühren darin todt laufen*) und hinterher noch ein paar Stunden einge-

*) Es ist dies freilich ein grausames, aber unvermeidliches Verfahren, da die Neunaugen ohne dasselbe den der Gesundheit schädlichen Schleim, welchen sie bei sich führen, nicht von sich geben.

salzen stehen. Sodann wäscht man sie und legt sie, nachdem man sie durch Oel oder geschmolzene Butter gezogen, auf einen durch Holzkohlen erhitzten Rost, auf welchem man sie eine halbe Viertelstunde auf der einen, eben so lange auf der andern braten läßt. Während dessen bestreut man sie schwach mit einer Mischung aus gestoßenen Gewürznelken und Pfeffer, und erhält das Feuer, welches nicht im Geringsten rauchen darf, durch Fächeln in Gluth; die Neunaugen gehen dabei stark auf und man muß, damit sie nicht platzen, mit einer Nadel wiederholt in dieselben hineinstechen. Die gar gebratenen und völlig kalt gewordenen Fische legt man in einen Steintopf oder Glashafen und übergießt sie mit einer Marinade von Essig, welcher mit Lorbeerblättern, Nelken und Nelkenpfeffer aufgekocht und gleichfalls völlig kalt geworden ist. Auf 1 Schock rechnet man 2 Pott Weinessig, 4 bis 5 Nelken und 12 Körner Nelkenpfeffer; von der Marinade muß nachgegossen werden, bis die Neunaugen nichts mehr davon aufsaugen, sondern damit bedeckt stehen bleiben; der Hafen ist verschlossen zu halten.

Anm. Will man die Neunaugen frisch verwenden, so kann man sie auch mit Mehl, worunter ein wenig von dem angegebenen Gewürz gemischt ist, panirt, in Butter braten.

B. Seefische.

437. Gekochter Dorsch.

Den nach Anweisung in Nr. 403 vorbereiteten Dorsch schneidet man in Stücke und läßt dieselben, ziemlich scharf gesalzen, 2 Stunden lang stehen. Dann wird er in kaltem Wasser mit einem Schuß Essig, einer Zwiebel und etwas Salz auf das Feuer gesetzt und, so schnell wie möglich, ins Kochen gebracht; er ist, nachdem er 10 bis 15 Minuten langsam weiter gekocht hat, gar, was man auch daran erkennt, daß er nicht mehr schäumt. — Da der Dorsch außerordentlich leicht auseinander fällt, so muß man beim Herausnehmen aus dem Kochgeschirr sehr vorsichtig sein und thut auf alle Fälle gut, beim Kochen den Nr. 403, Anm. 1, erwähnten Heber anzuwenden.

Man reicht dazu eine Senfsauce nach Nr. 251 oder 252 oder eine Travemünder Sauce nach Nr. 265.

Anm. 1. Das Einsalzen vor dem Kochen sollte man nie unterlassen, der Dorsch wird dadurch härter und blättriger.

Anm. 2. Liebt man die Senfsauce recht scharf, so kann man sie in folgender Weise bereiten. Man thut 4 Loth Senf, 1/4 Pfd. Butter mit 1/2 Theetasse Wasser zusammen in einen Topf und bringt dies unter sofort beginnendem Rühren ins Kochen, wo dann eine dickseimige Sauce entstehen muß. Sollte dies etwa nicht erreicht werden, so muß eine ganze Kleinigkeit kaltes Wasser nachgegossen und weiter gerührt werden; die Sauce darf bis zur Verwendung nicht zu heiß, sondern muß nur gut warm gestellt werden. Man kann sie überall verwenden, wo im Folgenden Senfsaucen angegeben sind. Statt derselben geschmolzene Butter und Senf zu reichen, ist in Mecklenburg nicht üblich.

438. Gekochter Kabeljau.

Man kann den Kabeljau, nachdem man ihn gereinigt und in Stücke zerschnitten, nach der Anweisung in voriger Nummer vor dem Kochen einsalzen und wieder abwaschen, oder auch ihn eine halbe Stunde lang in scharf gesalzenes kaltes, wenn möglich hartes Wasser legen. Sodann wird er mit reichlich Salz und einer Zwiebel in kaltem Wasser auf das Feuer und schnell ins Kochen gebracht, worauf er noch etwa eine viertel Stunde langsam weiter kochen muß. Der in zwei Theile zerhauene Kopf muß für sich allein gekocht werden, da er mindestens 5 Minuten mehr zum Garwerden bedarf. Man richtet den Kabeljau mit einer Cappern-, Sauerampfer-, Senf- oder Austernsauce an. (Nr. 239, 249, 251, 252, 257.)

439. Gekochter Schellfisch.

Man verfährt beim Schellfisch ganz wie beim Kabeljau, nur läßt man ihn kürzere Zeit, höchstens bis 10 Minuten, kochen; sonst wird er leicht weichlich. Erhält man den Schellfisch eingesalzen, was Zwecks des Versands geschieht, so wird er blos gereinigt und dann auf das Feuer gebracht; in diesem Falle muß man sich durch Probiren vom richtigen Salzen überzeugen. Am besten reicht man dazu die in der Anm. zu Nr. 437 beschriebene Senfsauce; jedoch passen auch die Saucen in Nr. 239, 251 und 252.

440. Gekochte Makrelen.

Man läßt die gereinigten Makrelen entweder ganz und krümmt ihnen den Schwanz in das Maul, oder man schneidet sie in Stücke. In beiden Fällen salzt man sie und übergießt sie mit Essig, läßt sie eine Stunde stehen und kocht sie sodann ganz nach der in Nr. 419 für den Sandart gegebenen Anweisung gar. Sollen sie warm gereicht werden, so giebt man dazu eine Senfsauce nach Nr. 251, 252, 437, oder eine der Saucen in Nr. 257 und 266; sollen sie dagegen kalt auf den Tisch kommen, so läßt man sie in der Brühe erkalten und reicht dazu eine Mayonnaisen- oder Remoladensauce nach Nr. 270 bis 274.

441. Gekochter Steinbutt.

Man reinigt den Steinbutt durch recht gründliches Schuppen, ohne jedoch die Steine herauszulösen, und nimmt ihn vorsichtig aus, worauf man ihn, ganz oder in Stücke geschnitten, in kaltem Wasser mit einer Zwiebel und mit einer Handvoll Salz auf den Pott Wasser zu Feuer bringt. Soll er ganz gekocht werden, so wendet man den Nr. 403, Anm. 1, erwähnten Heber an. Der Fisch muß schnell ins Kochen gebracht werden und langsam gar kochen, was bei der so sehr verschiedenen Größe des Fisches $^1/_4$ bis $^1/_2$ Stunde erfordert. Gar geworden, muß er noch eine Zeit lang in der Brühe nachziehen. Man giebt dazu eine Sauerampfer-, Krebs-, Austern- oder Buttersauce. (Nr. 249, 256, 257, 264.)

442. Gekochte Schollen.

Man reinigt die Schollen durch tüchtiges Schaben mit dem Messer auf beiden Seiten von Schuppen und Schleim, schneidet erst Bauch- und Schwanzflossen und sodann die Köpfe ab und nimmt aus der entstehenden Oeffnung die

Eingeweide nebst dem Blute heraus. Die kleinen Schollen läßt man ganz, die großen zerlegt man durch Querschnitte in Stücke, salzt sie ein, gießt etwas Essig darüber, und läßt sie so etwa eine Stunde stehen. Dann setzt man sie in Wasser, welches mit Salz und einer Zwiebel zum Kochen gebracht ist, auf das Feuer, giebt noch einen Schuß Essig daran, läßt sie kochen bis sie nicht mehr schäumen und nachher noch einige Minuten im Wasser nachziehen. Angerichtet werden sie mit einer weißen Cappernsauce, einer Buttersauce oder am besten mit einer holländischen Sauce. (Nr. 239, 264, 266.)

443. Gekochte Seezungen.

Nachdem man den Seezungen die Haut abgezogen hat, bereitet man dieselben vor und kocht sie im Uebrigen wie die Schollen, doch setzt man sie in kaltem Wasser auf das Feuer. Nach viertelstündigem Kochen sind sie gar und werden, nachdem sie noch einige Minuten im Wasser nachgezogen haben, mit einer Krebs-, Butter- oder holländischen Sauce (Nr. 256, 264, 266) angerichtet.

444. Gekochter Stockfisch.

Der Stockfisch wird vor der Bereitung 24 bis 48 Stunden in Wasser, welches während der Zeit mehrere Male durch frisches zu ersetzen ist, eingeweicht, sodann herausgenommen und mit dem Fleischklopfer tüchtig geklopft. Hierauf übergießt man ihn mit einer Lauge von Buchenasche, läßt ihn 12 Stunden darin und endlich noch wieder 24 Stunden in weichem Wasser, welches recht oft durch frisches ersetzt werden muß, liegen. Nach dieser Zeit sind die Fische weich und man zieht ihnen die schwarze Haut ab, stutzt die Flossen, schneidet sie in Stücke und bringt sie in kaltem Wasser mit Zwiebeln, einem Lorbeerblatt und einigen Körnern Pfeffer auf das Feuer und langsam zum Kochen. Sie sind zum Anrichten fertig, nachdem man sie einige Male hat überkochen lassen. Es wird dazu eine Senfsauce nach Nr. 251, 252, 437 oder eine Sauce à la Béchamel nach Nr. 259 gereicht. Sehr gut schmeckt dazu auch noch folgende Sauce: Mit 4 in Scheiben geschnittenen und in 6 Loth Butter weich geschwitzten Zwiebeln kocht man in $1/2$ Pott Bouillon oder Wasser etwa 4 Loth von den Abfällen des Fisches 10 Minuten lang. Dann giebt man die Brühe durch ein Sieb, eine Prise Muskatnuß und Salz daran, macht sie durch Hinzurühren von einer weißen Mehlschwitze von 2 Eßlöffeln voll Mehl seimig und quirlt sie endlich mit einigen Eidottern ab.

445. Gekochte Häringe.

Den nach der allgemeinen Anweisung in Nr. 403 gereinigten Häringen schneidet man, vom Bauche ausgehend, die Köpfe schräg nach oben hin so weit ab, daß man das Auge noch mit fortnimmt und entfernt unter Zurücklassung von Milcher und Rogen die Eingeweide aus der hiedurch entstandenen Oeffnung. Sodann wäscht man sie, stellt sie in kaltem Wasser mit Salz und einer Zwiebel auf das Feuer und bringt sie rasch in's Kochen. Sind sie ganz langsam gar gekocht, so richtet man sie mit einer Senf- oder holländischen Sauce an. (Nr. 251, 252, 437, 266.)

446. Häringe, in Marinade gekocht.

Mit 1 Pott Weinessig und $1/2$ Pott Wasser werden zwei mittelgroße eingekerbte Zwiebeln, 2 Lorbeerblätter, 12 Körner Nelkenpfeffer und so viel, nach der Anweisung in voriger Nummer vorbereitete, Häringe auf das Feuer gesetzt, daß dieselben eben von der Marinade bedeckt sind. Nun salzt man, jedoch nur schwach, bringt sie schnell in's Kochen und läßt sie langsam weiter brodeln, bis sie gar sind. Sind sie etwas verkühlt, so werden sie mit einem Schaumlöffel in einen Hafen gelegt, und die Marinade wird wieder darüber gegossen.

447. Gekochte Stinte.

Die durch Abwaschen in kochendem Wasser gesäuberten Stinte thut man in Wasser, welches mit Salz, einem Schuß Essig, einer Zwiebel und einigen Körnern Nelkenpfeffer zehn

Minuten lang gekocht hat, dann durch ein Sieb gegossen und wieder in's Kochen gebracht worden ist. Nach einigen Minuten sind die Fischchen gar. Sodann rührt man zu einem Gericht für 6 Personen 4 Eidotter mit einem gehäuften Theelöffel voll Mehl, 4 Loth Butter und $^1/_2$ Pott Milch zusammen und quirlt dies über dem Feuer bis kurz vor dem Kochen, wobei man eine kleine Messerspitze voll geriebener Muskatnuß und so viel Weinessig hinzuthut, daß die Sauce eben einen säuerlichen Geschmack annimmt. Mit derselben vermischt man endlich die auf einen Durchschlag abgetropften Stinte, läßt sie darin wieder bis kurz vor dem Aufkochen heiß werden und servirt sie damit in einer tiefen Schüssel.

448. Gebackene Stinte.

Die nach Angabe in voriger Nummer gereinigten Stinte überstreut man gut mit Mehl, wounter etwas feingestoßenes Salz gemengt worden und schwenkt sie gehörig damit um. Sodann thut man sie in eine Pfanne mit hellbraun gebratener Butter oder anderem guten Fett, wo sie nach kurzem Braten so an einander hängen, daß man sie nach Art eines Pfannkuchens umkehren und auch auf der andern Seite braun braten kann. Man läßt sie recht kroß braten.

449. Gebratene Schollen und Seezungen.

Schollen und Zungen werden nach den Anweisungen in den Nummern 442 und 443 vorbereitet; doch zieht man den Schollen die obere schwarze Haut, den Zungen die Haut auf beiden Seiten ab. Sodann besprengt man sie stark mit Salz und ein wenig mit Essig und läßt sie je nach ihrer Größe 1 bis 2 Stunden darin liegen; die kleinen bleiben ganz, größere durchschneidet man 1 bis 2 Male. Die wieder abgewaschenen Fische panirt man durch Umkehren in Mehl, welches zur Hälfte mit gestoßenem Zwieback und mit ein wenig feingestoßenem Salz vermischt ist, worauf man sie in hellbraun gemachter Butter auf hellem Feuer schnell gar brät. Man giebt entweder blos die Butter darüber oder läßt etwas

Mehl in derselben braun werden und rührt so viel Wasser dazu, daß eine seimige Sauce entsteht, die man noch mit etwas Citronensäure oder Weinessig abschärft. Auch kann man eine Sauce nach Nr. 239, 254 oder 256 dazu geben.

Anm. 1. Zum Paniren der Schollen ist ausgesiebtes Roggenmehl dem Waizenmehl vorzuziehen.

Anm. 2. Die Zungen sind auf alle Fälle abzuziehen; Manche unterlassen aber das Abziehen der Schollen, und doch werden sie dadurch weit appetitlicher und auch wohlschmeckender. Man bewerkstelligt es ganz leicht, indem man mit einem scharfen Messer unmittelbar über der Schwanzflosse einen Einschnitt macht, welchen man rechts und links nach oben zu ein wenig fortsetzt. Nachdem man hier die Haut gelöst hat, faßt man sie mit dem Messer und wickelt sie unausgesetzt um dasselbe, bis man an den Kopf gelangt ist.

450. Gebratene Häringe, frisch und marinirt.

Die nach der Anweisung in Nr. 403 vorbereiteten Häringe werden gut eingesalzen, nach etwa einer Stunde wieder abgewaschen, in einer Mischung von Mehl und gestoßenem Zwieback nebst ein wenig Salz umgekehrt und in hellbrauner Butter, der man auch gutes anderes Fett beimischen kann, über raschem Feuer gar gebraten. Will man nun die Häringe warm speisen, so bereitet man dazu eine Sauce nach Angabe in voriger Nummer, will man sie mariniren, so verfährt man nach der darüber in Nr. 436 für die Neunaugen enthaltenen Anweisung.

451. Gesalzene Häringe, gebraten.

Den Häringen wird, nachdem sie 24 Stunden in Milch gelegen haben, der Kopf nach Angabe in Nr. 445 abgeschnitten und Milcher oder Rogen wird herausgenommen. Sodann werden sie abgezogen, in eine dickflüssige Mischung, die von etwas Mehl, Eidottern und Wein, Alles gut durcheinander gerührt, bereitet ist, getaucht und in brauner Butter auf beiden Seiten gebraten.

452. Gebratene Häringe, marinirt.

Die Häringe werden 24 Stunden lang ausgewässert, wobei das Wasser öfters durch frisches ersetzt werden muß. Sodann legt man sie schichtweise in einen Steintopf oder Glashafen, einige Citronenscheiben dazwischen, und übergießt sie mit einer Marinade, die man bereitet, indem man zu 12 Häringen einen Pott Essig und Wasser — $^2/_3$ Essig, $^1/_3$ Wasser — mit 6 kleinen Zwiebeln, oder besser noch mit 12 Chalotten, 20 Körnern Nelkenpfeffer und 2 Lorbeerblättern in's Kochen bringt. Nach einmaligem Ueberkochen nimmt man den Essig vom Feuer, läßt Alles mit einander erkalten und giebt es über die Häringe, welche dann nach 24 Stunden zum Gebrauche gut sind.

453. Rohe Häringe eingemacht.

Man schuppt die Häringe, schneidet die Unterkiefern weg und zieht damit die Eingeweide heraus. Nachdem man sie sodann gehörig gewaschen, übergießt man sie mit kochendem Essig und Wasser, welches man, von jedem die Hälfte, mit Zwiebeln, reichlich gestoßenem Nelkenpfeffer und etwas schwarzem Pfeffer aufgekocht hat. Hierin müssen sie 2 bis 3 Stunden liegen, worauf man sie schichtweise in einen Steintopf oder Hafen legt, dessen Boden mit Lorbeerblättern, über die man eine Mischung aus grob gestoßenem Nelkenpfeffer, auch ein wenig schwarzem Pfeffer und gestoßenem Rosmarin nebst etwas Salz gestreut hat, bedeckt ist. Zwischen jede Schicht Häringe kommt wieder ein Lorbeerblatt und wird etwas von dem Gewürze gestreut; man schließt, nachdem man ein wenig von der Brühe, in welcher der Häring gelegen, darüber gegossen hat, mit einer Schicht Lorbeerblätter, legt einen Deckel oben drauf, beschwert ihn mit einem Stein und läßt die Häringe, so verschlossen, 14 Tage stehen, worauf sie zum Essen gut sind. Man reicht sie zum Frühstück mit Essig.

454. Hummer zu kochen.

Man reinigt die Hummer durch tüchtiges Abbürsten und Abwaschen, schließt ihnen die Afteröffnung mit einem zugespitzten Stückchen Holz und bringt sie in scharf kochendem, gut gesalzenem Wasser auf das Feuer. Je nach der Größe läßt man sie sodann **20** bis **40** Minuten langsam weiter kochen, gießt einen Schuß kaltes Wasser hinzu, nimmt sie vom Feuer und läßt sie noch 10 Minuten im Wasser verkühlen. Hat man sie herausgenommen, so reibt man sie, um ihnen ein glänzendes Aussehen zu geben, mit einer Speckschwarte, streckt sie auf einem Tische aus und beschwert sie bis zum gänzlichen Erkalten mit einem Brette. Um sie anzurichten, löst man die Scheeren vom Rumpfe, zerschneidet Letzteren sammt dem Schwanze, von der Spitze des Kopfes anfangend, der Länge nach in 2 Theile, knickt die Scheeren durch vorsichtiges Klopfen mit dem Hackbeil ein und legt Alles so zusammen, daß der Hummer sein ursprüngliches Aussehen wieder erhält. Der Bequemlichkeit der Gäste wegen kann man auch noch den Rumpf vom Schwanze trennen und Letztern durch Querschnitte in kleine Portionen zerlegen. Man reicht dazu die Mayonnaisensauce in Nr. 272, oder eine Remoladensauce nach Nr. 274.

455. Krebse zu kochen.

Die erst mit einem Quaste geschruppten und hinterher noch durch Abwaschen völlig gereinigten Krebse bringt man in gut, aber nicht allzu scharf gesalzenem kochenden Wasser, an welches man auf das Schock ein Stück Butter von 5 Loth und eine Hand voll Petersilie oder einen halben Eßlöffel voll Kümmel gegeben hat, auf das Feuer. Nach etwa viertelstündigem Kochen sind die Krebse gar und können mit dem Schaumlöffel aus dem Wasser genommen werden, oder auch noch darin stehen bleiben.

Anm. 1. Petersilie ist dem Kümmel vorzuziehen, da Letzterer den Krebsen stets etwas von ihrer Süßigkeit nimmt. Liebt man aber einmal den Geschmack des Kümmels, so muß man doch im Betreff der Quantität vorsichtig sein. Ebenso muß man sich hüten, die Krebse zu versalzen; zwei Hände voll genügen für ein Schock, wenn sie nicht sehr groß sind.

Anm. 2. Manche lieben es, die Krebse in einer Buttersauce gestobt auf den Tisch zu bringen. Man bereitet sie, indem man Butter mit etwas Mehl, feingehackter Petersilie und Kümmel in einem Topfe auf das Feuer bringt und so viel Krebswasser dazu rührt, daß eine schwach seimige Sauce entsteht, mit der man dann die Krebse durchstobt. Es schmeckt dies ganz gut, bleibt aber immerhin ein etwas schmieriges Essen.

456. Krabben zu kochen.

(Wismarsche Methode.)

Man bringt die gut gewaschenen Krabben in kochendem Wasser auf das Feuer und läßt sie 5 Minuten kochen. Sodann schüttet man sie auf einen Durchschlag und, nachdem sie etwas abgetropft sind, in kaltes Wasser, welches in einer Viertelstunde dreimal durch frisches ersetzt werden muß. Sind sie jetzt ganz erkaltet, so streut man das nöthige Salz darüber, schwenkt sie damit durch und wiederholt dies Durchschwenken von Minute zu Minute fünf bis sechs Male. Man muß vorsichtig salzen, da versalzene Krabben allen Geschmack verlieren und man bei dem angegebenen Verfahren immer noch nachsalzen kann.

457. Austern zu braten.

Die nach der Anweisung in Nr. 257 geöffneten Austern befreit man von den Bärten, löst sie vom Stuhl, wozu einige Uebung gehört, kehrt sie um und pinselt den etwa darauf befindlichen Schmutz mit einem in schwach gesalzenes Wasser getauchten Pinsel davon ab. Sodann bestreut man sie mit ein wenig feingestoßenem Zwieback, legt in jede ein Stückchen Butter und setzt sie in ihrer Schale auf eine glühende Platte. Sie sind nach kurzem Aufbrodeln in der Butter gut.

458. Kieler Pfahlmuscheln zu kochen.

Man reinigt die Muscheln nach der Anweisung in Nr. 122 und bringt sie in nicht zu scharf gesalzenem kochenden Wasser, in welches man eine eingekerbte weiße Zwiebel gelegt hat, auf das Feuer. Nachdem sie sich unter öfterm Umrühren Alle geöffnet haben, sind sie gar, werden mit dem Schaumlöffel herausgenommen und in einer tiefen Schüssel servirt. Zur Bereitung der Sauce schwitzt man Mehl in Butter nach Angabe in Nr. 20 — 2 Eßlöffel voll Mehl auf $^1/_2$ Pott Sauce — gießt unter fortwährendem Rühren das nöthige Muschelwasser dazu, schärft mit ein wenig Essig und quirlt das Ganze mit 2 Eidottern ab. Endlich rührt man noch eine Messerspitze voll feingestoßenen schwarzen Pfeffer dazu.

Anm. Ueber die Nothwendigkeit des Einlegens der Zwiebel vergleiche man die Anmerk. zu Nr. 122.

XII. Fleisch, Geflügel und Fische in Gelee.

159. Die Bereitung der Gelees.

Diejenigen Gelees, deren man sich theils zum Garniren, theils zur Aufbewahrung des Fleisches und der Fische, theils endlich zur Bereitung sogenannter Geleeschüsseln bedient, können auf verschiedene Weise hergestellt werden.

a. Man bringt 6 gründlich gereinigte Kalbsfüße mit 2 Pfd. Rindfleisch, 1 Pfd. Kalbfleisch und $^1/_2$ Pfd. Schinken, Alles in Stücke geschnitten, mit 6 Pott Wasser in einem emaillirten Kochtopf zugedeckt auf das Feuer. Sobald es zu kochen anfängt, schäumt man sorgfältig, nimmt nach einer Stunde das Fett ab und giebt das nöthige, jedoch nicht zu viel Salz, 1 Kopf Sellerie, 1 Mohrrübe, 1 Petersilienwurzel, 1 Bündchen Suppenkräuter, 1 Zwiebel, 8 Chalotten, 2 bis 3 Lorbeerblätter, 1 Muskatblüthe, einige Gewürznelken und einen Theelöffel voll Pfefferkörner daran. Während die Brühe langsam bis zur Hälfte einkocht, entfernt man alles sich noch ansammelnde Fett, gießt sie durch ein Sieb und läßt sie abkühlen, worauf man die oben entstandene Haut und den unten befindlichen Bodensatz wegschneidet. Hierauf bringt man die Gallerte mit einer halben Flasche Weißwein und, je nachdem man die Gelee mehr oder weniger sauer wünscht, $^1/_8$ bis $^1/_4$

Flasche Estragon-Essig (Nr. 6) wieder auf das Feuer und giebt unter langsamem Rühren das kleingeschlagene Weiße von 4 Eiern daran, rührt weiter und zieht es öfter in die Höhe, wodurch die Geleebrühe von trüben Theilen, die sich noch darin befinden, befreit wird. Zum Schlusse, und um sie vollständig klar zu machen, gießt man sie durch einen Geleebeutel. Es ist das ein Beutel von weißem Flanell, der nach unten spitz zuläuft und oben 2 Oesen hat, die, um ihn aufzuhängen, auf einen Stock geschoben werden. Fehlt es daran, so kann man sich auch einer Serviette bedienen, die vorher in kochendem Wasser ausgerungen werden muß.

Anm. 1. Soll diese Gelee zum Garniren von Braten oder zu großen Pasteten verwendet werden, wozu sie sich besser als jede andere eignet, so läßt man den Wein und den Essig weg, färbt sie dagegen ganz oder einen Theil derselben mit Zuckerfarbe, Cochenille oder Beetensaft braun oder roth.

Anm. 2. Diese von Kalbsfüßen rc. bereitete Gelee führt den Namen Aspic.

b. Zur Bereitung der Gelees bedient man sich ferner der Hausenblase, die freilich die feinsten Gelees liefert, aber auch das theuerste Bindungsmittel ist; von der besten Sorte gehören 2 Loth zu einem Pott Gelee. Man zerschneidet sie in kleine Stücke, nachdem man sie nöthigenfalls vorher weich geklopft hat, läßt sie etwa 12 Stunden in ein wenig Wasser weichen und sodann auf ganz schwachem Feuer langsam kochen, wo sie dann in etwa $^1/_4$ Stunde aufgelöst ist. Bei den hohen Preisen der Hausenblase verwendet man jetzt statt ihrer regelmäßig

c. die Gelatine, die im Handel in blaßgelben oder hellrothen Tafeln vorkommt. Man erkennt die Güte derselben an dem Grade der Klarheit; die rothe eignet sich besonders zu Wein-Gelees. Bei der Verwendung rechnet man auf 1 Pott Flüssigkeit, wenn dieselbe nicht schon von selber mehr oder weniger geleehaltig ist, wie z. B. Kalbfleischbrühe, $2^1/_2$ Loth, im Winter etwas weniger. Uebrigens muß man sich stets durch Probiren überzeugen, ob die Gelee den richtigen Grad der Festigkeit erhalten wird. Es geschieht dies, indem man von der Brühe ein wenig auf einen Teller gießt und schnell erkalten läßt. Die Gelatine wird zwecks ihrer Verwendung in kleine Stücke geschnitten und auf einer heißen Platte oder ganz schwachem Feuer in etwas Wasser — eine Theetasse voll auf **2** bis **2½** Loth — aufgelöst. Diese Auflösung gießt man zu derjenigen Flüssigkeit, welche in Gelee verwandelt werden soll und verfährt, um sie zu klären, dann weiter, wie unter a. angegeben ist.

460. Verfahren bei Herstellung einer zierlichen Geleeschüssel.

Von der in dickflüssigem Zustande befindlichen Geleebrühe gießt man ein wenig, so daß der Boden eben davon bedeckt wird, in eine mit Provence- oder Mandelöl bestrichene Geleeform und läßt es völlig erkalten. Sodann legt man darauf eine Verzierung von Citronenscheiben, eingemachten Gurken, Beeten, Petersilie, Cappern und hartgekochten Eiern in Form eines Sterns, einer Rosette, eines Kranzes u. dgl. und giebt hierüber wieder etwas von der Geleebrühe. Nachdem auch dies völlig erkaltet ist, legt man das zur Geleeschüssel Bestimmte darauf, gießt so viel Geleebrühe darauf, daß es ganz damit bedeckt ist, läßt Alles wieder erkalten und stürzt es endlich auf eine Schüssel. Sollte es sich nicht gut aus der Form lösen wollen, so muß man dieselbe erst ein ganz wenig über kochendem Wasser erwärmen.

461. Kalbfleisch in Gelee.

Ein Stück Kalbfleisch — es eignen sich dazu ganz gut die Vorblätter — wird in möglichst gleichmäßige Würfel geschnitten, die man mit ein paar Kalbsfüßen zusammen auf das Feuer und langsam in's Kochen bringt. Nachdem geschäumt worden, giebt man Gewürze nach Nr. **459a**, und das Doppelte von dem dort bemerkten Quantum Essig daran, nimmt das gar gewordene Fleisch aus der Brühe und verdickt diese, wenn sie noch keine gute Gelee liefern sollte, durch Einkochen. Sodann klärt man sie gleichfalls nach Anweisung in Nr. 459 a und verfährt weiter zur Herstellung der Schüssel nach Nr. 460.

462. Gans und Ente in Gelee.

Man knöchelt die Gans aus und verfährt weiter damit nach Nr. 51, füllt sie mit einer Farce nach Nr. 36 i, näht sie zusammen und giebt ihr so viel wie möglich ihre alte Form wieder. Sodann dämpft man sie in so viel schwacher Fleischbrühe, daß sie fast davon bedeckt ist und unter Hinzuthun der in Nr. 459 a angegebenen Wurzeln, Kräuter und Gewürze gar, läßt sie in der Brühe beinahe erkalten, nimmt sie aus derselben und stellt, nachdem man die Brühe durch ein Sieb gegossen, Beides für sich bis zum nächsten Tage zum völligen Kaltwerden hin. Alsdann nimmt man das auf der Brühe angesammelte Fett ab, gießt sie unter vorsichtiger Zurücklassung des Bodensatzes in ein anderes Gefäß und bereitet daraus unter Hinzugießen von 1/2 Flasche Weißwein und 1 Glas Estragonessig eine Geleebrühe nach Nr. 459 c. Nach geschehener Klärung derselben (459 a) verfährt man weiter nach Nr. 460, bereitet aber von der Gans 2 Geleeschüsseln, indem man sie zu diesem Zweck vorher der Länge nach durchschneidet und die Hälften mit dem Schnitte nach oben in die Geleeformen legt.

Mit einer Ente verfährt man ganz ebenso, doch liefert sie nur e i n e Geleeschüssel. Sie wird in passende Scheiben geschnitten, welche man vor dem Einlegen in die Geleeform wieder zu ihrer frühern Gestalt zusammen setzt. Es ist dies dem Einlegen der ganzen Ente vorzuziehen, da die Schüssel ihr Ansehen so besser conservirt.

Man reicht zu diesen Geleeschüsseln eine Mayonnaisen-Sauce nach Nr. 275; hat man dazu keinen Stand von Kalbsfüßen vorräthig, so kann man statt seiner auch von der Geleebrühe nehmen.

463. Puter und Kapaun in Gelee.

Man knöchelt den Puter aus und verfährt weiter damit nach Nr. 51, bereitet eine Farce nach Nr. 36 i und trägt davon in Fingersdicke auf den Puter auf. Vorher hat man geräucherten Schweinespeck, gar gekochte gesalzene Ochsenzunge und Pfeffergurken in möglichst gleichmäßige Streifen von guter Federkielsdicke geschnitten und bedeckt jetzt die Farce mit recht grade nebeneinander laufenden Streifen davon. Auf dieselben trägt man wiederum eine Schicht Farce auf und fährt so abwechselnd fort, schließt aber zuletzt wieder mit der Farce. Ist der Puter wieder zusammen genäht und in die rechte Form gebracht, so behandelt man ihn und verfährt überhaupt weiter nach der in Nr. 462 für die Gans gegebenen Anweisung. — Die dort für die Ente gemachte Bemerkung gilt hier auch für den Kapaun; auch für die Sauce gilt dasselbe.

464. Gebratene Rinderfilets, Wildbraten, sowie gebratene Tauben oder Küken in Gelee.

Man brät obiges Fleisch, Wild oder Geflügel ganz nach der darüber in Abschn. XIV. enthaltenen Anweisung. Nach vollständigem Erkalten schneidet man Filets und Wild in Scheiben, gut von der Dicke eines Messerrückens und legt dieselben so zusammen, daß die Braten ihre frühere Gestalt wieder erhalten. Küken und Tauben zerlegt man durch Längen- und Querschnitt in Viertel, die man gleichfalls wieder zusammensetzt. Aus diesen Filets u. s. w. bereitet man nun mit einer Gelee nach Nr. 459 a, bei welcher jedoch Wein und Essig wegzulassen sind, eine Geleeschüssel nach der Anweisung in Nr. 460. — Man kann dazu eine Citronensauce nach Nr. 269 reichen.

465. Fische in Gelee.

Zum Einlegen in Gelee eignen sich besonders unter den Süßwasserfischen: der Lachs, der Aal, die echte Muräne, die Forelle, der Brachsen und der Karpfen; unter den Seefischen die Makrele. Sämmtliche diese Fischarten werden zunächst so vorbereitet, wie in den betreffenden Nummern des vorigen Abschnitts angegeben worden, nur schneidet man, wenn eine Geleeschüssel bereitet werden soll, die Stücke etwas kleiner, beim bloßen Einlegen in Gelee ist dies nicht nöthig; Brachsen und Karpfen müssen stets geschuppt werden.

Die so vorbereiteten Fische salzt man eine Stunde vorher ein, wäscht sie wieder ab, und bringt sie in eine Brühe, zu deren Bereitung man ganzen Pfeffer, Citronenscheiben, Zwiebeln, ein paar Lorbeerblätter und etwas Salz hat eine Viertelstunde lang in Wasser auskochen lassen. Mit den Fischen zugleich giebt man so viel Essig, wie man Wasser verwandt hat zu der Brühe, von welcher jetzt im Ganzen so viel vorhanden sein muß, daß die Fische gut davon bedeckt sind. Nachdem Letztere bei langsamem Kochen darin gar geworden, nimmt man sie heraus und bereitet von der Brühe eine Gelee nach 459 c; nimmt indessen bei den an sich schon geleehaltigen Brachsen und Karpfen, wenn sie blos eingelegt werden sollen, 1 Loth, wenn sie zur Geleeschüssel bestimmt sind, ½ Loth Gelatine weniger, als dort angegeben worden; auch ist für das bloße Einlegen ein Klären durch Eiweiß nicht nöthig, es genügt, wenn man die Geleebrühe durch ein feines Sieb über die schichtweise, nach Belieben mit einigen Citronenscheiben dazwischen, in Glashäfen oder Fayence-Geschirre gelegten Fischstücke gießt. Sollen dagegen die Fische eine Geleeschüssel liefern, so klärt man die Geleebrühe nach Nr. 459 a und verfährt dann zur Bereitung der Schüssel nach Nr. 460.

XIII. Große Pasteten, Ragouts und Fricassees.

466. Der Teig zu Pasteten.

Bei Bereitung der großen warmen und kalten Pasteten kommt außer dem Butter- und Blätterteige, von welchem in Nr. 213 ausführlich die Rede gewesen ist, noch zur Verwendung:

a. Mürber Teig.

Zuthaten dazu sind: 1 Pfd. feines Waizenmehl, $1/2$ Pfd. Butter, 2 Löffel voll süßer Rahm oder Milch, 3 bis 4 ganze Eier und eine Prise Salz. Zur Bereitung schüttet man das Mehl auf ein Kuchenbrett, breitet es ein wenig aus, thut die Butter in Stücke von der Größe etwa eines Taubeneies zertheilt darüber, streut Salz darauf, schlägt die Eier daran und sprengt endlich Rahm oder Milch darüber. Sodann mengt man das Ganze mit einer kleinen Kelle gut durcheinander und bearbeitet es mit den Händen, bis Alles mit einander zu einem guten gleichmäßigen Teige verbunden ist; länger aber nicht, zumal nicht im Sommer, weil er sonst beim Ausrollen zwecks späterer Verwendung leicht bricht. Will man den Teig gern etwas blätterig haben, so kann man ihn auch nach der für den Blätterteig in Nr. 213 gegebenen Anweisung einige Male übereinander schlagen und ausrollen. Bis zu fernerem Gebrauche formt man aus dem Teige einen Klumpen oder eine Rolle.

b. Wasserteig.

Die Zuthaten dazu sind: 1 Pfd. Mehl, 5 Loth Butter, 2 Eidotter, ungefähr $1/4$ Pott Wasser. — Das anfängliche Verfahren mit Mehl, Butter und Eidottern ist wie das unter a. angegebene, und wird sodann, wenn Alles gut durcheinander gemengt ist, ganz allmälig unter fortwährendem Kneten das Wasser kochend dazu gegossen. Das Kneten wird fortgesetzt, bis der Teig eine völlig gleichartige Masse bildet; ob er die richtige Consistenz habe, erkennt man, wenn man ein wenig davon in der Art zwischen den Fingern kneipt, daß es in die Höhe zu stehen kommt. Bleibt dies dann stehen, so ist der Teig gut, sinkt es wieder zusammen, so ist er zu dünne und es muß noch Mehl dazwischen geknetet werden. Endlich formt man ihn in einen Klumpen, den man vor der weitern Verwendung, eingewickelt in ein reines Tuch, kalt werden läßt.

467. Blind gebackene Pastete von Blätterteig (Vol-au-vent).

Den nach der Anweisung in Nr. 213 bereiteten Blätterteig rollt man bis zur Dicke eines halben Zolles aus und schneidet daraus einen Boden, so groß, wie man die Pastete zu haben wünscht. Aus diesem Boden schneidet man, je nach der Größe desselben, 1 bis 2 Zoll von seinem Umringe entfernt, einen zweiten Boden und nimmt ihn heraus, so daß von dem ersten nur noch ein Ring übrig bleibt. Den herausgenommenen Boden knetet man mit dem sonst vorhandenen Teige zusammen und rollt das Ganze zu einer Platte von $^1/_2$ Zoll Dicke aus, aus welcher man wieder einen Boden von etwa $^1/_2$ Zoll größerem Durchmesser schneidet, als der erstere hatte. Diesen Boden legt man auf ein etwas mit Wasser befeuchtetes Backblech und bestreicht ihn mit klein gerührtem Eigelb, legt den Ring darauf, bestreicht auch diesen mit Eigelb und bringt den Vol-au-vent in einen ziemlich heißen Ofen, in welchem man ihn in etwa $^3/_4$ Stunden gar backt. Im Betreff des Bestreichens mit Ei und des Garbackens beachte man das in Nr. 213, Anm. 1 u. 2 Gesagte. Vor der Verwendung nimmt man den aufgegangenen Teig aus dem Innern des Vol-au-vent heraus, oder drückt ihn auch darin zusammen; Beides muß mit Vorsicht geschehen, damit der Boden nicht verletzt werde.

468. Blind gebackene Pastete von mürbem oder von Wasserteig.

Den nach der Anweisung in Nr. 466 a und b bereiteten mürben Teig oder Wasserteig rollt man bis zur Dicke eines halben Fingers aus und schneidet daraus einen Boden, so groß, wie man die Pastete zu haben wünscht. Den Rest des Teiges rollt man sodann in derselben Dicke zu solcher Länge und Breite aus, daß man daraus einen 6 Zoll breiten Streifen, der um etwa einen Zoll länger ist, als der Umfang des Bodens, ausschneiden kann. Sodann legt man den Boden auf ein mit Butter bestrichenes Kuchenblech und versieht ihn mit einem zollhohen Rande, was in der Weise geschieht, das man den Teig von der Mitte aus durch Drücken mit der Hand nach dem Umringe zu drängt und den sich dadurch dort ansammelnden Teig mit den Fingern in die Höhe kneipt. Nun schneidet man von dem erwähnten Streifen an beiden Enden den Teig in der Art schräge weg, daß, wenn man die Enden über einander legt, grade die sonstige Dicke des Streifens entsteht, legt denselben um den vorher auswendig mit klein gerührtem Eigelb bestrichenen Bodenrand, bestreicht auch die schrägen Enden des Streifens mit Eigelb, drückt sie gut an einander und endlich den Streifen selbst fest an den Bodenrand, was am leichtesten vermittelst der Zeigefinger geschieht. Die jetzt in ihrer Form fertige Pastete macht man mit einem passenden Instrumente, nöthigenfalls auch durch Kneipen mit den Fingern ringsum bunt und oben am Rande des Streifens zackig, überzieht letzteren auswendig mit klein gerührtem Eigelb, und umgiebt ihn, nachdem dasselbe getrocknet ist, mit gefettetem Papier, welches man mit einem Bindfaden darum befestigt. Endlich füllt man die Pastete mit Erbsen aus und backt sie in einem gut erhitzten Ofen gar, worauf man Papier, Bindfaden und Erbsen wieder entfernt.

A. Warme Pasteten.

469. Pastete von Kalbfleisch.

Man blanchirt eine Kalbsbrust und kocht sie in einer Braise nach Nr. 31 gar, aber nicht zu weich, läßt sie in der Braise etwas abkühlen, nimmt sie heraus, wickelt sie in ein Tuch und läßt sie, zwischen zwei Bretter gepreßt, ganz erkalten. Sodann zerschneidet man sie in möglichst gleichförmige Stücke von etwa 1 Zoll Länge und Breite und der halben Dicke eines Fingers, legt sie in einen emaillirten Kochtopf und fügt Champignons, Klöße von Fischfarce und von Kalbsmilch (Nr. 53 und 54), sowie in Scheiben geschnittene Kalbszungen, Alles vorher nach den betreffenden Anweisungen zubereitet und gar gemacht, hinzu. Ferner bereitet man zur Gewinnung von 1/2 Pott recht dickseimiger Sauce eine weiße

Mehlschwitze von 3 Eßlöffeln voll Mehl und 6 Loth Butter, gießt von der entfernten Braise das Nöthige durch ein Sieb dazu, thut 2 Gläser Weißwein daran, rührt dies zusammen über dem Feuer seimig, quirlt es mit 2 Eidottern ab und rührt endlich noch etwas Sardellenbutter und Citronensäure dazwischen. Diese Sauce, von der ein wenig mehr vorhanden sein muß, als nöthig ist, um Alles gehörig anzufeuchten, giebt man durch ein Sieb über die Fleischstücke und sonstige Zuthaten, welche man recht behutsam, aber gehörig damit durchschwenkt. Inzwischen hat man nach Nr. 36a auch eine Kalbfleischfarce, sowie nach Nr. 213 einen Butterteig und zwar von 1 Pfd. für 8 Personen angefertigt. Von der Farce trägt man auf eine flache mit Butter schwach bestrichene Schüssel so viel auf, daß sie bis dicht unter dem Anfange des Randes damit angefüllt ist und legt unter möglichst gleichmäßiger Vertheilung und nach der Mitte zu etwas erhöht, die, wie oben angegeben, zubereiteten Fleischstücke und sonstigen Zuthaten oben darauf; was sich von der dazu bereiteten Sauce am Boden des Geschirres etwa angesammelt hat, wird darüber gegossen. Endlich rollt man Butterteig bis zu halber Fingersdicke aus und schneidet zunächst einen oder mehrere Streifen von der Breite von 2 Fingern aus demselben heraus. Da dieselben nachher rund um den äußersten Rand der Pastete gelegt werden sollen, so hat man die dazu nöthige Länge des Streifens zu berechnen. Den Rest des Teiges rollt man sodann weiter bis gut zur Dicke eines Messerrückens aus, legt ihn über die zur Pastete bestimmte Schüssel, schneidet das Ueberhängende rund um bis unmittelbar an den Rand ab, bepinselt die ganze Decke leicht mit klein gerührtem Eigelb und legt endlich ringsum auf den Rand der Letztern die, wie oben bemerkt, ausgeschnittenen Teigstreifen, welche mit ihren Enden so an einander gedrückt werden müssen, daß sie einen zusammenhängenden Ring bilden. Zur Verzierung der nun zugerichteten Pastete sticht man aus den ganz dünn ausgerollten Teigresten Figuren, in der Gestalt von Sternen, Rosetten, Blättern u. s. w., legt diese geschmackvoll auf die Decke und bepinselt auch sie mit kleingerührtem Eigelb. Zum Schlusse wird die Schüssel auf einer mit Asche oder Salz bestreuten Blechplatte in den gut, jedoch nicht zu stark erhitzten Ofen gebracht und darin in $^3/_4$ bis 1 Stunde gar gebacken. Sodann servirt man die Pastete in der Schüssel, welche man, da sie selber zu heiß ist, auf eine zweite Schüssel stellt. Es wird dazu eine weiße Champignons- oder eine Austernsauce (Nr. 237 und 257) gereicht.

Anm. Im Betreff des Bepinselns mit Ei und des Backens beachte man das in Nr. 213 Anm. 1 u. 2 Gesagte.

470. Beefsteak-Pastete.

Zu einer für 10 bis 12 Personen reichenden Pastete nimmt man 2 Rinderfilets mittlerer Größe, schneidet fingerdicke Scheiben davon, bereitet dieselben nach der Anweisung in Nr. 294 zu Beefsteaks vor und brät sie auf beiden Seiten in brauner Butter etwa 2 Minuten. Ferner bereitet man eine Farce nach Nr. 36 b, zu welcher man auch die Abfälle von den Filets benutzen kann; das Quantum muß das Doppelte von dem dort angegebenen betragen. Endlich schneidet man Zwiebeln in nicht zu dünne Scheiben und schwitzt sie in Butter weich. Nun wird der Boden einer flachen Schüssel, wie in der vorigen Nummer angegeben, mit Butter und dann mit der Farce bestrichen und die Beefsteaks werden unmittelbar am Rande ringsherum darauf gelegt; den zwischen ihnen bleibenden Raum füllt man mit der Farce, den Raum in der Mitte aber mit den Zwiebeln aus, worauf man das Ganze noch einmal mit so viel Farce, daß Beefsteaks und Zwiebeln eben davon bedeckt sind, überzieht und dann mit der weitern Bereitung, namentlich mit dem Butterteige, ganz nach der Anweisung in der vorigen Nummer verfährt. Ist die Pastete aus dem Ofen genommen, so löst man den Deckel, indem man dicht am Rande der Schüssel ringsum unter demselben einen Schnitt thut, hebt ihn ab und übergießt die Pastete mit etwas brauner Kräutersauce nach Nr. 243. Von derselben Sauce reicht man nebenbei.

Anm. Sollten Beefsteaks übrig bleiben, was leicht möglich ist, wenn die Filets etwas groß sind, so legt man dieselben vor dem Ueberziehen mit der Teigdecke auf die in der Mitte befindlichen Zwiebeln; die Pastete wird dadurch in der Mitte erhöht, was ihr ein noch besseres Ansehen giebt.

471. Hühner- und Tauben-Pastete.

Für diese Pastete ist vor allen Dingen nöthig, daß das dazu verwandte Geflügel recht jung ist. (Vgl. Nr. 7.) Dasselbe wird nach Nr. 47 und 48 geschlachtet und gereinigt und nach Nr. 31 in einer Braise gar, aber auf keinen Fall zu weich gekocht. Nachdem es erkaltet, löst man das Brust- und das Keulenfleisch von den Knochen, zieht die Haut davon ab und schneidet es in hübsche, möglichst gleichförmige Stücke. Mit diesen, sowie mit der ganzen weitern Bereitung der Pastete verfährt man durchaus nach der in Nr. 469 für die Pastete von Kalbfleisch enthaltenen Anweisung.

Anm. Man rechnet auf 3 bis 4 Personen ein Huhn und auf jede Person eine Taube.

472. Zungen-Pastete.

Zu einer Pastete für 8 Personen genügt eine große Ochsenzunge. Dieselbe wird in möglichst wenig Wasser mit etwas Salz, 2 Lorbeerblättern, ein paar Gewürznelken und einigen Zwiebeln in 3 Stunden gar gekocht, worauf man sie in der Brühe abkühlen läßt, ihr die Haut abzieht und sie in Scheiben etwa von der Dicke eines Federkiels schneidet. Außerdem bereitet man eine Farce nach Nr. 36 b oder 36 i, (von dem in der letztern Nummer angegebenen Quantum die Hälfte) und von einem Drittheil derselben Fleischklöße nach Nr. 52, kocht auch ½ Pfd. Kastanien, befreit sie von der Schale und der Haut und brät sie leicht in Butter über. Die Hälfte der Farce streicht man auf eine mit Butter leicht bestrichene halbtiefe Schüssel, ordnet in aufrechter Stellung und gleichmäßiger Vertheilung Zungenschnitte, Fleischklöße und Kastanien oben darauf, wobei nach der Mitte zu eine Erhöhung gebildet werden muß, giebt etwas von der unten angegebenen Sauce und hierauf die übrige Farce darüber und bedeckt endlich das Ganze mit einem Deckel von Blätterteig nach Nr. 213, den man ringsum mit Streifen, in der Mitte mit einem Stern oder einer Rosette von demselben Teige verziert. Nachdem man diesen Deckel mit kleingerührtem Eigelb bestrichen, bringt man die Pastete in den gut erhitzten Ofen und backt sie in etwa $^3/_4$ Stunden gar. Die Sauce bereitet man, indem man eine hellbraune Mehlschwitze mit der Zungenbrühe seimig rührt, ein Glas Madeira oder Rothwein daran gießt und mit etwas Citronensäure, ein paar feingestoßenen Nelken und einer Probe Muskatblüthe würzt.

Anm. Liebt man die Kastanien nicht, so kann man sie auch weglassen, hackt dann aber nach Anweisung in Nr. 1 und 4 zubereitete Champignons oder Trüffeln zwischen die Farce, giebt auch davon in die Sauce.

473. Schinken-Pastete.

Man kocht ein Stück geräucherten Schinken, nachdem man es etwa 12 Stunden lang ausgewässert und dabei das Wasser mindestens einmal gewechselt hat, weich, nimmt es aus dem Wasser und läßt es abkühlen. Von diesem Schinken schneidet man 2 Drittheile, und zwar das schierste Fleisch, in möglichst gleiche, etwa zollgroße Stücke, den Rest hackt man und verwendet ihn zu der Farce in Nr. 36 i statt des dort angegebenen magern Schweinefleisches; auch kann man statt des Schweinefetts von dem Fett des Schinkens nehmen. Mit diesen Zuthaten verfährt man zur Herstellung der Pastete weiter nach der Angabe in voriger Nummer und bereitet eine seimige Sauce dazu, indem man zu der entsprechenden Quantität brauner Coulis in Nr. 231 über dem Feuer Bouillon nebst einem Glase Madeira rührt.

Anm. Zu 1 Pfd. Stücken von dem gekochten Schinken gehört nur die Hälfte der für die Farce in Nr. 36 i angegebenen Zuthaten.

474. Pastete von Wild.

Man verwendet dazu das Fleisch von einem Hasen oder ein schönes Stück aus der Keule eines Rehes. Ersteren bereitet man nach Angabe in nächstem Abschnitte vor und löst das Fleisch von den Knochen; die Rehkeule theilt man nach ihren Muskeln, die man einzeln sorgfältig enthäutet. Das so gewonnene Fleisch spickt man leicht über, läßt es ein paar Stunden in einer Marinade nach Nr. 33 liegen, schwitzt es in Butter halb gar, nimmt es heraus und läßt es erkalten. Ferner kocht man auf einen Hasen oder das gleiche Quantum Rehfleisch 10 Loth Trüffeln nach Nr. 4 in Wein oder Bouillon weich und bereitet eine Farce nach Nr. 36 e, zu welcher man die Fleischabfälle und, statt der dort angegebenen Champignons, die mit Butter feingestoßenen und durch ein Sieb gestrichenen Trüffelschalen verwendet. Mit dieser Farce bestreicht man in der Dicke eines Daumens den Boden eines nach Nr. 472 bereiteten, nur schwach gebackenen Vol-au-vent, legt von dem in gleichförmige Stücke geschnittenen Wildfleische so wie von den gleichfalls einmal durchgeschnittenen Trüffeln darauf, läßt wieder eine Schicht Farce folgen und fährt so fort, bis der Vol-au-vent bis einen kleinen Finger breit unter dem Rande gefüllt ist; man muß jedoch mit Farce schließen. Nun bringt man die Pastete, jedoch ohne das Papier von dem Vol-au-vent genommen zu haben, in den mäßig erhitzten Ofen und läßt sie in etwa einer Stunde gar backen.

Man reicht zu dieser Pastete eine Trüffelsauce nach Nr. 235, bei deren Bereitung man die Bouillon oder den Wein verwendet, worin die zur Pastete verwandten Trüffeln gar gekocht sind. Von letztern hat man darin das zur Sauce nöthige Quantum zurückgelassen.

475. Pastete von Federwild.

(Fasanen, Birkhühner, Rebhühner, Schnepfen, Krammetsvögel.)

Dem nach Nr. 47 und 48 gerupften und ausgenommenen Federwilde löst man die Brüste von den Knochen und dämpft dieselben in Butter halb gar. Das übrige Fleisch schabt man von den Knochen, hackt es fein und benutzt es zu einer Farce, die sonst ganz nach Nr. 46 a bereitet wird, nur daß man die Lebern und Herzen des Federwildes nebst ein paar Loth Trüffeln, Alles feingehackt, sowie den Fond, in welchem die Brüste gedämpft sind, daran giebt. Die Brüste zerschneidet man, nachdem sie erkaltet sind, in passende gleichförmige Stücke und verfährt sodann weiter mit der Bereitung der Pastete ganz nach der Anweisung in der vorigen Nummer.

Man reicht zu der Pastete eine Trüffelsauce, bei deren Bereitung man eine Jüs aus den abgeschabten Knochen des Federwildes benutzt. Es werden dieselben dazu zerhackt, in Butter braun geschwitzt und in ein wenig Bouillon eine Stunde lang ausgekocht. Vor der Verwendung muß die Jüs durch ein Sieb gegeben werden.

Anm. Verwendet man Krammetsvögel, so sind dieselben ebenso wie das andere Federwild auszunehmen.

476. Fisch-Pastete.

Auf die Person rechnet man $1/2$ Pfd. recht fleischige Fische, z. B. Hechte, Barsche oder Sandarte. Das dicke Fleisch derselben löst man von den Gräten und zerschneidet es in möglichst gleichförmige Filets, legt dieselben eine Stunde lang in eine Marinade von Essig, Oel, Petersilienkraut und ein wenig gestoßenem Pfeffer und schwitzt sie in Butter, bis sie beinahe, jedoch nicht ganz gar sind (d. h. 8 bis 10 Minuten). Außerdem schabt man diejenigen Fischtheile, die sich nicht zu Filets eignen, aus den Gräten und benutzt sie zur Bereitung einer Fischfarce nach Nr. 36 b, zu der man auf 1 Pfd. Fisch noch 2 Eßlöffel voll Sardellenbutter rührt, und giebt nun Fischfilets und Farce durcheinander, jedoch so, daß die Filets möglichst gleichmäßig vertheilt sind und nach der Mitte zu allmälig eine Erhöhung entsteht, auf eine flache, mit Butter leicht bestrichene Schlüssel. Die weitere Bereitung richtet sich nach der Anweisung für die Pastete von Kalbfleisch in Nr. 469. Ist die Pastete gar gebacken, so löst man den Deckel ab, indem man ihn rings um den Rand der Schüssel losschneidet, giebt etwas von einer nach Nr. 243 oder 254 bereiteten Kräuter- oder Sardellensauce über die Pastete, legt den Deckel wieder auf und servirt reichlich von der zum Uebergießen gewählten Sauce nebenbei.

477. Große Austern-Pastete.

Man marinirt und schwitzt Fischfilets nach der Anweisung in der vorigen Nummer und bereitet, wie dort angegeben, eine Fischfarce nach Nr. 36 b. Ein Drittel dieser Farce drückt man auf einem mit Mehl bestreuten Kuchenbrette bis zur Dicke eines Federkiels recht gleichmäßig platt und sticht oder schneidet davon kleine Scheiben von 1/2 Zoll Durchmesser aus. Die Austern befreit man von den Bärten, panirt sie und brät sie nach Anweisung in Nr. 457; sollte indessen dies Verfahren zu umständlich sein, so kann man sie auf schwachem Kohlenfeuer in Butter weich schwitzen. Gleichfalls panirt und brät man die, wie angegeben, bereiteten Farce-Scheiben, trägt sodann von der Farce einen Finger hoch auf den Boden einer flachen, leicht mit Butter bestrichenen Schüssel auf, legt auf diese Farce in gleichmäßiger Vertheilung die Austern, die Fisch-Filets und die gebratenen Scheiben von Fischfarce, beträufelt sie mit Citronensäure und verfährt dann weiter nach der Anweisung für die Pastete von Kalbfleisch in Nr. 469. Nachdem die Pastete gar geworden, löst man den Deckel durch einen Schnitt unterhalb desselben rings um den Rand der Schüssel, nimmt ihn ab, gießt über die Pastete ein wenig Austernsauce (Nr. 227), legt den Deckel wieder auf und servirt die übrige Sauce nebenbei.

Man rechnet bei dieser Pastete auf die Person 8 Austern, wovon 6 wie angegeben zubereitet, zwei für die Sauce zurückbehalten werden. An Fischen bedarf man zu den Filets und der Farce etwa 2 Pfd. für 5 Personen. Die übrigen Zuthaten nach dem an den betreffenden Stellen angegebenen Verhältnisse.

B. Kalte Pasteten.

Vorbemerk. Alle kalten Pasteten werden mit dem in Nr. 459 a beschriebenen Gelee — Aspic — garnirt zur Tafel gegeben.

478. Schinken-Pastete.

Ein Schinken von einem jungen Schweine wird 24 Stunden in lauwarmem Wasser unter wiederholtem Wechsel desselben ausgewässert, sauber abgeputzt und sodann nebst 2 bis 3 Pfd. Rindfleisch und 2 Pfd. Luftspeck unter Hinzuthun von Zwiebeln, Suppenwurzeln, Lorbeerblättern, Nelkenpfeffer und schwarzem Pfeffer in Wasser nebst 2 Flaschen Wein zu drei Viertheilen gar gekocht, wobei die Brühe bis zur Hälfte einkochen muß. Nachdem er in derselben abgekühlt ist, schneidet man das Fett bis zur Dicke eines Fingers davon ab und den Schinken selbst nach der Länge seiner Muskeln in große Stücke. Von 2 Pfd. derselben, dem mitgekochten Rindfleische und Speck nebst 2 Pfd. rohem Kalbfleische bereitet man sodann nach Nr. 36a, unter Hinzuthun einer verhältnißmäßigen Quantität der dort erwähnten Gewürze und sonstigen Ingredienzien und in dort angegebener Weise eine Farce. Ferner fertigt man nach Nr. 468 eine blind gebackene Pastete von Wasserteig an, bestreicht deren Boden mit einem Drittheil der Farce, legt den Schinken darauf, füllt die Zwischenräume und sodann die Pastete selbst so weit mit Farce aus, daß ein fingerbreiter Rand darüber stehen bleibt, und bedeckt sie mit einem Deckel, der mit einem Loch in der Mitte und einem Schornsteine darüber versehen ist. Letzterer, welcher etwa 2 Zoll hoch sein muß, wird durch Bestreichen mit Ei an seinem unten umgebenen Rande auf dem Deckel befestigt. Nachdem die Pastete bunt gemacht, der Deckel mit Sternen, Rosetten u. dgl. aus dem dünngerollten Teige verziert und Alles mit klein gerührtem Eigelb bestrichen ist, wird die ganze Pastete mit Papier, welches mit Butter gefettet ist, umwunden und zum Festhalten desselben mit Bindfaden bewickelt. In etwa 3 Stunden ist sie in einem gut erhitzten Ofen gar gebacken und es wird nun von der Schinkenbrühe, die inzwischen bis zum Safte eingekocht ist, durch den Schornstein darüber gegossen. Vor dem Gebrauche bestreicht man die Pastete noch mit Provence-Oel, was ihr ein blankes Ansehen giebt.

479. Wild-Pastete.

(Von Hirsch, Reh oder Hasen.)

Man nimmt vom Hirsche und Rehe Fleisch aus dem Rücken oder den Keulen, vom Hasen eignet sich nur das Rückenfleisch zur Pastete. Man schneidet dasselbe in recht gleichförmige Stücke von halber Handgröße, spickt sie und dämpft sie in Butter mit etwas Salz halbgar. Dann bereitet man eine Farce nach Nr. 36 e, zu welcher man geringeres Fleisch, beim Hasen namentlich auch das Keulenfleisch benutzen kann. Von zerquetschten Wildknochen und sonstigen Abgängen wird eine Brühe gekocht und dieselbe, nachdem man sie durch ein Sieb gegossen, mit dem Fond, in welchem das Fleisch gedämpft ist, ganz kurz eingekocht und nebst gehackten Trüffeln mit der Farce vermischt. Weiter verfährt man ganz nach der Anweisung in voriger Nummer, backt jedoch die Pastete nur zwei Stunden und übergießt sie, nachdem der Deckel vor dem Gebrauche vom Rande losgeschnitten worden, mit Aspic nach Nr. 459 a.

480. Geflügel-Pastete.

(Von zahmem und wildem Geflügel.)

Man bereitet eine Farce nach Nr. 36 a, nimmt jedoch dazu nur eine Hälfte Kalbfleisch, die andere Hälfte Schweinefleisch. Hat man nun großes Geflügel, so knöchelt man es nach Nr. 51 aus, durchzieht es mit Speckfäden, reibt es inwendig mit Salz ein, füllt es mit Farce nebst Trüffeln, näht es wieder zusammen und giebt ihm möglichst die ursprüngliche Form wieder. Kleinem Geflügel löst man die Brüste von den Knochen und dressirt sie zu hübscher, möglichst gleichmäßiger Form. Ist es so weit vorbereitet, so dämpft man es in Butter, bis es durch und durch steif ist, läßt es erkalten und befreit sodann die größeren ausgeknöchelten und mit Farce gefüllten Vögel von den Fäden. Von den zerquetschten Knochen kocht man eine ganz kurze Brühe und rührt dieselbe, nachdem man sie durch ein Sieb gegossen und mit dem Fond, in welchem das Fleisch gedämpft worden, vermischt hat, nebst den feingestoßenen Trüffelschalen zu der noch übrigen Farce, welche man, will man die Pastete recht fein haben, noch einmal durch ein Sieb rührt. Hierauf verfährt man mit dem Ganzen weiter nach der Anweisung für die Schinken-Pastete in Nr. 473, bedeckt jedoch die letzte Schicht Farce, bevor man den Deckel auflegt, mit Speckscheiben. Die Zeit, deren die Pastete bedarf, um gar zu werden, ist nach Art und Größe des Geflügels sehr verschieden; Tauben oder Rebhühner verlangen $1\frac{1}{2}$ bis 2, Puter $2\frac{1}{2}$ bis

3 Stunden. Kurz vor dem Garwerden gießt man ein Glas Madeira durch die Oeffnung des auf dem Deckel befindlichen Schornsteins auf die Pastete und nach dem Erkalten auf demselben Wege zerlassene Butter oder Schweinefett. — Vor dem Gebrauche schneidet man den Deckel herunter, entfernt Speckscheiben und Fett und übergießt statt dessen die Pastete mit Aspic nach Nr. 459 a.

481. Gänseleber-Pastete.

Zwei recht große oder drei kleinere Gänselebern bestreut man, nachdem man vorsichtig die Galle abgenommen, mit feingestoßenem weißen Pfeffer und legt sie 2 Stunden lang in Milch, welche während dieser Zeit einmal durch frische zu ersetzen ist, und darauf eben so lange in Wein, der aber nicht sauer sein darf. Während dessen kocht man 1 Pfd. nach Nr. 4 gereinigte Trüffeln in Madeira mit 4 Loth Butter und 4 Loth Schmalz weich, nimmt sodann das Fett sorgfältig ab und kocht es nebst noch 12 Loth Schmalz, einer Zwiebel, einigen Chalotten, ein paar Gewürznelken und etwas Estragon gut durch. Die aus dem Wein genommenen Lebern werden in Hälften oder Viertel geschnitten, mit etwa einem Viertheil der vorher in Scheiben geschnittenen und mit fein gestoßenem Salz und weißem Pfeffer bepuderten Trüffeln bespickt, in das Fett gebracht und darin etwa 10 Minuten unter öfterem Umkehren gedämpft, worauf man sie vom Feuer nimmt und in dem Fette verkühlen läßt. Nun bereitet man eine Farce von $^1/_2$ Pfd. Schweins- oder Kalbsleber, welche man nach Angabe in Nr. 36 g blanchirt und mit 5 Loth Gänseflohmen und einem Viertheil der Trüffeln recht fein zusammen hackt. Dazu rührt man einige Löffel des Weines, in welchem die Trüffeln gekocht, sowie das Fett, worin die Lebern gedämpft sind, würzt die Farce mit dem nöthigen Salz, etwas Muskatnuß, Gewürznelken, weißem Pfeffer und Estragon, Alles fein gestoßen und gerieben, und rührt so lange, bis sie dick ist. Mit dieser Farce bedeckt man den Boden eines irdenen, Fayence- oder Porzellantopfes einen Finger dick, giebt darauf eine Schicht von den

Lebern und den noch übrigen, in Scheiben geschnittenen Trüffeln, hierauf wieder eine Schicht Farce und so fort bis Alles eingelegt ist; den Schluß muß Farce bilden. Den gut verschlossenen Topf bringt man in kochendes Wasser, läßt die Pastete eine Stunde lang langsam kochen und sodann in dem Wasser abkühlen. Zeigt sich bei Abnahme des Deckels, daß sie nicht mit Fett bedeckt ist, so übergießt man sie mit dünn gemachtem Schweinefett und verschließt sie zu weiterer Aufbewahrung recht fest mit einer Blase.

482. Fisch-Pastete.

Zu einer kalten Fischpastete eignen sich alle in Nr. 476 angegebenen Fischarten, besonders der Sandart und der Hecht. Man schneidet 2 Pfd. davon aus den Gräten und in Filets von etwa halber Fingerslänge und Fingersbreite und legt sie eine Stunde lang in eine Marinade nach Nr. 33, worauf sie in Butter gedämpft werden, jedoch nur, bis sie hart sind. Ferner bereitet man eine Fischbrühe, indem man die zerhackten Gräten in $1/2$ Flasche Weißwein kocht, bis derselbe bis zur Hälfte eingekocht ist und rührt diese Brühe an eine Fischfarce, die im übrigen nach Nr. 36 b hergestellt wird, nur daß man doppelt so viel Butter und nur halb so viel Semmel als dort angegeben worden, dazu verwendet. Ist so weit Alles vorbereitet, so ordnet man das Ganze abwechselnd, mit der Farce beginnend und wieder damit schließend, in eine mit Butter ausgestrichene Pastetenform und läßt es im mäßig erhitzten Ofen in $1 1/2$ Stunden gar werden. Die Pastete wird, mit Aspic nach Nr. 459 a garnirt, auf einer flachen Schüssel angerichtet.

C. Ragouts.

483. Herstellung eines Teigrandes.

Die Ragouts werden häufig in einem Teigrande gegeben, welchen man aus dem Wasserteig, zu dessen Bereitung in

Nr. 466 b Anleitung gegeben ist, in folgender Weise herstellt. Man rollt den Teig in der Dicke eines Federkiels sehr lang aus, d. h. mindestens um ein Drittheil länger als der Umfang der Schüssel ist, welche das Ragout aufnehmen soll. Sodann schneidet man daraus 3 bis 4 daumenbreite Streifen, welche man eng in einander flicht und auf den innern Rand der Schüssel stellt. Der Schüsselrand muß mit klein gerührtem Eigelb bestrichen sein, an welches man die Flechte andrückt; eben so muß man die Enden, so weit sie beim Zusammendrücken über einander reichen, mit Eigelb bestreichen. Sobald der Rand auf der Schüssel steht, füllt man ihn mit Erbsen aus, bestreicht ihn auswendig mit Eigelb, umgiebt ihn, nachdem dasselbe getrocknet ist, mit gefettetem Papier, welches man mit Bindfaden darum befestigt und backt ihn im gut erhitzten Ofen gar. Nachdem er verkühlt ist, nimmt man die Erbsen heraus und Papier nebst Bindfaden ab.

484. Ragout von gekochtem Rindfleisch.

Man bereitet eine reichliche Sauce, indem man auf 1/2 Pott davon 2 Eßlöffel voll Mehl nach Nr. 20 in Butter, oder, wenn man grade davon vorräthig hat, in Rindfleischfett gelb schwitzt. Hiezu rührt man so viel Bouillon, wie man Sauce haben will, würzt mit einem Lorbeerblatt, einigen Körnern Nelkenpfeffer und, wenn es noch nöthig sein sollte, etwas Salz, gießt auf 1/2 Pott 1 bis 2 Eßlöffel Essig, am besten Estragon-Essig, dazu und süßt mit Zucker oder Sirup, bis eine dem Geschmack zusagende süßsäuerliche Sauce entsteht. In dieselbe legt man das in möglichst gleichförmige Scheiben geschnittene Rindfleisch und läßt es verdeckt neben dem Feuer gut damit durchziehen, bis es heiß ist. Kochen darf das Fleisch in der Sauce nicht, dies würde es trocken machen.

Uebrigens kann man auch, wie bereits in Nr. 279 erwähnt, ein Ragout bereiten, indem man die Rindfleischstücke in eine Zwiebelsauce nach Nr. 246 oder 248, eine Häringssauce nach Nr. 253, oder eine Sardellensauce nach Nr. 254 oder 255 legt und dann weiter, wie oben angegeben worden, verfährt.

485. Feines Ragout von Kalbsbraten.

Man schneidet einen recht saftigen Nierenbraten in feine, recht gleichförmige Scheiben, hackt dieselben ein wenig über und legt eine Schicht davon in eine mit Butter bestrichene Schüssel, deren Boden man mit kleinen Klümpchen gewöhnlicher Butter, vermischt mit 2 bis 3 Klümpchen Sardellenbutter, kleinen Scheiben von der Braten-Gelee und Viertel von Citronen-Scheiben belegt hat, die man mit feingestoßenem Weißbrod bestreut. Auf die Schicht Bratenscheiben läßt man wieder eine Schicht Butterklümpchen u. s. w. folgen und fährt so abwechselnd fort, bis man hinreichend hat, wobei man mit einer Schicht Butterklümpchen u. s. w. schließen muß. Hierauf deckt man die Schüssel zu und läßt den Inhalt verdeckt $1/_4$ Stunde lang auf ganz schwachem Kohlenfeuer durchschwitzen, worauf man die Schüssel, auf eine andere gestellt, servirt.

Anm. Bei Wahl der Schüssel muß man vorsichtig sein, da dieselbe leicht auf dem Feuer zerspringt. Sie ist dem weniger ausgesetzt, wenn man das Ragout in einem nicht stark geheizten Ofen schwitzen läßt.

486. Gewöhnliches Ragout von Kalbsbraten.

Es wird zu einer Mahlzeit für 8 Personen folgende Sauce bereitet: Man schwitzt 4 Eßlöffel voll Mehl nach Nr. 20 in 8 Loth Butter braun und einen Eßlöffel voll gehackte Zwiebeln darin weich. Hiezu gießt man 1 Pott Bouillon, unter Hinzuthun von einer Messerspitze voll geriebener Muskatnuß, eben so viel fein gestoßener Gewürznelken und einer Prise Salz, wozu man noch den Saft einer halben Citrone durch ein Sieb giebt. Das Ganze wird zu einer seimigen Sauce gerührt, in welche man die nach Angabe in voriger Nummer zubereiteten Bratenscheiben legt und kochend heiß werden, jedoch nicht wirklich kochen läßt. Das Ragout wird mit der Sauce in einer vertieften Schüssel angerichtet.

487. Ragout von Hammelbraten.

Man bereitet nach den Maßverhältnissen in der vorigen Nummer eine Mehlschwitze, in welcher man ebenfalls einen Eßlöffel voll fein gehackte Zwiebeln weich schwitzt. Weiter verfährt man mit der Bereitung der Sauce ebenfalls nach der dortigen Anweisung, nur giebt man statt der Muskatnuß fein gestoßenen Pfeffer und statt der Citronensäure 2 Eßlöffel voll Estragon-Essig nach Nr. 6 dazu. In diese Sauce legt man den in hübsche Scheiben zerschnittenen Braten und läßt ihn ein paar Minuten leicht damit durchschmoren, worauf man das Ganze in einer vertieften Schüssel servirt.

488. Ragout von Hammelbraten anderer Art.

Man bereitet dazu eine Gurkensauce nach Nr. 238, in welche man die Bratenscheiben legt, sobald sie fertig ist. Weiter verfährt man ganz nach der Angabe in voriger Nummer.

Man kann das Ragout auch in einer braunen Champignonsauce nach Nr. 237 oder in einer braunen Cappernsauce nach Nr. 240 bereiten und durch Hinzuthun von gekochten und in Scheiben geschnittenen Hammelzungen feiner machen.

489. Feines Ragout von Kalbszungen.

Man kocht 3 Kalbszungen in Bouillon mit 8 Körnern Nelkenpfeffer, einer Zwiebel und einem Lorbeerblatt beinahe gar, zieht die Haut ab, legt sie wieder in die Brühe, bringt diese auf's Neue zum Kochen und läßt die Zungen, wenn sie vollends gar geworden sind, darin kalt werden. Ferner blanchirt, reinigt und kocht man eine Kalbsmilch nach Nr. 54 und 207. Zungen und Kalbsmilch schneidet man in Scheiben von der Dicke eines Messerrückens. Außerdem bereitet man Fleischklöße von der Farce in Nr. 36 a, oder Fischklöße von der Farce in Nr. 36 b und macht sie nach Anweisung in Nr. 52 in 6 Loth hellbrauner Butter gar. Endlich reinigt und kocht man noch 3 Loth Morcheln nach Nr. 3. Ist Alles so weit vorbereitet, so schwitzt man 3 Eßlöffel voll Mehl in der Butter, in welcher die Klöße gar gemacht sind, rührt davon mit der Bouillon, in welcher die Zungen, nebst derjenigen, in welcher die Morcheln gekocht sind, eine seimige Sauce, giebt dieselbe durch ein Sieb, würzt sie noch mit einer Messerspitze voll Muskatnuß und der Säure von $^1/_2$ Citrone, legt Klöße, Morcheln, Zungen- und Milchfleischscheiben hinein, und läßt dies zusammen neben dem Feuer in der Sauce heiß werden und damit durchziehen. Das Ragout wird auf einer Schüssel in einem Teigrande nach Nr. 483, oder auch auf einer tiefen Schüssel servirt und im letztern Falle obenauf und ringsum mit Florents (Nr. 213 a. E.) garnirt.

490. Feines Ragout von Hirsch oder Reh.

Das zum Ragout bestimmte Hirsch- oder Rehfleisch wird vom Rücken oder aus der Keule genommen, nach gehöriger Vorbereitung entweder nach den Anweisungen im nächsten Abschnitte gebraten, oder in einer Braise (Nr. 31) gar gemacht, und nachdem man es hat erkalten lassen, in recht gleichförmige Stücke geschnitten. Die Zunge wird gleichfalls in einer Braise gar gemacht, nach dem Erkalten abgezogen und in schräge Scheiben zerschnitten. Sodann bereitet man nach Nr. 235 oder 237 eine Trüffel- oder Champignonsauce unter Zuhülfenahme der Wildfleischabfälle zu der dazu nöthigen Brühe, schärft sie noch mit etwas Sardellenbutter und einem Löffel voll Estragon-Essig ab, giebt sie durch ein Sieb zu den Fleischstücken nebst den Trüffeln oder Champignons und läßt diese noch ein paar Minuten damit durchkochen. Das Ragout wird in einem Teigrande oder in einer tiefen Schüssel servirt und im letztern Falle mit Citronenscheiben garnirt.

491. Einfaches Ragout von Wild.

Dasselbe wird von den Theilen des Wildes bereitet, welche nach Abnahme des Ziemers, der Keule und der Blätter noch übrig bleiben. Man zerschneidet jene Theile in möglichst gleiche Stücke mittlerer Größe, welche man nach gehöriger Reinigung in kaltem Wasser auf das Feuer bringt. Hat man gehörig geschäumt, so gießt man ein paar Eßlöffel voll Essig auf den Pott Wasser dazu, giebt auf dasselbe Quantum eine Zwiebel, 1 Lorbeerblatt, 8 Körner Nelkenpfeffer und ein Bund Suppenkräuter nebst etwas Majoran und Thimian, sowie das nöthige Salz daran, und läßt das Fleisch darin gar kochen, was beim Rehfleisch etwa eine Stunde, beim Hirschfleisch etwa $1^1/_2$ Stunde erfordert. Sodann bereitet man eine braune Mehlschwitze von 2 Eßlöffeln voll Mehl auf den Pott Brühe, giebt letztere, nachdem man das Fleisch herausgenommen, durch ein Sieb daran und rührt über dem Feuer eine seimige Sauce daraus, die man noch mit gestoßenen Gewürznelken und einem Glase Wein verbessern kann. In diese Sauce legt man das Fleisch wieder hinein und läßt es damit noch 10 Minuten lang durchkochen. Das jetzt fertige Ragout wird mit der Sauce in einer tiefen Schüssel angerichtet.

492. Ragout von Wildschwein.

Das Ragout von Wildschwein wird im Uebrigen nach der Anweisung in der vorigen Nummer bereitet, doch ist es dabei nothwendig, an den Pott Sauce mindestens ein Glas Rothwein zu geben, auch färbt man sie, da sie recht braun geliebt wird, vorsichtig mit ein wenig nach Nr. 34 bereiteter Zuckerfarbe.

493. Mock-Turtle-Ragout.

Man löst nach Anweisung in Nr. 120 von einem Kalbskopfe das Fleisch ab, spaltet den Kopf, nimmt das Gehirn heraus, schneidet die Ohren ab, löst die Zunge aus, reinigt Alles und macht es gar, wie dort angegeben worden. Ferner wird eine Kalbsmilch nach Angabe in Nr. 207 gekocht, künstliche Schildkröten-Eier werden nach Nr. 119 a. E. bereitet, Champignons nach Nr. 1 gereinigt und in Butter geschwitzt, sowie endlich Klößchen von der Farce in Nr. 36 a oder 36 f nebst $^1/_2$ Pfd. Saucischen, wie sie vom Fleischer kommen, in

Butter hellbraun gebraten. Kopffleisch und Ohren werden nach gehöriger Erkaltung in entsprechende, recht gleichförmige Stücke und eben so die Zunge und die Kalbsmilch in Scheiben geschnitten; letztere werden panirt und in Butter hellbraun gebraten. Ist Alles so weit fertig, so bereitet man, je nach Größe des Kalbskopfes, von mehr oder weniger brauner Coulis (Nr. 231) eine Sauce. Man verkocht dazu die Coulis mit so viel von der durch ein Sieb gegossenen Kalbskopfbrühe nebst 1/2 bis 3/4 Flasche Madeira, ein wenig Zucker und einer Messerspitze voll Cayenne-Pfeffer, daß die Flüssigkeit dickseimig, jedoch nicht breiig wird. Mit dieser Sauce vermischt man sämmtliche, oben erwähnte Ingredienzien, macht das Ragout auf schwachem Feuer gehörig heiß und servirt es in einer tiefen Schüssel, mit einer Garnitur von Florents nach Nr. 213 a. E., von in Scheiben geschnittenen hartgekochten Eiern und von in Scheiben geschnittenen Zwiebeln, welche in kleingerührtem Ei und zerstoßenem Zwieback panirt und in Butter hellbraun gebraten sind.

D. Fricassees.

494. Einfaches Fricassee von Kalbfleisch.

Man blanchirt für 8 Personen ein Stück Kalbfleisch von 4 Pfd., zerlegt es in beliebige Stücke und bringt es mit so viel kaltem Wasser auf das Feuer, daß es eben davon bedeckt ist. Nachdem man gehörig geschäumt hat, giebt man ein Stück Butter, eine Zwiebel, Suppenwurzeln und das nöthige Salz daran und läßt es 2 Stunden lang kochen. Sodann gießt man die Brühe durch ein Sieb zu einer weißen Mehlschwitze von 3 Eßlöffeln voll Mehl und 6 Loth Butter, rührt davon eine Sauce, die man mit etwas Citronensäure abschärft, giebt das Fleisch wieder hinein und läßt es darin vollends gar kochen. Manche lieben es, auch die Petersilienwurzeln und den Sellerie wieder zu dem Fricassee zu legen, auch kann man, um dasselbe zu verfeinern, es mit vorher gar gekochten Fleischklößen nach Nr. 52 anrichten, oder es mit Florents nach Nr. 213 a. E. garniren.

495. Besseres Fricassee von Kalbfleisch.

Kalbfleisch, am besten von der Brust, wird in möglichst gleichförmige Stücke geschnitten, zu welchem Zwecke man es vorher blanchirt (Nr. 30). Hierauf kocht man dasselbe halb gar und hält dabei die Brühe, an welche man auf 3 Pfund Fleisch neben dem nöthigen Salz 2 Zwiebeln, 3 Petersilienwurzeln und 1 Kopf Sellerie giebt, möglichst kurz. Inzwischen bereitet man eine weiße Mehlschwitze von 2 Eßlöffeln voll Mehl und 6 Loth Butter, und giebt von der entfetteten Fleischbrühe so viel daran, daß sich eine reichliche seimige Sauce daraus rühren läßt, in welcher das Fleisch vollends gar gekocht wird. Letzteres wird sodann herausgenommen, die Sauce mit dem Saft einer halben Citrone abgeschärft, mit 2 Eidottern abgequirlt, durch ein Sieb wieder auf das Fleisch, zu welchem man noch Fleisch- oder Fischklöße nach Nr. 52 oder 53 gelegt hat, gegeben und damit gehörig vermischt. Das Fricassee servirt man, nachdem man es auf schwaches Kohlenfeuer, oder besser in kochendes Wasser gestellt und durch und durch hat heiß werden lassen, in einer tiefen Schüssel und garnirt es mit Florents (Nr. 213).

496. Feines Fricassee von Kalbfleisch mit Blumenkohl und Spargeln.

Zu einem Fricassee von 4 Pfd. aus einer Kalbsbrust bereitet man mit der Brühe, in welcher nach Anweisung in der vorigen Nummer das zerschnittene und blanchirte Fleisch gar gekocht ist, nach Nr. 8 Krebsbutter von 1/2 Schock Krebsen. In derselben schwitzt man 6 Eßlöffel voll Mehl weiß und rührt von der bei Bereitung der Krebsbutter benutzten Brühe so viel dazu, daß eine seimige Sauce entsteht. Ferner bereitet man Klöße und gefüllte Krebsnasen nach Nr. 121, kocht die Röschen, in welche man ein paar Köpfe Blumenkohl zerlegt hat, so wie in Stücke zerschnittenen Spargel, Beides, nachdem es nach den Anweisungen in Nr. 363 und 370 vorbereitet worden, in Wasser mit nicht zu viel Salz gar, jedoch nicht zu weich, bricht die Krebsschwänze aus den Schalen und legt dies Alles zu den Fleischstücken. Ueber das Ganze giebt man sodann die Sauce, vermischt es gehörig damit und läßt es, über schwaches Kohlenfeuer oder in kochendes Wasser gestellt, durch und durch heiß werden. Das in einer tiefen Schüssel angerichtetete Fricassee garnirt man mit Florents (Nr. 213 a. E.), oder mit den zu dem Zweck zurückgelassenen und heiß gehaltenen gefüllten Krebsnasen, die man vorher der Länge nach durchschneidet.

497. Fricassee von Lammfleisch.

Hiezu eignet sich am besten eine Lammsbrust. Man haut dieselbe in portionsmäßige Stücke, welche man ganz schwach mit Mehl bestreut und unter Hinzuthun von ein paar Petersilienwurzeln und zerschnittenen Zwiebeln ringsum, jedoch nur leicht in Butter anschwitzen läßt. Sodann gießt man so viel leichte Bouillon über das Fleisch, daß es eben davon bedeckt ist, thut ein paar Gewürznelken, etwa 2 auf das Pfund Fleisch daran und läßt es gar kochen. Ist es so weit, so bereitet man nach Nr. 20, unter Hinzuthun von etwas Petersilie, eine weiße Mehlschwitze von 4 Eßlöffeln voll Mehl auf den Pott Brühe und rührt davon mit Letzterer eine seimige Sauce, die man noch mit einer Messerspitze voll Muskatnuß würzt. In diese Sauce legt man das Lammfleisch nebst Klößen von der Farce in Nr. 36 a, läßt Alles zusammen auf schwachem Feuer gut heiß werden und durchziehen und richtet es in einer tiefen Schüssel an.

498. Einfaches Fricassee von Geflügel.

(Hühner, Tauben und Küken.)

Vorbem. Wie viel man von obigem Geflügel zu einer Mahlzeit für die Person rechnet, ist im Abschn. I. Nr. 5 angegeben.

Man kocht das Geflügel, nachdem es nach Nr. 47 und 48 vorbereitet worden, mit Suppenwurzeln und dem nöthigen

Salz in recht kurzer Brühe gar, jedoch nicht zu weich, damit es beim Tranchiren nicht zerfalle. Nachdem man es hat abkühlen lassen, zerschneidet man es in folgender Weise: Beim Huhn werden die Brüste von den Knochen gelöst und jede einmal durchschnitten; Keulen und Flügel trennt man vom Rumpfe und durchschneidet sie im mittlern Gelenke, endlich trennt man das untere Ende des Rumpfes, sowie auch den Hals ab, und durchschneidet Letzteren noch einmal. Große Küken schneidet man in Viertel, kleine, sowie auch Tauben, in Hälften. Inzwischen hat man von der Brühe, in welcher das Geflügel gekocht ist, mit einer nach Nr. 20 bereiteten weißen Mehlschwitze von 2 Eßlöffeln voll Mehl auf 1/2 Pott, unter Hinzuthun von einem halben Glase Weißwein und dem Safte einer halben Citrone, eine seimige Sauce gekocht, in welche man, nachdem man sie noch mit 2 Eidottern abgequirlt hat, die Geflügelstücke legt. Man läßt dieselben auf schwachem Feuer darin gut heiß werden und damit durchziehen und servirt sodann das Ganze in einer tiefen Schüssel. — Will man das Fricassee etwas feiner haben, so kann man auch Klöße von der Farce in Nr. 36 f dazu geben und es mit Florents nach Nr. 213 a. E. garniren.

499. Feines Fricassee von Geflügel.

Man bereitet das Geflügel, zerlegt und kocht es ganz nach Angabe in der vorigen Nummer, nach welcher man auch im Uebrigen weiter verfährt, nur daß man bei einem Hühner-Fricassee von den zugerichteten Fleischstücken vor deren weiterer Benutzung die Haut abzieht und zu dem Fricassee noch Champignons und Austern verwendet, welche Letztere von ihren Bärten befreit und noch vor den Fleischstücken in die Sauce gelegt werden. Von den nach Nr. 1 in Butter eingemachten Champignons schmilzt man vorher die Butter ab und verwendet Letztere bei Bereitung der Mehlschwitze; sind sie in Blechdosen eingemacht, so thut man sie so, wie sie aus der Dose kommen, an das Fricassee. An die Sauce giebt man auch noch etwas Wein oder Bouillon, nachdem die Bärte der Austern darin ausgekocht worden sind. Endlich ist das Hinzuthun von Fleischklößen aus der Farce in Nr. 36 f, die man am besten als Kneffs nach Nr. 37 dressirt, unerläßlich. Das Fricassee wird in einer runden Porzellan-Schüssel mit einem hübsch verzierten Deckel von Butterteig servirt, welchen man nach Nr. 213 vorher in entsprechender Größe auf einem runden, mit Butter bestrichenen Bleche gebacken hat.

XIV. Braten.

500. Allgemeine Unterweisungen*).

Zu keiner Fleischspeise ist gutes Fleisch ein dringenderes Erforderniß, als gerade zum Braten; es wird hier deshalb zunächst auf dasjenige verwiesen, was in Abschn. I. Nr. 7 über die Kennzeichen für die Güte des Fleisches gesagt ist.

Man hat nun, von dem bei uns nicht üblichen Braten auf dem Roste abgesehen, 3 Wege, einen Braten zu bereiten: man brät das Fleisch entweder am Spieß, oder im Ofen, oder in einer mit einem Kohlendeckel versehenen Bratenpfanne.

a. Das Braten am Spieße ist sehr aus der Uebung gekommen. Ursachen dazu sind theils, daß bereits seit 30 Jahren an die Stelle der frühern offenen Kochheerde die in Abschn. I. Nr. 1 erwähnten verdeckten Heerde von Kacheln oder die Lyoner Kochheerde getreten und in ihrer jetzigen vorzüglichen Einrichtung wohl in jeder größeren Wirthschaft eingeführt sind; theils, daß das Braten am Spieß weit mehr Feuerungsmaterial als jedes andere erfordert, theils endlich und ganz besonders, daß die Sauce, auf welche die mecklenburgische Küche ganz besonderes Gewicht legt, beim Braten am Spieße wegen des weniger dabei gewonnenen Fleischsaftes

*) Ich bitte diejenigen, welche sich dieses Kochbuches bedienen möchten, das folgende, etwas lange, Capitel nicht ungelesen zu lassen, da dasselbe Unterweisungen enthält, welche bei den spätern Angaben für die Bereitung der einzelnen Braten als bekannt vorausgesetzt werden.

nie in der Güte und Reichlichkeit herzustellen ist, wie beim Braten im Ofen oder selbst in der Bratenpfanne. Immerhin aber kann nicht geläugnet werden, daß der Braten selbst bei richtiger Behandlung am Spieße saftiger und wohlschmeckender wird, als bei der Herstellung auf irgend einem andern Wege, und da namentlich in größern Wirthschaften, wo neben dem verdeckten Kochheerde sich noch ein offener befindet, der Spießbraten noch vorkommt, so soll hier das bei dessen Bereitung zu beobachtende Verfahren beschrieben werden.

Nachdem das zur Bereitung bestimmte Stück Fleisch, Wild oder Geflügel in der Weise zugerichtet worden, wie theils schon in frühern Nummern angegeben ist, theils weiter unten bei den einzelnen Arten der Braten gezeigt werden wird, befestigt man es an den Spieß und zwar so, daß es in vollem Gleichgewicht daran steckt, und so sicher, daß es sich im Laufe des Garmachens nicht löst und sich beim Drehen des Spießes etwa plötzlich nach einer Seite hinschwenkt. Das Feuer, vor welches der Spieß gebracht wird, muß schön hell und vollständig und zwar an beiden Enden stärker, als in der Mitte brennen, weil die Hitze von selbst immer mehr nach der Mitte zu schlägt, auch muß Butter zum sofortigen Begießen bereit sein. Ist Selbiges einige Male geschehen, so wird der Braten gesalzen und dabei durch irgend eine Vorrichtung verhütet, daß von dem Salze nichts in die darunter stehende Pfanne komme, weil dies die später zu bereitende Sauce zu salzig machen würde. Man läßt nun, bevor man weiter begießt, das Salz sich erst gehörig dem Braten mittheilen und wendet ihn sodann unter wiederholtem fleißigen und vollständigen Begießen zunächst eine halbe Stunde vor starkem Feuer. Hat er eine schöne Färbung angenommen, so vermindert man das Feuer nach und nach, so daß man während der letzten halben Stunde nur noch vor Kohlenfeuer brät. Die Zeit des Bratens hängt zu sehr von der Größe und Beschaffenheit des Fleischstückes ab, als daß sich darüber Bestimmtes sagen ließe, nur so viel sei bemerkt, daß das Braten am Spieße vor dem Feuer weniger Zeit erfordert, als das Braten im Ofen.

Ist der Braten zur Hälfte gar, so gießt man sauren Rahm — nicht zu viel auf einmal — an die in der Pfanne befindliche Butter und rührt den Bratensatz damit los, welches Verfahren man wiederholt, bis der Braten gar und hinreichend Sauce vorhanden ist. Selbstverständlich wird das Begießen des Bratens mit der so allmälig fertig werdenden Sauce fortgesetzt.

b. Das Braten im Ofen. Es ist bereits in Abschn. I. Nr. 1 des Bratofens im Allgemeinen gedacht worden; hier sei nur noch erwähnt, daß manche dieser Oefen mit einem s. g. Baumelspieße, d. h. einem von der Decke des Ofens herabhängenden Spieße, welcher sich um sich selbst dreht, andere mit einem gewöhnlichen Bratspieße, welcher quer durch den Ofen geht und von außen gedreht werden kann, versehen sind. Man findet dergleichen Einrichtungen jetzt aber nur noch selten, da sich für das Fleisch eine gleichmäßige Hitze, auch wenn es in der Pfanne gebraten wird, leicht dadurch erzielen läßt, daß man Letztere auf zwei auf den Boden der Ofenöffnung gelegte Ziegelsteine stellt. Das Schwierigste ist das richtige Heizen des Ofens, und es können darüber um so weniger allgemeine Regeln aufgestellt werden, als der Hitzegrad in jedem einzelnen Falle durch Größe und Beschaffenheit des zu bratenden Fleisches, Wildes und Geflügels bedingt wird; hier muß Uebung helfen, doch läßt sich im Allgemeinen so viel darüber sagen, daß der Ofen die richtige Hitze hat, wenn größere Fleischstücke und großes Geflügel in etwa 40 Minuten, kleine Braten und kleines Geflügel in etwa einer Viertelstunde sich bräunlich gefärbt haben. Nie bringe man die zu bratenden Stücke in den Ofen, bevor die Hitze desselben die nöthige Höhe erreicht hat; diesen Hitzegrad erhalte man durch langsames Nachlegen von Brennmaterial, bis der Braten zur Hälfte gar ist und vermindere sie dann allmälig, indem man immer weniger und während der letzten Viertelstunde gar nichts nachlegt. Auch dies gleichmäßige Erhalten und allmälige Abmindern der Hitze hat seine Schwierigkeiten und kann nur durch Uebung erlernt werden.

Der Braten darf, wenn er einmal im Ofen ist, nicht mehr umgekehrt werden; man legt ihn daher mit derjenigen Seite nach oben in die Pfanne, welche beim Serviren oben kommen muß. Bei dem Einlegen vertheilt man darauf möglichst gleichmäßig recht reichlich Butter und übergießt ihn damit fleißig, sobald dieselbe geschmolzen ist; für Braten, welche sehr viel Fett in sich enthalten, z. B. für Fleischstücke von fetten Schweinen oder für gemästete Gänse und Enten kann man mit sehr wenig Butter auskommen, da das zum Begießen nöthige Fett aus dem Fleische selbst herausbrät. Sobald die Butter zu sehr einschmort und zu braun zu werden anfängt, giebt man schwache Fleischbrühe oder Wasser, jedoch nur ganz wenig auf einmal, dazu und gießt endlich, eine halbe Stunde vor dem Garwerden, nach und nach so viel saure Sahne daran, daß man hinreichend Sauce erhält. Das Begießen wird fortgesetzt und nach Herausnahme des Bratens der Bratensatz von der Pfanne losgerührt. Sollte die Sauce dabei nicht seimig genug werden, so wird möglichst schnell, damit der Braten nicht erkalte, etwas Klarmehl daran gerührt und sodann die Sauce durch ein Sieb gegossen und entfettet, falls sich zu viel Fett darauf zeigen sollte.

c. Das Braten in der Bratenpfanne (Tortenpfanne) steht freilich hinter dem Braten am Spieße und im Ofen bedeutend zurück; indessen fehlt es in manchen, zumal kleineren Küchen öfters am Bratofen, und man wird auch außerdem in Fällen, wo Kleinigkeiten zu braten sind, gern der nicht nur Mühe und Zeit, sondern auch bedeutendes Brennmaterial kostenden Heizung aus dem Wege gehen. Bei gehöriger Aufmerksamkeit kann man übrigens auch in der Tortenpfanne einen ganz schmackhaften Braten erzielen; vor Allen versäume man nicht, auf dem Deckel fortwährend Kohlenfeuer zu unterhalten und auch hier nachdem das Fleischstück zur Hälfte gar ist, die Hitze allmälig abzumindern. Im Uebrigen unterscheidet sich das Braten in der Pfanne vom Braten im Ofen nur dadurch, daß man den zu bereitenden Gegenstand gleich zu Anfang in Butter bräunen und zu dem Zwecke unter fleißigem Begießen einmal umkehren muß; sobald dies geschehen, bleibt der Braten bis zum Garwerden in der Pfanne gleichfalls mit derjenigen Seite nach oben liegen, mit welcher er nach oben zu serviren ist; das weitere Verfahren, sowie die Bereitung der Sauce ist ganz ebenso, wie beim Braten im Ofen.

Vorbem. Bei den nachfolgenden Recepten ist nur das Braten im Ofen, als das bei weitem gewöhnlichste Verfahren zur Herstellung eines Bratens, ins Auge gefaßt; die darnach für das Braten am Spieße oder in der Tortenpfanne nöthig werdenden Anweisungen ergeben sich aus dem Vorstehenden.

501. Rinderbraten (Roastbeef).

Zum Roastbeef eignet sich vor Allen das s. g. Bratenstück, d. h. das Stück zwischen der Keule und den langen Rippen, in welchem sich das Filet befindet. Dasselbe muß im Sommer drei, im Winter sechs bis acht Tage in der Luft gehängt haben, ehe es verwandt wird. Ist es sehr fett, so schneidet man einen Theil des Talges heraus, bis zur Dicke eines kleinen Fingers läßt man aber daran sitzen. Bevor man nun das Fleisch in den Ofen bringt, klopft man es tüchtig mit dem Fleischklopfer oder der flachen Seite des Hackbeils und legt es dann so, daß der Mürbebraten nach oben kommt, in die mit Stücken Nierentalg bedeckte Pfanne, welche, wie oben bemerkt, damit sie nicht den zu heißen Boden des Ofenloches berühre, auf 2 Ziegelsteine gestellt ist. Sobald nun das Fett, mit dem fleißig begossen werden muß, so weit weggebraten ist, daß es zu braun werden könnte, gießt man etwa eine kleine Theetasse voll — lieber weniger, als mehr — Bouillon darunter und wiederholt dies, so oft dieselbe weggebraten ist; statt der Bouillon kann man aber auch nur Wasser verwenden. Nach 2 bis $2^1/_2$ Stunden ist der Braten gar und muß dann zwar bis auf den Knochen durchgebraten, dennoch aber durch und durch saftig sein. Gesalzen wird am besten dreimal, zunächst vor dem Einlegen in die Pfanne und dann nach einer halben Stunde zum zweiten, nach einer weitern halben Stunde zum dritten Male. — Zur Bereitung der Sauce wird der Bratensatz mit Bouillon und einem Glase Wein losgerührt, durch ein Sieb gegeben, entfettet und mit etwas Klarmehl seimig gekocht.

502. Filetbraten.

Man häutet die Filets von einem Rinde ab, klopft sie ein wenig über und spickt sie nach Nr. 38 recht sorgfältig und gleichmäßig auf der einen Seite. Dann bestreut man sie mit Salz, bringt sie mit der ungespickten Seite nach unten in braungemachte Butter und bräunt sie darin unter fleißigem Begießen in etwa einer Viertelstunde. Hierauf gießt man ein wenig Bouillon darunter und wiederholt dies unter fleißigem Begießen bis eine Viertelstunde vor dem Garwerden, wo man die Bouillon durch sauren Rahm ersetzt, mit welchem man weiter begießt und nach Herausnahme der garen Filets den Bratensatz losrührt; sollte man nicht hinreichend Sauce erhalten, so rührt man noch das nöthige Quantum sauren Rahm hinzu. Dann wird von der Sauce durch ein Sieb ein wenig über die Filets, das übrige in einer Sauciere daneben gegeben. — Die Filets werden je nach ihrer Größe in 1 bis 1¼ Stunde gar.

503. Kalbsbraten.

Eine stumpf abgehauene, 3 bis 4 Tage alte Kalbskeule, ein Nieren- oder Rippenstück, wird tüchtig geklopft, abgehäutet und nach Angabe in Nr. 38 recht dicht gespickt, sodann gesalzen und in die Pfanne gebracht; in welcher 10 bis 15 Loth Butter hellbraun gemacht sind. Mit derselben begießt man den Braten zu wiederholten Malen bis er Farbe bekommt, worauf man ihn zum zweiten Male salzt. Nach anderthalb- bis zweistündigem Braten, während dessen man, wenn die Butter zu braun werden sollte, etwas Bouillon oder Wasser, aber immer nur ganz wenig auf einmal, nachgießt, giebt man etwas Sahne und nach und nach so viel davon, wie man Sauce bereiten will, unter den Braten, welcher je nach seiner Größe in 2 bis 3 Stunden gar wird. Ist er aus der Pfanne genommen, so rührt man den Bratensatz mit saurer Sahne und einem halben Glase Wein von der Pfanne los, giebt die Sauce durch ein Sieb, entfettet sie und macht sie, wenn es nöthig ist, mit etwas Klarmehl seimig.

504. Hammelbraten.

Man nimmt zum Hammelbraten eine stumpf abgehauene Keule oder einen Rücken; beide müssen 4 bis 6 Tage alt sein und sehr derbe geklopft werden. Nachdem man die spröde Haut abgezogen und das zu bratende Stück auch sonst sauber geputzt hat, salzt man es und bringt es in die Pfanne, in welcher man Butter hat braun werden lassen. Nach einer halben Stunde, während deren man fleißig begießen muß, salzt man noch einmal und setzt unter allmäligem Hinzuthun von etwas Bouillon oder Wasser das Braten noch 2 bis $2^1/_2$ Stunden fort. Der alsdann gare Braten wird herausgenommen und heiß gestellt, der Bratensatz mit Bouillon losgerührt und darauf die Sauce durch ein Sieb gegeben, entfettet und mit etwas Klarmehl seimig gekocht.

Anm. Man kann die Keule auch mit Chalotten oder in Viertel geschnittenen kleinen Zwiebeln, den Rücken aber nach Abnahme des Fettes auf die gewöhnliche Art nach Nr. 38 spicken.

505. Hammelrücken als Rehbraten bereitet.

Einen 2 bis 3 Tage alten Hammelrücken befreit man von Haut und Fett und übergießt ihn mit einer Marinade nach Nr. 33, in welcher man ihn 2 Tage und 2 Nächte liegen läßt. An die Marinade giebt man noch einige Wachholderbeeren. Nachdem man ihn schwach gesalzen, bringt man ihn in die Pfanne, in welcher man 10 Loth Butter hat braun werden lassen, übergießt ihn fleißig damit, salzt nach einer halben Stunde noch einmal ein wenig und giebt von da an von 10 zu 10 Minuten abwechselnd einen Löffel voll Marinade und einen Löffel voll Rothwein darunter, bis er nach etwa $1^1/_2$ Stunde gar ist. Nachdem man ihn aus der Pfanne genommen, rührt man den Bratensatz mit einem Glase Wein los, macht die Sauce mit etwas Klarmehl seimig und gießt sie durch ein Sieb. Ein wenig davon wird über den Braten, das Uebrige nebenbei gegeben. — Man kann auch eine Rahmsauce nach Nr. 502 dazu bereiten.

506. Lammsbraten.

Hiezu eignet sich am besten das untere Ende des Rückens mit den beiden kurz abgehauenen Keulen daran, für eine kleinere Gesellschaft kann man aber auch nur eine Keule mit dem Nierenstücke daran nehmen. Das Fleisch ist am zweiten Tage, nachdem das Thier geschlachtet worden, zum Braten am geeignetsten. Man legt das dazu bestimmte Stück, nachdem man es gesalzen hat, mit der besten Seite nach oben in die Pfanne, in welcher man $1/4$ Pfd. Butter hat hellbraun werden lassen, läßt es unter häufigem Begießen in $1/4$ Stunde Farbe annehmen und dann noch 1 bis $1 1/4$ Stunde langsam weiter braten. Während dessen gießt man, und zwar ehe der Bratensatz in der Pfanne braun wird, nach und nach etwas Bouillon oder Wasser daran, nimmt den Braten heraus und bereitet die Sauce nach der in Nr. 504 für die Sauce zum Hammelbraten gegebenen Anweisung. Die Schüssel, worauf der Lammsbraten servirt wird, garnirt man hübsch mit Petersilie.

Anm. Es ist für den Lammsbraten besonders nothwendig, daß er schnell anbrate, damit die Poren sich zuziehen und der Saft nicht auslaufe. Zu diesem Zweck muß der Ofen während der ersten Viertelstunde recht gut erhitzt sein, sodann aber durch Entfernen von Feuerung so rasch wie möglich abgekühlt werden.

507. Gebratener Schweinsschinken.

Einen recht stumpf abgehauenen Schweinsschinken, am besten einen von 12 bis 14 Pfd., klopft man tüchtig, putzt ihn sauber aus und schneidet die Schwarte mit einem recht scharfen Messer durch Längen- und Querschnitte, die einen Daumen breit auseinander parallel laufen, in Carrees. Den so vorbereiteten Schinken salzt man, bringt ihn, mit der runden Seite nach oben, in den gut erhitzten Ofen, gießt so viel Wasser darunter, daß er zu einem Viertheile darin liegt und läßt dasselbe sich kurz verkochen, was nach $1/2$ bis $3/4$ Stunde der Fall sein wird. Nachdem man noch einmal nachgesalzen, begießt man das Fleisch mit der Brühe recht fleißig, indem man sorgfältig Acht giebt, daß das inzwischen darauf angesammelte Fett nicht schwarz brenne. Um dies zu verhüten, gießt man von Zeit zu Zeit Wasser, oder besser noch leichte Bouillon, jedoch immer nur ganz wenig auf einmal, dazu; nähme man zu viel, so würde der sich bildende Dampf das Kroßwerden der Schwarte verhüten, und dadurch den ganzen Zweck vereiteln, um dessentwillen man dieselbe auf dem Fleische gelassen hat. Je nach der Größe ist der Braten in 2 bis 3 Stunden gar und wird herausgenommen, worauf man den Satz mit etwas Bouillon oder kochendem Wasser von der Pfanne losrührt, die Brühe durch ein Sieb gießt, entfettet und mit Klarmehl seimig macht. Will man die Sauce feiner haben, so kann man beim Losrühren des Bratensatzes auch ein Glas Rothwein verwenden.

Eine andere Methode der Bereitung ist, daß man die Schwarte von dem Fleische nimmt, was sich nach $^1/_2$ oder $^3/_4$ Stunden, ehe man zu begießen anfängt, ganz leicht bewerkstelligen läßt, ohne daß Fetttheile daran sitzen bleiben. Im Uebrigen richtet man sich weiter ganz nach der vorstehenden Anweisung, nur daß man den Braten eine halbe Stunde vor dem Garwerden recht dicht mit gestoßenem Zwieback bestreut.

Anm. 1. Man muß sich beim Einschneiden der Schwarte in Acht nehmen, daß die Schnitte nicht bis in das Fleisch dringen, es würden sich dieselben sonst beim Braten zu weit öffnen.

Anm. 2. Zum Braten eignet sich außer der Keule namentlich auch das Nackenstück. Das Verfahren dabei ist ganz dasselbe.

508. Schweinsbraten auf andere Art.

Zu dem folgenden Braten eignet sich besonders ein Schweinsrücken, doch kann man, wo ein solcher nicht zu haben ist, auch sehr wohl eine Keule dazu verwenden. Von dem zu bratenden Fleischstücke nimmt man die Schwarte mit dem Fette so weit ab, daß von Letzterem eben bis zur Dicke eines kleinen Fingers stehen bleibt und übergießt es mit einer Marinade von $^3/_4$ Essig und $^1/_4$ Wasser, welche Mischung mit etwas schwarzem und Nelkenpfeffer und einem Lorbeerblatte abgekocht ist. Die Marinade muß beim Uebergusse kochend sein und das Fleisch darin 1 bis $1^1/_2$ Stunde, ganz davon bedeckt, liegen bleiben, oder sonst von Zeit zu Zeit darin umgekehrt werden. Sodann salzt man es, macht es im Ofen in Butter braun und giebt leichte Bouillon oder auch nur Wasser, nie mehr auf einmal, als nöthig ist, damit das Fett nicht schwarz brenne, darunter. Ist der Braten unter fleißigem Begießen in 2 bis 3 Stunden gar geworden, so nimmt man ihn aus der Pfanne und rührt den Satz mit Bouillon oder Wasser, nach Belieben, unter Hinzuthun eines Glases Rothwein, von der Pfanne los, giebt die Sauce durch ein Sieb und macht sie mit Klarmehl seimig.

509. Schweinsrippenbraten.

Man schneidet die Rippen eines Schweins mit dem sie bedeckenden magern Fleische aus dem Speck, putzt sie ringsum sauber ab, knickt sie mit dem Hackbeil zweimal ein und bestreut sie inwendig ein wenig mit Salz. Soll nun der Braten sehr groß werden, so nimmt man dazu die Rippenstücke von beiden Seiten des Schweins und näht sie ringsum mit ausgewässertem Bindfaden zusammen; für einen kleineren Braten genügen die Rippen von der einen Seite, welche man so überklappt, daß die oberste Rippe auf die unterste zu liegen kommt. Vorher hat man gut gereinigte Pflaumen halb gar gekocht und ein gleiches Quantum Aepfelschnitte bereitet, beides mit reichlichem gestoßenen Zwieback vermengt, so viel feingestoßenen Canehl daran gegeben, daß es eben danach schmeckt, und das Ganze gezuckert, jedoch nicht zu stark, damit die Sauce nicht zu süß werde; man kann lieber das Füllsel noch nachzuckern, nachdem es aus dem Braten wieder herausgenommen worden. Mit diesem Füllsel stopft man die zwischen den Rippen bleibende Höhlung vor dem Zunähen aus, bestreut das Fleisch auch auswendig ringsumher ein wenig mit Salz und macht es in Butter braun. Weiter verfährt man im Uebrigen ganz nach Angabe in voriger Nummer, nur daß man nach einstündigem Braten das Fleisch mit so viel gestoßenem Zwieback bestreut, daß die Sauce davon seimig wird, wodurch das Rühren von Klarmehl an dieselbe selbstverständlich wegfällt.

510. Hirschbraten.

Zum Hirschbraten eignet sich am besten der Rücken, oder ein Stück daraus, man kann aber auch ein Stück aus der Keule, oder ein Vorblatt dazu verwenden, Letzteres muß jedoch von einem ganz jungen Hirsche sein, wenn es einen guten Braten geben soll. Zunächst nun wird das zum Braten bestimmte Stück gehörig und zwar um so mehr geklopft, je älter der Hirsch war, von dem es genommen ist, worauf man es sorgfältig abhäutet und nach Nr. 38 mit Speckstreifen von der Länge eines kleinen Fingers und der Dicke eines Federkiels über und über spickt. Brät man eine ganze Keule, so spickt man die Seite, welche nach unten zu liegen kommt, zuerst, damit nicht durch den Druck auf die hervorstehenden Enden der Speckstreifen von der Zierlichkeit etwas verloren gehe. Das so zubereitete Fleischstück wird sodann, und zwar eine Keule mit der runden Seite nach oben, in reichlich Butter braun gemacht und unter wiederholtem Hinzuthun von ein wenig saurer Sahne und fleißigem Begießen mit der sich bildenden Jüs gar gebraten. Hat man nicht Sahne genug, so kann man statt ihrer sich zuerst auch mit Bouillon oder Wasser behelfen, in der letzten halben Stunde aber muß, wenn die Sauce gut werden soll, nothwendig Sahne verwendet werden, mit welcher man, nachdem der Braten herausgenommen worden, den Satz von der Pfanne losrührt. Man kann dabei auch noch mehr Sahne dazu geben, was nothwendig auch geschehen muß, wenn die Sauce zu dick gerathen sollte. Die Zeit des Bratens ist nach Art und Größe des Stücks, sowie nach dem Alter des Hirsches verschieden; eine ganze Keule vom Spießer muß $2^1/_2$, ein Rückenstück zwei Stunden braten; Theile vom Schmalthier brauchen etwas weniger, Theile vom jagdbaren Hirsche, d. h. vom Achtender und älteren Hirschen, mindestens eine Stunde mehr.

511. Rehbraten.

Zum Rehbraten nimmt man dieselben Stücke wie zum Hirschbraten und die Bereitung ist im Uebrigen ganz so, wie sie in der vorigen Nummer für den Letztern angegeben worden, nur daß man das zu verwendende Fleischstück weniger klopft und mit kleineren und dünneren Speckstreifen spickt. Die Bratezeit ist um $^1/_2$ Stunde kürzer als beim Hirsche.

512. Wildschweinbraten.

Der Rücken, die Keule und das Blatt sind auch für den Wildschweinbraten die geeigneten Theile; je jünger das Schwein, desto besser der Braten; ein Frischling ist jedem älteren Thiere vorzuziehen. Ein Stück von einem feisten Wildschwein läßt man, nachdem man es von der Schwarte befreit hat, 24 Stunden in einer Marinade von Essig liegen, wovon der Pott mit einer Zwiebel, einem Lorbeerblatt, 10 Körnern Nelkenpfeffer und ein paar Wachholderbeeren gut durchgekocht ist; die Marinade muß vor der Verwendung abgekühlt sein und das Fleisch, falls es nicht ganz von derselben bedeckt werden sollte, öfters darin umgekehrt werden. Das Braten geschieht dann ganz nach der in Nr. 508 für einen Braten vom zahmen Schweine gemachten Angabe; hat aber das zu bratende Stück kein Feist, so spickt man es und verfährt weiter damit nach der in Nr. 510 für den Hirschbraten gegebenen Anweisung; auch die Sauce wird dann ebenso, wie dort angegeben worden, bereitet.

513. Hasenbraten.

Dem Hasen wird zunächst der Balg abgestreift, was man bewerkstelligt, indem man durch unten am Bauche zusammenlaufende Schnitte den Balg an der untern Seite der Hinterläufe auftrennt und rund um die Pfoten, dicht unterhalb derselben, einen diesen Schnitt kreuzenden zweiten Schnitt macht. Von diesem aus zieht man den Balg zunächst von den Hinterläufen ab, faßt dann dieselben zusammen mit der einen Hand, das lose Ende des Balges mit der andern und streift nun durch kräftiges Ziehen den ganzen Balg über den Körper, und zwar bis zum Kopfe, welcher abgehauen wird. Ebenso haut man auch die Pfoten von den Vorderläufen; an den Hinterläufen läßt man sie in der Regel sitzen und umwickelt sie beim Braten mit Papier. Sodann schneidet man, um den Hasen auszuweiden, den Bauch desselben von oben nach unten auf und durchhaut den Schlußknochen zwischen den Hinterläufen; die Leber sondert man von den Eingeweiden, befreit sie von der Galle und legt sie zurück. Endlich haut man auch die Brust und die Weichtheile des Bauches weg, wäscht den ganzen Hasen recht sauber und legt ihn, jedoch nur für kurze Zeit in kaltes Wasser. Ist er gut wieder abgetropft, zu welchem Zwecke er aufgehängt wird, so klopft man ihn, am besten mit der Fläche des Hackbeils, ein wenig über, zieht mittelst Unterschieben eines Messers die feine Haut rein bis auf das Fleisch ab und spickt nun nach Anleitung in Nr. 38 in 2 Reihen den Rücken und die Keulen, von Letzteren auch die untere Seite. Den so vorbereiteten Hasen legt man mit der Bauchseite nach unten in die Pfanne und übergießt ihn fleißig mit Butter, wovon je nach der Größe des Hasen 10 Loth bis $1/2$ Pfd. vorhanden sein muß. Fängt dieselbe an wegzuschmoren, so gießt man leichte Bouillon, immer nur wenig auf einmal, dazu, ersetzt dieselbe 10 Minuten vor dem Garwerden des Bratens durch sauren Rahm, mit dem man auch nach Herausnahme des Hasen den Bratensatz von der Pfanne losrührt. Zum Garwerden braucht ein ganz junger Hase nur 25 bis 30 Minuten, ein älterer $1/2$ bis $1^1/_4$ Stunde.

514. Puterbraten.

Der Puter wird nach Nr. 47 und 48 abgeschlachtet, ausgenommen und gereinigt; die sehr starken, in den Keulen befindlichen Sehnen werden herausgenommen, was man bewerkstelligt, indem man die Haut hinten an den Füßen der Länge nach aufschneidet und dieselben nach einander herauszieht. Ferner dressirt und salzt man den Puter nach Nr. 49 und füllt auch den Kropf desselben, wie dort angegeben, mit einer der Farcen in Nr. 36 l oder 36 n, worauf man ihn auch auswendig mit Salz bestreut und ihn im gut, jedoch nicht zu stark, erhitzten Ofen in Butter braun macht. Sollte der Ofen zu heiß sein, so muß man den Puter mit einem mit Butter bestrichenen Bogen Papier bedecken. Sobald die Butter weg zu braten anfängt, gießt man leichte Bouillon oder Wasser dazu und begießt den Braten fleißig weiter, bis er nach $1\frac{1}{2}$ bis 2 Stunden gar ist. Nachdem er aus der Pfanne genommen worden, rührt man den Bratensatz mit Bouillon oder Wasser von der Pfanne los, gießt die Sauce durch ein Sieb, entfettet sie und macht sie mit Klarmehl seimig. — Man kann indessen auch eine Rahmsauce nach den Angaben in den voraufgehenden Nummern bereiten.

515. Kapaunen-, Hühner- und Kükenbraten.

Man schlachtet, reinigt und dressirt die Kapaunen, Hühner und Küken nach den Anweisungen in den Nummern 47 bis 49, und verfährt dann weiter mit dem Braten derselben ganz nach der vorigen Nummer. Auch die Bereitung der Saucen ist, wie dort angegeben worden, doch möge man, wenn es irgend so einzurichten ist, eine Rahmsauce geben. Die Bratezeit ist, je nach Alter und Größe, für einen Kapaun oder ein Huhn $1\frac{1}{2}$ bis 2 Stunden, für ein Küken $\frac{1}{2}$ bis $\frac{3}{4}$ Stunde.

Anm. Da man zum Braten des obigen Geflügels besonders häufig Tortenpfannen verwendet, so wolle man das über dieselben in den allgemeinen Unterweisungen Nr. 500 Gesagte beachten.

516. Taubenbraten.

Den nach Nr. 47 bis 49 vorbereiteten jungen Tauben füllt man die Kröpfe entweder mit einer der Farcen in Nr. 36 l und 36 m, oder man bereitet dazu eine besondere Farce aus den Lebern, Herzen und Mägen, nachdem man von Letztern die auswendige feine und inwendige harte Haut entfernt hat. Dies Alles hackt man zusammen fein, giebt zu einer Farce für 6 Tauben einen gehäuften Eßlöffel voll Zwieback, eine kleine Messerspitze voll Muskatnuß und eine Prise Salz daran und rührt das Ganze mit einem Ei, einem Eßlöffel voll süßer Sahne und einem Stückchen geschmolzener Butter so lange durch, bis sich ein recht gleichmäßiger Brei gebildet hat.

Nachdem die Kröpfe verschlossen worden, brät man die Tauben in 1 bis $1^1/_4$ Stunde gar und bereitet eine Rahmsauce dazu, Alles nach der in der vorigen Nummer für die Kapaunen 2c. enthaltenen Anweisung.

517. Gänse- und Entenbraten.

Die nach Nr. 47 bis 49 vorbereiteten Gänse oder Enten füllt man, wie in Nr. 509 für den Schweinsrippenbraten angegeben worden; feiner und wohlschmeckender wird das Füllsel indessen, wenn man statt der Pflaumen Rosinen nimmt und einige gestoßene Mandeln daran thut; auch ein kleines Glas guter Rum trägt zur Erhöhung des Wohlgeschmackes bei. Nach geschehener Füllung und nachdem sie unten und oben zugenäht worden, behandelt man magere Gänse und Enten nach der für die Puter in Nr. 514 gegebenen Anweisung; gemästete dagegen bringt man mit so viel Wasser, daß sie zu einem Viertheile darin liegen, in den Ofen oder auf das Feuer und bestreut sie auch von außen mit Salz. Ist das Wasser verkocht, so begießt man fleißig mit dem ausgekochten Fette, verhütet aber dabei das Verbrennen desselben durch wiederholtes Nachgießen von ein wenig Wasser. Eine junge Gans muß $2^1/_2$ bis 3 Stunden, eine junge Ente 2 bis $2^1/_2$ Stunden braten. Die Sauce bereitet man, indem man den Bratensatz mit Wasser los rührt, die erhaltene Flüssigkeit durch ein Sieb gießt, entfettet und mit Klarmehl seimig kocht.

Anm. 1. Auch für magere Gänse und Enten ist nur die angegebene Sauce geeignet.

Anm. 2. Sollte zu viel Fett aus der gemästeten Gans oder Ente kochen und braten, so nimmt man einen Theil davon schon während des Bratens ab.

Anm. 3. Man kann die Ente auch, nachdem sie halb gar gebraten ist, mit gestoßenem Zwieback bestreuen, dann wird die Sauce von selbst seimig und die Behandlung mit Klarmehl überflüssig. Es ist dies Verfahren sehr zu empfehlen.

518. Fasanen, Rebhühner und Birkhühner.

Obiges nach Nr. 47 bis 49 vorbereitete Federwild umwickelt man mit vorher mit Salz bestreuten Speckscheiben, die man mit ausgewässertem Bindfaden festbindet. Sodann werden die Vögel in Butter gebräunt und unter wiederholtem Hinzuthun von ein wenig süßer Sahne fleißig und sorgfältig begossen. Nach 1 bis $1^1/_2$ Stunden sind sie gar, werden aus der Pfanne genommen und von Bindfaden und Speckscheiben befreit, worauf man dazu eine Rahmsauce in der wiederholt angegebenen Weise bereitet.

Anm. 1. Für die Fasanen ist zu beachten, daß sie vor der Bereitung einige Tage in den Federn gehängt haben müssen; es schadet nichts, wenn dies so lange währt, bis die Haut am Bauche einen grünlichen Schein erhält, während alles andere Geflügel alsdann unbrauchbar ist.

Anm. 2. Zur Verzierung des Fasans bedient man sich des Kopfes und der Schwanzfedern desselben. Ersterer wird zu dem Zwecke vorher abgehauen, mit den Federn in eine Papiermanschette gesteckt und vor das obere Ende des Bratens gelegt; die Schwanzfedern legt man an das untere Ende, nachdem man die Kiele mit Papier umwunden und gleichfalls in eine Manschette gesteckt hat.

519. Gebratene Waldschnepfe und Becassine.

Man verfährt mit den Schnepfen und Becassinen, wie zu Anfang der vorigen Nummer angegeben worden, bringt sie mit kalter Butter in den Ofen, oder legt sie in eine Tortenpfanne, in welcher Butter gelb gemacht worden; die Tortenpfanne ist sofort zu verschließen. Unter fleißigem Begießen mit der Butter, zu welcher man nur, wenn Gefahr ist, daß sie verbrennen möchte, ein wenig Bouillon gießt, läßt man nun die Vögel in 1 bis $1^1/_4$ Stunde gar braten, nimmt sie aus der Pfanne und rührt zur Bereitung der Sauce den

den Bratensatz mit etwas Bouillon los. Weiteres wird damit nicht vorgenommen. Die Schüssel, auf welcher der Braten servirt wird, garnirt man mit Schnepfenbroden, d. h. Semmelschnitten, welche mit den, nach Entfernung des Magens, der Gurgel und des Schlundes, unter Hinzuthun von Butter und einer Prise Salz, feingehackten Eingeweiden der Schnepfen bestrichen und in Butter schön hellbraun gebraten sind.

Anm. Becassinen brät man besser mit den Eingeweiden, muß aber vorher den Magen mit Schlund und Gurgel herausziehen. Alsdann brät man die Semmelschnitte in der Butter, welche zum Begießen des Bratens verwandt wird.

520. Gebratene Wildgans und Wildente.

Man brät die Wildgans und Wildente ganz nach der für die Puter in Nr. 514 gegebenen Anweisung, nur daß man sie nicht füllt. Eine alte Wildgans ist übrigens zum Braten untauglich, da sie nicht nur im Fleische ganz hart ist, sondern auch in der Regel einen, durch keine Mittel ganz zu beseitigenden, thranigen Geschmack besitzt.

521. Gebratene Krammetsvögel und Lerchen.

Die Krammetsvögel, welche man, wie in Nr. 48 angegeben worden, im Herbste nicht ausnimmt, werden nach Nr. 49 dressirt und in eine offene Tortenpfanne gebracht, in welche man Speckscheiben gelegt hat und worin man Butter hat hellbraun werden lassen. Nachdem sie gesalzen worden, läßt man sie, mit der Brust nach unten, in etwa $^1/_4$ Stunde braun werden, kehrt sie um, verschließt die Pfanne und läßt sie langsam weiter braten. Während dessen begießt man fleißig mit der Butter und wendet die Vögel, falls kein Kohlendeckel vorhanden sein sollte, wiederholt um; sobald die Butter sich verbrät, gießt man etwas Wasser nach, aber nur so viel auf einmal, daß das Verbrennen derselben verhütet wird. Beim Anrichten der Vögel, welche in $^3/_4$ Stunde gar werden, giebt man zunächst die Butter, in welcher sie gebraten sind, und sodann in Butter hellbraun gebratenes Weißbrod darüber.

Anm. 1. Statt gebratenes Weißbrod über die Krammetsvögel zu geben, kann man auch Semmelscheiben braten, welche man beim Anrichten darunter legt. Die Vögel mit Wachholderbeeren zu braten, wie Manche thun, ist nicht sehr empfehlenswerth; dagegen kann man die Brüste mit Speckscheiben umbinden, statt Letztere in die Pfanne zu legen; die Brüste bleiben alsdann weiß.

Anm. 2. Die Lerchen dressirt und bereitet man ganz wie die Krammetsvögel, nur daß man sie ausnehmen muß.

522. Gebratene Trappen.

Die Trappen werden ganz nach der in Nr. 514 für die Puter gegebenen Anweisung gebraten; es sind jedoch nur junge dazu geeignet. Will man die älteren verwenden, so löst man die Brüste von den Knochen, klopft sie, am besten mit der flachen Seite des Hackbeils, zieht die Haut ab, spickt sie und läßt sie 24 Stunden in einer Marinade nach Nr. 33 liegen, worauf man sie weiter nach der Anweisung für Fricandeaus von Kalbfleisch in Nr. 300 bereitet.

XV. Salate und Compotes.

A. Salate.

523. Mayonnaise von Hühnern in Gelee.

Die Hühner werden nach Nr. 47 und 48 ausgenommen und gereinigt, in Fleischbrühe und mit dem Saft einer Citrone auf 2 Hühner weich gekocht, worauf man sie in kleine Stücke zerschneidet und 2 bis 3 Stunden in einer Marinade nach Nr. 33 liegen läßt. Inzwischen hat man einen Geleering mit Provence- oder Mandelöl bestrichen und mit einer Gelee nach Nr. 459 a gefüllt, welche man, nachdem sie ganz fest geworden, auf eine flache Schüssel stürzt. Sodann legt man die aus der Marinade genommenen Stücke Hühnerfleisch in die Gelee, übergießt sie mit einer Mayonnaisensauce nach Nr. 271 und richtet sie, mit Petersilie, in Stücken geschnittenen Neunaugen und Häufchen Caviar garnirt, an. Auch kann man einige Cappern dazwischen streuen und etwas roth gefärbte Gelee (Nr. 459 a Anm. 1) darauf legen.

524. Häringssalat.

Man wässert 5 Häringe 6 Stunden lang aus, ohne das Wasser zu wechseln, zieht die Haut ab, löst das Fleisch von den Gräten und zerschneidet es in kleine Würfel, oder feine längliche Streifen. Geschälte und von Blume, Stengel und Kerngehäuse befreite Aepfel werden in feine Streifen zerschnitten (das Quantum muß dem der Häringe gleich kommen); dazu giebt man von der Schale befreite und in kleine Würfel zerschnittene Pellkartoffeln, Salzgurken und rothe Beeten, von allen Dreien halb so viel, wie das Quantum Häringe beträgt, sowie eine fein in Würfel geschnittene Zwiebel. Endlich zerschneidet man so viel Kalbsbraten, wie die vorstehenden Zuthaten zusammen betragen, in feine Würfel und mischt Alles gehörig durcheinander. Hierüber giebt man, wenn man den Salat fein haben will, eine Mayonnaisensauce nach Nr. 270, oder man bereitet eine Sauce, indem man ein rohes Eidotter mit einem hartgekochten und geriebenen zusammenrührt, und während dessen 3 Eßlöffel voll Provenceöl, einen Eßlöffel voll Senf, eine Prise Pfeffer, und so viel Essig und Wasser, von Ersterem $^2/_3$, von Letzterem $^1/_3$, daran giebt, daß der Salat gehörig befeuchtet, aber nicht flüssig wird. Endlich garnirt man denselben mit Streifen von geriebenen hartgekochten Eidottern, dem feingehackten Eiweiß, Cappern, Pfeffergurken, rothen Beeten, auch, wenn man will, mit Krabben und in Stücke zerschnittenen Neunaugen.

525. Fischsalat.

Der Fisch, am besten ein Hecht, wird geschuppt und im Uebrigen nach Anweisung in Nr. 424 gar gekocht. Nachdem er ganz erkaltet ist, nimmt man das Fleisch von den Gräten, zerlegt es in $1/2$ Zoll lange Stücke und bereitet folgende Sauce dazu. Auf 2 Pfd. Fische rührt man 2 hartgekochte Eidotter mit einem rohen zusammen und giebt während dessen eine kleine Tasse Bouillon, 3 Eßlöffel voll Provenceöl, 2 Theelöffel voll Senf, eben so viel Zucker und eine Prise Salz und gestoßenen Pfeffer daran. Endlich thut man einige in Würfel geschnittene Zuckergurken und so viel Essig dazu, daß der Fisch gut angefeuchtet wird. Beim Anrichten garnirt man den Salat zierlich mit Krebsschwänzen, Cappern und Citronenscheiben, woraus man Streifen und Rosetten bildet.

Anm. Will man den Salat feiner haben, so kann man auch noch einige nach Nr. 458 gekochte Kieler Pfahlmuscheln darunter mischen.

526. Hummer-, Krebs- und Krabbensalat.

Hummer, Krebse und Krabben werden nach den Anweisungen zu Nr. 454 bis 456 gar gekocht und die Hummer- und Krebsschwänze, sowie die ausgebrochenen Scheeren in passende Stücke geschnitten; die Krabben befreit man einfach von der Schale. Sodann bereitet man eine Mayonnaisensauce mit Kräutern nach Nr. 272, giebt so viel, wie nöthig ist, um Alles gut anzufeuchten, über den Salat und richtet ihn an, indem man ihn mit Scheiben von hartgekochten Eiern bedeckt, Rollen von Sardellenfilets (Abschn. I. Nr. 3) dazwischen und einen Kranz von Kappern ringsum legt. Auch garnirt man den Rand der Schüssel mit Petersilie.

527. Gemischter Salat.

Alle Arten junger Gemüse, so viel deren zu haben sind, werden in kleine Stücke geschnitten, in Wasser und Salz weich gekocht und sodann mit dem gleichen Quantum nach den betreffenden Anweisungen gar gekochter und in ähnliche Stücke zerlegter Fische durch einander gemengt. Ueber das Ganze giebt man eine der Mayonnaisensaucen in Nr. 270 bis 272, oder die Sauce zum Fischsalat in Nr. 525, feuchtet den Salat gehörig damit an und servirt ihn mit rothen Beeten, Blumenkohl und Pfeffergurken, auch, wenn man will, mit in Stücke geschnittenen Neunaugen garnirt.

528. Kartoffelsalat.

Es werden Pellkartoffeln nach Nr. 337 gekocht, von der Schale befreit und in Scheiben geschnitten. Auf ein Gericht für 6 Personen zerschneidet man sodann 3 aus den Gräten gelöste gesalzene Häringe in feine Würfel und hackt 2 mittelgroße Zwiebeln fein. Dies giebt man vermischt in eine Schüssel, thut $1/2$ bis $3/4$ Theetasse voll Provenceöl daran, gießt Essig, mit so viel Wasser verdünnt, daß der Salat eben sauer wird, darüber, schüttet die Kartoffelscheiben dazu und rührt Alles gut durcheinander. Auch kann man noch in Würfel zerschnittene rothe Beeten und Aepfel daran geben. Der Salat wird warm und kalt gereicht; Ersteres ist jedenfalls vorzuziehen.

Anm. 1. Statt des Oels kann man sehr gut auch Gänseschmalz verwenden.

Anm. 2. Obige Portionen sind für den Fall berechnet, daß man den Kartoffelsalat als Gemüse reicht; sonst müssen sie selbstverständlich kleiner sein.

529. Selleriesalat.

Große Sellerie-Knollen werden gut gewaschen und beinahe, jedoch nicht ganz weich gekocht. Nachdem sie abgekühlt sind, werden sie geschält, in recht gleichmäßige Scheiben geschnitten und mit einer Mischung aus Essig, recht reichlich Provenceöl, Pfeffer und ein wenig Salz, oder mit einer Mayonnaisensauce nach Nr. 271 übergossen. Von der Sauce muß so viel vorhanden sein, daß die Sellerieschеiben darin schwimmen.

Anm. Man kann an den Salat auch einige rothe Beeten schneiden.

530. Beetensalat.

Die rothen Beeten werden gut gewaschen und weich gekocht, von der Haut befreit und in Scheiben geschnitten. Sodann übergießt man sie mit vorher aufgekochtem Essig und thut in kleine Würfel geschnittenen Meerrettig, ziemlich viel Kümmel und etwas Salz darunter.

531. Spargelsalat.

Gut geschälte Spargel werden in zolllange Stücke geschnitten, in Wasser mit Salz weich gekocht, zum Abtropfen und Abkühlen auf einen Durchschlag gegeben und endlich mit einer Sauce übergossen, die man bereitet, indem man 2 geriebene hartgekochte Eidotter mit einem rohen zusammenrührt und dazu Oel, Essig, Pfeffer, Salz, sowie eine Prise Muskatnuß und etwas Zucker thut.

532. Salat von Gartenkresse.

Die Gartenkresse, welche sich im Winter auch recht gut in Zimmern ziehen läßt, wird bis auf die Wurzeln abgeschnitten und mit einer Mischung aus Essig und reichlich Provenceöl, woran man etwas Pfeffer und eine Prise Zucker giebt, übergossen.

533. Gurkensalat.

Es werden Gurken sauber geschält und in so feine Scheiben geschnitten, wie man dieselben möglicherweise herstellen kann; sollen dieselben gut werden, so muß man sie mittelst eines Gurkenhobels schneiden. Diese Scheiben läßt man, mit ziemlich viel Salz vermengt, $^1/_2$ Stunde, oder noch länger stehen, wodurch den schwammigen Theilen derselben der unangenehme Saft größtentheils entzogen wird; den Rest davon entfernt man durch starkes Pressen oder Ausringen in einem sauberen Tuche. Die so vorbereiteten Gurkenscheiben übergießt man mit Provenceöl giebt hinreichend Essig, reichlich feingestoßenen Pfeffer, etwas feingehackte Petersilie und endlich etwa so viel Zucker, wie Pfeffer darüber. Hiemit werden die Gurkenscheiben vermittelst Durchrührens mit einem Kochlöffel gut vermischt.

Anm. Das Zuckern sollte man nie unterlassen; der Geschmack des Salats wird dadurch bedeutend angenehmer; sollte derselbe zu süß geworden sein, so kann man Essig nachgießen.

534. Bohnensalat.

Brechbohnen werden von den Fäden befreit, in zolllange Stücke zerschnitten und in Wasser mit Salz weich gekocht. Nachdem man sie auf einem Durchschlage hat abtropfen und erkalten lassen, übergießt man sie mit Essig und Oel und giebt gestoßenen Pfeffer und feingehackte Petersilie daran.

535. Kopfsalat.

Man nimmt die äußern harten Blätter von den Salatköpfen, streift die übrigen Blätter von den Rippen ab, wäscht sie und schwenkt sie, um das Wasser möglichst herauszubringen, in einem Tuche aus, welches man bei den vier Zipfeln zusammenfaßt; durch das Ausdrücken mit der Hand erhält der Salat immer ein schlechtes Aussehen. Nun kann man die Blätter einfach mit Oel, Essig, Pfeffer und etwas Salz vermengen, den Salat mit Scheiben von hartgekochten Eiern garniren und dabei für die Liebhaber Zucker umherreichen; oder man bereitet eine Sauce, indem man 2 geriebene, harte Eidotter mit einem rohen eben rührt und giebt hieran Oel, Essig, Pfeffer und Salz und vermischt mit dieser Sauce die Salatblätter; oder endlich, man befeuchtet dieselben leicht mit Provenceöl und giebt Rahm, welcher entweder allein, oder mit Essig und Pfeffer zu Sahne geschlagen ist, darüber.

536. Specksalat.

Man brät in recht feine Würfel geschnittenen Speck gelb und rührt während des Bratens zunächst Sirup und sodann so viel Essig und Wasser dazu, daß eine angenehm süßsäuerliche Sauce entsteht, welche man noch mit etwas Klarmehl von Kartoffelmehl ein wenig seimig macht. Mit dieser Sauce übergießt man, nachdem man sie hat erkalten lassen, die nach

Angabe in voriger Nummer vorbereiteten Salatblätter, es muß dies aber erst unmittelbar vor dem Anrichten geschehen.

B. Compotes.

537. Aepfel-Compote.

Man befreit die Aepfel, wenn sie nicht zu groß sind, nur von Blüthe und Stengel, sticht das Kerngehäuse aus und schält sie; größere reinigt man ebenso und schneidet sie in Hälften oder Viertel, oder auch in Scheiben. Alsdann legt man sie in Wasser, welches man mit Zucker und Citronensaft, auch einem Glase Wein dick eingekocht hat, so hinein, daß sie alle neben einander zu liegen kommen, thut ziemlich viel gut gereinigte Corinthen nebst etwas fein geschnittener Citronenschale dazu und läßt sie ganz langsam erst auf der einen Seite und, nachdem man sie behutsam umgekehrt, auch auf der andern weich kochen und sodann in der Brühe kalt werden. Letztere kocht man zu dickem Sirup ein und gießt sie beim Anrichten über die Aepfel. Die Höhlungen ganz gelassener füllt man mit süßen Gelees oder eingemachten Früchten.

538. Aepfelmus.

Geschälte, in Stücke geschnittene und von den Kerngehäusen befreite Aepfel werden in ein wenig Wasser, dem man, wenn das Apfelmus feiner werden soll, auch ein Glas Wein zusetzt, nebst etwas Citronenschale oder Kanehl und dem ausreichenden Zucker langsam weich gekocht und durch ein Sieb gerieben. Ist das Mus jetzt nicht süß genug, so kann man es noch nachzuckern, auch einige vorher weich gekochte Korinthen daran geben.

539. Birnen-Compote.

Man schält die Birnen recht gleichmäßig, befreit sie von den Blüthen, sticht die Kerngehäuse aus und bringt sie in so viel Wasser, daß sie eben davon bedeckt sind, auf das Feuer. Sodann würzt man mit Kanehl, Citronenschale und 20 Loth Zucker auf das Spint Birnen; giebt ein Glas Wein und, wenn man das Compote recht fein haben will, einige Löffel Himbeersaft daran, und läßt das Ganze auf schwachem Feuer kochen, bis die Birnen weich sind. Sie müssen dann eine schöne rothe Farbe angenommen haben und die Brühe muß kurz eingeschmort sein.

540. Pflaumen-Compote.

Man brüht die Pflaumen und streift ihnen die Haut ab, oder man schält sie, schneidet sie in Hälften und nimmt die Steine heraus. Sodann bringt man sie in ein wenig Wasser, in welchem auf das Spint Pflaumen 20 Loth Zucker aufgelöst sind und woran man ein paar zolllange Stücke Kanehl nebst der Schale einer halben Citrone gegeben hat, auf schwaches Feuer und kocht sie langsam und recht vorsichtig, damit sie nicht zerfallen, weich. Sollte jetzt zu viel Brühe vorhanden sein, so muß man dieselbe, nach Herausnahme der Pflaumen, kurz einkochen und nachher wieder über dieselben geben.

541. Kirschen-Compote.

Man steint die Kirschen (es können sowohl saure, wie süße verwandt werden) mittelst eines Federkiels aus, zerstößt etwa ein Viertheil der Steine und läßt dieselben $^1/_4$ Stunde in ein wenig Wasser auskochen. An dies Wasser giebt man, nachdem dasselbe durch ein Sieb gegossen worden, auf 1 Pfd. saure Kirschen $^1/_2$ Pfd. Zucker, auf süße Kirschen die Hälfte davon, sowie ein zolllanges Stück Kanehl und 3 bis 4 Gewürznelken und läßt die Kirschen langsam $^1/_4$ Stunde darin kochen, wobei man sie ein wenig schüttelt und vorsichtig schwenkt. Nachdem sie sodann aus der Brühe genommen sind, wird diese dick eingekocht und wieder darüber gegeben.

542. Stachelbeer-Compote.

Ganz junge Stachelbeeren befreit man von Blüthen und Stengeln, setzt sie in reichlich kaltem Wasser auf das Feuer, welches bis zum Kochen erhitzt und dann durch ein Sieb, auf welches man es mit den Stachelbeeren schüttet, wieder abgegossen wird. Inzwischen hat man ein wenig Wein und Wasser mit reichlich Zucker und etwas Citronenschale in's Kochen gebracht; dahinein thut man die abgetropften Stachelbeeren und läßt sie weich, jedoch nicht zu Mus kochen. Jedenfalls thut man gut, vor dem Anrichten zu probiren und nöthigenfalls noch Zucker nachzugeben. Zuletzt rührt man noch 1 bis 2 Eidotter daran.

543. Himbeer-Compote.

Man verliest die Himbeeren sorgfältig und sondert namentlich diejenigen aus, in welchen sich Würmer befinden, zuckert sie gut ein, schwenkt sie mit dem Zucker durch und läßt sie ein paar Stunden stehen. Sodann nimmt man sie aus dem inzwischen herausgetropften Safte, kocht Letztern etwas ein und gießt ihn wieder darüber.

Anm. Man kann die Himbeeren auch mit von den Stengeln gepflückten Johannisbeeren vermischen und sie in Wasser mit reichlich Zucker, einmal aufkochen lassen, worauf man sie herausnimmt, die Brühe dick einkocht und wieder darüber giebt.

544. Johannisbeer-Compote.

Das Johannisbeer-Compote wird ganz nach den Anweisungen für das Himbeer-Compote in vorstehender Nummer bereitet.

545. Erdbeeren-Compote.

Von sorgfältig verlesenen Erdbeeren wird die eine Hälfte mit ganz wenig Wasser durch ein Sieb gerieben, das erhaltene Mus stark mit Zucker vermengt und über die andere Hälfte gegeben. Nachdem dies zusammen eine Stunde zugedeckt gestanden hat, ist das Compote gut.

546. Aprikosen- oder Pfirsich-Compote.

Man schneidet die Aprikosen oder Pfirsiche in Hälften, steint sie aus, zerstößt die Steine, ohne die Kerne zu verletzen, zieht Letzteren die Haut ab und bringt sie mit den Früchten und reichlich Zucker in ein wenig kochendes Wasser. Sobald die Früchte weich gekocht sind, nimmt man sie mit den Kernen heraus, kocht die Brühe dick ein und gießt sie darüber.

547. Quitten-Compote.

Die Quitten werden geschält, in Viertel geschnitten und von Kerngehäuse und Blüthen befreit. Sodann bereitet man sie ganz nach der in Nr. 530 für Birnen-Compote gegebenen Anweisung weiter, kocht indessen die Kerngehäuse in ein wenig Wasser aus und giebt die Brühe an die Quitten, wenn man sie auf das Feuer setzt.

548. Melonen-Compote.

Man schält eine Melone und schneidet sie in zierliche Stücke, die man ganz langsam weich kochen und auf einem Durchschlage abtropfen läßt. Sodann bringt man sie in ganz wenig Wasser, welches man mit Zucker und etwas Citronensaft in's Kochen gebracht hat, wieder auf das Feuer, läßt sie noch einmal aufkochen und darin erkalten. Hierauf gießt man die Brühe wieder davon ab, kocht sie recht dick ein und übergießt damit, nachdem man sie wieder hat erkalten lassen, die inzwischen zierlich angerichteten Melonenstücke.

549. Compote von Heidelbeeren oder Preißelbeeren.

Die Beeren werden gut verlesen und gewaschen, in ganz wenig Wasser mit reichlich Zucker, nebst einem zolllangen Stücke Kanehl auf den Pott Beeren, übergekocht und auf einen Durchschlag zum Abtropfen geschüttet. Den abgetropften Saft kocht man kurz ein, vermischt ihn wieder mit den Beeren und richtet dieselben über einigen in eine Assiette gelegten Zwiebäcken an.

Preißelbeeren werden noch besser schmecken, wenn man sie mit 10 bis 12 Loth Zucker auf den Pott ganz steif einkocht und sodann kurz vor dem Anrichten mit dickem Schlagrahm vermischt. Auch kann man einige Stückchen Succade daran geben.

550. Compote von Backobst.

Backobst wird in warmem Wasser gut gewaschen und mit so viel kaltem Wasser. daß es gut davon bedeckt ist, nebst einem zolllangen Stücke Kanehl und der ganz dünnen Schale einer halben Citrone auf das Pfund Obst zu Feuer gebracht und verdeckt ganz langsam weich gekocht. Ist es in der Brühe erkaltet, so gießt man diese ab und kocht sie mit Zucker (je nach der Säure des Obstes $1/4$ bis $1/2$ Pfd. auf das Pfd. Obst) zu Sirupsdicke ein, läßt sie erkalten und schwenkt das Obst damit durch, welches man jetzt nach Belieben noch nachzuckern kann.

Anm. Diese Bereitungsweise paßt für jede Art Backobst; Pflaumen werden indessen besonders schön, wenn man sie in der Brühe vor dem Wiederaufkochen derselben mit Zucker erst 1 bis 2 Tage stehen läßt. Gekocht kann das Backobst selbst mit Zucker nicht werden; es würde dann hart bleiben.

XVI. Saucen zu Puddings und Mehlspeisen.

551. Weißweinsauce.

Man kocht $1/2$ Pott Wasser mit $1/4$ Pfd. Zucker, worauf die Schale einer Citrone abgerieben worden, nebst einem zolllangen Stücke Kanehl auf und läßt dies, unter Hinzurühren von Klarmehl von einem Eßlöffel voll Kartoffelmehl, nebst einer Prise Salz und einem Stückchen Butter langsam weiter kochen, bis die Sauce gut seimig ist. Sodann giebt man $1/2$ Flasche Weißwein und durch ein Sieb den Saft der

Citrone daran, läßt sie damit noch einmal aufkochen und quirlt sie endlich mit 3 bis 4 Eidottern ab.

552. Rothweinsauce.

In 1/2 Pott Wasser werden 4 zerstoßene Zwiebacke, ein zollanges Stück Kanehl, 4 bis 6 Gewürznelken und eine Prise Salz nebst 1/4 Pfd. Zucker, worauf die Schale einer Citrone abgerieben ist, in's Kochen gebracht und das Ganze, unter Hinzuthun von einem Stückchen Butter und unter fleißigem Rühren, weiter gekocht, bis die Sauce gut seimig ist. Dann gießt man die Sauce durch ein Sieb, giebt 2 Gläser Rothwein nebst dem Safte einer halben Citrone daran und läßt sie damit eben noch einmal aufkochen.

553. Weinschaumsauce.

Man rührt 10 Eidotter und 4 ganze Eier mit einer Flasche Weißwein, worin man 3/4 Pfd. Zucker mit der darauf abgeriebenen Schale von 2 Citronen hat schmelzen lassen, nebst dem Safte der beiden Citronen durch ein Sieb. Diese Mischung bringt man auf das Feuer und läßt sie dort unter fortwährendem Schlagen mit dem Quirl sich erhitzen, bis sie aufstößt, d. h. bis ganz kurz vor dem Kochen. Brächte man die Sauce in's Kochen, so würde der Schaum zusammensinken.

Anm. Man kann auch etwas weniger Wein und dafür ein Glas Rum nehmen, was die Sauce, namentlich für Herren, noch angenehmer macht.

554. Rothweinschaumsauce.

Eine halbe Flasche Rothwein bringt man mit 1/2 Pfd. Zucker, worauf die Schale von 2 Citronen abgerieben ist, in's Kochen. Ferner schlägt man 5 ganze Eier und 5 Eidotter mit 1/4 Pfd. Zucker zu Schaum, giebt 1/2 Theelöffel voll fein gestoßenen Kanehl und 1 Messerspitze voll feingestoßenen Cardamom daran, gießt unter stetem Schlagen erst eine halbe Flasche kalten und dann den kochenden Wein dazu und läßt endlich das Ganze unter fortwährendem starken Schlagen auf dem Feuer wieder bis kurz vor dem Kochen heiß werden.

555. Madeirasauce.

Man kocht 1 Pott Wasser mit 10 Loth Zucker, worauf die Schale einer Citrone abgerieben worden, nebst dem Safte dieser Citrone und einem zolllangen Stücke Canehl 1/4 Stunde lang durch, rührt es mit Klarmehl von 3 Eßlöffeln voll Mehl eben und läßt es damit gut seimig kochen. Hieran gießt man sodann 1/4 Flasche Madeira, quirlt die Sauce, nachdem sie damit durchgekocht ist, mit 2 Eidottern ab und giebt endlich, nachdem sie vom Feuer genommen worden, noch 1/4 Flasche Madeira kalt dazu.

556. Punschsauce.

Nachdem man 2 Citronen an 20 Loth Zucker abgerieben hat, schlägt man die Stücke ab, worauf die Citronenschale sitzt und bringt den übrigen Zucker in 1 Pott Wasser auf das Feuer. Sobald es kocht, rührt man Klarmehl von 1 Eßlöffel voll Mehl dazu, drückt den Saft der beiden Citronen darin und läßt denjenigen Theil Zucker, auf welchem die Citronen abgerieben worden, darin schmelzen. Unter stetem Rühren läßt man die Sauce seimig kochen, quirlt sie mit 4 Eidottern ab und giebt gerade vor dem Abnehmen vom Feuer 1/2 Flasche feinen Rum daran.

557. Burgundersauce.

Zu 1/2 Pott Sauce wird die Schale einer Citrone auf 10 Loth Zucker abgerieben, worauf man denselben, um ihn leichter schmelzen zu machen, mit so viel kochendem Wasser übergießt, wie er gut aufsaugen kann. Alsdann giebt man 8 bis 10 Eidotter daran, rührt den Zucker damit, bis er geschmolzen ist und gießt endlich 1/2 Flasche Burgunder nebst 2 Eßlöffeln voll Pfirsichblüthen-Wasser dazu. Dies Zugießen geschieht über dem Feuer ganz langsam und es muß die Sauce während dessen und weiter unausgesetzt bis kurz vor dem Kochen mit dem Quirl schäumig geschlagen werden.

558. Sagosauce.

Man kocht 1/4 Flasche Rothwein mit eben so viel Wasser unter Hinzuthun von 1/4 Pfd. Zucker, worauf die Schale von 1/4 Citrone abgerieben worden, nebst 4 Gewürznelken und dem Safte einer halben Citrone auf, giebt dies über 4 Loth nach Nr. 40 gereinigten rothen Perl-Sago und läßt denselben darin weich kochen. Sollte die Sauce dabei zu dünn werden, so muß man mit etwas Klarmehl von Kartoffelmehl nachhelfen, im entgegengesetzten Falle Rothwein nachgießen und, so viel wie nöthig, nachzuckern.

Anm. Wünscht man die Sauce kräftiger, so kann man auch Rothwein allein in der angegebenen Weise aufkochen.

559. Himbeersauce*).

Man zerquetscht 1 Pfd. sorgfältig verlesene Himbeeren und bringt sie mit 1/2 Pott Wasser auf das Feuer, giebt etwas Kanehl, 10 Loth Zucker und 1 Glas Rothwein daran, läßt Alles mit einander aufkochen, reibt es durch ein Sieb, bringt es wieder auf das Feuer und verfährt weiter nach der unter*) gegebenen Anmerkung.

Anm. Will man im Winter die Sauce von Himbeersaft bereiten, so bringt man Saft und Wasser, von Jedem die Hälfte auf das Feuer und verfährt weiter nach obiger Anweisung.

560. Johannisbeersauce.

Man preßt den Johannisbeersaft aus, mischt 1 Pfund davon mit 1/2 Pott Wasser, giebt 20 Loth Zucker, worauf eine

*) Zu dieser, wie zu allen folgenden Fruchtsaucen muß man kurz vor dem Anrichten, aber noch während des Kochens, etwas Klarmehl von Kartoffelmehl rühren. Ein guter halber Eßlöffel voll Kartoffelmehl genügt für 1/2 Pott Sauce.

halbe Citrone abgerieben ist, nebst einer Prise fein gestoßenem Cardamom daran, läßt Alles zusammen aufkochen, giebt es durch ein Sieb und verfährt weiter nach der Anmerkung *) zu voriger Nummer.

561. Stachelbeersauce.

Auf $^1/_2$ Pott Wasser rechnet man 1 Pfd. unreife, noch recht kleine Stachelbeeren, die man von Blumen und Stengeln befreit und mit einem zolllangen Stücke Kanehl, nebst $^1/_2$ Pfd. Zucker, worauf die Schale einer Citrone abgerieben ist, auf das Feuer bringt. Sobald die Stachelbeeren weich sind, reibt man das Ganze durch ein Sieb, bringt es mit einem Stückchen Butter wieder zum Kochen, verfährt weiter nach Anmerkung *) zu Nr. 559 und quirlt endlich die Sauce mit 2 Eidottern ab, oder rührt noch ein Stückchen kalte Butter daran.

562. Erdbeerensauce.

Man bringt $1^1/_2$ Pfd. gut gereinigte Erdbeeren, nachdem man sie gehörig zerquetscht hat, in einer Mischung von $^1/_2$ Pott Rothwein und $^1/_4$ Pott Wasser auf das Feuer, giebt 10 Loth Zucker nebst einem zolllangen Stück Kanehl daran und läßt dies zusammen kochen, bis die Erdbeeren weich sind. Dann reibt man das Ganze durch ein Sieb, bringt es wieder in's Kochen und verfährt weiter nach Anmerkung *) zu Nr. 559.

563. Hagebuttensauce.

Man kann dazu sowohl frische wie getrocknete Hagebutten verwenden. Dieselben werden gut gereinigt und 1 Pfd. frische oder $^1/_2$ Pfd. getrocknete in $^3/_4$ Pott Wasser mit einem zolllangen Stücke Kanehl und einem Stückchen Butter gut weich gekocht, was etwa 1 Stunde erfordert. Dann reibt man sie stark durch ein Sieb, bringt sie wieder mit $^1/_2$ Flasche Weißwein und 10 Loth Zucker, woran die Schale einer halben Citrone abgerieben worden, in's Kochen und macht die

Sauce unter gutem Umrühren mit 4 zerstoßenen Zwiebacken seimig.

564. Heidelbeersauce.

Die Heidelbeeren werden gut verlesen und in so viel Wasser, als zur Sauce nöthig ist, mit einem Stückchen Kanehl und der fein abgeschälten Schale von 1/2 Citrone auf 1/2 Pott Wasser weich gekocht und durch ein Sieb gerieben. Dann bringt man sie wieder auf das Feuer, süßt mit Zucker oder Sirup nach Probe, giebt, wenn man die Sauce verbessern will, noch ein Glas Rothwein daran und verfährt weiter nach Anmerkung *) zu Nr. 559.

Anm. Man kann statt der frischen auch eingemachte oder getrocknete Heidelbeeren verwenden

565. Kirschensauce.

Man steint 2 Pfd. Kirschen aus, stößt die Steine und kocht sie in 1/2 Pott Wasser gut aus. Dies Wasser giebt man durch ein Sieb und läßt das Kirschfleisch, unter Hinzuthun von 1/4 Flasche Wein, 10 Loth Zucker, worauf die Schale einer halben Citrone abgerieben worden, etwas Citronensäure und einem Stückchen Kanehl darin weichen. Sodann nimmt man einen Theil des Kirschfleisches heraus, reibt das Uebrige durch ein Sieb und giebt es, nachdem man es weiter nach Anmerkung *) zu Nr. 559 zubereitet hat, über das so lange zurückgesetzte Kirschfleisch.

Anm. Auch zur Kirschensauce kann man eingemachte Kirschen verwenden.

566. Pflaumen- (Zwetschen-) Sauce.

Man steint 1/2 Pfd. Pflaumen aus, stößt die Steine, jedoch nur grob, und kocht sie 1/4 Stunde lang in 1/2 Pott Wasser aus. Ferner kocht man noch 1/2 Pfd. Pflaumen, zieht ihnen die Haut ab und schneidet sie, nachdem die Steine herausgenommen worden, in Hälften. In dem Pflaumensteinwasser werden die zuerst ausgesteinten Pflaumen mit 1/4 Pfd. Zucker, worauf die Schale einer halben Citrone abgerieben worden, nebst einem Stückchen Kanehl weich gekocht, worauf das Ganze durch ein Sieb gerieben und unter Hinzuthun von $^1/_4$ Flasche Rothwein mit den in Hälften geschnittenen Pflaumen wieder in's Kochen gebracht wird. Sind die Pflaumenschnitte weich, so werden sie mit dem Schaumlöffel herausgenommen, die Sauce wird weiter nach Anmerkung *) zu Nr. 559 zubereitet und endlich über die so lange zurückgesetzten Pflaumenschnitte gegeben.

567. Sauce von trockenen Pflaumen.

Es wird $^1/_2$ Pfd. Pflaumen abgekocht und von den Steinen befreit. Von Letztern zerstößt man die Hälfte und kocht damit das Fleisch der Pflaumen in $^1/_2$ Pott Wasser, bis es weich ist. Sodann reibt man das Ganze durch ein Sieb, bringt es mit $^1/_4$ Flasche Weißwein, dem Safte und der auf $^1/_4$ Pfd. Zucker abgeriebenen Schale einer halben Citrone, nebst einem Stückchen Kanehl wieder auf das Feuer, läßt es noch einmal gut durchkochen und verfährt weiter damit nach der Anmerkung *) zu Nr. 559.

568. Apfelsauce.

Sechs gute Aepfel mittlerer Größe werden geschält, zerschnitten und von Blumen, Stengeln und Kernhäuschen befreit. Sodann läßt man sie in $^1/_2$ Pott Wasser mit einem zolllangen Stücke Kanehl und der feinen Schale einer halben Citrone weich kochen, reibt das Ganze durch ein Sieb und bringt es mit $^1/_4$ Flasche Weißwein, einem Löffel voll vorher weichgekochter Korinthen und 5 Loth Zucker wieder in's Kochen. Weiter verfährt man mit der Sauce nach der Anmerkung *) zu Nr. 559, oder man quirlt sie mit 2 Eidottern ab.

569. Citronensauce.

Es wird $^1/_2$ Pott Wasser mit 10 Loth Zucker, worauf 2 Citronen abgerieben sind und mit dem durch ein Sieb gegebenen Safte der Citronen aufgekocht und mit etwas Klarmehl von Kartoffelmehl seimig gemacht. Sodann gießt man gut 1/4 Flasche Weißwein dazu, bringt die Sauce noch einmal in's Kochen und quirlt sie mit 2 Eidottern ab.

570. Milchsauce.

Man bereitet eine Mehlschwitze von 1 Eßlöffel voll Mehl, rührt 1/2 Pott Milch dazu, giebt eine Prise Salz und 1 Stückchen Kanehl oder Vanille daran, zuckert nach Probe und quirlt die Sauce mit einem Eidotter ab.

571. Mandelsauce.

Man zerstößt 1 1/2 Loth süße, nebst 2 Stück bitteren Mandeln und kocht sie mit einem Stücke Citronenschale 1/4 Stunde in ein wenig Milch, reibt dies durch ein Sieb, gießt 1/2 Pott Milch dazu und bringt das Ganze ins Kochen, worauf man es mit Klarmehl seimig macht, nach Probe zuckert und mit 4 Eidottern abquirlt.

572. Schaumsauce.

Man schlägt 3 ganze Eier mit einer halben Flasche Wein, einem gehäuften Theelöffel voll Mehl und 3 bis 4 Eßlöffel voll gestoßenem Zucker nebst einem Stücke Kanehl und Citronenschale auf starkem Feuer mit dem Quirl, bis der Schaum steigt; kochen jedoch darf derselbe nicht. Nachdem die Sauce vom Feuer genommen ist, schlägt man sie noch kurze Zeit weiter in dem Geschirr, in welchem sie angerichtet worden.

573. Chocoladensauce.

Man reibt 5 Loth Chocolade fein und läßt sie mit 1/2 Pott Milch und 5 Loth Zucker, nebst einem zollangen Stücke Vanille 1/4 Stunde lang kochen. Sodann gießt man dies langsam zu 2 Eidottern und 3 ganzen Eiern, die man zusammen klein gerührt hat und quirlt die Sauce während des Zugießens und weiter, bis sie kurz vor dem Kochen schäumig ist. Nachdem sie vom Feuer genommen worden, setzt man das Quirlen noch etwa eine Minute lang fort, um das Gerinnen zu verhüten.

574. Vanilleschaumsauce.

Man schneidet eine Stange Vanille von Mittelgröße in kleine Stücke und läßt dieselben in 1 Pott Rahm eine Stunde lang über schwachem Feuer ausziehen. Dann rührt man 10 Eidotter mit 10 Loth Zucker schäumig, gießt den Rahm dazu und schlägt dies Ganze über dem Feuer, bis kurz vor dem Kochen. Nachdem man es abgenommen, mengt man das zu Schaum geschlagene Weiße von 6 Eiern dazu.

XVII. Puddings und Mehlspeisen.

A. Warme Puddings und Mehlspeisen.

575. Allgemeine Unterweisungen.

Man kocht die Puddings entweder in Leintüchern oder in Formen. Erstere müssen zunächst vor dem Gebrauche gut ausgewässert und ausgerungen werden, um auch die geringste Spur der etwa darin enthaltenen Seife herauszubringen. Ferner hat man darauf zu achten, daß das Tuch nicht zu sehr gefüllt werde, damit der Pudding sich gehörig ausdehnen könne und nicht etwa das Tuch zerreiße; zu viel Platz muß er indessen auch nicht haben, weil er dann leicht platt wird. Das Wasser muß in vollem Kochen sein, wenn der Pudding hineingegeben wird und darf auch, bis derselbe gar ist, nicht aus dem Kochen kommen; das Geschirr muß zugedeckt werden, jedoch nicht zu fest, so daß der sich entwickelnde Dampf abziehen kann; endlich hat man noch Vorkehr zu treffen, daß der Pudding während des Kochens nicht fest auf den Boden des Gefäßes zu stehen kommt, weil er sonst leicht anbrennt.

Soll der Pudding in einer Form gekocht werden, so muß man diese inwendig mit Butter gut bestreichen und mit feingestoßenem Zwieback bestreuen; gefüllt darf sie nur zu drei Viertel werden, damit der Pudding Platz behalte sich auszudehnen; um zu verhüten, daß er, falls er so hoch steigen sollte, sich nicht etwa am Deckel festsetze, bestreicht man auch diesen mit Butter. Der Deckel des Geschirres, in welchem der Pudding kocht, muß dicht schließen, um das Entweichen der Dämpfe möglichst zu vermeiden; die Puddingform endlich beschwert man noch angemessen, damit das kochende Wasser sie nicht aus der Lage bringe.

576. Plum-Pudding.

(Englisches Recept.)

Zum englischen s. g. Weihnachts-Plum-Pudding nimmt man folgende Zuthaten:

1 Pfd. beste Rosinen (volles Gewicht nach Herausnahme der Kerne), 1 Pfd. Korinthen, **1** Pfd. Ochsentalg, 1 Pfd. Mehl, $^1/_2$ Pfd. geriebenes Brod, $^1/_2$ Pfd. Zucker, **6** Loth candirte Pomeranzenschale, 6 Loth Succade, 1 Theelöffel voll Salz, 1 Theelöffel voll gemischtes Gewürz (Kardamom und Kanehl fein zusammen gestoßen), 8 Eier, **1** Flasche Sherry, $^1/_4$ Flasche Cognac oder Rum.

Die Bereitung des Puddings ist sodann die nachstehende: Der Talg wird so fein wie irgend möglich geschnitten und gehackt, nachdem er von der Haut vollständig befreit worden, und dann zunächst mit den anderen trockenen Zuthaten sorgfältig durcheinander gemischt. Hierauf thut man die Eier, und zwar das Weiße derselben zu Schaum geschlagen, hinzu und beginnt das Ganze zu rühren. Während des Rührens, welches nie zu lange dauern kann, nie aber weniger, als eine Stunde dauern darf, gießt man ganz allmälig, in Portionen von etwa $^1/_{12}$ Flasche auf einmal, den Sherry und Cognac (Rum) hinzu. Der nun fertige Teig wird in Leinwand geschlagen und voll 8 Stunden gekocht. Dabei hat man Sorge zu tragen, daß der Beutel nicht von vorne herein zu stark angefüllt wird, weil er dann leicht platzt, und ferner, daß er den Boden des Gefäßes, in welchem er gekocht wird, nicht berührt, weil sonst der Pudding an dieser Stelle anbrennt. Beim Auftragen umgießt man den Pudding mit etwas Cognac, welchen man anzündet, und reicht eine Punschsauce nach Nr. 556 dazu.

577. Plum-Pudding anderer Art.

Man rührt $1/4$ Pfd. Butter zu Sahne und 6 Eidotter nebst 4 ganzen Eiern damit durch, bis Alles recht glatt und schäumig ist. Hiezu rührt man 10 Loth in Milch eingeweichte und gut wieder ausgedrückte Semmel. Ferner wird $1/2$ Pfd. Ochsentalg mit $1/2$ Pfd. Mehl recht fein zusammengehackt, durch einen Durchschlag gerieben, damit die Fasern des Talges zurückbleiben, und sodann nebst einer halben Theetasse voll Rahm und einem Glase Rum, einem Theelöffel voll feingestoßenem Kanehl, der abgeriebenen Schale einer Citrone, 4 Loth in feine Würfel geschnittener Succade, 5 Loth Korinthen, 5 Loth ausgesteinten Rosinen und einer Prise Salz mit den, wie zu Anfang angegeben, vorbereiteten Zuthaten durchgerührt, bis ein gleichmäßiger Teig entsteht, mit dem man zuletzt noch das zu Schaum geschlagene Weiße der 6 Eier vermischt. Der Pudding wird in einer Form in 3 Stunden gar gekocht und mit Rum übergossen, den man beim Anrichten anzündet. Man reicht eine Weinschaumsauce nach Nr. 553 dazu.

578. Omeletten-Pudding.

Man bereitet von 3 Eiern, 3 Löffeln voll Mehl und der nöthigen Milch, unter Hinzurühren von einer Prise Salz, einen dünnen Pfannkuchen-Teig, aus welchem man 8 recht helle Omeletten von mäßiger Größe backt. Diese bestreicht man gut einen Federkiel dick mit einer Frucht-Marmelade, wickelt sie auf und schneidet jeden in 3 Stücke. Sodann wird

$^1/_2$ Pfd. Butter zu Sahne geschlagen und mit 6 Eidottern nebst 4 ganzen Eiern so lange durchgerührt, bis darin 12 Loth feingestoßener Zucker, den man nebst 10 gestoßenen bittern Mandeln dazu thut, aufgelöst sind. Hierauf giebt man unter fortgesetztem Rühren $^3/_4$ Pott Milch, $^3/_4$ Pfd. geriebene Semmel, $^1/_4$ Pfd. Mehl, die abgeriebene Schale einer Citrone, $^1/_2$ Theelöffel voll Kanehl und eine Prise Salz dazu, und rührt zuletzt noch das zu Schnee geschlagene Weiße der 6 Eier dazwischen. Von diesem Teige streicht man einen Daumen dick in eine Puddingsform, legt Omelettenschnitte darauf, trägt auf diese wieder von dem Teige auf und fährt so fort, bis Alles verbraucht ist; den Schluß muß Teig bilden. Der Pudding muß $1^1/_2$ Stunden kochen; man reicht eine Weinsauce dazu. (Nr. 551.)

579. Semmel-Pudding.

Man reibt $1^1/_2$ Pfd. Semmel, von denen man die Rinde geschält hat, fein; was sich nicht gut reiben läßt, weicht man in 1 Pott zuvor aufgekochter, aber wieder abgekühlter Milch auf. Ferner rührt man 12 Loth Butter zu Sahne und 16 Eidotter damit recht eben, giebt hieran erst 12 Loth feingestoßenen Zucker und sodann die geriebenen und eingeweichten, vorher gut ausgedrückten Semmel und ferner allmälig unter fortgesetztem Rühren die Milch, 2 Loth Mehl, 12 Loth feingestoßenen Zucker, die abgeriebene Schale von einer großen oder 2 kleinen Citronen, 4 Loth ausgekernte Rosinen, 2 Loth Korinthen, 5 Loth gestoßene süße und 6 bittere Mandeln, sowie eine Prise Salz. Endlich rührt man noch das zu Schnee geschlagene Weiße von 8 Eiern leicht darunter. Der Teig wird nach Angabe in Nr. 575 in einer Puddingform in 3 Stunden gar gekocht. — (Mit einer Wein- oder Weinschaumsauce nach Nr. 551 und 553).

580. Semmel-Pudding anderer Art.

Es werden zunächst 12 Loth Butter zu Sahne und 8 Eidotter, sowie 2 ganze Eier, damit gut eben gerührt und unter fortgesetztem Rühren 12 Loth feingestoßener Zucker und sodann $^{3}/_{4}$ Pfd. geschälte und geriebene Semmel, sowie ferner die abgeriebene Schale einer kleinen Citrone, 2 Loth gestoßene süße und 1 Loth bittere Mandeln, $^{1}/_{4}$ Pfd. Korinthen, ein Glas Rum und eine Prise Salz dazu gegeben. Das Ganze mischt man mit dem zu Schnee geschlagenen Weißen der 8 Eier durch, thut es in eine Form und kocht es in $1^{1}/_{2}$ bis 2 Stunden gar. — (Mit einer Weinschaum- oder Punschsauce nach Nr. 553 und 556.)

581. Kartoffel-Pudding.

Man reibt $^{1}/_{4}$ Pfd. Butter zu Sahne und rührt zunächst 12 Eidotter, sodann nach einander 12 Loth gestoßenen Zucker, 1 Pfd. geriebene Kartoffeln, den Saft von 2 Citronen, die abgeriebene Schale von 1 Citrone, $^{1}/_{4}$ Pfd. süße und 1 Loth bittere Mandeln, feingestoßen darunter. Endlich mischt man das zu Schnee geschlagene Weiße der Eier unter den Teig und kocht denselben in 2 Stunden gar. — (Mit einer Wein- oder Weinschaumsauce nach Nr. 551 und 553.)

582. Schwarzbrod-Pudding.

Es wird $^{1}/_{2}$ Pfd. geriebenes Schwarzbrod mit $^{1}/_{4}$ Pfd. Butter über dem Feuer gut durchgerührt, dann wird ein Glas Rothwein daran gegeben und der Teig muß etwas abkühlen. Hierauf rührt man nach einander 12 Eidotter, $^{1}/_{2}$ Pfd. gestoßene Mandeln, die abgeriebene Schale einer halben Citrone, 1 Theelöffel voll gemischtes Gewürz (Kanehl und Kardamom, fein zusammen gestoßen) darunter und mischt zuletzt das zu Schnee geschlagene Weiße der Eier zu dem Teige, welchen man in der Form in 2 bis $2^{1}/_{2}$ Stunden gar kocht. — (Mit einer Weinsauce nach Nr. 551.)

583. Schwarzbrod-Pudding anderer Art.

Die Dotter von 12 Eiern werden mit 8 Loth zerstoßenem Zucker gut durchgerührt, ferner wird 12 Loth geriebenes Schwarzbrod mit einem Glase Rothwein angefeuchtet, die abgeriebene Schale einer Citrone und $1/_2$ Theelöffel voll feingestoßenes Gewürz unter fortgesetztem Rühren dazugegeben und endlich das zu Schnee geschlagene Weiße der Eier darunter gemischt. Der Pudding wird in 2 bis $2^1/_2$ Stunden in der Form gar gekocht und mit einer Weinschaumsauce nach Nr. 553 gereicht.

584. Sago-Pudding.

Man reibt 10 Loth Butter zu Sahne und rührt zunächst 6 Eidotter, 2 ganze Eier und 10 Loth gestoßenen Zucker, sodann $1/_2$ Pfd. Perlsago, den man in Milch unter langsamem Kochen hat gut ausquellen und wieder erkalten lassen; ferner ein paar Löffel voll gestoßene Semmel, die abgeriebene Schale einer kleinen Citrone und $1/_2$ Theelöffel voll feingestoßenen Kanehl darunter. Endlich mischt man das zu Sahne geschlagene Weiße der Eier unter die Masse und läßt den Pudding in $1^1/_2$ bis 2 Stunden gar kochen. — (Mit feiner Rothweinsauce nach Nr. 552.)

585. Chocolade-Pudding.

Man reibt 12 Loth Butter zu Sahne und rührt nach einander 12 Eidotter, 8 Loth Zucker, 10 Loth geriebenes Schwarzbrod, 6 Loth geriebene Chocolade, $1/_2$ Theelöffel voll gestoßenen Kanehl und ein etwa zollanges Stück Vanille, gleichfalls feingestoßen, darunter. Dann mischt man die Masse mit dem zu Schnee geschlagenen Weißen der Eier durch und kocht sie in einer Form in $1^1/_2$ Stunden gar. — (Mit einer Weinschaum- oder Punschsauce nach Nr. 553 und 556.)

586. Cabinets-Pudding.

Man schneidet 1 Pfd. Biscuit in Würfel von etwa 1 Zoll Durchmesser und mischt ferner $1/_4$ Pfd. ausgekernte Rosinen, $1/_4$ Pfd. Korinthen, $1/_4$ Pfd. in ganz feine Scheiben geschnittene Mandeln, $1/_4$ Pfd. in kleine Würfel geschnittene Succade, sowie die recht dünne und fein gehackte Schale einer halben Citrone gut durcheinander. Endlich schlägt man 11 ganze Eier mit einem Pott Milch und $1/4$ Pfd. Zucker gut durch. Von den Biscuit-Stücken wird eine Lage auf den Boden einer Puddingform gelegt; darüber streut man eine Schicht von der obigen Mischung, läßt wieder eine Schicht Biscuitstücke folgen und fährt so fort, bis Alles verbraucht ist; den Schluß müssen Biscuitstücke bilden. Sodann übergießt man das Ganze mit der Eiermilch, verwendet aber davon nicht mehr, als eine Tasse voll auf einmal und läßt bis zum nächsten Uebergusse einige Zeit verstreichen, damit die ganze Masse gehörig und gleichmäßig durchzogen werde. Die verschlossene Form setzt man in ein Geschirr mit kochendem Wasser, deckt einen Deckel darüber und läßt den Pudding in der Art darin fest werden, daß man das Kochgeschirr in einen mäßig erhitzten Ofen, oder an eine heiße Stelle bringt, wo das Wasser fortwährend kurz vor dem Kochen erhalten, nicht aber in's Kochen gebracht wird. — (Mit einer beliebigen Fruchtsauce, oder mit der Weinschaumsauce in Nr. 553.)

587. Abgerührter Mehl-Pudding.

Man schmilzt $1/2$ Pfd. Butter über dem Feuer, rührt reichlich $1/2$ Pfd. Mehl damit durch, bis es ein wenig darin kocht, gießt unter fortgesetztem Rühren 1 Pott Milch dazu und rührt stark über dem Feuer weiter, bis ein wenig Butter zum Vorschein kommt und der Teig gut vom Topfe und Kochlöffel los läßt. Dann nimmt man ihn vom Feuer, läßt ihn beinahe kalt werden, rührt zunächst 11 Eidotter und 3 ganze Eier und sodann $1/2$ Pfd. gestoßenen Zucker, die abgeriebene Schale einer Citrone und 10 bis 12 feingestoßene Mandeln daran und gut damit durch. Endlich mischt man das zu Schnee geschlagene Weiße der Eier unter den Teig, thut ihn in eine Form und läßt ihn in 2 Stunden gar kochen. — (Mit einec beliebigen Fruchtsauce oder mit einer Weinschaumsauce nach Nr. 553.)

588. Reis- und Griesmehl-Pudding.

Dieselben werden im Uebrigen ebenso bereitet, wie der Pudding in vorstehender Nummer, nur daß man beim Reis-

Pudding 1 Eßlöffel voll Reismehl weniger nimmt und es durch 1 Eßlöffel voll Waizenmehl ersetzt. — Die Saucen sind dieselben, wie die in vorstehender Nummer angegebenen, besonders gut schmeckt zu diesen Puddings eine Kirschensauce nach Nr. 565.

589. Citronen- oder Apfelsinen-Pudding.

Man rührt nach Angabe in Nr. 587 einen Teig über dem Feuer ab, nimmt jedoch zu demselben eine kleine Theetasse voll Milch weniger. Auch im Uebrigen verfolgt man das dort angegebene Verfahren, rührt jedoch die Schale von zwei Citronen, die man am besten auf dem Zucker abreibt, dazwischen und giebt vor dem Eiweiß-Schnee, ohne weiter zu rühren, die Säure von 4 Citronen daran. Citronensäure und Eiweiß-Schnee müssen zusammen mit dem Teige durchgemischt werden. — (Mit einer Citronensauce nach Nr. 569.)

Anm. Statt der beiden Citronen kann man auch eine Apfelsine auf Zucker abreiben und den Saft von drei Apfelsinen an den Pudding geben. In diesem Falle reicht man eine Apfelsinensauce dazu, die man von Apfelsauce nach der Anweisung für die Citronensauce in Nr. 569 bereitet.

590. Fisch-Pudding.

Man schwitzt 1 Pfd. von einem aus den Gräten geschälten Fische, am besten einem Hechte, in Butter mit Salz gar, legt ihn zum Erkalten auf ein Sieb und hackt ihn mit 2 Pfd. rohem Fisch zusammen fein; auch bereitet man 1½ Pfd. einer dicken Sauce von Sahne und Mehl, woran man ein paar gehackte Chalotten giebt. Sodann reibt man ½ Pfd. Butter zu Sahne und rührt nach einander 2 ganze Eier und 8 Eidotter, die Sauce, den Fisch, 1½ Pfd. in Milch aufgeweichte und gut wieder ausgedrückte Semmel, etwas Salz, ½ geriebene Muskatnuß und 4 Loth Parmesankäse darunter. Zuletzt vermischt man das zu steifem Schnee geschlagene Weiße der Eier mit dem Teige und kocht denselben in einer Form 1½ Stunden lang. — (Mit einer weißen Sardellen-Sauce nach Nr. 254.)

591. Fleisch-Pudding.

Man rührt 12 Loth geriebene Semmel mit etwas Milch über dem Feuer zu einem steifen Brei. Nachdem derselbe erkaltet ist, rührt man damit $^3/_4$ Pfd. Butter, 10 Eidotter, 2 feingehackte Häringe, $1^1/_2$ Pfd. gebratenes oder gekochtes, feingehacktes Rindfleisch und ebenso $^1/_2$ Pfd. rohes, feingehacktes Kalbfleisch gut durch und würzt die Masse mit ein paar feingehackten, in Butter geschwitzten Chalotten, nebst einer Prise Muskatnuß, Salz und Pfeffer. Sollte der Teig zu steif werden, so kann man ihn mit etwas Rahm verdünnen; zuletzt mischt man das zu Schnee geschlagene Weiße der Eier darunter, kocht den Pudding in 2 Stunden gar und reicht eine Trüffelsauce oder braune Cappernsauce nach Nr. 235 und 240 dazu.

592. Mehl-Auflauf*).

Zuthaten: $^3/_4$ Pott gute Milch oder Sahne, 10 Loth feines Mehl, 10 Loth Butter, 12 Loth Zucker, 12 Eier, 1 Citrone. Das Mehl nebst 2 ganzen Eiern und 2 Eidottern, ein wenig Salz und ein wenig Zucker wird mit der Milch und der Hälfte der Butter klar gerührt und auf einem gelinden Feuer zu einer dicken Substanz gekocht. Sodann thut man es in eine Schüssel, rührt ein ganzes Ei daran, läßt es abkühlen und rührt hierauf nach und nach die Dotter der übrigen Eier, den Rest der Butter und die abgeriebene Schale der Citrone hinzu. Endlich mischt man das zu Schnee geschlagene Weiße der Eier behutsam unter die Masse, füllt sie in die Form und bestreut sie mit Zucker; was dazu nöthig ist, muß man von dem oben unter den Zuthaten angegebenen Quantum zurückgelassen haben. Der Auflauf muß $1^1/_4$ Stunde bei ziemlich starker Hitze backen. — (Mit einer Fruchtsauce.)

---

*) Bei Aufläufen und sonstigen Mehlspeisen streicht man die Form gleichfalls mit Butter aus; bestreut sie aber statt mit gestoßenem Weißbrod mit feinem weißen Zucker.

593. Chocolade-Auflauf.

Zuthaten: 10 Loth Chocolade, 5 Loth Mehl, 5 Loth Butter, 5 Loth Zucker, 3/4 Pott Rahm, 10 Eier. — Das Mehl wird mit der Sahne und 5 Eidottern recht klar gerührt und die Masse, nachdem man den Zucker, die Butter und die vorher geriebene Chocolade hinzugethan hat, auf dem Feuer zu einem glatten Teige abgerührt. Sobald derselbe unter fortwährendem Umrühren abgekocht ist, vermischt man ihn mit den übrigen 5 Eidottern und zuletzt mit dem zu steifem Schnee geschlagenen Weißen der Eier, füllt ihn in die Form und backt ihn im mäßig heißen Ofen in 3/4 Stunden gar. Damit der Auflauf von unten nicht zu stark backe, stellt man die Form auf ein paar Ziegelsteine.

594. Vanille-Auflauf mit Makronen.

Zuthaten: 9 Loth Mehl, 9 Loth Zucker, 6 Loth Butter, 12 Eier, 1 Pott gute Milch oder Sahne, 1 Stange Vanille, 6 bittere Makronen. — Man kocht die Vanille 5 Minuten in der Milch aus, läßt die Letztere damit abkühlen, giebt sie durch ein Sieb, rührt damit das Mehl, indem man sie nach und nach hinzugießt, recht klar und fügt 6 Eidotter, den Zucker und die Butter hinzu. Hievon rührt man auf schwachem Feuer einen recht glatten Teig ab, läßt ihn unter öfterem Umrühren abkühlen, giebt die andern 6 Eidotter und die feinzerbröckelten Makronen dazwischen und mischt endlich das zu Schnee geschlagene Weiße der Eier mit dem Ganzen durch. Sodann wird der Auflauf ganz nach der Anweisung in der vorigen Nummer gebacken und, wenn er gar ist, sogleich servirt.

595. Punsch-Auflauf.

Zuthaten: 1/2 Pott gute Milch oder Sahne, 1/4 Pott Rum, 8 Loth Mehl, 8 Loth Zucker, 8 Eier, 5 Loth Butter, 2 Citronen. — Mit dem An- und Abrühren des Teiges verfährt man ganz nach Anweisung in voriger Nummer, läßt denselben verkühlen und rührt die zweite Hälfte der Eidotter, die fein abgeriebene Schale der beiden Citronen, den durch ein Sieb gegebenen Saft derselben und den Rum dazwischen. Zuletzt vermischt man das Ganze mit dem zu Schnee geschlagenen Weißen der Eier, füllt es in eine Form, bestreut es mit Zucker und backt den Auflauf nach der in Nr. 593 für den Chocolade-Auflauf gegebenen Anweisung in einer Stunde gar.

596. Erdbeer-Auflauf.

Von dem Weißen von 6 Eiern schlägt man einen recht steifen Schaum, vermischt ihn mit 12 Loth zu Puder gestoßenem Zucker, reibt 1 Pott Erdbeeren durch ein Sieb und mischt die dadurch gewonnene Masse gleichfalls ganz leicht mit dem Eiweiß-Schnee durch. Sodann füllt man das Ganze in eine Form, streut Zucker darüber und backt es in sehr schwacher Ofenhitze etwa eine halbe Stunde.

597. Reismehlspeise.

Zuthaten: $^3/_4$ Pfd. ganzer Reis, 12 Eier, 12 Loth Butter, 12 Loth Zucker, $2^1/_2$ Pott Milch, $^1/_2$ Pfd. Rosinen, $^1/_4$ Pfd. Korinthen, $^1/_4$ Pfd. Succade, 1 Citrone, $^1/_2$ Loth Kanehl. — Der Reis wird mit dem Kanehl, der Milch und der Hälfte der Butter unter späterer Beimischung des Zuckers zu einer festkörnigen Masse gekocht, hierauf mit 2 Eiern gebunden und während des Abkühlens mit der übrigen Butter, einer Prise Salz, einer abgeriebenen Citrone und nach und nach mit 10 Eidottern, den ausgekernten Rosinen, den Korinthen und der in Würfel geschnittenen Succade gut durchgerührt und zuletzt mit dem zu Schnee geschlagenen Weißen von 8 Eiern vermischt. Die Masse wird in einem Kuchenrand, auf einem Blech oder in einer flachen großen Sturzform mit Papierscheibe ohne Wasser $1^3/_4$ Stunden bei mäßiger Hitze gebacken. Von der im Rande gebackenen Mehlspeise wird der Rand abgenommen, im andern Falle wird sie gestürzt, mit Zucker bestreut und mit der heißen Schaufel glacirt. Kurz vor dem Auftragen gießt man Rum darunter, zündet ihn an und giebt die Mehlspeise sofort.

598. Eine andere Reismehlspeise.

In 2 Pott Milch wird $1/2$ Pfd. ganzer Reis mit $1/2$ Pfd. Butter mürbe gekocht. Wenn er erkaltet ist, rührt man damit nach und nach 10 Eidotter, $1/4$ Pfd. gestoßene Mandeln, 8 Loth Zucker, und die abgeriebene Schale einer Citrone gut durch, vermischt endlich das zu Schnee geschlagene Weiße der Eier mit der Masse, giebt sie in eine Form und läßt sie $1\,1/2$ Stunde backen. — (Mit einer Fruchtsauce.)

599. Mandel-Mehlspeise.

Man stößt $1/2$ Pfd. Mandeln mit ein wenig Milch recht fein und kocht eine Stange Vanille in $1/2$ Pott Sahne aus. Ferner rührt man 6 Loth Mehl mit 2 ganzen Eiern und 2 Eidottern, auch mit etwas Milch recht klar, giebt die Sahne dazwischen und rührt das Ganze über dem Feuer zu einer dicken Substanz. Ist dieselbe erkaltet, so giebt man 10 Loth Zucker, 10 Loth Butter, die gestoßenen Mandeln und 8 Eidotter daran, rührt Alles gut durch einander und mischt zuletzt das zu Schnee geschlagene Weiße sämmtlicher Eier darunter. Die Masse wird sodann in eine Form oder in eine Randschüssel gefüllt und in $1\,1/4$ Stunde gebacken.

600. Biscuit-Mehlspeise.

Aus einem platten, viereckigen Stücke Biscuit schneidet man $1/4$ Zoll dicke, zolllange Stücke, röstet dieselben ganz schwach und legt eine ovale oder runde Sturzform unten am Boden und an den Seiten so damit aus, daß die Kanten übergelegt werden, oder über einander spielen. Von den Biscuit-Abfällen, 2 ganzen Eiern und 2 Eidottern, $1/4$ Pfd. Zucker, $1/2$ Flasche Rheinwein und $1/4$ Pfd. Butter wird über dem Feuer eine dicke Crememasse gerührt und nach dem Verkühlen mit 8 Eidottern und $1/2$ Pfd. Korinthen gehörig durchgerührt. Sodann mischt man das zu Schnee geschlagene Weiße der Eier darunter, füllt die Masse in die mit Biscuitscheiben ausgelegte Form, bedeckt sie oben wieder mit Biscuitscheiben und läßt das Ganze ½ Stunde backen. — (Mit einer Weinschaumsauce nach Nr. 553.)

Anm. Die Mehlspeise kann auch kalt gereicht werden.

601. Mehlspeise von Rührei.

Man rührt 10 Eidotter mit 10 Loth Butter und dem Safte einer Citrone über schwachem Feuer zu einem weichen Rührei, zu dem man, ehe es sich verhärtet, 10 Loth feingestoßenen Zucker und die abgeriebene Schale von 1½ Citrone thut. Hiermit wird es recht glatt gerührt, nach dem Erkalten mit dem zu Schnee geschlagenen Weißen der Eier durchmischt und in eine Form gegeben. Diese bringt man in ein Gefäß mit kochendem Wasser und damit in einen mäßig heißen Ofen, in welchem sie 1½ Stunden gelassen wird. Man hat dabei zu verhüten, daß das Wasser in's Kochen geräth, muß es aber immer kurz davor erhalten. Die Mehlspeise wird auf eine Schüssel gestürzt und etwas Weinschaumsauce nach Nr. 553 darüber gegeben. Außerdem reicht man von derselben Sauce daneben.

602. Citronen-Mehlspeise.

Von 5 Eßlöffeln voll Mehl wird mit 1 Loth Butter und ein wenig Milch über dem Feuer ein steifer Brei gerührt. Ferner reibt man ½ Pfd. Butter zu Sahne und rührt allmälig 16 Eidotter, 16 Loth gestoßenen Zucker, die abgeriebene Schale von 2 Citronen und den inzwischen erkalteten Brei dazu. Nach halbstündigem Rühren giebt man den Saft von 3 Citronen daran und vermischt die ganze Masse mit dem zu Schnee geschlagenen Weißen der Eier. Sodann thut man sie in eine Form und läßt sie 1 Stunde im mäßig erhitzten Ofen stehen.

Anm. Diese Mehlspeise muß gleich nach der Herausnahme aus den Ofen servirt werden; bei längerem Stehen fällt sie zusammen.

603. Mehlspeise mit Aepfeln.

Man schält so viel Aepfel, als nöthig sind, den Boden der Form zu bedecken, schneidet die Blüthen und Kerngehäuse heraus, schmort sie unter einmaligem Umkehren ganz kurz in Wein und Zucker gar, füllt sie mit eingemachtem Kirschfleisch und legt sie in die Form. Nun läßt man 2 Eßlöffel voll Butter über dem Feuer zergehen, thut $1/4$ Pfd. gestoßenen Zucker, eine Hand voll Mehl und 1 Pott süßen Rahm dazu und rührt dies auf dem Feuer ab. Nachdem es gut zur Hälfte verkühlt ist, mischt man das zu Schnee geschlagene Weiße der Eier darunter, thut den Creme über die Aepfel und läßt das Ganze bei mäßiger Hitze 1 Stunde backen.

604. Eine andere Mehlspeise mit Aepfeln.

Achtzehn große Aepfel werden geschält, von Blume und Kerngehäuse befreit, in Scheiben geschnitten und in etwas Zucker auf Kohlenfeuer langsam gar gedämpft. Ferner reibt man $1/2$ Pfd. Butter zu Sahne und rührt 12 Eidotter, $1/2$ Pfd. Zucker, 4 Loth gestoßene süße und halb so viel bittere Mandeln, $1/2$ Theelöffel voll Kanehl, die abgeriebene Schale und den Saft einer Citrone, sowie endlich 4 Löffel voll fein gestoßenen Zwieback gut damit durch. Zu dieser Masse schüttet man die Aepfelschnitte und mischt sie damit, sowie mit dem zu Schnee geschlagenen Weißen von 6 Eiern vorsichtig durch, giebt das Ganze in eine Form, zerstößt eine Hand voll ungeschälte Mandeln mit etwas Kanehl und Zucker, bestreut damit die Mehlspeise und läßt sie in einem mäßig heißen Ofen in $1^1/_2$ Stunden gar backen.

605. Makronen-Mehlspeise.

Man bringt $3/4$ Pott Milch in's Kochen, quirlt 10 Eidotter mit 1 Eßlöffel voll Kartoffelmehl und der abgeriebenen Schale von 2 Citronen, giebt allmälig unter fortgesetztem Quirlen die Milch dazu, quirlt das Ganze über dem Feuer weiter, bis es kurz vor dem Kochen ist und stellt es zum Kaltwerden zurück; außerdem schlägt man von dem Weißen von 5 Eiern einen steifen Schnee und mischt etwas fein gestoßenen Zucker darunter. Nun bedeckt man den Boden einer Form mit süßen Makronen, legt reichlich Kirschfleisch darauf und läßt wieder eine Schicht Makronen und dann wieder eine Schicht Kirschfleisch folgen. Hierüber giebt man zunächst die Creme und sodann den Schnee, den man noch mit etwas Puderzucker bestreut, verschließt die Form und läßt die Mehlspeise in einer Stunde hellbraun backen.

606. Mehlspeise von gemahlenem Reis oder Gries.

(Sehr gut.)

Man bereitet einen Teig ganz nach der Anweisung für den Reismehl-Pudding in Nr. 588 und bestreicht mit der Hälfte davon den Boden eines Tortenrandes. Ferner schält man nicht zu große Aepfel, sticht Blume und Kerngehäuse aus, schmort sie in Wein und Zucker gar, läßt sie erkalten und füllt die Oeffnungen inwendig mit Kirschfleisch aus. Mit diesen Aepfeln belegt man die Teigschicht, füllt die Zwischenräume zwischen ihnen mit andern eingemachten Früchten aus, bedeckt das Ganze mit der zweiten Hälfte des Teiges und backt die Mehlspeise im nicht zu stark erhitzten Ofen in zwei Stunden gar. — (Mit einer der Fruchtsaucen in Abschn. XVI.)

607. Chocoladen-Mehlspeise.

Man bereitet einen Teig ganz nach der für den Reismehl-Pudding in Nr. 588 gegebenen Anweisung, nur daß man 6 Loth fein geriebene Chocolade dazwischen rührt und dagegen 3 Loth Zucker weniger verwendet. Die fertige Masse füllt man in eine Form oder einen Tortenrand und backt sie im gut erhitzten Ofen in 2 Stunden gar. — (Mit einer Vanilleschaumsauce nach Nr. 574.)

Anm. Griesmehl eignet sich für diese Mehlspeise nicht besonders.

B. Kalte Puddings und Mehlspeisen.

608. Wein-Pudding.

Zu einer Flasche gutem Weißwein giebt man die zerquetschten Körner von 10 Cardamomenschoten, 1 Muskatblüthe, $1/2$ geriebene Muscatnuß, 1 Stange Kanehl, 16 grob gestoßene süße und

10 bittere Mandeln und 1 Pfd. Zucker, auf welchem die Schale einer Pomeranze abgerieben ist. Dies bringt man zusammen in's Kochen und läßt es $1/2$ Stunde auf dem Feuer ziehen, worauf man noch 2 auf Zucker abgeriebene Citronen, nebst dem Pomeranzen- und Citronensafte daran thut und Alles einmal mit einander durchkochen läßt. Nachdem es vom Feuer genommen worden, gießt man noch 1 Flasche Madeira dazu und läßt es damit erkalten. Inzwischen schlägt man 20 ganze Eier recht klein, rührt ganz allmälig den gewürzten Wein dazu, giebt die ganze Masse durch ein Sieb und füllt sie in eine mit Butter ausgestrichene und mit Zucker bestreute Form. Hierin muß sie so langsam wie möglich kochen, bis sie steif ist, was in etwa einer Stunde der Fall sein wird und wovon man sich durch Hineinstechen mit einer Stricknadel überzeugen kann. Sodann stellt man den Pudding in kaltes Wasser, läßt ihn darin erkalten, stürzt ihn auf eine Schüssel und übergießt ihn ein wenig mit einer Himbeer- oder Johannisbeer-Sauce (Nr. 559 und 560), die man überdies daneben reicht.

609. Rum-Pudding.

Man reibt die Schalen von 2 Citronen an 12 Loth Zucker ab, reibt den Zucker fein, schlägt 18 ganze Eier dazu und rührt dies zusammen so lange mit einander durch, bis der Zucker geschmolzen ist und das Ganze sich in eine dickflüssige Masse verwandelt hat. An diese rührt man 1 Pott mit 10 Loth Zucker und ein wenig Vanille aufgekochte und wieder erkaltete Sahne, sowie $1/2$ Pott Jamaica-Rum, giebt das Ganze durch ein Sieb und füllt es in eine mit feinem Provence- oder Mandelöl ausgestrichene und mit Zucker bestreute Form. Hierin läßt man es so langsam wie möglich kochen, bis es grade steif ist, wovon man sich nach $3/4$ bis 1 Stunde durch Hineinstechen mit einer Stricknadel überzeugen kann, worauf der Pudding zum Abkühlen in kaltes Wasser gestellt, auf eine Schüssel gestürzt, mit verschiedenen Arten Frucht-Gelee zierlich belegt und mit einer Himbeersauce nach Nr. 559 servirt wird.

610. Marasquino-Pudding.

Man läßt 1 Pott süßen Rahm mit ½ Pfd. darin aufgelöstem Zucker, an welchem die Schale einer Pomeranze abgerieben ist, nebst einem Stückchen Vanille langsam aufkochen, giebt hieran 3 Loth vorher in ¼ Pott Wasser aufgelöste Gelatine und fährt mit dem Rühren über dem Feuer fort, bis die Masse wieder kocht. Ferner hat man 16 Eidotter mit etwas Puderzucker und 1 Löffel voll kaltem Rahm recht fein und eben gerührt. Hieran giebt man unter fortgesetztem Rühren nach und nach etwas von der kochenden Masse, sodann aber die Eiermasse in die Letztere und rührt nun Alles zusammen so lange gut durch, bis es aufstößt. Sodann thut man diese Puddingmasse in ein Gefäß zum Abkühlen, rührt sie während dessen wiederholt um und gießt, nachdem sie lauwarm geworden, 2 Weingläser voll Marasquino daran. Endlich giebt man das Ganze durch ein Sieb in eine Form, läßt es vollends darin erkalten und servirt es entweder in derselben oder stürzt den Pudding auf eine Schüssel, nachdem man ihn vorher ein paar Minuten in heißem Wasser hat stehen lassen, damit er sich von der Form löse. Endlich garnirt man ihn mit Gelees nach Angabe in voriger Nummer und reicht eine Johannisbeersauce dazu.

Anm. Das Auflösen der Gelatine bewerkstelligt man am besten, indem man sie in Wasser (¼ Pott auf 3 Loth) unter stetem Rühren langsam kocht. Es erfordert etwa ¼ Stunde, bis Alles aufgelöst und der Stand klar ist.

611. Pudding à la Nesselrode.

Man kocht ½ Pott Sahne mit 25 Loth Zucker und einer halben Stange Vanille auf und läßt Letztere darin ausziehen. Nach dem Erkalten rührt man sie zu 10 klein geschlagenen Eiern und versetzt dies mit einem Glase Marasquino. Gleichzeitig werden 10 Loth Rosinen und 10 Loth Korinthen, nebst 2 Loth in kleine Würfel zerschnittener Succade in Wein und Zucker kurz eingekocht und ½ Pott dicke, süße Sahne wird zu einem glatten Schaum geschlagen. Alle diese Ingredienzien werden dann sorgfältig vermischt und mit 3 Loth nach Nr. 610

aufgelöster Gelatine verbunden, worauf man den Creme, mit Himbeergelee schichtweise abwechselnd, in eine mit Mandelöl ausgestrichene Form füllt und nach dem Erkalten den Pudding auf eine Schüssel stürzt.

612. Mehlspeise à la Polonaise.

Man rührt 10 Eidotter und 4 ganze Eier mit 1 Pfd. Zucker, worauf 3 Citronen abgerieben worden, nebst dem Safte derselben und einer Flasche Weißwein über gelindem Feuer zu einer ebenen Creme ab und vermischt dieselbe, nachdem sie etwas abgekühlt ist, mit 3 Loth nach Nr. 610 aufgelöster Gelatine. Ferner klebt man 10 Loth Biscuitplättchen mit Himbeergelee an einander, befeuchtet sie mit Marasquino und giebt sie schichtweise mit der Creme in eine mit Mandelöl ausgestrichene Form; so jedoch, daß man mit der Creme anfängt und schließt.

613. Chocolade-Mehlspeise.

1 Pott Milch, 1/4 Pfd. Chocolade, 1/4 Pfd. Zucker und 1/2 Stange Vanille werden zusammen aufgekocht, dann werden 8 Eidotter dazu geschlagen und so lange über dem Feuer damit gerührt, bis die Masse aufstößt. Nachdem dieselbe abgekühlt ist, vermischt man sie mit 3 Loth nach Nr. 610 aufgelöster Gelatine und zuletzt mit dem zu Schnee geschlagenen Weißen der Eier. Sodann wird das Ganze durch ein Sieb in eine Form gegeben und zum völligen Erkalten hingestellt.

614. Citronen-Creme.

1 1/2 Pott Milch werden mit 1/2 Pfd. Zucker und einer in Stücke geschnittenen Stange Vanille aufgekocht und sodann mit 7 Eidottern abgequirlt. Nachdem die Masse verkühlt ist, rührt man 4 1/2 Loth nach Nr. 610 aufgelöste Gelatine, sowie 1/4 Pfd. stark getrocknete, fein gebrochene Makronen dazu und mischt zuletzt das zu Schnee geschlagene Weiße der Eier darunter. Darauf wird das Ganze sofort in eine Form gefüllt und zum völligen Erkalten hingestellt.

615. Erdbeer-Mehlspeise.

Vier Theetassen voll recht reife Wald-Erdbeeren reibt man durch ein Haarsieb und rührt so viel feingestoßenen Zucker dazwischen, bis es nach Probe süß genug ist. Ferner schlägt man 1 Pott dicken, süßen Rahm zu Schaum, giebt die Erdbeermasse und $1^1/_2$ Loth nach Nr. 610 aufgelöste Gelatine dazu, füllt das Ganze in eine Form und stellt es recht kalt. Ist es völlig erkaltet, so giebt man Himbeersaft darüber.

Anm. Im Winter kann man sich eingemachter Erdbeeren bedienen.

616. Himbeer-Mehlspeise.

Es wird $^1/_2$ Pott Rahm mit $^3/_4$ Pfd. feingestoßenem Zucker aufgekocht, nachdem man ihn vom Feuer genommen, mit $^3/_4$ Pott Himbeersaft und nach gutem Verkühlen mit 4 Loth nach Nr. 610 aufgelöster Gelatine zusammengerührt. Dann gießt man das Ganze in eine Form und stellt es recht kalt.

617. Apfelsinen-Mehlspeise.

1 Pott Rahm wird mit $^3/_4$ Pfd. Zucker, worauf die Schale einer Citrone und einer Apfelsine abgerieben worden, nebst dem durch ein Sieb gegebenen Safte von 3 Apfelsinen und der Citrone aufgekocht. Mit etwas von dieser Sahne rührt man 16 Eidotter klein, giebt dieselben an die übrige Sahne und läßt sie damit noch einmal aufkochen. Ist die Masse vom Feuer genommen, so rührt man sie mit $3^1/_2$ Loth nach Nr. 610 aufgelöster Gelatine durch und mischt endlich das zu Schnee geschlagene Weiße der Eier behutsam darunter. Das Ganze wird sodann in eine Form gefüllt und zum Erkalten hingestellt.

618. Rahmschneesulze.

2 Pott mit einer Stange Vanille und $1^1/_2$ Pfd. Zucker aufgekochter süßer Rahm wird, nachdem er ziemlich abgekühlt ist, mit 8 Loth nach Nr. 610 aufgelöster Gelatine vermischt,

und sodann mit 2 Pott zu Schaum geschlagener Sahne durchgerührt. Diese Creme füllt man recht schnell in eine Form, legt während dessen Biscuitplättchen dazwischen und garnirt sie auch damit. Auch kann man dieser Mehlspeise verschiedene Farben geben. Man theilt sie zu diesem Zweck, nachdem der Schlagrahm dazwischen gemischt worden, in 3 Theile, rührt zu dem einen derselben so viel geriebene Chocolade, daß er davon braun wird, färbt den andern mit einer Cochenille-Auflösung nach Nr. 32 roth und läßt den dritten weiß. Nun kann man entweder diese 3 Theile einzeln schichtweise in die Form geben, oder man zieht sie vorher leicht wieder durch einander, wodurch die Mehlspeise ein marmorirtes Aussehen erhält. In beiden Fällen fallen die Biscuitplättchen weg und die Mehlspeise wird nach dem Erkalten auf eine Schüssel gestürzt.

619. Rothes Blancmanger.

Man nimmt dazu Himbeer-, Johannisbeer- oder Kirschsaft, welchen man in der Art bereitet, wie in Abschn. XVIII. für das Einmachen der Früchte angegeben ist. Zu $^3/_4$ Pott davon löst man $2^1/_2$ Loth Gelatine nach der Anweisung in Nr. 610 auf, rührt dieselbe damit, unter Hinzuthun von einem Glase Franzwein und dem Safte einer halben Citrone, durch, giebt, wenn es nöthig ist, nach Probe noch Puderzucker dazu, läßt die Masse unter fortgesetztem Rühren über dem Feuer lauwarm werden und giebt sie endlich durch ein feines Sieb in die dazu bestimmte Form, in welcher man sie erkalten läßt. Will man die Mehlspeise nicht in der Form reichen, so stürzt man sie auf eine Schüssel, nachdem man die Form vorher ein paar Minuten in heißes Wasser gestellt hat.

620. Weißes Blancmanger.

Anderthalb Pott süßer Rahm werden mit einer Stange Vanille und 20 Loth feingestoßenen Mandeln unter beständigem Rühren gut durchgekocht. Dann giebt man das Ganze durch ein feines Haarsieb, wobei man die Mandeln gut ausdrückt, giebt, nachdem es ziemlich verkühlt ist, 4 Loth nach

Nr. 610 aufgelöste Gelatine dazu, gießt es in eine Form und läßt es darin erkalten. Vor dem Anrichten wird die Mehlspeise nach Anweisung in voraufgehender Nummer gestürzt.

621. Roth und weißes Blancmanger.

Dasselbe wird bereitet, indem man die Blancmangers der beiden voraufgehenden Nummern in fingerdicken Schichten in einer Form über einander aufträgt. Dabei ist zu beachten, daß man die jedesmalige Schicht vor dem nächsten Uebergusse erkalten lassen muß, damit sich die beiden Farben nicht vermengen. Sehr hübsch wird diese Mehlspeise in einer Form, an deren Boden eine Krebsfigur ausgehöhlt ist. Dieselbe wird mit dem rothen Bestandtheile des Blancmanger gefüllt; darauf läßt man dann zunächst eine ziemlich dicke Schicht des weißen folgen und fährt dann, mit den Farben abwechselnd, weiter fort.

622. Gebackene Mandel-Mehlspeise mit Früchten.

Es werden $^3/_4$ Pfd. süße und 5 Loth bittere Mandeln mit etwas Eiweiß feingestoßen und sodann mit 10 Eidottern recht klar gerieben, worauf man wieder 10 Eidotter dazu thut und das Ganze noch einmal klar reibt. Jetzt giebt man 1 Pfd. feingestoßenen Zucker und zum dritten Male 10 Eidotter nebst der abgeriebenen Schale von 2 kleinen Citronen daran und rührt Alles mit einander noch einmal klar und mischt es zuletzt mit dem zu steifem Schnee geschlagenen Weißen von 20 Eiern durch. Die mit Butter ausgestrichene Form darf mit der Masse nur zur Hälfte gefüllt werden. Nachdem der Teig in $1^1/_4$ Stunde im mäßig heißen Ofen gar gebacken worden, wird er herausgenommen und man schneidet von der Torte, welche man vorher hat erkalten lassen, zunächst einen Deckel ab und höhlt sie sodann aus, wobei man von dem Boden, sowie von den Seitenwänden bis zu Fingers Dicke stehen läßt. Auf den Boden legt man eine Schicht eingemachte Früchte, namentlich Kirschfleisch und Hagebutten, hierüber eine Schicht von der herausgenommenen Krume, dann wieder eine Schicht Früchte und fährt so fort, bis die Torte gefüllt ist; endlich schließt man mit dem abgenommenen Deckel. Die Krumenschichten werden dabei mit so viel Rothwein übergossen, daß sie gut davon angefeuchtet werden. Den Deckel übergießt man endlich mit süßem Rahm, der mit gestoßenem Zucker und Vanille zu Schaum geschlagen ist; diesen Schlagrahm reicht man außerdem nebenbei in einer Sauciere.

623. Princess-Royal-Mehlspeise.

Es werden 2 Pott Rahm mit 20 Loth Zucker, 4 Loth süßen gestoßenen Mandeln und einer halben Stange Vanille $^1/_2$ Stunde lang gekocht und mit 16 Eidottern zusammen geschlagen. Hierauf rührt man 5 Loth nach Nr. 610 aufgelöste Gelatine daran, bringt die Masse bis kurz vor's Kochen und mischt, nachdem man sie vom Feuer genommen, das zu Schnee geschlagene Weiße von 12 Eiern löffelweise darunter. Das Ganze wird sodann durch ein Sieb gegeben und während des Abkühlens öfters umgerührt, damit sich keine Haut setze, worauf man eine zolldicke Schicht von dieser Creme in eine Form füllt, hierauf eine Schicht Biscuitplättchen und auf dieselben eingemachte Früchte, am besten Aprikosen legt. In dieser Weise fährt man fort, bis Alles verbraucht ist; den Schluß muß eine Schicht der Creme bilden.

624. Kalt gerührte Apfelsinen-Mehlspeise.

Man reibt die Schale von einer Apfelsine und einer Citrone auf 1 Pfd. Zucker ab, stößt Letzteren fein, rührt ihn mit 26 Eidottern zusammen und giebt während dessen den Saft von 5 Apfelsinen und der Citrone daran. Ist der Zucker geschmolzen, so wird er mit dem zu Schnee geschlagenen Weißen der Eier vermischt, mit 4 Loth nach Nr. 610 aufgelöster Gelatine durchgerührt, in eine Form gefüllt und mit eingemachten Früchten oder Apfelsinenschnitten garnirt.

625. Apfelsinen-Reis.

Es wird 1/2 Pfd. grob gemahlener Reis mit Zucker, woran die Schale von einer Apfelsine abgerieben worden, und 1/4 Pfd. gestoßenen Mandeln in 1 1/2 Pott Milch recht weich gekocht. Nachdem er ziemlich abgekühlt ist, giebt man ihn mit dünnen Apfelsinenkluften schichtweise in eine Form, läßt ihn darin völlig erkalten und stürzt ihn auf eine Schüssel. — (Mit Vanilleschaumsauce nach Nr. 574.)

626. Götterspeise.

Geriebenes Schwarzbrod wird gut mit feingestoßenem Zucker vermischt. Davon legt man eine fingerdicke Schicht in eine Schüssel, läßt hierauf eine Schicht zu Schnee geschlagenen Rahm folgen, dann wieder eine Schicht Schwarzbrod und so weiter, bis die Schüssel gefüllt ist; den Schluß bildet Schlagrahm. Die Mehlspeise wird mit einer Frucht-Gelee garnirt.

Anm. Man kann das Brod auch mit etwas Marasquino oder Malaga anfeuchten, auch statt seiner Baisers verwenden.

XVIII. Milch- und Eierspeisen.

627. Milchreis.

Man bringt 1/2 Pfd. nach Nr. 39 vorbereiteten ungemahlenen Reis in 1 1/2 Pott Milch mit einer Prise Salz recht schnell in's Kochen und läßt ihn sodann auf schwachem Feuer unter öfterm Umrühren langsam ausquellen. Kurz vor dem Garwerden, welches etwa eine Stunde erfordert, giebt man einen Eßlöffel voll Butter und ein wenig Zucker nach Probe daran, richtet ihn in einer tiefen Schüssel an und bestreut ihn stark mit gestoßenem Kanehl und Zucker.

Anm. Der Reis muß zwar weich, doch nicht musig gekocht sein.

628. Milchreis mit Mandeln.

Es werden 2 Pott Milch mit 12 Loth gestoßenen süßen und ½ Loth bittern Mandeln aufgekocht und eine Viertelstunde lang ganz schwach, so daß die Milch eben brodelt, weiter gekocht. Dann gießt man das Ganze durch ein Haarsieb, bringt die Milch wieder auf das Feuer und kocht darin nach Anweisung in voriger Nummer den Reis gar.

629. Milchreis mit Aepfeln.

Man kocht den Reis nach Anweisung in Nr. 39 weich, bereitet Apfelmus nach Nr. 538 und richtet beides zusammen schichtweise in einer tiefen Schüssel an, mit Reis schließend, den man reichlich mit Zucker bestreut und nach Belieben mit einer glühenden Schaufel glacirt.

630. Rahmbrei.

Man schwitzt 6 Eßlöffel voll Mehl in 6 Loth Butter gelb, giebt 1 Pott Rahm, 3 Loth Zucker, ein Stückchen Kanehl und eine Prise Salz daran, rührt hievon über dem Feuer einen Brei und läßt denselben unter wiederholtem Umrühren noch etwa 10 Minuten kochen. Sobald er gar ist, giebt man ihn in eine tiefe Schüssel, bestreut ihn reichlich mit Zucker und glacirt ihn mit einer glühenden Schaufel.

631. Gekochte Eier.

Die recht sauber gewaschenen Eier legt man möglichst auf einmal in scharf kochendes Wasser und läßt sie, wenn das Gelbe ganz weich bleiben soll, 4 Minuten, will man es pflaumenweich haben, 5 Minuten, soll es ganz hart werden, 8 bis 10 Minuten kochen. Eier, die zum Garniren von Speisen u. dgl. verwandt werden sollen, legt man gleich nach der Herausnahme aus dem Kochtopfe in kaltes Wasser; es bewirkt dies, daß die Schale sich besser abnehmen läßt.

Anm. Nicht mehr ganz frische Eier läßt man ¼ bis ½ Minute weniger, als angegeben, kochen.

632. Rührei.

Man schlägt ganze Eier mit etwas Salz recht klein und giebt dann auf jedes Ei 1 Eßlöffel voll Milch, auch nach Belieben ein wenig Schnittlauch, daran. Diese Masse gießt man in eine Pfanne, in welcher man so viel Butter hat zergehen lassen, daß auf jedes Ei ein Stück von der Größe einer halben Wallnuß kommt und rührt sie, so bald sie anfängt sich an den Boden der Pfanne anzusetzen, mit einem Kochlöffel strichweise von der einen Seite der Pfanne nach der andern hinüber, bis alles in eine dicke aber lockere Masse verwandelt ist. Das Rührei darf dabei nicht breiig werden, sondern muß in gesonderten Klümpchen auf die Schüssel zu liegen kommen; um zu verhüten, daß es zu steif werde, thut man gut, die Pfanne, bald nachdem man zu rühren angefangen hat, vom Feuer zu nehmen. — Als Beilage wird dazu Schinken oder Lachs gereicht, auch richtet man das Rührei über Filets von Bücklingen oder über Klopfschinken an.

Anm. Man bereitet das Rührei auch so, daß man Speck dunkelgelb brät, das ausgebratene Fett statt der Butter benutzt und die Speckscheiben mit hineinrührt.

633. Spiegeleier.

Man zerläßt Butter in einer Pfanne und schlägt die Eier möglichst schnell nach einander, aber doch behutsam, damit kein Dotter zerreiße, hinein, streut etwas Pfeffer und feingestoßenes Salz darüber und läßt, so bald das Weiße sich verhärtet hat, die nun eine zusammenhängende Masse bildenden Eier aus der Pfanne auf eine Anrichteschüssel gleiten. Des bessern Aussehens wegen schneidet man die ungleichen und zu hart gebratenen Ränder ab.

634. Senfeier.

Man bereitet nach Nr. 28 verlorene Eier, oder es werden Eier nach Nr. 631 pflaumenweich gekocht, abgeschält, der Länge nach durchschnitten und mit der Schnittseite nach oben in eine Schüssel gelegt. Dann überstreut man sie ein wenig mit feingestoßenem Salz und übergießt sie mit reichlich Senfsauce nach Nr. 252 oder Nr. 437 Anm. 2.

635. Eier mit einer Petersilien- oder holländischen Sauce.

Wie die Senfeier in voriger Nummer, jedoch wird dazu statt der Senfsauce eine Petersiliensauce nach Nr. 242, oder eine holländische Sauce nach Nr. 266 bereitet.

636. Saure Eier.

Man läßt in einer Pfanne Butter braun werden und bereitet darin im Uebrigen Spiegeleier nach Nr. 633, läßt etwas braune Butter, oder besser noch, wenn man davon gerade hat, etwas gute Bratensauce mit Essig nebst ein wenig Salz und Pfeffer aufkochen und übergießt mit dieser Sauce die Eier.

637. Allgemeines über das Backen der Pfann- und Eierkuchen.

Im Betreff des Backens der Pfannkuchen ist im Allgemeinen zu bemerken, daß man nicht zu wenig Backfett — nur Butter, oder zur Hälfte Schweineschmalz, zur Hälfte Butter — in die Pfanne thun muß, dasselbe gelb oder höchstens ganz hellbraun werden läßt, die Pfanne vom Feuer nimmt und dann die Kuchenmasse mit einem Kochlöffel hineingiebt. Dann setzt man die Pfanne wieder auf das Feuer, läßt, sobald sich die Masse unten verdickt, fortwährend von dem oberen Dünnen darunter laufen, indem man mit einem schräg gehaltenen Messer bis auf den Boden der Pfanne sticht und fährt damit unter wiederholtem Schütteln und Drehen der Pfanne fort, bis der Teig oben dick geworden ist. Nachdem die untere Seite des Kuchens hellbraun geworden ist, läßt man ihn aus der Pfanne auf einen flachen Teller gleiten, legt ein Stückchen Butter darauf und stülpt ihn nun auch mit der ungebackenen Seite in die Pfanne.

Bei den nächstfolgenden beiden Recepten ist wegen der besonderen Beschaffenheit der Eierkuchenmasse ein etwas abweichendes Verfahren angegeben.

638. Papendorfer Eierkuchen.

Man rührt ganze Eier mit einer Prise Salz klein und sodann auf jedes Ei einen Löffel voll Rahm dazu, macht Butter in der Pfanne hellbraun und gießt die Eierkuchenmasse hinein. Sobald dieselbe sich unten an der Pfanne ansetzt, holt man die dickgewordene Masse mit dem Löffel nach oben und läßt dafür von dem Dünnen darunter laufen, was fortgesetzt wird, bis Alles dick ist. Dann läßt man den Eierkuchen erst auf der Seite, auf welcher er liegt, und sodann auch auf der andern hellbraun backen.

639. Ein anderer Eierkuchen.

Es werden 6 Eier mit einer Prise Salz klein gerührt, mit einem Eßlöffel voll Kartoffelmehl und $1/4$ Pott warmer Milch tüchtig zusammen geschlagen und in eine Pfanne gebracht, in welcher man Butter hat hellbraun werden lassen. Weiter verfährt man nach voriger Nummer, backt aber den Eierkuchen nur auf der einen Seite braun, schlägt ihn zusammen, bestreut ihn stark mit Puderzucker und reicht süße Gelees oder eingemachte Früchte dazu.

640. Schaum-Omelette.

Zu 3 Omeletten werden die Dotter von 6 Eiern mit einer Prise Salz klein geschlagen und sodann mit 4 Eßlöffel voll Mehl und $1/4$ Pott Milch nebst $1/2$ Pott saurem Rahm gut durchgerührt und kurz vor dem Backen mit dem zu Schnee geschlagenen Weißen der Eier durchmischt. Dann backt man die Omeletten auf beiden Seiten hellbraun.

641. Schaumpfannkuchen.

Man schlägt 6 Eidotter mit einer Prise Salz klein, rührt 2 Eßlöffel voll Mehl und eine gute Obertasse voll Milch dazu, schlägt das Ganze gut durcheinander und vermischt es mit dem zu Schnee geschlagenen Weißen der Eier. Beim Backen verfährt man sodann nach der Anweisung in Nr. 637 (Zu 3 Pfannkuchen.)

642. Schaum-Pfannkuchen von Kartoffelmehl.

Es werden 3 Eidotter mit einer Prise Salz klein geschlagen, worauf man 3 Loth Kartoffelmehl und 1/2 Pott Milch gut damit durchrührt und die Masse mit dem zu Schnee geschlagenen Weißen der Eier vermischt. Weiter verfährt man nach der Anweisung in Nr. 637, bestreut jedoch den Pfannkuchen, bevor man ihn umkehrt, mit feingestoßenem Zwieback. (Zu einem Pfannkuchen.)

643. Semmel-Pfannkuchen.

Man weicht 1/4 Pfd. abgeschälte Semmel in 1/2 Pott Milch ein und giebt 2 Eßlöffel voll Mehl, 6 Eidotter, eine Prise Salz, 3 bis 4 gestoßene bittere Mandeln und einige kleine Rosinen dazu. Das Ganze rührt man zu einer gleichmäßigen Masse, mischt das zu Schnee geschlagene Weiße der Eier darunter und backt unmittelbar darauf nach der Anweisung in Nr. 637 Pfannkuchen davon.

644. Kartoffel-Pfannkuchen.

(Von gekochten Kartoffeln.)

Nach dem Kochen erkaltete und geschälte Pellkartoffeln werden recht fein gerieben, worauf man einen gehäuften Teller voll davon mit 3 Eßlöffeln voll Mehl, 4 Loth Butter, einer Prise Salz und 8 ganzen Eiern vermischt. Hieran giebt man 1/2 Pott Milch, rührt aus dem Ganzen eine recht gleichmäßige ebene Masse und backt nach der Anweisung in Nr. 637 Pfannkuchen davon.

645. Kartoffel-Pfannkuchen.

(Von rohen Kartoffeln.)

Man schält rohe Kartoffeln, reibt sie, hält die Schale, worin die Masse sich befindet, schräg und füllt die dann darauf sich ansammelnde Flüssigkeit ab. Zu einem gehäuften Teller voll davon giebt man 4 ganze Eier, etwas Salz, 1 Eßlöffel voll Mehl und 4 Eßlöffel voll sauren Rahm und rührt von dem Ganzen einen recht gleichmäßigen Brei, von dem man nach Anweisung in Nr. 637 über ganz langsamem Feuer Pfannkuchen backt.

Anm. Diese Pfannkuchen muß man heiß, sowie sie aus der Pfanne kommen, serviren, da sie zähe werden, wenn sie eine Zeit lang stehen.

646. Aepfel-Pfannkuchen.

Man bedeckt den Boden einer Pfanne, in welcher man Butter hat gelb werden lassen, mit Aepfelscheiben und läßt sie auf beiden Seiten gelblich braten. Ferner schlägt man 4 ganze Eier mit einer Prise Salz klein, rührt 4 Eßlöffel voll Mehl nebst $1/4$ Pott Milch und 1 Messerspitze voll Kanehl dazu und giebt von dieser Masse so viel über die Aepfelscheiben, daß sie davon bedeckt sind. Ist der Pfannkuchen nach Anweisung in Nr. 637 gar gebacken, so bestreut man ihn gut mit Zucker und glacirt ihn mit einer glühenden Schaufel.

647. Aepfel-Pfannkuchen anderer Art.

Zwei Teller voll kleingeschnittene Aepfel werden mit Zucker und ein wenig Citronenschale in Wein weich geschmort. Ferner schlägt man 6 Eidotter mit einer Prise Salz klein, rührt 2 Eßlöffel voll Kartoffelmehl, $1/3$ Pott sauren Rahm, nebst einer Prise Kanehl daran und mischt das zu Schnee geschlagene Weiße der Eier darunter. Sodann backt man aus dieser Masse 2 Pfannkuchen auf der einen Seite gar, vertheilt auf der obern Seite des zuletzt gebackenen die Aepfelstücke gleichmäßig, legt den ersten Kuchen mit der ungebackenen Seite oben darauf und läßt nun den ganzen Kuchen noch etwas nachbacken, worauf man ihn mit Zucker bestreut und recht heiß servirt.

648. Pfannkuchen mit Kirschen oder Johannisbeeren.

Man bereitet einen Pfannkuchenteig, indem man 4 Eier mit einer Prise Salz klein schlägt und 5 Eßlöffel voll Mehl, $^{3}/_{8}$ Pott Milch, 1 gehäuften Theelöffel voll Zucker und 1 Messerspitze voll Kanehl daran rührt. Diesen Teig giebt man in eine Pfanne, in welcher Butter gelb gemacht ist, legt einen Teller voll Johannisbeeren oder ausgesteinte saure Kirschen darauf, überstreut dieselben mit $^{1}/_{4}$ Pfd. feingestoßenem Zwieback und backt den Kuchen auf beiden Seiten gar. Auf der Schüssel wird er sodann dick mit etwa $^{1}/_{4}$ Pfd. gestoßenem Zucker bestreut.

649. Kräuter-Omeletten.

Es werden 4 Eier mit einer Prise Salz klein geschlagen und mit 5 Eßlöffeln voll Mehl, $^{3}/_{8}$ Pott Milch, sowie kleingehackten Champignons, Chalotten und Petersilienkraut durchgerührt. Hieraus backt man Omeletten nach Nr. 637, rollt sie zusammen und füllt ein wenig Bratensauce darüber.

650. Omelette au Salpicon.

Man bereitet eine Omelette wie in voraufgehender Nummer, jedoch mit Weglassung der Champignons, Chalotten und Petersilie. Sobald sie nach Nr. 637 gar gebacken ist, füllt man ein Ragoût fin nach Nr. 207 darauf und schlägt sie nach allen Seiten zusammen.

651. Omelette aux confitures.

Man schlägt ganze Eier mit einer Prise Salz recht klein und rührt sodann auf jedes Ei einen Löffel voll Milch und auf 6 Eier einen Löffel voll Mehl darunter, backt von der Masse nach Angabe in Nr. 637 Omeletten auf einer Seite braungelb, läßt dieselben aus der Pfanne auf eine Schüssel gleiten, thut eingemachte Früchte darauf und schlägt sie zusammen, oder rollt sie auf. Alsdann werden sie gut mit Zucker bestreut und mit einer glühenden Schaufel glacirt.

652. Omelette soufflée.

Man schlägt 12 Eidotter mit 12 Loth Zucker, welchen man, nachdem die Schale einer Citrone darauf abgerieben ist, recht fein gestoßen hat, so lange bis der Zucker geschmolzen ist und sich eine dicke gleichförmige Masse gebildet hat. Sodann rührt man 1 Eßlöffel voll Kartoffel- oder feinstes Waizenmehl darunter, vermischt das zu recht steifem Schnee geschlagene Weiße der Eier leicht damit und backt aus der Masse 4 Omeletten nach Angabe in Nr. 637 auf der einen Seite hellbraun. Die Omeletten werden mit der ungebackenen Seite nach unten auf einander gelegt, mit Citronensaft beträufelt, gut mit Puderzucker bestreut und noch 1/4 Stunde im schwach erhitzten Ofen gebacken; man kann sie aber auch ohne dies Backen zu Tisch geben; in beiden Fällen garnirt man sie obenauf mit Gelee.

Anm. Sind die Eier recht frisch, so daß der Schnee gut steht, so läßt man das Mehl ganz weg. — Hat man eine Pfanne von entsprechender Größe, so werden die Omeletten, wenn man aus obigen Zuthaten nur davon 2 backt, noch besser, da sie alsdann um so schneller gar werden.

653. Omelette mit Reis.

Man kocht Milchreis nach Nr. 627 mit einem gestoßenen Stückchen Vanille und rührt, wenn er gar ist, ein paar Eidotter darunter. Diesen Reis füllt man auf eine Omelette, die nach Nr. 637 bereitet ist und schlägt dieselbe zusammen. — (Mit einer Frucht- oder Vanille-Sauce. — Abschn. XVI.)

654. Omelette zum Garniren.

Es werden ganze Eier mit etwas Salz klein geschlagen und mit Milch (auf jedes Ei 1 Eßlöffel voll Milch) gut eben gerührt. Davon backt man nach Anweisung in Nr. 637 dünne Omelettes auf einer Seite hellbraun, rollt sie auf und schneidet sie in beliebige Stücke.

655. Gewöhnliche Pfannkuchen.

Man schlägt 3 ganze Eier mit einer Prise Salz klein und rührt 5 Loth Mehl und 1/4 Pott Milch damit zu einer recht klaren Masse, welche man nach Anweisung in Nr. 637 backt.

656. Arme Ritter.

Man schlägt 2 ganze Eier mit 1/2 Pott warmer Milch klar und giebt 1 Eßlöffel voll Zucker und 1/2 Theelöffel voll gestoßenen Kanehl daran. Hierin läßt man geschältes und in fingerdicke Scheiben geschnittenes Weißbrod gut aufweichen, kehrt es in seiner gerösteten und dann feingestoßenen Rinde um und backt es in gelb gemachter Butter über ziemlich starkem Feuer hellbraun. Die Kuchen müssen auswendig recht kroß und inwendig noch weich sein. Man richtet sie recht heiß, mit Zucker bestreut, an und reicht eingemachte Früchte oder Fruchtgelees dazu; auch schmeckt es sehr gut, wenn man sie bei Tische mit ein wenig feinem Rum oder Cognac beträufelt.

657. Reis zu Ragouts.

Ein Pfund Reis wird nach Nr. 39 gereinigt und abgebrüht, in Bouillon gar gekocht und mit einem Glase Wein, einer Tasse Rahm und nach Belieben mit etwas Parmesankäse durchgerührt. Sodann wird er als Rand um ein bereits angerichtetes Ragout gelegt. Der Reis muß selbstverständlich sehr dick gekocht sein.

XIX. Flammeris.

Vorbem. Die Form, in welcher man ein Flammeri erkalten lassen will, muß, damit dasselbe sich stürzen lasse, unmittelbar vor dem Einfüllen in kaltes Wasser getaucht werden.

658. Flammeri von Sago.

Man reinigt $^1/_4$ Pfd. Sago nach Nr. 40 und kocht ihn in 1 Pott Milch mit 10 Loth Zucker, einem zolllangen Stücke Kanehl und der Schale von $^1/_4$ Citrone zu einem dicken Brei. Nachdem man Kanehl und Citronenschale herausgenommen hat, läßt man das Flammeri erkalten, stürzt es auf eine Schüssel und servirt es mit einer Fruchtsauce. (Abschn. XVI.)

659. Flammeri von Sago mit Rothwein.

Man kocht nach der Angabe in der voraufgehenden Nummer Sago in Rothwein und Wasser zu einem dicken Brei und würzt während dessen mit 1 Pfd. Zucker auf die Flasche Wein, ferner mit der recht dünnen Schale einer halben Citrone, einem 2 Zoll langen Stücke Kanehl und dem Safte einer Citrone. Der so weich gekochte Sago wird nach Herausnahme des Kanehls und der Citronenschale in eine angefeuchtete Form gegeben, nach dem Erkalten auf eine Schüssel gestürzt und mit einer Rothwein- oder Vanillesauce nach Nr. 552 und 574 servirt.

660. Flammeri von Kartoffelmehl.

Ein Pott Milch wird mit $^1/_4$ Pfd. Butter, 6 Loth Zucker, 6 Loth gestoßenen Mandeln, der feinen Schale einer Citrone und einem 2 Zoll langen Stücke Kanehl etwa 10 Minuten lang gekocht. Nach Herausnahme der Gewürze rührt man Klarmehl von 6 Loth Kartoffelmehl in etwa 10 Minuten über dem Feuer darin gar, nimmt es vom Feuer, giebt die recht kleingeschlagenen Dotter von 10 Eiern dazu, rührt das Ganze wieder über dem Feuer, bis es aufstößt und mischt endlich 2 bis 3 Minuten nach Wiederabnahme vom Feuer das zu Schnee geschlagene Weiße der Eier damit durch. Weiter verfährt man mit dem Flammeri nach der Vorbemerkung und servirt es mit einer der Fruchtsaucen in Abschn. XVI.

661. Flammeri von Kartoffelmehl mit Makronen.

Man kocht von 1 Pott Milch nebst 10 Loth Zucker, 6 Loth Kartoffelmehl und 6 Eidottern nach Angabe in voriger Nummer eine Flammeri-Masse, rührt 3 Loth bittere, fein zerbröckelte Makronen darunter und vermischt das Ganze mit dem zu Schnee geschlagenen Weißen der Eier. Weiter verfährt man sodann mit dem Flammeri nach der Vorbemerkung. — (Mit einer Himbeersauce nach Nr. 559.)

662. Ein einfacheres Flammeri von Kartoffelmehl.

Es wird 1 Pott Milch mit 8 Loth Zucker, 1 Loth gestoßenen bitteren Mandeln und der feinen Schale einer Citrone 10 Minuten lang gekocht. Nach Herausnahme der Citronenschale rührt man Klarmehl von 6 Loth Kartoffelmehl in etwa 10 Minuten über dem Feuer darin gar, nimmt es ab, rührt es noch 2 bis 3 Minuten und mischt das zu Schnee geschlagene Weiße von 8 Eiern darunter. Weiter nach Angabe in der Vorbemerkung. — (Mit einer der Fruchtsaucen in Abschn. XVI.)

663. Flammeri von Gries oder Reismehl.

Man kocht 1 Pott Milch mit 8 Loth Zucker, 8 Loth Butter, 4 Loth gestoßenen Mandeln und $^1/_2$ Stange Vanille, oder einem 2 Zoll langen Stücke Kanehl 10 Minuten lang. Nachdem man die Vanille oder den Kanehl herausgenommen, rührt man 8 Loth Gries oder Reismehl über dem Feuer in der gewürzten Milch gar, nimmt die Masse ab, rührt kleingeschlagene 8 Eidotter darunter und darauf das Ganze wieder über dem Feuer, bis es aufstößt. Nach 2 bis 3 Minuten mischt man endlich das zu Schnee geschlagene Weiße der Eier darunter und verfährt weiter nach der Vorbemerkung. — (Mit einer der Fruchtsaucen in Abschn. XVI.)

664. Flammeris mit Fruchtsaft.
(Rothe Grütze.)

Man kocht 3/4 Pott Wasser mit einer 2 Zoll langen Stange Kanehl auf und 8 Loth Gries oder Reismehl oder 7 Loth Sago darin gar. Hierunter rührt man nach Herausnahme des Kanehls 1/2 Flasche Fruchtsaft und verfährt weiter damit nach der Vorbemerkung. — (Mit einer Vanillesauce nach Nr. 574.)

665. Flammeris mit Fruchtsaft anderer Art.

Sorgfältig verlesene Himbeeren und von den Stengeln gepflückte Johannisbeeren, von jeden ein kleiner Suppenteller voll, werden mit 1 Pott Wasser gekocht, worauf man den Saft durch ein Tuch preßt und mit 10 Loth Zucker und einigen feingestoßenen bittern Mandeln wieder in's Kochen bringt. Sodann rührt man 10 Loth Gries oder Reismehl darin gar, nimmt die Masse vom Feuer, rührt noch ein paar Minuten, zuckert unterdessen nach Belieben nach und mischt endlich das zu Schnee geschlagene Weiße von 6 Eiern darunter. Weiter nach Angabe in der Vorbemerkung. — (Mit einer Milch- oder Vanillesauce nach Nr. 570 und 574.)

666. Kalter Milchreis.

Man reinigt 1/2 Pfd. Reis nach Nr. 39 und bringt ihn in 1 1/2 Pott kochende Milch, in welcher man ihn auf ganz schwachem Feuer unter wiederholtem Umrühren recht langsam, damit er gut aufquelle, mit einer Prise Salz, ein paar feingestoßenen bitteren Mandeln, einem zollangen Stücke Kanehl und der Schale von 1/4 Citrone weich kocht. Weiter verfährt man damit nach der Vorbemerkung. — (Mit einer Weinschaumsauce nach Nr. 553, oder einer der Fruchtsaucen in Abschn. XVI.)

XX. Rahm- und Eier-Schnee-Cremes.

667. Bereitung des Schlagrahms.

Um Schlagrahm zu bereiten, läßt man dicken süßen Rahm recht kalt werden (wenn möglich auf Eis) und schlägt ihn dann, am besten mit einem Draht-Quirl, bis er sich in festen Schnee verwandelt hat. Am leichtesten geht dies in einem kupfernen oder messingnen Kessel, aus welchem jedoch der Rahm-Schnee wieder entfernt werden muß, wenn er nicht sofortige Verwendung findet. — Auch sauren Rahm kann man in derselben Weise zu Schnee schlagen; doch darf der Rahm nicht zu alt sein.

668. Schlagrahm mit Gewürzen.

Mit 1 Pott zu Schnee geschlagenem Rahm vermischt man entweder 1 kleine getrocknete und mit 10 Loth Zucker feingestoßene Stange Vanille, oder auch die auf Zucker abgeriebene Schale einer Citrone oder Apfelsine, oder endlich ein Glas Marasquino. Das Quantum des zu verwendenden Zuckers bleibt in allen Fällen dasselbe. — (Man reicht Biscuit-Plättchen oder Makronen dazu.)

669. Citronen-Creme.

Man schlägt 14 Eidotter, ½ Pfd. Zucker, worauf die Schale von 2 Citronen abgerieben worden, 1 Flasche Wein, den Saft der Citronen und dazu gerührtes Klarmehl von 1 gehäuften Eßlöffel voll Stärke über dem Feuer bis kurz vor'm Kochen, nimmt die Creme ab und schlägt sie noch einige Minuten, worauf man die Creme in passende Geschirre füllt und zum Erkalten hinstellt. — (Man reicht Makronen, Biscuit-Plättchen u. dgl. dazu.)

670. Vanille-Creme.

Man rührt 8 Eidotter mit 10 Loth Zucker recht glatt, gießt hiezu über dem Feuer langsam 1 Pott Rahm, in welchem man eine Stange Vanille ausgekocht hat und läßt dies unter unausgesetztem Rühren bis kurz vor's Kochen kommen. Alsdann nimmt man die Masse ab, mischt $1^1/_2$ Loth nach Nr. 610 aufgelöste Gelatine dazu, fährt mit dem Rühren fort, bis die Masse zu erkalten anfängt, giebt $^1/_2$ Pott Schlagrahm darunter, füllt die Creme in eine passende Form und stellt sie zum völligen Erkalten, wenn möglich auf Eis.

671. Chocolade-Creme.

Es werden 8 Eidotter mit $^1/_4$ Pfd. Zucker klein und glatt gerührt. Hiezu mischt man 8 Loth geriebene und mit etwas heißer Milch fein gerührte Chocolade und gießt unter unausgesetztem Rühren über dem Feuer bis kurz vor dem Kochen 1 Pott Rahm oder gute Milch daran. Vom Feuer genommen, wird sodann die Masse mit $1^1/_2$ Loth nach Nr. 610 aufgelöster Gelatine vermischt, kurz vor dem Erkalten mit $^1/_2$ Pott Schlagrahm durchgerührt, in eine passende Form gefüllt und zum völligen Erkalten hingestellt.

672. Frucht-Creme.

Man reibt Früchte, Erdbeeren, Himbeeren, Johannisbeeren, Aprikosen, Pfirsische durch ein Sieb, rührt auf 1 Pott davon $1^1/_2$ Loth nach Nr. 610 aufgelöste Gelatine und 12 Loth Zucker daran und mischt endlich $^1/_2$ Pott Schlagrahm darunter, worauf die Cremes in passende Formen gegossen und kalt gestellt werden.

673. Eine andere Frucht-Creme.

Es werden von den obigen Früchten so viele durch ein Sieb gerieben, daß man gut $^1/_2$ Pott Mus erhält. Ferner rührt man 6 Eidotter mit 12 Loth Zucker und einem gehäuften Eßlöffel voll Mehl recht glatt, giebt $^1/_4$ Flasche Weißwein dazu und rührt dies über dem Feuer, bis es aufstößt. Nachdem man es abgenommen, mengt man das Fruchtmus dazu und läßt es unter fortgesetztem Rühren wieder bis kurz vor's Kochen kommen, worauf man endlich das zu Schnee geschlagene Weiße der Eier darunter mischt, die Creme in ein passendes Geschirr thut und zum Erkalten hinstellt.

674. Marasquino-Creme.

Es werden 8 Eidotter mit 8 Loth Zucker und 3 Eßlöffeln voll Mehl recht glatt und unter allmäligem Hinzugießen von 1/2 Pott Sahne über dem Feuer so lange gerührt, bis die Masse aufstößt. Dann rührt man auf einer heißen Stelle 1 Glas Marasquino und zuletzt das zu Schnee geschlagene Weiße der Eier darunter, läßt die Creme in einer Form erkalten und garnirt sie mit Makronen und eingemachten Früchten.

675. Madeira-Wein-Creme.

Es werden 10 Eidotter mit 12 Loth feingestoßenem Zucker, unter Hinzuthun des Saftes einer Citrone und einer Pomeranze recht klar gerührt. Sodann gießt man 1/4 Flasche Weißwein daran und rührt das Ganze, nachdem man es durch ein Sieb gegossen, über dem Feuer weiter, bis es aufstößt, nimmt es ab, läßt es etwas abkühlen und giebt 1/4 Flasche Madeira und 2 Loth nach Nr. 610 aufgelöster Gelatine unter fortgesetztem Rühren darunter. Endlich vermischt man die Creme noch mit dem zu Schnee geschlagenen Weißen von 6 Eiern, giebt sie in eine Form oder Cremebecher und läßt sie darin völlig erkalten.

Anm. Statt des Madeira kann man auch Malaga, Cognac oder Rum verwenden; von den letztern Spirituosen nimmt man weniger und dagegen mehr Weißwein.

676. Apfelsinen-Creme.

Man rührt 8 Eidotter mit 12 Loth Zucker, worauf die Schale einer Citrone abgerieben worden, 2 Eßlöffeln voll

Mehl, dem Safte von 2 Apfelsinen und einer Citrone, nebst $1/2$ Flasche Weißwein recht klar und bringt das Ganze über dem Feuer, unter unausgesetztem Rühren, bis kurz vor's Kochen. Nachdem man die Masse vom Feuer genommen, mischt man das zu Schnee geschlagene Weiße von 6 Eiern darunter und giebt die Creme zum Erkalten in ein geeignetes Geschirr.

677. Eine andere Apfelsinen-Creme.

Man rührt 8 Eidotter und 2 ganze Eier mit $1/2$ Pfd. Zucker, worauf die Schale einer Apfelsine abgerieben worden, und unter Hinzuthun von $1/4$ Pott Weißwein, sowie dem Safte von 2 Apfelsinen und einer Citrone glatt, gießt das Ganze durch ein Sieb und quirlt es auf dem Feuer bis kurz vor dem Aufkochen. Nachdem man es abgenommen, giebt man 2 Loth nach Nr. 610 aufgelöste Gelatine daran und mischt das zu Schnee geschlagene Weiße von 6 Eiern darunter, worauf man die Creme in ein passendes Geschirr füllt und zum Erkalten hinstellt.

678. Reis-Creme mit Marasquino-Sauce.

Zu 1 Pott Milch, welche mit einer Stange Vanille in's Kochen gebracht ist, schüttet man 6 Loth nach Nr. 39 gereinigten Reis und läßt ihn damit unter fleißigem Umrühren kochen, bis das Ganze eine seimige Masse bildet. Diese rührt man sodann in einer irdenen Schüssel weiter und thut während dessen $1/2$ bis $3/4$ Loth nach Nr. 610 aufgelöste Gelatine und $1/2$ Pott Schlagrahm daran und füllt die Creme, sobald sie ziemlich abgekühlt ist, zum gänzlichen Erkalten in eine geeignete Form. Folgende Sauce wird dazu gereicht. Man rührt 6 Eidotter klein und 8 Loth Zucker, sowie 1 Pott Sahne darunter, bringt das Ganze bis kurz vor's Kochen und gießt es hierauf durch ein Sieb. Nach dem Erkalten der Sauce rührt man ein wenig Schlagrahm und ein Glas Marasquino darunter.

Schlußbemerkung zu den Cremes.

Sämmtliche Cremes, bei deren Bereitung Gelatine zur Verwendung kommt, eignen sich auch zum Stürzen auf eine Schüssel. Fruchtcremes werden dann mit einer hübschen Garnitur von Makronen oder Biscuit, andere Cremes mit einer Garnitur von eingemachten Früchten zur Tafel gebracht.

XXI. Backwerk.

679. Allgemeine Vorbemerkungen.

a. Es ist zu beachten, daß unter Butter in den für das Backwerk folgenden Recepten stets geschmolzene Butter zu verstehen ist, welche man vor weiterer Verwendung unter Zurücklassung des Bodensatzes abgegossen hat. Nur wo man ganz gute Butter zur Verfügung hat, genügt es, durch Auswaschen und Kneten die salzigen und wässerigen Theile zu entfernen.

b. Im Betreff des Rührens ist zu bemerken, daß dasselbe unausgesetzt, möglichst rasch und nach derselben Seite hin geschehen muß. Man verwendet dazu am besten einen nur wenig vertieften Kochlöffel und nimmt die Schale, welche ziemlich tief sein muß, entweder auf den Schooß, oder stellt sie auf einen mit einem feuchten Tuche bedeckten Tisch. Das Tuch verhindert das Weiterrutschen der Schüssel, so daß man den Kochlöffel mit beiden Händen fassen und deshalb kräftiger rühren kann; schwaches und langsames Rühren nützt überall nichts, für richtiges Rühren genügt $1/4$ bis $1/2$ Stunde. Man wolle Vorstehendes nicht außer Acht lassen, da von der richtigen Ausführung dieser Unterweisungen das Gerathen des Backwerks hauptsächlich abhängt.

c. Der Rand oder das Tortenblech, dessen man sich beim Backen bedient, ist stets mit Butter zu bestreichen und mit sehr feingestoßenem Zwieback oder Zucker zu bestreuen. Bei ganz feinem Backwerk bedient man sich außerdem als Unterlage noch eines gleichfalls mit Butter zu bestreichenden Papierbogens.

d. Es wird zwar bei den einzelnen Kuchen die zum Backen erforderliche Zeit möglichst genau angegeben werden, indessen ganz Bestimmtes darüber zu sagen, ist schon um deßwillen unmöglich, weil die Hitze der Oefen nie ganz genau controlirt werden kann. Bei größeren Gebäcken, namentlich Torten, thut man daher gut, sich vom Garsein durch Probiren zu überzeugen, indem man mit einem Reis aus einem Quirl oder einem recht steifen Strohhalm an verschiedenen Stellen in die Torte hineinsticht. Bleibt Nichts von der Masse daran hängen, so ist die Torte gut. Zu bemerken ist, daß zu langes Backen den Kuchen zum Nachtheil gereicht.

680. Das Glaciren der Backwerke.

Es ist bereits in Abschn. I. Nr. 4 kurz bemerkt worden, daß man unter dem Glaciren unter Anderm das Bestreichen mit einer Zuckerlösung versteht und ist desselben namentlich in den zunächst voraufgehenden Abschnitten mehrfach gedacht worden. Bei Weitem am häufigsten kommt es indessen bei den verschiedenen Backwerken zur Anwendung und sollen hier daher die verschiedenen Arten des dabei zu beobachtenden Verfahrens genauer beschrieben werden.

a. Wasser-, Citronen- und Punsch-Glasur. Die Grundlage zu diesen verschiedenen Glasuren bildet eine Zuckerlösung, welche man bereitet, indem man Zucker, am besten feinen Puderzucker, mit kaltem Wasser zu einem dickflüssigen Brei anrührt, oder man rührt einen steifen Brei aus Zucker und heißem Wasser und verdünnt diesen mit einer flüssigeren sirupsartigen Lösung, bis er noch eben flüssig, also noch ziemlich dicker ist als guter Liverpooler Sirup. Um nun dem Backwerk eine derartige Glasur zu geben, bestreicht man es in der Dicke eines Messerrückens damit und stellt es ganz kurze Zeit, d. h. nicht länger, als bis die Zuckermasse getrocknet ist, in einen warmen, aber nicht zu heißen Ofen, weil sonst die Glasur, statt zu trocknen, abfließen würde. Die angegebene Lösung genügt für eine einfache Wasserglasur, man wählt indessen für einzelne Kuchen statt des einfachen Wassers auch Rosen-, Pfirsich- oder Orangenblüthen-Wasser. Zur Bereitung einer Citronen- oder Apfelsinenglasur reibt man die Schale einer Citrone oder Apfelsine auf Zucker ab, bevor man ihn zu Puder stößt, giebt auch den Saft der genannten Früchte durch ein Sieb mit an das zur Bereitung des Zuckerbreies nöthige Wasser, für die Punschglasur endlich ist außer einem entsprechenden Quantum Citronensaft noch ein Glas Rum erforderlich.

b. Eiweiß-Glasur. Man schlägt das Weiße von Eiern mit Puderzucker und Citronensaft (dem Safte einer Citrone auf 1 Pfd. Zucker) so lange, bis die Masse schneeartig und so steif ist, daß Verzierungen, welche damit vermittelst einer Tüte auf die Kuchen gespritzt werden, stehen bleiben. Die Glasur läßt sich auch mit einer Cochenille-Auflösung nach Nr. 35 roth färben. Mit dem Trocknen der Glasur verfährt man nach a.

c. Chocolade-Glasur. Aufgeweichte Chocolade wird mit dem gleichen Quantum Puderzucker vermischt und mit Eiweiß zu einer dickflüssigen Masse gerührt, worauf das damit bestrichene Backwerk nach a. getrocknet wird. Nach einer andern Methode löst man Chocolade in Wasser auf, fügt das doppelte Quantum gleichfalls in Wasser aufgelösten Puderzucker hinzu und kocht hiervon unter fleißigem Umrühren einen steifen Brei, den man, nachdem er vom Feuer genommen worden, noch weiter rührt, bis er zur Hälfte abgekühlt ist. Dieser Glasur bedient man sich besonders, um einzelne kleine Kuchen damit zu glaciren, welches geschieht, indem man Letztere in die Masse taucht und das Ueberflüssige wieder abtropfen läßt, worauf mit dem Trocknen nach a. verfahren wird. Es ist rathsam, an einem der Kuchen vorher zu untersuchen, ob die Glasur den nöthigen Flüssigkeitsgrad habe; wird sie nach dem Erkalten nicht trocken, so ist sie zu flüssig, wird sie glanzlos, so ist sie zu dick. Im erstern Falle kocht man sie noch etwas ein, im letztern verdünnt man sie mit Wasser und bringt sie noch einmal in's Kochen.

d. Spiegelglasur. Dieselbe wird hergestellt, indem man den Kuchen noch vor dem Garwerden mit Puderzucker bestreut und den Letztern im heißen Ofen zum Schmelzen bringt.

681. Mürbe-Teig zu Obsttorten.

Derselbe wird im Uebrigen nach der Anweisung in Nr. 466 bereitet, nur daß man auf das dort angegebene Quantum Mehl noch 5 Loth Zucker und die abgeriebene Schale einer Citrone daran giebt.

682. Apfelsinen-Torte.

Man bereitet einen Mürbe-Teig nach vorstehender Nummer, zu welchem man auch noch 3 bis 4 Loth Mandeln verwenden kann, rollt denselben zur Dicke eines Federkiels aus und schneidet ihn auf einer entsprechenden Papierplatte in runde Form. Die Teig-Abfälle rollt man zu einer fingerdicken Walze von solcher Länge aus, daß sie rund um die Teigplatte reicht, bestreicht letztere mit Eigelb, legt die Walze darauf, macht sie mit einem entsprechenden Instrumente, oder durch Kneifen mit den Fingern bunt, bestreicht sie gleichfalls mit Ei und backt sodann diesen Kuchen in einem mäßig heißen Ofen in etwa $^3/_4$ Stunde auf einem Kuchenbleche gar. Nachdem man ihn aus dem Ofen genommen, füllt man ihn mit einer nach Nr. 675 bereiteten Apfelsinen-Creme, bestäubt dieselbe mit Zucker, läßt die Torte noch ein paar Minuten im Ofen über backen, läßt sie erkalten und garnirt sie mit candirten Apfelsinenschnitten. Das Candiren geschieht dadurch, daß man die Schnitte in dick eingekochten Zucker taucht und, nachdem man das Ueberflüssige hat abtropfen lassen, trocknet. Ist dies Verfahren zu umständlich, so genügt auch bloßes Einzuckern.

683. Aepfeltorte von Mürbe-Teig.

Man schält Aepfel, schneidet sie in Viertel und diese in Scheiben, welche man in Wein und Wasser mit etwas Ci-

schale und Zucker nach Probe recht kurz gar schmort. Diese Aepfel thut man, mit feingeriebenen Mandeln und einigen Korinthen vermischt, in einen nach der Anweisung in voriger Nummer gebackenen Kuchen von Mürbe-Teig, füllt eine Citronen-Creme nach Nr. 669 darüber, streicht dieselbe glatt, bestreut sie mit Puderzucker und läßt die Torte noch ein paar Minuten überbacken.

684. Apfeltorte von Mürbe-Teig.

(Andere Bereitung.)

Aus einem nach Nr. 681 bereiteten Mürbe-Teig schneidet man 2 messerdicke runde Platten, von denen die eine 1 Zoll mehr im Durchmesser hält, als die andere. Auf die kleinere der beiden legt man, ringsum einen fingerbreiten Rand freilassend, eine dicke Schicht von nach voriger Nummer bereiteten Aepfelschnitten mit geriebenen Mandeln und mit Korinthen vermischt, bestreicht den Rand mit kleingerührtem Eigelb, legt den zweiten größern Deckel darüber, drückt ihn mit seinem Rande fest an den Rand des Bodens, schneidet ringsum die Unebenheiten ab, macht den Rand der Torte bunt und backt dieselbe auf einem Kuchenbleche im mäßig heißen Ofen in $^{3}/_{4}$ Stunde gar.

685. Aepfeltorte von Blätterteig.

Aus einem nach Nr. 213 bereiteten Blätterteige rollt man eine Platte von halber Fingersdicke, schneidet aus derselben eine Scheibe von der Größe der Torte und aus dieser einen zollbreiten Ring. Den Rest des Teiges rollt man so weit aus, daß man davon wieder eine Scheibe von der Größe der ersten erhält, legt sie auf ein Kuchenblech und nach Nr. 683 bereitete Aepfelschnitte darauf, wobei man aber ringsum Raum von der Breite des Randes lassen muß. Von den Teigresten rollt man eine Platte von der Dicke eines Messerrückens, die man in Streifen von halber Fingersbreite und von solcher Länge, daß sie über die Torte reichen, schneidet. Die Streifen legt man gitterartig über die Torte, so daß entweder grade oder schräge viereckige Oeffnungen dazwischen bleiben, drückt sie an den vorher mit kleingerührtem Eigelb bestrichenen Rand, streicht noch einmal Ei darauf und legt endlich den zuerst geformten Ring darüber. Nachdem man sodann von der Torte ringsum die Unebenheiten abgeschnitten hat, bestreicht man sie ganz mit Ei, bringt sie in einen mäßig erhitzten Ofen und läßt sie etwa eine halbe Stunde backen. Nach dem Garwerden bestreut man sie gut mit Puderzucker.

686. Blättertorte mit Frucht-Marmelade.

Aus einem nach Nr. 213 angefertigten Blätterteige, den man zur Dicke eines Messerrückens ausgerollt hat, schneidet man mehrere gleich große runde Platten und backt dieselben nach Angabe in gedachter Nummer gar, durchsticht sie indessen an mehreren Stellen, damit der Teig sich nicht zu sehr aufblähe. Kurz vor dem Garwerden bestreut man sie gut mit Zucker und läßt sie im Ofen glaciren. Sodann legt man sie gleichmäßig auf einander, wobei man jede Platte, die oberste abgerechnet, mit Fruchtmarmelade (Abschn. XXIII.) bestreicht.

687. Reis-Torte mit Apfelsinen.

Man kocht 1/2 Pfd. Reis in reichlichem Wasser halb weich, läßt ihn abtropfen und bringt ihn in ein Geschirr, in welchem 1/2 Pfd. Zucker mit Wein kurz eingekocht ist. Ferner hat man die recht dünne Schale einer Apfelsine in kleine Stifte geschnitten und thut dieselben, in Wasser weich gekocht, nebst dem Safte der Apfelsine und einer Citrone an den Reis, läßt diesen über schwachem Feuer weich werden und füllt ihn nach dem Erkalten in einen Vol-au-vent nach Nr. 467. Die nun fertige Torte garnirt man recht voll und zierlich mit eingemachten Früchten.

688. Wiener Torte.

Man rührt 1 Pfd. Butter zu Sahne und 4 ganze Eier, 14 Eidotter, 3/4 Pfd. Zucker, worauf die Schale einer Citrone abgerieben worden und endlich 1 Pfd. Mehl gut damit durch. Diesen Teig vermischt man noch mit dem zu Schnee geschlagenen Weißen der Eier, theilt ihn in 5 Theile und backt dieselben auf Kuchenblechen im gut erhitzten Ofen gar. Bevor man sie über einander legt, bestreicht man sie, den obersten ausgenommen, dick mit Frucht-Marmelade; der oberste Kuchen erhält eine Citronenglasur nach Nr. 680 a.

689. Eine andere Wiener Torte.

Es werden 16 Eidotter mit $1^1/_2$ Pfd. Zucker, worauf die Schale von 2 Citronen abgerieben worden, gut eben gerührt. Dann rührt man $1^1/_2$ Pfd. Mehl darunter und das Ganze eine halbe Stunde scharf mit einander durch. Nachdem man sodann das zu Schnee geschlagene Weiße der Eier unter die Teigmasse gemischt hat, verfährt man weiter damit nach der Anweisung in voriger Nummer.

690. Kirschtorte.

Ein nach Nr. 681 bereiteter Mürbe-Teig wird zu einer Platte von etwa der Dicke eines Federkiels gerollt und in der Größe, wie die Torte sie haben soll, rund zugeschnitten. Die Teigabfälle knetet man wieder zusammen, rollt sie in der angegebenen Dicke recht lang aus und schneidet daraus einen zollbreiten Streifen von der Länge, daß er rings um den Boden reicht, an welchen man ihn nach der Angabe in Nr. 468 befestigt. Nachdem man ihn mit einem passenden Instrumente, oder auch durch Kneipen mit den Fingern bunt gemacht hat, umgiebt man ihn mit Papier, bestreut den Boden mit Zucker, füllt die Torte zur Hälfte mit ausgesteinten sauren Kirschen, streut wieder gut Zucker darüber und läßt dies im gut erhitzten Ofen etwa eine halbe Stunde backen. Dabei hat man zu verhüten, daß Kirschensaft über den Rand koche, und deshalb nöthigenfalls davon abzufüllen. Kurz vor dem Garwerden gebe man einen Guß über die Kirschen und zwar entweder eine Apfelsinen-Creme nach Nr. 676, oder man läßt die zerstoßenen Kirschensteine im Kirschensaft einmal aufkochen, gießt den Saft durch ein Sieb und quirlt ihn mit einem ganzen Ei, zwei Eidottern, Puderzucker, etwas feingestoßenem Kanehl und ein wenig saurer Sahne durch einander, bis die Masse steht. Indessen kann man auch nur einfach Eiweiß mit Zucker zu Schnee schlagen, diesen über die Kirschen geben und Zucker darüber streuen.

691. Pflaumentorte.

Man bereitet nach der Anweisung in Nr. 685 einen Kuchen von Blätterteig, streut Zucker in denselben, belegt den Boden dicht mit Pflaumen, welche ausgesteint und in Hälften geschnitten sind. Nachdem man wieder Zucker, mit ein wenig feingestoßenem Kanehl vermischt, darüber gestreut hat, legt man, gleichfalls nach Anweisung in Nr. 685, ein Gitter von dem Teige darüber und backt die Torte, wie dort angegeben worden, gar.

692. Eine feinere Pflaumentorte.

Nach Anweisung in Nr. 682 bereitet man einen Kuchen von Mürbe-Teig, streut Zucker hinein, belegt den Boden recht dicht und gleichmäßig mit Pflaumen, welche man vorher geschält, ausgesteint und in Hälften geschnitten hat. Hierauf streut man wieder Zucker, mit ein wenig feingestoßenem Kanehl und Cardamom vermischt, darüber, backt die Torte bis kurz vor dem Garwerden und giebt dann einen Guß über die Pflaumen. Denselben bereitet man, indem man ein ganzes Ei, 3 Eidotter und 1/2 Pott Sahne nebst Zucker, worauf ein wenig Citrone abgerieben worden, so lange zusammenschlägt, bis die Creme steht. Mit diesem Guß läßt man sodann die Torte vollends gar backen.

693. Schmelztorte.

Man reibt 1 Pfd. Butter zu Sahne, schlägt nach und nach 8 Eidotter daran, giebt 1 Pfd. Zucker, worauf die Schale einer Citrone abgerieben worden, und endlich 1 Pfd. Kartoffelmehl dazu. Das Ganze rührt man eine halbe Stunde, mischt das zu Schnee geschlagene Weiße der Eier darunter, füllt es in einen Tortenrand und läßt es bei ziemlich starker Hitze $^3/_4$ Stunden backen.

694. Korinthenkuchen.

Man reibt so viel Butter, wie 10 rohe Eier wiegen, zu Sahne, schlägt die Dotter der Eier allmälig daran, rührt Zucker, worauf die Schale einer Citrone abgerieben worden, sowie Mehl, von jedem das Gewicht der Butter, und endlich an gut gereinigten Korinthen das halbe Gewicht der Butter darunter und Alles zu einer glatten Masse durcheinander, unter welche man zuletzt noch das zu Schnee geschlagene Weiße der Eier mischt. Sodann füllt man den Teig in einen Tortenrand und läßt ihn 1 bis $1^1/_2$ Stunde bei ziemlich starker Hitze backen.

695. Brodtorte.

Man rührt 12 Eidotter mit $^1/_2$ Pfd. Zucker und $^1/_2$ Pfd. gestoßenen Mandeln so lange, bis sich eine glatte dicke Masse gebildet hat. Dann giebt man die abgeriebene Schale von $^1/_2$ Citrone, 3 Loth feingeriebene Chocolade und $^1/_2$ Loth feingestoßenen Kanehl, sowie $^1/_4$ Pfd. recht fein und gleichmäßig geriebenes Schwarzbrod dazu, rührt dies noch $^1/_4$ Stunde gut mit einander durch und mischt endlich das zu Schnee geschlagene Weiße der Eier darunter. Die Torte wird im mäßig erhitzten Ofen in 1 bis $1^1/_4$ Stunde gar.

696. Sandtorte.

Man reibt 1 Pfd. Butter zu Sahne, rührt 1 Pfd. Zucker, worauf die Schale einer Citrone abgerieben ist, damit glatt, schlägt allmälig 16 Eidotter dazu, giebt den Saft der Citrone und ein kleines Glas Rum daran und rührt dies Alles mit 1 Pfd. Mehl in $^1/_2$ Stunde zu einem glatten Teig. Endlich mischt man 1 Quentchen Hirschhornsalz und zuletzt das zu Schnee geschlagene Weiße der Eier darunter. Der Teig wird sodann in einen Kuchenrand gefüllt und in $1^1/_2$ Stunden gar gebacken.

Anm. Bei der Sandtorte hat man besonders das in Nr. 679 b über das Rühren Gesagte zu beobachten, weil sie sonst leicht schleifig wird. Das Hirschhornsalz kann man bei gutem richtigen Rühren auch weglassen; es befördert indessen das Aufgehen des Kuchens. Endlich ist zu beachten, daß man den Teig sofort, nachdem der Eiweißschnee darunter gemischt, in den vorher zubereiteten Kuchenrand zu bringen hat.

697. Mandeltorte.

Es werden 15 Eidotter mit $^3/_4$ Pfd. Zucker, worauf die Schale einer Citrone abgerieben worden, und 1 Pfd. feingestoßenen oder geriebenen Mandeln, dem Safte der Citrone und $^1/_2$ Theelöffel voll feingestoßener Muscatblüthe eine halbe Stunde lang kräftig durchgerührt, worauf man 2 gehäufte Eßlöffel voll Kartoffelmehl, oder 12 Loth feingeriebenes und durchgesiebtes Weißbrod zugleich mit dem zu Schnee geschlagenen Weißen der Eier unter die Masse mischt, dieselbe sogleich in einen Tortenrand füllt und sie im mäßig erhitzten Ofen $1^1/_2$ Stunden backen läßt. Ueber die Torte giebt man eine nach Nr. 680 a oder c bereitete Glasur, die man mit eingemachten Früchten und in feine Scheiben geschnittener candirter Pomeranzenschale hübsch garnirt.

698. Biscuit-Torte.

Es werden 10 ganze Eier mit 12 Loth feingestoßenem Zucker, auf welchem die Schale einer Citrone abgerieben worden, zusammen gerührt, worauf man das Gefäß über Kohlen stellt, um die Masse etwas zu erwärmen; heiß werden darf dieselbe indessen nicht. Nun schlägt man sie so lange stark mit einem Quirl, bis Blasen sichtbar werden, nimmt sie vom Feuer, schlägt sie kalt, thut während dessen $1^1/_2$ Theelöffel voll Cardamom, sowie den Saft einer Citrone daran und mischt endlich nach und nach 10 Loth Kartoffelmehl leicht darunter. Das Garbacken, während dessen die Torte nicht von der

Stelle gerückt werden darf, muß im mäßig erhitzten Ofen geschehen und erfordert eine, bei größeren Torten $1\frac{1}{2}$ Stunde. Man kann den Biscuit verschieden garniren; entweder blos mit einer der Glasuren in Nr. 680 a u. c, oder man bespritzt ihn außerdem noch hübsch mit der Glasur in Nr. 680 b und belegt ihn mit eingemachten Früchten und Gelee.

Anm. 1. Man kann auch die 10 Dotter der Eier zuerst allein quirlen und dann zuletzt das zu Schnee geschlagene Weiße der Eier unter die Masse geben, nöthig ist dies indessen nicht.

Anm. 2. Da der Biscuit stark aufgeht, so darf man den Tortenrand nur zur Hälfte füllen.

699. Mandel-Biscuit-Torte.

Man schlägt 10 ganze Eier mit $\frac{1}{2}$ Pfd. feingestoßenem Zucker, gestoßenen 10 Loth süßen und 2 Loth bittern Mandeln nach Angabe in voriger Nummer erst warm und dann wieder kalt, mischt 8 Loth Waizenmehl darunter, backt die Torte in 1 bis $1\frac{1}{4}$ Stunde gar und giebt ihr, wenn man will, eine Glasur nach Nr. 680 a oder c.

700. Ungarische Torte.

Man reibt $\frac{1}{2}$ Pfd. Butter zu Sahne, schlägt nach und nach 2 ganze Eier und 4 Eidotter daran und rührt 12 Loth Zucker, worauf die Schale einer halben Citrone abgerieben worden, eine halbe Stunde gut damit durch. Sodann verbindet man die Masse mit $\frac{1}{4}$ Pfd. Waizen- und $\frac{1}{4}$ Pfd. Kartoffelmehl und vermischt das Ganze mit dem zu Schnee geschlagenen Weißen der 4 Eier. Die Torte wird bei mäßiger Hitze 1 bis $1\frac{1}{4}$ Stunde gebacken und mit der Glasur in Nr. 680 a überzogen.

701. Auflege-Torte.

Man rührt Butter, halb so viel an Gewicht, wie 5 Eier, mit so viel Zucker, wie die 5 Eier wiegen, so lange, bis der Zucker geschmolzen ist, giebt nach und nach 5 ganze Eier dazu, rührt dies zusammen noch eine halbe Stunde und vermischt es mit

Mehl von dem gleichen Gewichte wie das des Zuckers. Hieraus backt man auf Kuchenblechen 4 Kuchen von gleicher Größe, bestreicht 3 derselben mit einem Fruchtmus oder einer Marmelade, legt sie auf einander, und den vierten unbestrichenen Kuchen, der aber eine Glasur nach Nr. 688 a erhält, oben darauf.

702. Genfer Torte.

Man reibt die Dotter von 6 hartgekochten Eiern recht fein und vermischt sie mit 4 Loth gleichfalls feingeriebenen Mandeln. Ferner rührt man $^1/_2$ Pfd. Butter zu Sahne und nach und nach 3 ganze Eier und 4 Eidotter, $^1/_2$ Pfd. feingestoßenen Zucker, worauf die Schale von einer halben Citrone abgerieben worden, die Ei- und Mandel-Mischung und zuletzt $^1/_2$ Pfd. Mehl darunter. Aus diesem Teige backt man auf Kuchenblechen 4 Kuchen von gleicher Größe, mit denen man weiter nach der Anweisung in der vorigen Nummer verfährt.

703. Punschtorte.

Man schlägt 12 ganze Eier und 6 Eidotter über gelindem Kohlenfeuer, so daß die Masse eben warm wird, mit 1 Pfd. Zucker, worauf die Schale einer Citrone abgerieben worden, klar und dies nach Abnahme von dem Feuer so lange weiter, bis es wieder erkaltet ist, worauf man 1 Pfd. warme Butter und 1 Pfd. Kartoffelmehl dazwischen rührt. Hiervon backt man auf Kuchenblechen 4 Kuchen von gleicher Größe, besprengt sie mit feinem Rum oder Arrac, bestreicht 3 davon mit Aprikosen-Marmelade, legt sie auf einander, den unbestrichenen Kuchen oben drauf und übergießt die Torte nach Nr. 680 a mit einer Punsch-Glasur.

704. Makronentorte.

Es wird von Mürbeteig, den man nach Nr. 681 bereitet hat, ein Kuchen als Unterlage der Torte geformt. Auf denselben streicht man folgende Makronenmasse. Man erwärmt

1 Pfd. feingestoßenen Zucker, auf welchem die Schale einer Citrone abgerieben ist, mit 1 Pfd. geriebenen Mandeln über dem Feuer, rührt es, nachdem man es wieder abgenommen, gut mit dem Safte der Citrone und ½ Theelöffel voll feingestoßenem Kanehl durch und mischt das zu Schnee geschlagene Weiße von 7 Eiern darunter. Die Torte wird bei mäßiger Hitze in 1 bis 1¼ Stunde gebacken und sodann mit Gelee und eingemachten Früchten garnirt.

705. Eine andere Makronentorte.

Man stößt 20 Loth süße, nebst 2 Loth bittern Mandeln nicht zu fein und bringt sie mit ½ Pfd. Zucker, auf welchem vor dem Stoßen die Schale einer Citrone abgerieben worden, auf das Feuer, erwärmt dies zusammen und rührt es, nachdem man es wieder abgenommen, unter Hinzuthun des Saftes der Citrone, recht tüchtig; zuletzt mischt man das zu Schnee geschlagene Weiße von 5 Eiern dazu. — Vorher hat man aus mit Eiweiß zusammengeklebten Oblaten einen Boden von der Größe geschnitten, welche die Torte haben soll und auf Papier und mit diesem auf ein Kuchenblech gelegt. Diesen Boden bestreicht man in der Dicke eines Messerrückens mit der Makronenmasse, formt aus derselben einen Ring rings um den Kuchen und füllt das Innere desselben symmetrisch mit kleinen zusammenhängenden Makronen aus. Die im ganz schwach erhitzten Ofen gebackene Torte läßt man abkühlen und belegt sie zierlich mit Gelees und eingemachten Früchten.

706. Marcipantorte.

Man stößt 1 Pfd. beste Mandeln, unter wiederholtem Besprengen mit ein paar Tropfen Orangenblüthenwasser, recht fein und rührt davon mit 1 Pfd. feingestoßenem Zucker über schwachem Kohlenfeuer einen glatten Teig. Die Masse muß so lange gerührt werden, bis sie beim Betupfen mit einem Finger nicht mehr daran klebt. Sodann legt man sie auf ein mit Puderzucker bestreutes Backbrett, rollt sie aus, wobei man den dazu nöthigen Zucker noch darüber und darunter streut, und formt eine Torte daraus, welche man im schwach erwärmten Ofen blos trocknen, aber nicht hart werden läßt. Ist sie abgekühlt, so garnirt man sie mit Zuckerblümchen und in feine Blätter geschnittener Pomeranzenschale.

707. Schaumtorte.

Man bereitet entweder eine Makronentorte nach Nr. 704, oder eine Torte aus folgendem Teige. Es wird 1/2 Pfd. Butter zu Sahne gerieben und sodann mit nach und nach daran gegebenen 8 Eidottern und 1/2 Pfd. feingestoßenem Zucker noch 1/4 Stunde lang stark gerührt, worauf man 1/2 Pfd. Mehl und das zu Schnee geschlagene Weiße der 8 Eier darunter mischt und die Torte im mäßig erhitzten Ofen gelb backt.

Eine beliebige der beiden obigen Torten wird mit Eingemachten bedeckt, über welches man den mit Zucker und ein wenig feingestoßener Vanille recht steif geschlagenen Schnee von 6 Eiweiß streicht. Diesen überstreut man mit ein wenig Puderzucker und läßt ihn im Ofen trocken werden.

708. Baumkuchen.

Die Form dazu (das Baumholz) wird mit Papier umwickelt, welches man mit zerlassener Butter bestreicht und rund um mit Bindfaden befestigt. Sodann steckt man die Form auf den dazu gehörigen Spieß und füllt unter langsamem Drehen vor hellem Feuer den Teig allmälig darauf. Das Herabtropfende wird in einer Pfanne aufgefangen und wieder mit benutzt. So trägt man, unter allmälig etwas rascher werdenden Drehen, den Teig schichtweise auf, bis Alles verbraucht ist; die letzten Male dreht man recht rasch, damit der Kuchen zackig werde. — Nach jedesmaligem Auffüllen einer Schicht pausirt man etwas, um das auf den Baum Gebrachte erst durchbacken zu lassen, dreht auch am Schlusse zu demselben Zwecke noch ein wenig. Nachdem der Kuchen etwas verkühlt ist, erhält er eine Citronen-Glasur nach Nr. 680 a. — Ist er ganz erkaltet, am besten erst am nächsten Tage, zieht man das Baumholz heraus.

Den Teig zum Baumkuchen bereitet man in folgender Weise. Es wird 1 Pfd. Butter zu Sahne gerieben; daran giebt man nach und nach 24 Eidotter, rührt dies recht eben, und 1 Pfd. feingestoßenen Zucker, die abgeriebene Schale einer Citrone und 1 Pfd. Mehl darunter. Den glatt gerührten Teig vermischt man mit dem zu Schnee geschlagenen Weißen der Eier. — Selbstverständlich kann man auch das Doppelte der angegebenen Quantitäten benutzen.

Anm. Beim Auftragen pflegt man einen hübschen Blumenstrauß oben in den Kuchen zu stecken.

709. Topfkuchen.

Man reibt 1/2 Pfd. Butter zu Sahne und rührt nach und nach 10 Eidotter, 1/4 Pfd. Zucker, die abgeriebene Schale einer Citrone, 1 Theelöffel voll Kanehl und Cardamom, zusammengestoßen, 6 Loth süße und 1 Loth bittere Mandeln, eine Handvoll gut gereinigte Rosinen, eben so viel Korinthen, 2 Pfd. Mehl, zusammen mit 1/2 Pott Milch, einem Schnapsglas voll Rum und endlich 3 Löffeln voll guter Hefe dazu. Ist Alles eine halbe Stunde lang stark mit einander durchgerührt, so mischt man das zu Schnee geschlagene Weiße der Eier darunter, füllt den Teig in eine Topfkuchenform, läßt ihn gut darin aufgehen und backt ihn im mäßig heißen Ofen 1 1/4 bis 1 1/2 Stunde.

710. Ein anderer Topfkuchen.

Zuthaten: 1 Pfd. Butter, 16 Eidotter, 8 Loth Zucker, 6 Loth süße und 2 Loth bittere Mandeln, die abgeriebene Schale einer Citrone, ein Theelöffel voll gemischtes Gewürz, 2 Eßlöffel voll dicke frische Hefe, das zu Schnee geschlagene Weiße der Eier.

Das Verfahren bei der Bereitung ist das in vorhergehender Nummer angegebene.

711. Schwaanscher Kuchen.

Man thut 4 Loth Butter in $1/4$ Pott Milch, macht Letztere lauwarm, so daß die Butter schmilzt und rührt dies nebst 4 Eidottern und $1\frac{1}{2}$ Pfd. Mehl zu einem Teige, an welchen man noch eine Hand voll Rosinen, zerstoßene Cardamomen von 7 Schoten und 4 Loth feingestoßenen Zucker thut. Endlich rührt man 5 Loth trockene, in Milch aufgelöste Hefe darunter und durchmischt den Teig mit dem zu Schnee geschlagenen Weißen der Eier. Sodann setzt man ihn auf eine Platte von Eisenblech, läßt ihn gut aufgehen, bestreicht ihn mit klein gerührtem Ei, backt ihn im mäßig heißen Ofen etwa eine Stunde und reicht ihn, mit Zucker bestreut.

712. Theekuchen.

Es wird $3/4$ Pott Milch mit $3/4$ Pfd. Butter darin lauwarm gemacht. Auf 3 Pfd. Mehl schlägt man sodann 4 ganze Eier, giebt die abgeriebene Schale einer Citrone, $1/4$ Pfd. feingestoßenen Zucker, 1 Theelöffel voll gestoßenen Kanehl, 5 Loth Rosinen und 5 Loth Korinthen daran und rührt und knetet unter allmäligem Hinzugießen der Milch und Butter einen glatten Teig davon, unter welchem man noch ein in Milch aufgelöstes eigroßes Stück Hefe rührt. — Diesen Teig läßt man auf einer Platte eine Stunde lang aufgehen, bestreicht ihn mit kleingerührtem Ei, bestreut ihn mit zerhackten Mandeln, Zucker und Kanehl und läßt ihn im mäßig erhitzten Ofen gar backen.

713. Ein anderer Theekuchen.

Es werden 10 Loth Butter zu Sahne gerieben und nach und nach 2 ganze Eier, 2 gehäufte Eßlöffel voll feingestoßenem Zucker, 1 Stück in Milch aufgelöste Hefe von der Größe einer Wallnuß, die abgeriebene Schale einer halben Citrone und 1 Pfd. Mehl (Letzteres löffelweise) gut damit durchgerührt, bis man einen glatten Teig erhält, den man noch mit $1/2$ Pfd. Korinthen vermischt. Sodann rollt man den auf eine eiserne

Platte gelegten Teig bis zur Dicke eines Fingers aus, deckt eine erwärmte Serviette darüber, läßt ihn, an einen warmen Platz gestellt, langsam aufgehen, bestreut ihn mit 1/4 Pfd. grob gestoßenem Zucker und 1 Theelöffel voll feingestoßenem Kanehl und läßt ihn im gut erhitzten Ofen 3/4 Stunde backen.

714. Ein schöner Kaffee-Kringel.

Es wird 1 Pfd. Mehl mit 1/4 Pott warmer Milch und 3 Loth in einer kleinen Tasse Milch aufgelöster Hefe zu einem Teige angerührt, welchen man, mit einer erwärmten Serviette bedeckt, warm hinstellt und gut aufgehen läßt. Indessen rührt man 1/2 Pfd. Butter zu Sahne, giebt nach und nach 2 ganze Eier, die abgeriebene Schale von einer halben Citrone, 1 Theelöffel voll gemischtes Gewürz (2/3 Kanehl, 1/3 Cardamom), eine Handvoll Rosinen, eben so viele Korinthen und 4 Loth zerhackte Mandeln daran, rührt dies 1/4 Stunde mit einander und sodann mit 1 Pfd. dazu geschüttetem Mehl so lange durch, bis ein glatter Teig daraus geworden ist. Diesen Teig knetet man mit dem zuerst bereiteten, nachdem derselbe gut aufgegangen ist, sehr sorgfältig durch (je mehr man knetet, desto besser), formt aus der Masse einen Kringel, legt ihn auf eine Platte von Eisenblech und läßt ihn noch 2 Stunden an einer warmen Stelle stehen, damit er recht breit aufgehe. Dann bestreicht man ihn mit kleingerührtem Ei oder zerlassener Butter, streut grobkörnig gestoßenen Zucker darüber und backt ihn im mäßig erhitzten Ofen in 1/2 Stunde gar.

715. Kartoffel-Kuchen.

Man rührt 16 Eidotter mit 3/4 Pfd. Zucker, worauf die Schale einer Citrone abgerieben worden, dem Safte der Citrone und 8 Loth geriebenen süßen und 1 1/2 Loth bitteren Mandeln eine halbe Stunde gut durch. Ferner hat man gekochte, recht mehlige Pellkartoffeln, nachdem man sie von der Haut befreit, erkalten lassen und so viel davon feingerieben, daß man 1 1/4 Pfd. von der Masse hat. Diese giebt man nach und nach unter fortgesetztem Rühren zu den Eiern und mischt endlich 2 gute Eßlöffel voll Kartoffelmehl nebst dem zu Schnee geschlagenen Weißen der Eier unter den Teig, thut ihn in eine Form und backt ihn in 1 1/2 Stunde gar.

716. Butter-Kuchen.

Von 2 Pfd. ein wenig erwärmtem Mehl, 1/2 Pott warmer Milch, 1 gehäuften Theelöffel voll Salz und 2 Loth in einer Tasse Milch mit ein wenig Zucker aufgelöster Hefe bereitet man einen glatten Teig, stellt ihn zum Aufgehen hin und knetet ihn während dessen zweimal durch. Dann giebt man unter Zurücklassung des Bodensatzes, 1/2 Pfd. geschmolzene Butter, weitere 3 Loth wie oben aufgelöste Hefe, 1/2 Theelöffel voll feingestoßenen Cardamom und 1/2 Pfd. gut gereinigte Korinthen daran, knetet den Teig ein wenig hiemit durch, breitet ihn auf einer Platte von Eisenblech aus und stellt ihn von einer gewärmten Serviette bedeckt, an einen warmen Platz, wo man ihn zum guten Aufgehen etwa 1/2 Stunde stehen läßt. Sodann bestreicht man ihn mit kleingerührtem Ei oder zerlassener Butter, streut grobgestoßenen Zucker, mit feingestoßenem Kanehl vermischt, darauf und backt den Kuchen bei guter Hitze in 10 bis 15 Minuten gar.

717. Korinthen-Kuchen.

Aus 1 Pfd. Mehl, 1/4 Pott Milch und 1 1/2 Loth in 1/2 Theetasse Milch aufgelöster Hefe rührt man einen Teig, läßt ihn nach der Anweisung in den voraufgehenden Nummern aufgehen und knetet sodann dasselbe Quantum Mehl mit eben so viel Milch und Hefe, nebst 3/4 Pfd. Korinthen, 1/4 Pfd. feingestoßenem Zucker, 1/4 Pfd. zerlassener Butter, und 1/2 Theelöffel voll Kanehl und Cardamom, unter einander gemischt, gut durch, worauf man die Masse mit einem Kochlöffel in der Art, daß man sie immer damit zu sich heranholt, so lange schlägt, bis sie Blasen wirft. Hierauf bringt man den Teig in eine Form, läßt ihn, von einer erwärmten

Serviette bedeckt, noch einmal etwa $1\frac{1}{2}$ Stunde aufgehen und endlich im ziemlich heißen Ofen etwa 1 Stunde backen.

Anm. Sämmtliche Ingredienzien müssen vorher etwas erwärmt werden; die Milch muß lauwarm sein.

718. Eine gute Stolle.

Man rührt $\frac{1}{2}$ Pfd. Mehl mit 4 Loth in einer Tasse warmer Milch aufgelöster Hefe zusammen nnd stellt die Masse, um sie aufgehen zu machen, an eine warme Stelle. Außerdem rührt man $1\frac{1}{2}$ Pfd. Mehl, auf welche man 2 ganze Eier geschlagen hat, mit 4 Loth Zucker, 1 Loth feingestoßenen bittern Mandeln und einer Prise Salz unter allmäligem Hinzugießen von beinahe $\frac{1}{2}$ Pott lauwarmer Milch zu einem ziemlich festen Teige und knetet die zuerst mit der Hefe bereitete Masse so lange damit durch, bis das Ganze recht glatt und gleichmäßig geworden ist. Sodann thut man 10 Loth Butter, in wallnußgroße Stücke getheilt, darüber, knetet den Teig damit weiter durch und giebt während dessen noch $\frac{1}{4}$ Pfd. gut gereinigte Rosinen, eben so viel Korinthen, sowie 2 Loth feingehackte Mandeln und Citronenschale darunter, formt ihn auf einem mit Mehl bestreuten Brette zu einer Stolle, legt diese auf eine Eisenplatte und läßt sie, mit einer erwärmten Serviette bedeckt, an einer warmen Stelle gut aufgehen. Endlich bestreicht man sie mit zerlassener Butter, backt sie in einem mäßig erhitzten Ofen in etwa einer Stunde gar und bestreut sie mit Puderzucker.

Anm. Will man die Stolle feiner haben, so kann man von allen erwähnten Zuthaten (Mehl, Hefe und Milch ausgenommen) das Doppelte nehmen.

719. Pflaumen-, Kirsch- oder Johannisbeer-Kuchen von Hefenteig.

Man rührt $\frac{1}{4}$ Pfd. Mehl mit 2 Loth in warmer Milch aufgelöste Hefe zusammen und verfährt damit nach voriger Nummer. Ferner rührt man von $\frac{3}{4}$ Pfd. Mehl, auf welche man 3 ganze Eier geschlagen hat, mit 4 Loth Zucker, einer

Prise Salz, der abgeriebenen Schale einer halben Citrone, einer Messerspitze voll Kanehl und 1 Loth feingestoßenen bittern Mandeln, unter allmäligem Hinzugießen von 1/4 Pott warmer Milch, einen ziemlich steifen Teig, knetet die aus der Hefe bereitete Masse nebst 1/4 Pfd. Butter gut damit durch und schlägt das Ganze mit einem Kochlöffel, bis es blasig wird. Diesen Teig läßt man an einer warmen Stelle, mit einer erwärmten Serviette bedeckt, gut aufgehen, rollt ihn auf einer mit Mehl bestreuten Eisenblech-Platte zu einem dünnen Kuchen aus, kneipt nach Anweisung in Nr. 468 den Rand desselben ein wenig in die Höhe, läßt ihn noch einmal wieder aufgehen, streicht zerlassene Butter darüber, belegt ihn dicht mit in Hälften geschnittenen ausgesteinten Pflaumen, ausgesteinten Kirschen oder Heidelbeeren, streut reichlich Zucker darauf und läßt ihn im mäßig heißen Ofen gar backen. Kurz vor dem Garwerden macht man einen Guß darüber, welche man bereitet, indem man 1/2 Pott Sahne mit einem ganzen Ei, 4 Eidottern und etwas Zucker, worauf die Schale einer halben Citrone abgerieben worden, zusammenquirlt. Ueber diesen Guß streut man nach dem Garwerden noch einmal Puderzucker.

Anm. Kirschen sowohl, wie Heidelbeeren entwickeln während des Backens viel Saft, den man abfüllen muß, damit er nicht über den Rand koche. Man kann denselben nachher mit unter den Ueberguß quirlen.

720. Kleine Törtchen und Kuchen.

Dieselben kann man zum großen Theil nach den in diesem Abschnitte für große Torten und Kuchen gegebenen Anweisungen in derselben Art bereiten, wie jene Torten und Kuchen selber. Es sind in dieser Hinsicht namentlich die Nummern 683, 684, 685, 690, 691, 692, 694, 696, 699, 703, 704 bis 707 zu berücksichtigen.

Die Anzahl der verschiedenen Törtchen und kleinen Kuchen, welche man außerdem noch bereitet, ist sehr groß; es können hier nur noch diejenigen Erwähnung finden, welche in jedem größern Haushalte ohne zu viel Kosten und Umstände hergestellt werden können; wegen der übrigen wendet man sich besser an einen Conditor.

721. Törtchen von Blätterteig mit frischen und eingemachten Früchten.

Man rollt nach Nr. 213 bereiteten Blätterteig bis zur Dicke eines Messerrückens aus, sticht davon mit einem Ausstecher Böden und aus diesen mit einem kleinern Ausstecher Ringe, drückt den übrig gebliebenen Teig wieder zusammen und rollt ihn noch einmal aus bis zur Dicke eines Messerrückens. Hieraus sticht man mit dem zuerst verwandten Ausstecher eben so viele Böden, wie man Ringe hat, legt sie, etwas entfernt von einander, auf ein Backblech und bestreicht sie, unter Beachtung der in den Anmerkungen zu Nr. 213 gegebenen Unterweisungen, mit kleingerührtem Ei. Auf jeden Boden legt man sodann ein Häufchen Früchte, z. B. Aepfelschnitte nach Nr. 683, geschälte, in Hälften geschnittene und ausgesteinte Pflaumen, ausgesteinte Kirschen (Pflaumen wie Kirschen vorher gut gezuckert), sowie auch beliebige eingemachte Früchte oder Marmeladen. Hierauf deckt man die Ringe über die Böden, bestreicht dieselben gleichfalls mit kleingerührtem Ei und backt endlich die Törtchen im ziemlich erhitzten Ofen gar. Kurz vorher bestreut man sie, damit sie glacirt erscheinen, mit Puderzucker.

Anm. Man kann den Törtchen auch nach dem Garwerden einen Ueberguß von Eiweiß, welches mit Zucker zu Schnee geschlagen ist, geben. Sie werden dann damit wieder in den Ofen gebracht und dort so lange gelassen, bis der Ueberguß betrocknet ist.

722. Törtchen von Mürbe-Teig mit Früchten.

Will man Mürbe-Teig zu Törtchen verwenden, so bereitet man einen solchen nach der Anweisung in Nr. 681, rollt ihn gleichfalls dünn aus, sticht daraus mit dem Ausstecher Böden, drückt den übrig gebliebenen Teig wieder zusammen und formt daraus Röllchen von etwas über der Dicke eines Federkiels. Diese Röllchen schneidet man in Stücke von der Länge, daß sie rings um die Böden reichen, legt Letztere auf ein Backblech, bestreicht sie mit kleingerührtem Ei, legt die Rollen darum, drückt die Enden derselben zusammen, kneipt sie etwas bunt und bestreicht auch sie mit Ei. Mit den Früchten 2c., sowie mit dem Garbacken und dem Uebergusse verfährt man endlich ganz nach voraufgehender Nummer.

723. Törtchen mit Schlagrahm oder Cremes.

Man bereitet nach den Unterweisungen in den voraufgehenden beiden Nummern Törtchen von Blätterteig oder Mürbe-Teig und füllt dieselben mit etwas nach Nr. 668 bereiteten Schlagrahm, oder mit einer der Cremes in den Nummern 669, 673, 674 u. 676. Dabei ist nur zu beachten, daß das Einfüllen erst nach gänzlichem Erkalten der Törtchen geschehen darf.

Man kann die Törtchen auch mit einer Frucht-Gelee garniren.

724. Gefüllte Törtchen.

Man rollt aus Blätterteig oder Mürbe-Teig 2 dünne Böden, belegt den einen theilweise mit einem Fruchtmus, legt den andern darüber, und sticht davon Törtchen in der Art aus, daß in jedes ein Häufchen von dem Mus kommt. Diese Törtchen bestreicht man mit kleingerührtem Ei, streut Zucker und gehackte Mandeln darüber nnd backt sie im gut erhitzten Ofen gar.

725. Schrauben mit Gelee.

Blätterteig wird bis zur Dicke eines Federkiels ausgerollt, und in zollbreite und 4 Zoll lange Streifen geschnitten, welche man ein paar Mal so um sich selbst dreht, daß ein Schraubengewinde daraus entsteht. Beim Auflegen auf das Backblech drückt man die beiden Enden fest daran, backt sie im gut erhitzten Ofen, bestreut sie, um sie zu glaciren, kurz vor dem Garwerden mit Puderzucker und füllt, nachdem man sie hat erkalten lassen, die vertieften Stellen mit einer Frucht-Gelee.

726. Makronen-Rollen.

Man bereitet aus 1/2 Pfd. Zucker, 1/2 Pfd. geriebenen Mandeln, der abgeriebenen Schale einer Citrone, ein paar Messerspitzen voll Kanehl und 2 Eiern einen Teig in der Art, wie für die Makronentorte in Nr. 705 angegeben worden. Diesen rollt man einen halben Finger dick auseinander und schneidet daraus ebenso breite fingerlange Streifen. Ferner rollt man nach Nr. 213 bereiteten Blätterteig bis zur Dicke eines Messerrückens aus und schneidet daraus Streifen, breit genug, um die erstern einschließen zu können, rollt sie darum, bestreicht sie mit kleingerührtem Ei, rollt sie noch einmal in grobkörnig gestoßenem Zucker, legt sie auf ein Kuchenblech und backt sie im gut erhitzten Ofen recht schnell gar.

727. Zucker-Tüten.

An kleingeschlagene 5 ganze Eier rührt man so viel Mehl und so viel gestoßenen Zucker, wie sie mit der Schale wiegen. Der recht glatt gerührte Teig wird sodann in der Gestalt von kleinen runden Plättchen auf ein Kuchenblech gestrichen, in mäßiger Hitze gebacken und, sobald er gar ist, in Tüten gedreht. Diese füllt man nach dem Erkalten mit Schlagrahm nach Nr. 668 oder mit Vanille-Eis nach Nr. 760.

728. Zimmt-Kuchen.

Es werden 6 Eidotter und 2 ganze Eier zusammen kleingeschlagen und mit 1 Pfd. gestoßenem Zucker, worauf die Schale einer Citrone abgerieben worden, eben gerührt. Sodann rührt man allmälig 1 Pfd. Mehl nebst 1 gehäuften Theelöffel voll Kanehl dazu, setzt die Kuchen nach Art der Pfeffernüsse mit einem Theelöffel auf Platten und backt sie im mäßig heißen Ofen hellgelb.

729. Mandelschnitte.

Aus 1 Pfd. Mehl, 3/4 Pfd. Zucker, 3/4 Pfd. Butter und einem ganzem Ei wird nach der in Nr. 466 für den Mürbe-teig gegebenen Anweisung ein Teig geknetet, an welchen man außerdem feingeriebene 4 Loth süße und 1 Loth bittere Mandeln, die abgeriebene Schale einer Citrone, einige feingestoßene Schoten Cardamom und ein paar Theelöffel voll Rosenwasser thut. Diesen Teig rollt man auf einem mit Mehl bestreuten Kuchenbrett zu guter Messerrückensdicke aus, sticht Kuchen daraus, überstreicht dieselben mit kleingerührtem Ei und backt sie im mäßig erhitzten Ofen hellgelb.

730. Schwabenbrod.

Man knetet ganz nach der in Nr. 466 für den Mürbeteig gegebenen Anweisung 18 Loth Mehl mit 1/4 Pfd. Butter, 1/4 Pfd. Zucker, 1/4 Pfd. gestoßenen süßen Mandeln, einem ganzen Ei und einem Theelöffel voll Kanehl, mit 6 Gewürznelken fein zusammen gestoßen, zu einem Teige an, rollt denselben bis zur Dicke eines guten Messerrückens aus, sticht Kuchen in beliebigen Formen daraus, bestreicht sie mit kleingerührtem Ei und backt sie im mäßig erhitzten Ofen hellgelb.

731. Mandelkringel.

Von 1/4 Pfd. Butter, 1/4 Pfd. gestoßenem Zucker, 1/2 Pfd. Mehl, 3 Eidottern und 4 Loth geriebenen Mandeln wird nach Nr. 466 ein Teig geknetet. Aus diesem formt man dünne Rollen und daraus kleine Kringel, bestreicht sie mit Eiweiß, bestreut sie mit feingestoßenem Kanehl und grobkörnig gestoßenem Zucker und läßt sie im mäßig erhitzten Ofen gelb backen.

732. Andere Kringel.

Von 1 Pfd. Mehl, 3/4 Pfd. Butter, 1/4 Pfd. Zucker, der abgeriebenen Schale einer Citrone, 2 ganzen Eiern und 2 Eidottern knetet man einen Teig nach Nr. 466 und verfährt damit weiter nach Angabe in voriger Nummer, nur daß man beim Bestreuen statt des Kanehls feingehackte Mandeln verwendet.

733. Kleine Mandelkuchen.

Man bereitet nach Nr. 466 aus 1/4 Pfd. Mehl, 1/4 Pfd. Zucker, 1/4 Pfd. feingeriebenen Mandeln und 3 Eidottern einen Teig, rollt denselben aus, sticht kleine Kuchen daraus, bestreicht sie mit kleingerührtem Ei und backt sie im mäßig erhitzten Ofen hellgelb.

734. Hundertjahrskuchen.

An 1/2 Pfd. zu Schnee geriebene Butter werden nach nach und nach 6 ganze Eier geschlagen, worauf man unter fortwährendem Rühren 1 Pfd. Zucker, worauf die Schale einer Citrone abgerieben worden, und 1 Pfd. Mehl dazu thut. Den recht glatt gerührten Teig setzt man theelöffelweise nach Art der Pfeffernüsse auf eine Platte und backt im mäßig erhitzten Ofen hellgelbe Kuchen daraus.

735. Kleine Theekuchen.

Man rührt 4 ganze Eier mit 1/2 Pfd. Zucker, worauf die Schale einer Citrone abgerieben worden, eben, und sodann mit 1/2 Pfd. Mehl zu einem glatten Teige. Von demselben bereitet man Kuchen nach der Anweisung in voraufgehender Nummer.

736. Kleine Theekuchen anderer Art.

Es werden 6 ganze Eier und 2 Eidotter mit 1 Pfd. Zucker, worauf die Schale einer Citrone abgerieben worden, 1/2 Stunde lang gut gerührt. Sodann rührt man 1 Pfd. Mehl dazu und Alles zu einem glatten Teige, aus welchem man Kuchen nach Nr. 734 bereitet.

737. Biscuit-Schnitte.

Man rührt 16 Eidotter mit 1 Pfd. gestoßenem Zucker und der feingehackten Schale einer Citrone 1/2 Stunde lang gut durch und giebt sodann 10 Loth Kartoffelmehl und 10 Loth Waizenmehl, nebst dem zu Schnee geschlagenen

Weißen der Eier darunter. Den erhaltenen Teig theilt man in 2 Theile und läßt sie in Papierkasten, welche dünn mit Butter ausgestrichen sind, eine Stunde lang in mäßiger Ofenhitze backen. Den einen der erhaltenen Kuchen bestreicht man sodann mit Frucht-Gelee, legt den andern oben darauf, überzieht ihn an der obern Seite mit einer Punsch-Glasur nach Nr. 680 a, welche man noch ein paar Augenblicke im Ofen trocknen läßt, und zerschneidet endlich den Kuchen in fingerlange und zollbreite Stücke.

738. Magdalenen-Kuchen.

Es werden 8 Eidotter mit 1/2 Pfd. Zucker, worauf die Schale einer Citrone abgerieben ist, klar gerührt, worauf man 1/2 Pfd. Mehl und sodann 1/2 Pfd. zerlassene Butter darunter rührt; Letztere unter sorgfältiger Zurücklassung des Bodensatzes. Nachdem man den Teig mit dem zu Schnee geschlagenen Weißen der Eier vermischt hat, streicht man ihn in der Dicke eines Federkiels auf eine Platte, umgiebt ihn mit einem mit Butter bestrichenen Papierrande, bestreicht ihn mit Eiweiß, bestreut ihn mit zerhackten Mandeln und grobkörnig gestoßenem Zucker und backt ihn im mäßig erhitzten Ofen gar. Noch während er warm ist und vor Herunternahme vom Bleche, muß der Kuchen in geeignete Stücke zerschnitten werden, sonst zerbricht er.

739. Waffeln mit Hefe.

Man reibt 1/2 Pfd. Butter zu Sahne, rührt nach und nach 8 Eidotter darunter und giebt unter fortwährendem Rühren die abgeriebene Schale von einer halben kleinen Citrone, 2 Loth in lauwarmer Milch aufgelöste Hefe und 3/4 Pfd. Mehl daran. Endlich rührt man 1/2 Pott lauwarme Milch hinzu, läßt die Masse an einem warmen Ort aufgehen und füllt damit die eine Seite des recht gleichmäßig über gutem Kohlenfeuer erhitzten, mit Speck ausgestrichenen Waffeleisens, welches man umkehren muß, sobald die Waffel auf dieser Seite gar, d. h. gelbbraun gebacken ist. Bei jeder neuen

Waffel muß das Eisen auf's Neue recht schnell mit etwas Speck bestrichen werden. Man muß die Waffeln erst kurz vor dem Anrichten backen, da sie beim Erkalten zähe werden; sie sind gleich bei der Herausnahme aus dem Eisen dick mit Zucker, worunter ein wenig feingestoßener Kanehl gemischt ist, zu bestreuen.

740. Waffeln mit saurem Rahm.

Man reibt 8 Loth Butter zu Sahne und rührt nach und nach 6 Eidotter, 18 Loth Mehl, die abgeriebene Schale von $^1/_4$ Citrone und 1 Pott vorher etwas geschlagenen sauren Rahm hinzu. Sodann mischt man das zu Schnee geschlagene Weiße der Eier unter die Masse und verfährt mit derselben weiter nach der Angabe in der vorigen Nummer.

741. Ochsenaugen.

An $^3/_4$ Pfd. zu Sahne geriebene Butter rührt man nach und nach 12 Eidotter und thut unter fortgesetztem Rühren $^1/_4$ Pfd. Zucker, 1 Pfd. Mehl, $^1/_2$ Pott Rahm oder gute Milch, $^1/_2$ Theelöffel voll feingestoßenen Kanehl und die abgeriebene Schale einer Citrone daran. Endlich mischt man das zu Schnee geschlagene Weiße der Eier darunter und füllt nun die Vertiefungen der Ochsenaugenpfanne, in welche man vorher gut einen halben Theelöffel voll geschmolzene Butter gegeben hat, bis etwa zur Hälfte mit der Masse. Nachdem dieselbe ein wenig angebacken ist, legt man etwas Marmelade oder eingemachte Früchte darauf und füllt die Vertiefungen ganz. Sind die Ochsenaugen auf der einen Seite hellbraun gebacken, so kehrt man sie mit einem Messer um und backt auch die andere Seite gar; das ganze Backen erfordert etwa 10 Minuten. Die aus der Pfanne genommenen Ochsenaugen bestreut man mit Puderzucker.

742. Berliner Pfannkuchen.

Man schlägt unter unausgesetztem Rühren zu 8 Loth zu Sahne geriebener Butter nach und nach 4 ganze Eier und

2 Eidotter und rührt ferner mit 6 Loth Zucker, woran die Schale einer halben Citrone abgerieben worden, 1/4 Pott Rahm oder guter Milch, 2 Loth in Milch aufgelöster Hefe, 1 Pfd. Mehl und einem kleinen Theelöffel voll zusammen gestoßenem Kanehl und Kardamom einen Teig daraus, der sich rollen läßt. Diesen läßt man eine Stunde lang an einer warmen Stelle aufgehen, knetet ihn auf einem mit Mehl bestreuten Backbrett ein wenig durch, rollt ihn bis zur halben Dicke eines Fingers aus und sticht noch einmal so viel runde Platten daraus, wie man Pfannkuchen haben will. Die Hälfte derselben bestreicht man mit kleingerührtem Ei, legt zunächst Marmelade oder Obstmus und sodann die andern Platten darauf und drückt diese vorsichtig mit den untern zusammen. Nachdem man die so zugerichteten Kuchen noch eine halbe Stunde, von einer Serviette bedeckt, hat aufgehen lassen, legt man sie in ein Geschirr mit kochender, abgeklärter Butter (Nr. 14) und backt sie unter wiederholtem Umkehren ringsum hellbraun. Vor dem Serviren legt man sie auf Papier und überstreut sie, nachdem das überflüssige Fett in dasselbe hineingezogen ist, mit Puderzucker.

743. Baisers.

Man vermischt das zu sehr festem Schnee geschlagene Weiße von 10 Eiern mit 1 Pfd. Puderzucker, giebt 3 bis 4 Tropfen Citronenöl daran, setzt die Masse eßlöffelweise auf ein Kuchenblech, bestäubt sie mit etwas Puderzucker und läßt sie im ganz schwach erwärmten Ofen mehr trocknen als backen.

744. Gefüllte Baisers.

Aus den nach voriger Nummer bereiteten Baisers löst man, bevor sie ganz getrocknet sind, ein Stück des Bodens und nimmt vorsichtig, ohne den obern Theil zu verletzen, das Inwendige heraus. Sodann trocknet man sie vollständig, läßt sie verkühlen, füllt sie mit Schlagrahm nach Nr. 668, oder mit Gefrornem und setzt sie zu 2 und 2 mit den offenen Seiten zusammen.

745. Spritzkringel.

Man rührt über dem Feuer ½ Pott Milch mit 12 Loth Butter und 20 Loth Mehl zu einer steifen Masse ab, läßt dieselbe abkühlen und rührt 7 Eidotter und 8 ganze Eier darunter. Sodann spritzt man von dieser Masse Kringel auf ein vorher in Fett getauchtes und wieder abgekühltes Stück Papier, genau von der Größe des Topfes, in welchem die Kringel gebacken werden sollen, stülpt Letztere mit Hülfe des Papiers in den Topf, nachdem man darin abgeklärte Butter (Nr. 14), Schmalz oder Talg in's Kochen gebracht hat, und backt sie darin aus. Während des Backens sind sie einmal umzukehren.

746. Apfel-Beignets.

Man schält große Aepfel, schneidet sie in Scheiben von der Dicke eines halben Fingers, sticht die Kerngehäuse heraus und legt sie ein paar Stunden in Rum, zu welchem reichlich gestoßener Zucker und Kanehl gesetzt ist. Die so zubereiteten Apfelscheiben panirt man in Klare nach Nr. 24, und thut so viel davon, wie neben einander liegen können, in einen Topf mit kochendem Schmalz. Nachdem sie darin gelbbräunlich gebacken sind, legt man sie auf Papier, damit das Fett ausziehe, bestreut sie stark mit Zucker und glacirt sie mit einer glühenden Schaufel.

747. Braune Pfeffernüsse.

Zuthaten: 7 Pfd. Mehl, 5 Pfd. Sirup, 2 Pfd. Zucker, 1 Pfd. Butter, 1½ Pfd. gestoßene süße und 4 Loth bittere Mandeln, 4 Loth trockne Pomeranzenschale, die abgeriebene Schale von 4 Citronen, 7 Loth Pottasche, 1 Theelöffel voll feingestoßene Nelken, 2 Loth Kanehl, 1 Loth Kardamom, Beides gleichfalls feingestoßen.

Aus der in kochendem Wasser erweichten Pomeranzenschale wird sorgfältig die innere weiße Haut ausgeschnitten, die braune Oberhaut zerschneidet man in so feine Würfel, wie möglich. Sodann wird sie nebst Kardamom, Kanehl und

Nelken mit dem Sirup, dem gestoßenen Zucker und der Butter vermischt, das Ganze auf's Feuer gebracht und, sobald es kocht, die pulverisirte Pottasche dazu gegeben. Man muß sich dabei in Acht nehmen, daß die Masse nicht überkoche, sondern sie sofort, nach Hinzuthun der Pottasche, vom Feuer nehmen und zu dem vorher mit den Mandeln und der Citronenschale vermischten Mehl gießen, in welches man zu dem Zweck eine kleine Grube gemacht hat. Den gleichmäßig erst gerührten und dann mit so viel Mehl, daß nichts von ihm an den Händen kleben bleibt, durchgekneteten Teig läßt man zugedeckt 24 Stunden stehen; besser wird er noch, wenn man ihn etwa 3 Tage vor der Benutzung bereitet und täglich einmal durchknetet. Die Pfeffernüsse stellt man her, indem man aus dem Teige, der vorher noch einmal so lange zu kneten ist, bis er ganz geschmeidig wird, Rollen und aus diesen Kugeln formt, die man auf mit Speck bestrichene Eisenplatten setzt und nach Belieben mit Mandelschnitten belegt.

748. Braune Pfeffernüsse anderer Art.

Zuthaten und Bereitungsweise sind dieselben, wie in der voraufgehenden Nummer, nur daß man statt 1 Pfd. Butter $^1/_2$ Pfd. Gänseschmalz und $^1/_2$ Pfd. Butter nimmt und die Mandeln ganz wegläßt.

749. Weiße Pfeffernüsse.

Zuthaten: 3 Pfd. Zucker, 12 ganze Eier, 1 Pfd. gestoßene Mandeln, die abgeriebene Schale von 3 Citronen, 3 Pfd. Mehl und ein vorher pulverisirtes und in etwas Milch aufgelöstes, 2 Erbsen großes Stück Hirschhornsalz.

Eier und Zucker werden $^1/_4$ Stunde zusammen durchgerührt, zu dem mit den übrigen Zuthaten vermischten Mehl gegeben und damit zu einem glatten Teige gerührt und geknetet, aus welchem man mit einem Theelöffel Ausstiche macht, die man zwischen den mit etwas Mehl bestreuten Händen leicht rollt und auf mit Speck bestrichene Eisenplatten setzt.

750. Weiße Pfeffernüsse anderer Art.

Zuthaten: 1½ Pfd. Mehl, 1½ Pfd. Zucker, 3 ganze Eier, 3 Loth Butter, gestoßene 3 Loth süße und 1 Loth bittere Mandeln, die abgeriebene Schale einer Citrone, 1 Eßlöffel voll in ganz feine Würfel geschnittene Succade, 1 Messerspitze voll Kanehl, eben so viel Cardamom, der Saft einer halben Citrone, und ein erbsengroßes, pulverisirtes und in etwas Milch aufgelöstes Stück Hirschhornsalz.

Zucker, Eier, die geschmolzene Butter und der durch ein Sieb gegebene Citronensaft werden eine halbe Stunde lang zusammengerührt, worauf man weiter ganz nach der Anweisung in der vorigen Nummer verfährt.

XXII. Süße Gelees, Gefrornes ꝛc.

A. Gelees.

751. Allgemeine Vorbemerkungen.

Als Grundlage für die Bereitung der süßen Gelees können dieselben Stoffe, welche in Nr. 459 für die sauren Gelees aufgeführt sind, verwendet werden. Es wird hier deshalb im Allgemeinen auf das dort Gesagte verwiesen und nur bemerkt, daß man von der jetzt fast einzig zur Anwendung kommenden Gelatine für die süßen Gelees im Sommer auf den Pott Flüssigkeit 3 Loth, im Winter etwas weniger rechnet. Uebrigens versäume man nie, sich durch die in Nr. 459 c angegebene Probe davon zu überzeugen, ob die Gelee den richtigen Grad der Festigkeit erhalten werde.

Da die Gelatine mitunter mehr, mitunter weniger bindet, so thut man gut, vor der Probe nicht das ganze Quantum zu verwenden, da man nöthigenfalls noch immer davon nachgeben kann. — Von der Auflösung der Gelatine ist in Nr. 610 die Rede gewesen.

Soll die Gelee recht klar werden, so muß der dazu mitverwandte Citronen- oder Apfelsinensaft vorher geklärt werden. Das dazu einzuschlagende Verfahren ist folgendes: Man zupft graues Löschpapier in kleine Stückchen, weicht sie in Wasser ein, drückt das Wasser wieder aus und legt sie in einen kleinen mit Löschpapier ausgelegten Trichter. Nun giebt man den Saft darauf und läßt ihn durchtropfen, welches Verfahren zu wiederholen ist, wenn die Klärung das erste Mal nicht vollständig gelungen sein sollte.

Das Klären der Gelee-Masse geschieht mit Eiweiß nach dem unter 459 a angegebenen Verfahren.

Sollen die Gelees aus einer Form auf eine Schüssel gestürzt werden, so ist die Form, damit sie sich darin lösen, vorher ein paar Augenblicke in heißes Wasser zu stellen.

752. Gelee von Rheinwein.

Man kocht 24 Loth Zucker mit der recht fein abgenommenen Schale und dem geklärten Safte von 2 Citronen in 1/4 Pott Wasser auf, schäumt sehr sorgfältig, giebt nach 5 Minuten langem Kochen den Zucker in ein Gefäß und läßt ihn etwas verkühlen. Sodann giebt man 4 Loth aufgelöste Gelatine daran, rührt gut, gießt unter fortgesetztem Rühren eine Flasche guten Rheinwein dazu, giebt endlich die fertige Geleemasse in eine Form oder sonstige dazu bestimmte Gefäße, welche man recht kalt, wenn möglich auf Eis, zu stellen hat.

753. Eine andere Wein-Gelee.

(In Gläser zu füllen.)

Man kocht 3 Pfd. Zucker mit der fein abgenommenen Schale und dem geklärten Safte von 4 Citronen in 3 Flaschen Wasser auf, schäumt sehr sorgfältig, giebt 2 Flaschen Weißwein und 1 Flasche Madeira daran, rührt, wenn das Ganze wieder kocht, 15 Loth Gelatine darunter und klärt endlich die Geleemasse mit dem Weißen von 8 bis 10 Eiern.

754. Eine andere Wein-Gelee.

(Besonders für Kranke.)

Man kocht einen Kalbsstand nach Nr. 459 a, jedoch selbstverständlich unter Weglassung der Suppenkräuter und der Säure, und setzt ihn mit gutem Rheinwein oder französischem Weißwein auf das Feuer. Dabei rechnet man zu einer leichten Gelee für Kranke auf die Flasche den Stand von 2, sonst den Stand von 3 Kalbsfüßen, ferner $^3/_4$ Pfd. Zucker, $^1/_2$ Loth Kanehl, den Saft von 3 Citronen und die fein abgenommene Schale von einer Citrone. Das Ganze wird zusammen auf's Feuer gesetzt, in's Kochen gebracht, mit dem Weißen von 3 bis 4 Eiern auf die Flasche Wein geklärt und in einer Form oder in Gläsern kalt, wenn möglich auf Eis, gestellt.

755. Gelee von Champagner.

Diese Gelee wird nach der in Nr. 752 für die Gelee von Rheinwein gegebenen Anweisung, jedoch unter Weglassung der Citronenschale bereitet. Statt des Rheinweins giebt man 1 Flasche Champagner dazu, setzt die Geleemasse auf Eis, schlägt sie mit einem Quirl, bis sie milchweiß und beinahe dick geworden ist und giebt sie in beliebige Gefäße. Soll die Gelee gestürzt werden, so wird sie hübscher, wenn man nur etwa den dritten Theil quirlt, diesen unten in die Form und nachdem er noch etwas mehr erkaltet ist, die übrige klar gebliebene Geleemasse darüber giebt. Auch kann man schichtweise mit der klaren und gequirlten Masse abwechseln.

756. Gelee mit Himbeeren oder Erdbeeren.

Man vermengt sorgfältig verlesene und gewaschene Garten-Erdbeeren oder Himbeeren mit sehr feingestoßenem Zucker und läßt sie etwa eine Stunde damit stehen, so daß sie gut davon durchzogen werden. Sodann füllt man von einer nach Nr. 752 bereiteten Rheinwein-Gelee-Masse ein wenig in eine Form, läßt sie auf Eis erkalten, legt von den Früchten in gleichmäßiger Ordnung darauf, giebt wieder Gelee-Masse darüber und fährt so abwechselnd fort, bis die Form gefüllt ist; den Schluß muß wieder Gelee-Masse bilden. Nachdem die ganze Gelee auf Eis vollständig erkaltet ist, stürzt man sie auf eine Schüssel.

757. Gelee mit Pfirsichen und Aprikosen.

Man kocht 1 Pfd. Zucker in 1/2 Pott Wasser unter sorgfältigem Abschäumen und Hinzuthun des geklärten Saftes einer Citrone, läßt darin Pfirsiche oder Aprikosen, welche man von der Haut befreit, in Hälften geschnitten und ausgesteint hat, nebst den gleichfalls von der Haut befreiten Kernen langsam weich kochen, nimmt sie wieder heraus und läßt sie erkalten. Den durch ein Sieb gegebenen Zucker vermischt man mit 4 Loth Gelatine, rührt eine Flasche Rheinwein dazu und verfährt mit der weitern Bereitung nach der Angabe in voriger Nummer.

758. Gelee mit Aepfeln.

Man schält 12 Aepfel mittlerer Größe, am besten Borsdorfer, schneidet sie in Hälften, nimmt die Kerngehäuse heraus und kocht sie in 1/4 Pott Wasser mit 10 Loth Zucker, dem Safte einer Citrone und ein wenig Citronenschale langsam weich. Nachdem die Aepfel erkaltet und auf einem Sieb abgetropft sind, bringt man sie mit weichgekochten Sultan-Rosinen untermischt nach Angabe in Nr. 756 mit einer nach Nr. 752 bereiteten Rheinwein-Gelee schichtweise in eine Form und stürzt die ganze Gelee nach dem Erkalten auf eine Schüssel.

B. Gefrornes.

759. Allgemeine Unterweisungen.

Zur Anfertigung des Gefrornen bedarf man an Geräthschaften einer dicht verschließbaren Büchse von Zinn, eines mit einem Spundloch versehenen Eimers und eines kleinen Spatens. —

Man zerschlägt Eis in Stücke von der Größe einer Haselnuß, beschüttet damit den Boden des Eimers handhoch und streut einige Hände voll Salz darüber. Auf dieses stellt man die Büchse und füllt den Raum zwischen ihr und dem Eimer ringsum mit Eis und Salz, welches man schichtweise untereinander mischt. Mit dem Salz darf man durchaus nicht sparsam umgehen; zu einem Eimer Eis ist etwa 1 Spint zu verwenden. Ist man mit dem Eise bis an den Deckel der Büchse gelangt, so nimmt man denselben ab, thut die in Gefrornes zu verwandelnde Masse hinein und verschließt die Büchse wieder recht dicht. Hat sie so etwa eine Viertelstunde gestanden, wahrend welcher man sie wiederholt und recht schnell umdreht, so öffnet man sie, löst mit dem Spaten, indem man die Büchse fortwährend um denselben herumdreht, Alles, was sich an den Seiten und am Boden derselben festgesetzt hat und rührt dies mit der noch flüssigen Masse recht gut durcheinander. Dann verschließt man die Büchse wieder, öffnet sie nach 10 Minuten, während welcher man wieder fleißig dreht, auf's Neue und wiederholt das vorige Verfahren. So fährt man fort, bis die Masse ganz dick wird und sich wie ein Teig rühren läßt; daß das Gefrorne diese Consistenz annehme, ist die Hauptsache an demselben und kann nur durch sorgfältiges Drehen und Rühren erreicht werden. Zu bemerken ist noch, daß man das während der Procedur im Eimer sich ansammelnde Wasser nicht eher ablassen muß, als bis es zu hoch an der Büchse hinaufsteigt; es befördert das Gefrieren der Masse. Soll das Eis nicht in Gläsern gereicht werden, so füllt man es in eine hübsche Porzellanform, oder eine beliebige Glas- oder Porzellanschale, drückt es fest an den Boden und die Wände derselben an, schließt das Gefäß dicht, setzt es auf mit Salz vermischtes Eis und beschüttet es vollständig damit. Um vollständige Dichtigkeit herzustellen, streicht man die Fugen zwischen Deckel und Gefäß mit Butter oder mit einem weichen Teige aus; man kann auch, wenn dies zu umständlich ist, das Gefäß blos in steifes Papier wickeln. Bevor man das Eis auf die Schüssel stürzt, entfernt man Butter oder Teig sorgfältig wieder von dem Gefäße und setzt Letzteres einen Augenblick in warmes Wasser.

760. Vanille-Eis.

Man kocht $1/4$ Loth Vanille in ein wenig Milch langsam aus und rührt zu der Milch nach Herausnahme der Vanille nach und nach 16 Eidotter, $2 1/2$ Pott süßen Rahm und $3/4$ Pfd. feingestoßenen Zucker. Diese Masse rührt man über dem Feuer weiter, bis sie eben anfangen will zu kochen, nimmt sie ab und läßt sie erkalten, wobei man durch wiederholtes Umrühren verhütet, daß sich keine Haut darauf bilde. Weiter verfährt man damit nach voriger Nummer.

761. Apfelsinen-Eis.

Man kocht 1 Pfd. Zucker, woran die Schale von 2 Apfelsinen abgerieben ist, in $1/2$ Flasche Wasser auf, wobei man gut schäumen muß. Ist dies wieder erkaltet, so giebt man den geklärten Saft von 6 Apfelsinen und einer Citrone daran; gießt das Ganze durch ein Sieb, mischt das zu Schnee geschlagene Weiße von 2 Eiern darunter und verfährt weiter damit nach Nr. 759.

762. Erdbeer-Eis.

Man verliest und wäscht 2 Pott Erdbeeren recht sorgfältig, reibt sie durch ein Sieb und mischt 1 Pfd. nach Angabe in voriger Nummer in einer Flasche Wasser aufgekochten und weiter bereiteten Zucker, nebst dem geklärten Safte von 2 Citronen darunter. Sodann läßt man die Masse nach Nr. 759 gefrieren.

763. Himbeer-Eis.

Man preßt den Saft aus 2 Pfd. Himbeeren, mischt $3/4$ Pfd. in Wasser aufgelösten Zucker und $3/4$ Flasche Weißwein darunter, giebt ein 2 Zoll langes Stück Kanehl daran und bringt dies zusammen in's Kochen. Sodann giebt man es durch ein Sieb, läßt es kalt werden und bereitet das Eis nach Nr. 759 daraus.

764. Chocolade-Eis.

Es wird 1 Pott Rahm mit 12 Loth Zucker aufgekocht und nachdem sie wieder etwas abgekühlt ist, nach und nach mit 10 Eidottern durchgemischt und sodann auf dem Feuer wieder bis kurz vor dem Kochen gerührt. Außerdem kocht man 10 Loth geriebene Chocolade mit nicht mehr Milch, als zum Auflösen derselben nöthig ist, zu einem dicken Brei, mischt diesen unter die, wie angegeben, bereitete Masse und verfährt mit dem Ganzen weiter nach Nr. 759.

765. Pfirsich oder Aprikosen.

Man reibt 15 Pfirsiche oder 30 Aprikosen, nachdem man die Haut davon abgenommen hat, durch ein feines Sieb. Die dadurch gewonnene Masse vermischt man gehörig mit ½ Flasche Wasser, welches man mit 1 Pfd. Zucker und den kleingestoßenen Kernen der Frucht aufgekocht, mit dem geklärten Safte von 2 Citronen vermischt und durch ein Sieb gegossen hat. Mit dem Ganzen verfährt man weiter nach Nr. 759.

766. Gefrorener Punsch.

Es werden 2 Pfd. Zucker mit 1¼ Pott Wasser und der recht dünn abgenommenen Schale einer Citrone unter fleißigem Schäumen klar gekocht und durch ein Sieb zum Abkühlen in ein Gefäß gegeben. Sobald die Masse wieder erkaltet ist, vermischt man sie mit dem geklärten Safte von 6 bis 8 Citronen, giebt sie in die Gefrierbüchse und verfährt damit zur Bereitung des Eises weiter nach Nr. 759. Unter das beinahe fertige Eis rührt man nach und nach eine Flasche Rheinwein und knapp eine halbe Flasche Arrac und fährt mit dem Rühren fort, bis sich eine dickflüssige Masse gebildet hat.

767. Marasquino-Eis.

Man bereitet Schlagrahm nach Nr. 667 von einem Pott süßer Sahne, vermischt ihn mit ½ Pfd. Zucker und einem

Glase Marasquino, giebt dies in eine Form, verschließt dieselbe durch Bestreichen der Fugen mit Butter so dicht wie möglich und läßt sie, von einer Mischung von Eis und Salz nach Nr. 759 umgeben, 2 bis 3 Stunden lang stehen, wo dann die Sahne gefroren ist.

Anm. Bei dieser Art Eis fällt das Drehen in der Büchse und das Losstechen und Umrühren mit dem Spaten weg.

768. Eis-Pudding.

Man bereitet Vanille-Eis nach Nr. 760, läßt es jedoch in der Büchse nicht ganz fest frieren, sondern nur gut dickflüssig werden. Alsdann füllt man davon eine $1\frac{1}{2}$ Zoll dicke Schicht in eine Puddingform, belegt diese mit Biscuit-Würfeln von 1 Zoll Dicke, füllt die Zwischenräume zwischen denselben mit einer Mischung von gut gereinigten, gekochten und wieder erkalteten Sultan-Rosinen, Korinthen und in feine Würfel geschnittener Succade (von jedem ein Drittheil) aus, bringt wieder eine Schicht Eismasse darauf und fährt so fort, bis die Form gefüllt ist; den Schluß muß eine Schicht Eismasse bilden. Der Pudding wird auf eine Schüssel gestürzt und mit Schlagrahm nach Nr. 668 übergossen.

769. Gefrorne Mehlspeise.

Man kocht $\frac{1}{4}$ Pfd. ganzen Reis in $1\frac{1}{2}$ Pott guter Milch und einem Stück Butter von der Größe einer Wallnuß ganz mürbe, rührt $\frac{3}{4}$ Pfd. gestoßenen Zucker und $\frac{1}{4}$ Stange Vanille (getrocknet und feingestoßen) darunter, läßt die Masse erkalten, thut sie in eine Eisbüchse und unterwirft sie der für die Bereitung des Gefrornen in Nr. 759 angegebenen Behandlung. Ist sie bis etwa zur Hälfte gefroren, so thut man nach und nach unter fortwährendem Rühren 1 Pott nach Nr. 667 bereiteten Schlagrahm darunter, schließt die Büchse wieder, bedeckt sie dick mit Eis und Salz (vgl. Nr. 767) und läßt die Mehlspeise eine Stunde lang darin frieren. — Als Sauce reicht man dazu Himbeersaft ohne jeglichen Zusatz.

XXIII. Anhang.

A. Das Einmachen der Früchte, Fruchtsäfte, Gelees rc.

770. Allgemeine Vorbemerkungen.

Wie überhaupt für die Küche, so ist vor allen Dingen für das Einmachen der Früchte Reinlichkeit ein Haupterforderniß. Die Geschirre, in denen man kocht (am besten messingne Kessel, aus denen jedoch das Eingekochte gleich nach der Abnahme vom Feuer entfernt und in Fayence- oder Glas-Geschirre gegossen werden muß), seien eben so sauber, wie die Schaum- und Kochlöffel, deren man sich dabei bedient, und die Geschirre, in welche das Einzumachende gebracht wird. Was letztere betrifft, so verwendet man regelmäßig Flaschen und Häfen oder Gläser, die man vor der Verwendung vollständig dadurch trocknet, daß man sie mit der Oeffnung nach unten der Sonne aussetzt. Es sind auch für kleine Haushaltungen nur kleine Geschirre zu wählen; auch bei größter Vorsicht hält sich Eingemachtes, welches einmal angebrochen ist, nie lange. Sehr empfehlenswerth zum Erhalten der mit Zucker eingemachten Früchte ist das Schwefeln der Flaschen und Häfen. Man bewerkstelligt dies, indem man ein in flüssig gemachten Schwefel getauchtes Stück Leinewand auf einen dazu hergerichteten Drath hakt, anzündet und in die zu schwefelnden Geschirre steckt; auf die Flaschen ist gleich ein Kork zu setzen, die Häfen sind mit einem Teller zu bedecken. Nach 10 Minuten sind die Geschirre hinreichend geschwefelt und können gefüllt werden.

Die eingemachten Früchte müssen völlig mit Saft bedeckt und vor dem Verschließen der Geschirre ganz darin erkaltet sein; bis dahin bedeckt man sie mit einem Bogen Papier. Wenn sie mit Zucker kurz eingekocht sind, legt man ein mit Arrac oder Rum getränktes Stück Briefpapier darauf und bindet über die Häfen oder Gläser recht steifes Papier, oder besser noch Schweinsblase, welche dadurch gereinigt ist, daß man sie einige Stunden in Branntwein gelegt und dann mit Waizenkleie abgerieben hat. Flaschen füllt man mit den aufzubewahrenden Fruchtsäften bis 2 Finger breit unter dem Kork, gießt etwas Provenceöl darauf, verschließt sie mit neuen, vorher in heißes Wasser gelegten Korken und verlackt sie, oder bindet ein Stück Papier oder Stanniol darüber. Vor dem Gebrauche entfernt man das Provenceöl durch langsames Hinzugießen von kaltem Wasser, welches das Oel oben über den Rand der Flasche treibt. Auf Früchte, welche mit Essig eingemacht sind, z. B. Pflaumen oder Kirschen, legt man ein Stück Schiefer und beschwert dies durch einen Stein, nicht mehr jedoch, als nöthig ist, die Früchte unter dem Essig zu halten. Alle Geschirre, in welchen sich eingemachte Früchte befinden, müssen an einem nicht zu hellen, recht kühlen, doch dabei trockenen Orte aufbewahrt werden.

Sollten, trotz aller Vorsichtsmaßregeln, in Zucker eingemachte Früchte sich in nicht mehr ganz gutem Zustande befinden, so macht man, wenn sie reichlich Saft haben, einen Zusatz von Franzbranntwein und Zucker dazu und läßt sie offen in einem Gefäß mit Wasser kochend heiß werden. Ist überflüssiger Saft nicht vorhanden, so kocht man etwas Essig und Zucker auf, schäumt die Mischung ab und läßt sie darin ganz wenig durchkochen.

771. Erdbeeren in Zucker.

Ueber gut verlesene und gewaschene Erdbeeren gießt man noch warmen, in Wasser aufgekochten Zucker, indem man dabei auf 1 Pfd. Erdbeeren 1 Pfd. Zucker und auf jedes Pfund Zucker $^1/_6$ Pott Wasser rechnet. Nachdem die Erdbeeren darin 24 Stunden gestanden haben, kocht man sie noch einmal damit auf, schäumt sie und läßt sie wieder bis zum nächsten Tage stehen. Dann nimmt man sie aus der Flüssigkeit, kocht diese allein zu einem dicken Sirup ein und gießt sie kochend wieder über die Erdbeeren, schwenkt diese damit um und füllt sie heiß in Gläser.

772. Erdbeersaft.

Man zerquetscht die Erdbeeren und preßt sie durch ein Tuch, kocht den gewonnenen Saft mit $1/2$ Pfd. Zucker auf das Pfund davon auf, schäumt ihn gut und läßt ihn $1/4$ Stunde kochen. Ist er kalt geworden, so gießt man ihn in ausgeschwefelte Flaschen.

Anm. Hier, wie überall, wo man zum Auspressen von Fruchtsäften ein Tuch benutzt, wird vorausgesetzt, das demselben durch vorgängiges Auswässern Alles genommen ist, was dem Einzumachenden einen Beigeschmack geben könnte.

773. Erdbeer-Marmelade.

Recht reife Erdbeeren werden mit $3/4$ Pfd. Zucker auf 1 Pfd. unter fleißigem Umrühren so lange gekocht, bis sich eine musige Masse mit dick-sirupsartigem Safte gebildet hat. Mit derselben verfährt man weiter nach Nr. 770.

774. Himbeeren in Zucker.

Man kocht Zucker mit Wasser, und zwar das Pfund mit $1/6$ Pott, auf, schäumt gehörig und giebt die sehr sorgfältig verlesenen Himbeeren, 1 Pfd. davon auf 1 Pfd. Zucker, darunter. Nachdem sie ein paar Mal übergekocht und während dessen gut abgeschäumt sind, schüttet man sie zum Erkalten in eine Schüssel und läßt sie darin, mit einem Bogen Papier bedeckt, 24 Stunden stehen. Dann giebt man sie zum Abtropfen auf ein Sieb, kocht den erhaltenen Saft zu einem ganz dickflüssigen Sirup ein, giebt die Himbeeren wieder dazu und läßt sie noch einmal damit aufkochen. Weiter nach Nr. 770.

775. Himbeer-Gelee.

Man bringt Himbeeren, denen man auch ein Drittheil Johannisbeeren beimischen kann, unter wiederholtem leichten Umrühren in's Kochen, schüttet sie auf ein Tuch und preßt den Saft durch dasselbe vollständig aus. Diesen Saft bringt man mit 1 Pfd. kleingeschlagenem Zucker auf 1 Pfd. davon wieder auf das Feuer und kocht ihn unter fleißigem Abschäumen so lange ein, bis ein davon auf einen kalten Teller fallender Tropfen nicht mehr auseinander fließt und bald gallertartig wird. Dann giebt man den Saft kochend heiß in Häfen und verfährt weiter nach Nr. 770.

Anm. Man kann den Saft der Himbeeren, Johannisbeeren 2c. auch aus den rohen Früchten pressen, dies Verfahren indessen ist ohne eine besonders dazu construirte Presse weit mühsamer.

776. Himbeer-Saft.

Man verfährt zur Gewinnung des Saftes nach der vorigen Nummer, kocht denselben mit $1/2$ Pfd. Zucker auf 1 Pfd. Saft eine kleine halbe Stunde durch, schäumt während dessen fleißig, gießt den ein wenig verkühlten Saft in ausgeschwefelte Flaschen und verfährt weiter nach Nr. 770.

777. Himbeer-Marmelade.

Recht reife, rothe und weiße Himbeeren werden durch ein Sieb gerieben und mit $3/4$ Pfd. Zucker auf 1 Pfd. unter fleißigem Umrühren zu einem nicht zu festen Mus eingekocht. Es hat die richtige Consistenz, sobald es dick vom Löffel tropft; man füllt es dann heiß in die dazu vorbereiteten Gefäße und verfährt weiter nach Nr. 770.

778. Himbeer-Essig.

Auf 8 Pfd. nach Angabe in Nr. 775 ausgepreßten Himbeersaft giebt man 1 Pott guten Weinessig und 2 Pfd. Zucker, kocht dies unter sorgfältigem Abschäumen zusammen eine gute Viertelstunde mit einander durch, läßt es erkalten und gießt es in vorher ausgeschwefelte Flaschen, die man sorgfältig verkorkt, verpicht und an einen kühlen Ort stellt.

779. Johannisbeeren in Zucker.
780. Johannisbeer-Gelee.
781. Johannisbeer-Saft.
782. Johannisbeer-Marmelade.

Man pflückt die Johannisbeeren sorgfältig von den Stengeln und verfährt damit weiter nach den in den Nrn. 774 bis 777 für die Himbeeren gemachten Angaben. Nur ist zu bemerken,! daß bei dem Einmachen in Zucker das zweite Aufkochen wegfällt und daß man zum Gelee und zur Marmelade gern zur Hälfte rothe, zur Hälfte weiße Johannisbeeren verwendet.

783. Stachelbeeren in Zucker.

Man taucht Zucker in Wein und läßt ihn damit durchziehen, bringt ihn auf das Feuer und läßt ihn unter fleißigem Abschäumen zu dünnem Sirup kochen. In denselben schüttet man recht reife, vorher einzeln abgewischte und von Stengel und Blume befreite Stachelbeeren, 1 Pfd. davon auf 1 Pfd. Zucker, und läßt sie über schwachem Feuer darin weich kochen. Dann giebt man das Ganze in eine Schüssel und bedeckt es. Nach 3 bis 4 Tagen läßt man den Saft durch einen Durchschlag abtropfen, kocht ihn zu einem dicken Sirup ein, giebt denselben warm wieder über die Stachelbeeren und verfährt weiter damit nach Nr. 770.

784. Stachelbeer-Gelee.

Die nach Angabe in voriger Nummer gereinigten Stachelbeeren bringt man mit so viel Wasser, daß es eben damit gleich steht, auf das Feuer. Sind die Stachelbeeren zerkocht, so läßt man das Flüssige abtropfen, indem man das Ganze entweder auf ein Sieb giebt, mit einem Teller bedeckt und diesen beschwert, oder indem man es in ein Tuch thut und dieses aufhängt. Dann wird der Saft unter Zurücklassung der am Boden des Gefäßes angesammelten dicklichen Substanzen mit 25 Loth Zucker auf 1 Pfd. wieder auf das Feuer gebracht und unter fleißigem Rühren und Abschäumen gekocht, bis ein davon auf einen kalten Teller fallender Tropfen nicht mehr auseinander fließt und bald gallertartig wird. Weiter verfährt man nach Nr. 770.

785. Stachelbeeren in Flaschen.

Unreife, noch kleine Stachelberen werden von Stengeln und Blüthen befreit und in ausgeschwefelte Flaschen mit recht weiten Hälsen gethan. Dabei muß man die Flaschen öfters rütteln und damit auf einen mit mehrfach zusammengelegten Tüchern bedeckten Tisch stoßen, damit die Stachelbeeren so dicht als möglich zu liegen kommen. Die dicht verkorkten und mit einer Blase überbundenen Flaschen stellt man in ein Kochgeschirr, dessen Boden mit Heu bedeckt ist, umgiebt sie selbst gleichfalls mit Heu und gießt so viel Wasser darüber, daß es mit den Stachelbeeren in den Flaschen gleich steht. Nach viertelstündigem Kochen nimmt man das Geschirr vom Feuer, läßt die Flaschen darin erkalten und stellt sie zur Aufbewahrung an einen kühlen trockenen Ort.

Anm. Die weitere Zubereitung dieser Stachelbeeren geschieht ganz nach der in Nr. 542 für das Stachelbeer-Compote gegebenen Anweisung.

786. Heidelbeeren (Bickbeeren) in Zucker.

Man kocht Zucker mit sehr wenig Wasser auf, bringt, nachdem man ihn gut abgeschäumt hat, die sorgfältig verlesenen Heidelbeeren hinein (1 Pfd. Heidelbeeren auf 1/2 Pfd. Zucker), läßt sie damit, sowie mit einem Stück Kanehl oder etwas Citronenschale unter fortgesetztem Abschäumen einmal überkochen und giebt sie dann zum Abtropfen auf ein Sieb. Den abgetropften Saft kocht man zu recht dickem Sirup ein, giebt die Heidelbeeren dazu, läßt sie noch einmal damit aufkochen und füllt sie nach einigem Verkühlen in Gläser. — Weiter nach Nr. 770.

787. Heidelbeeren, ohne Zucker eingekocht.

Man bringt sorgfältig verlesene, gewaschene und wieder getrocknete Heidelbeeren in möglichst weithalsige, vorher ausgeschwefelte, mit Heu umwickelte Flaschen, stellt sie in ein Gefäß, dessen Boden gleichfalls mit Heu bedeckt ist und gießt so viel Wasser in dasselbe, daß es mit den Heidelbeeren in den Flaschen gleich steht. Nach $^3/_4$stündigem Kochen nimmt man das Gefäß vom Feuer, läßt die Heidelbeeren darin erkalten und giebt aus einer der Flaschen so viel in die anderen, daß alle wieder bis 2 Finger breit unter dem Rande gefüllt sind, worauf man ein wenig Rum oder Arrac oder Provenceöl darauf gießt, die Flaschen verkorkt und weiter damit nach Nr. 770 verfährt.

Anm. Will man die so eingekochten Heidelbeeren als Compote verwenden, so kocht man sie mit etwas Zucker und Kanehl durch.

788. Heidelbeersaft.

Recht reife Heidelbeeren werden sorgfältig verlesen, gewaschen, weich gekocht und in einem Tuche ausgepreßt. Den durchgelaufenen Saft stellt man hin, damit sich das Dicke setze, gießt ihn vom Bodensatze ab und bringt ihn mit $^1/_4$ Pfd. Zucker auf 1 Pfd. Saft wieder auf's Feuer. Nach 10 Minuten langem Kochen nimmt man ihn wieder ab und verfährt weiter damit nach der Anweisung für Himbeersaft in Nr. 775.

789. Preißelbeeren (Tütebeeren) in Zucker.

Man taucht 2 Pfd. Zucker in Wasser und läßt ihn davon so viel aufsaugen, wie er aufnehmen kann. Dann bringt man ihn auf dem Feuer in's Kochen, schäumt ihn gut und thut, nebst einer in Stücke zerbrochenen Stange Kanehl, 4 Pfd. sorgfältig verlesene Preißelbeeren dazu. Dieselben kocht man unter fortgesetztem Abschäumen so lange, bis der Saft einen dicken Sirup bildet, nimmt sie dann vom Feuer, mischt 3 Loth in feine Scheibchen oder kleine Würfel geschnittene Succade darunter und füllt sie, nachdem sie zur Hälfte verkühlt sind, in Gläser. — Weiter nach Nr. 770.

790. Hagebutten in Zucker.

Man befreit recht reife rothe Hagebutten durch Abreiben auf einem groben Tuche von allem Rauhen, schneidet die Kronen ab und schabt die Kerne mit einem dünnen spitzen Messer heraus. Alsdann wäscht man sie sehr sorgfältig, bringt sie in kochendes Wasser, läßt sie einmal überkochen und erhält dann das Wasser neben dem Feuer siedend heiß, ohne daß es jedoch kocht, bis die Hagebutten darin beinahe weich gezogen sind. Ferner kocht man 1 Pfd. Zucker auf 1 Pfd. Hagebutten in $^{1}/_{4}$ Pött Wasser unter fleißigem Abschäumen klar, gießt ihn kochend über die Hagebutten und läßt diese 3 Tage darin stehen. Am vierten Tage gießt man den Zucker wieder ab, kocht ihn mit dem Safte von einer halben Citrone auf das Pfund zu einem dünnen Sirup ein, thut die Hagebutten dazu, kocht sie noch einmal darin auf, schäumt sie ab, läßt sie erkalten, giebt sie in Gläser und übergießt sie gut mit dem Zucker. — Weiter nach Nr. 770.

791. Quitten in Zucker.

Birnquitten werden geschält, in Hälften oder Viertel zerschnitten, von Blume und Kerngehäuse befreit und zusammen mit der Hälfte der Letztern in Wasser beinahe gar, jedoch nicht weich gekocht. Dann nimmt man sie wieder heraus, giebt die Brühe durch ein Sieb, bringt sie wieder auf das Feuer, kocht sie mit $^{3}/_{4}$ Pfd. Zucker auf 1 Pfd. Quitten unter sorgfältigem Abschäumen eine Stunde lang ein, bringt die Quitten wieder hinein, kocht sie vollends gar, legt sie mit ein wenig Kanehl in Gläser und übergießt sie reichlich mit ihrer Brühe. Weiter nach Nr. 770.

792. Quitten-Gelee.

Man schneidet recht reife, sauber abgeriebene Quitten ungeschält in Stücke und kocht sie in so viel Wasser, daß sie eben davon bedeckt sind, recht weich, jedoch nicht musig. Dann giebt man sie mit dem Wasser, worin sie gekocht sind, zum

Abtropfen auf ein aufgespanntes Tuch, gießt den herausgetropften Saft am nächsten Tage vorsichtig vom Bodensatze ab, vermischt ihn mit $^3/_4$ Pfd. Zucker auf 1 Pfd. Saft und kocht ihn unter sorgfältigem Abschäumen so lange ein, bis er die in Nr. 775 erwähnte Consistenz hat, giebt auf ursprüngliche 4 Pfd. Saft den geklärten Saft einer Citrone daran, läßt den Quittensaft noch ein paar Minuten damit durchkochen und füllt ihn heiß in Gläser. — Weiter nach Nr. 770.

793. Quitten-Marmelade.

Recht reife Quitten werden geschält, in Stücke geschnitten und in Wasser recht weich gekocht, auf ein Sieb gegeben und, nachdem sie darauf abgetropft sind, durch dasselbe gerieben. Das erhaltene Mus wird über nicht zu starkem Feuer mit $^3/_4$ Pfd. feingestoßenem Zucker auf 1 Pfd. davon unter sorgfältigem Rühren am Boden des Gefäßes, damit es nicht anbrenne, zu einer ziemlich dicken, jedoch nicht zu steifen Marmelade eingekocht, mit welcher man, nachdem man sie etwas hat verkühlen lassen, weiter nach Nr. 770 verfährt.

794. Pfirsiche und Aprikosen in Zucker.

Man schält die Früchte, schneidet sie in Hälften und löst die Steine heraus. Sind sie noch hart, so legt man sie jetzt zunächst in kochendes Wasser und läßt sie einmal darin aufkochen, bei reifen, weichen Früchten ist dies indessen nicht nöthig. Alsdann kocht man auf 1 Pfd. Früchte 1 Pfd. Zucker in knapp $^1/_2$ Pott Wasser auf, schäumt gehörig und bringt die Früchte hinein, die nun einige Mal darin aufkochen müssen, jedoch nicht zu weich werden dürfen. Nachdem man sie ausgeschäumt hat, giebt man sie mit der Brühe und ihren abgezogenen Kernen in ein Gefäß und verdeckt dasselbe. Am nächsten Tage kocht man die Brühe unter gutem Abschäumen ein wenig ein, gießt sie heiß wieder über die Früchte, wiederholt dies am dritten Tage und kocht sie endlich am vierten zu einem dickflüssigen Sirup ein, in welchem man die Früchte noch einmal aufkochen läßt. Sodann stellt man sie in einem verdeckten Gefäße weg und untersucht nach 2 Tagen, ob der Saft noch seine richtige Consistenz hat; sollte dies nicht der Fall sein, so muß man das angegebene Verfahren noch einmal wiederholen, sonst thut man sofort Früchte und Saft in Gläser und verfährt weiter nach Nr. 770.

795. Reineclauden in Zucker.

Völlig ausgewachsene, jedoch noch harte fleckenfreie Reineclauden werden, nachdem man ihre Stiele gestutzt hat, in kaltem Wasser auf's Feuer und bis kurz vor's Kochen gebracht. Sodann nimmt man sie ab, stellt sie neben das Feuer und erhält das Wasser in seiner Temperatur, bis die Früchte darin weich gezogen sind, wovon man sich durch Probiren überzeugt. Weiter verfährt man durchaus nach der Angabe in voriger Nummer.

796. Geschälte Pflaumen (Zwetschen) zu Suppe.

Es werden 4 Pfd. geschälte Zwetschen in Hälften geschnitten und, nachdem die Steine herausgenommen worden, in 1 Pott Wasser, in welchem 2 Pfd. Zucker unter gutem Abschäumen klar gekocht worden, über ganz schwachem Feuer weich gekocht. Sodann giebt man das Ganze in ein zu verdeckendes Gefäß, gießt am nächsten Tage den Saft ab, läßt ihn ein wenig einkochen, kocht die Zwetschen noch einmal darin auf und giebt das Ganze, nachdem es abgekühlt ist, in recht weithalsige Flaschen, mit denen man weiter nach Nr. 770 verfährt.

Anm. Sollte sich nach dem Abkühlen zeigen, daß der Saft noch zu wässerig ist, so kocht man ihn noch einmal allein auf und giebt ihn zum Abkühlen wieder über die Pflaumen.

797. Pflaumen-Marmelade.

Man entsteint recht reife geschälte Zwetschen, bringt sie mit 1/4 Pfd. Zucker auf 1 Pfd. davon auf das Feuer und läßt sie unter öfterem Umrühren weich kochen. Sodann reibt man sie durch ein Sieb, kocht das Mus unter starkem Rühren am Boden zu einer dicken Marmelade ein, giebt dieselbe heiß in Gläser und verfährt weiter nach Nr. 770.

798. Pflaumen-Mus.

Man wischt Zwetschen recht sorgfältig ab, entsteint sie und kocht sie unter unausgesetztem harten Rühren am Boden in ihrem eigenen Safte, bis sie sich in ein recht gleichförmiges Mus verwandelt haben, was $2^1/_2$ bis 3 Stunden erfordert. Nach Belieben kann man demselben, einige Zeit bevor man es vom Feuer nimmt, etwas Zucker zusetzen, oder diesen auch ganz weglassen. Das Mus wird heiß in Steintöpfe oder Glashäfen gethan, muß darin völlig erkalten und wird sodann mit Talg übergossen.

799. Saure Pflaumen.

Es werden 8 Pfd. gut reife Zwetschen sorgfältig abgewischt und, nachdem man die Stengel gestutzt, in einen Glashafen gelegt und mit 2 Loth in Stücke gebrochenem Kanehl und 1 Loth Gewürznelken untermischt. Sodann kocht man $1^1/_2$ Pott Weinessig nebst 1 Flasche Rothwein mit $2^1/_2$ Pfd. Zucker auf, schäumt sorgfältig und giebt die Flüssigkeit, nachdem sie etwas verkühlt ist, über die Pflaumen. Am nächsten Tage gießt man den Essig wieder ab, kocht ihn noch einmal auf und giebt ihn wieder warm über die Pflaumen. Am dritten Tage endlich bringt man die Pflaumen mit dem Essig zusammen auf das Feuer und kocht sie so lange, bis die Haut eben anfängt ganz leicht zu bersten; nicht länger. Dann nimmt man sie heraus, läßt den Essig noch etwa 10 Minuten kochen und giebt so viel davon heiß über die in Gläser gelegten Pflaumen, daß diese ganz damit bedeckt sind. Weiter nach Nr. 770.

800. Kirschfleisch.

Man steint recht große saure Kirschen mit einem Federkiel aus, setzt das Fleisch mit $^1/_4$ Pfd. Zucker auf 1 Pfd. davon auf das Feuer und läßt es unter hartem Rühren am Boden des Gefäßes $^3/_4$ Stunde kochen. Sodann stößt man den achten Theil der Steine entzwei, nimmt die Kerne heraus und rührt sie darunter. Von dem Safte giebt man so viel mit dem Kirschfleisch in die Häfen, daß es gut davon bedeckt ist, den Rest gießt man auf Flaschen und verfährt mit Fleisch und Saft weiter nach Nr. 770.

801. Kirschfleisch von Herz- oder Glaskirschen.

Auf 2 Pfd. ausgesteinte Glas- oder Herzkirschen kocht man 1 Pfd. Zucker in $^1/_4$ Pott Wasser klar, thut das Kirschfleisch hinein und läßt es gut $^1/_4$ Stunde damit durchkochen. Dann thut man Fleisch und Saft zusammen in ein Gefäß, bedeckt es, gießt am nächsten Tage den Saft ab, läßt ihn etwas einkochen und giebt ihn heiß wieder über das Kirschfleisch. Am dritten Tage läßt man den Saft durch einen Durchschlag recht rein abtropfen, kocht ihn wiederum ein und giebt davon so viel heiß über das inzwischen in Gläser gelegte Kirschfleisch, daß dasselbe davon bedeckt ist. — Weiter nach Nr. 770.

802. Suppenkirschen.

Saure Kirschen werden ausgesteint und mit 12 Loth Zucker auf 1 Pfd. eine halbe Stunde lang gekocht. Dann giebt man Saft und Fleisch in ein Gefäß, läßt es zugedeckt zusammen erkalten, thut es in weithalsige Flaschen und verfährt weiter nach Nr. 770.

803. Sauer eingemachte Kirschen

Zu 4 Pfd. Kirschen rechnet man $^1/_2$ Pott Weinessig, 2 Pfd. Zucker, $^1/_2$ Loth Gewürznelken und 1 Loth Kanehl. Die Stengel der Kirschen werden bis auf die Mitte gestutzt; im Uebrigen verfährt man mit dem Einmachen ganz nach der in Nr. 790 für saure Pflaumen gegebenen Anweisung.

804. Wachsäpfel in Zucker.

Man setzt Wachsäpfel, nachdem man sie gut abgewischt und ihnen die Stengel gestutzt hat, in kaltem Wasser auf das Feuer und kocht sie weich. Sodann läßt man sie auf einem Sieb abtropfen, legt sie, unter Hinzuthun von einem Stücke Kanehl, in ein Gefäß, kocht auf 1 Pfd. Aepfel 3/4 Pfd. Zucker klar und gießt ihn, nachdem er etwas verkühlt ist, darüber. Am nächsten Tage gießt man den Zucker wieder ab, kocht ihn etwas ein und giebt ihn wieder über die Aepfel, am dritten Tage werden Zucker und Aepfel zusammen auf das Feuer gebracht und noch ein paar Mal aufgekocht. Dann nimmt man die Aepfel heraus, legt sie in Gläser und giebt den Zucker, nachdem man ihn noch 10 Minuten hat kochen lassen, heiß darüber. Weiter nach Nr. 770.

805. Aepfel=Gelee.

Sorgfältig abgeschälte Aepfel werden abgewischt, von Blumen und Stengeln befreit, in Viertel geschnitten und in so viel Wasser, daß es grade mit ihnen gleich steht, weich, aber nicht musig, gekocht. Dann schüttet man sie nebst dem Wasser auf ein ausgespanntes Tuch und läßt sie abtropfen. Nach 24 Stunden gießt man den gewonnenen Saft, unter sorgfältiger Zurücklassung des Bodensatzes, in ein Kochgeschirr, giebt auf 1 Pfd. Saft 3/4 Pfund Zucker dazu, bringt ihn damit in's Kochen, schäumt und kocht weiter, bis ein davon auf einen kalten Teller fließender Tropfen nicht auseinander fließt, sondern sich schnell in Gallerte verwandelt. Dann gießt man die Masse heiß in Gläser und verfährt weiter damit nach Nr. 770.

806. Aepfelsaft.

Noch unreife, aber ausgewachsene, recht saftige Aepfel (es können das Falläpfel sein) werden gerieben, worauf man den Saft durch ein Tuch preßt und bis zum nächsten Tage zum Klären hinstellt. Dann wird er unter sorgfältiger Zurücklassung des Bodensatzes in einen Kessel gegossen und mit 1/4 Pfd. Zucker auf 1 Pfd. Saft unter sorgfältigem Schäumen durchgekocht, bis sich oben kein Schaum mehr ansammelt, d. h. etwa eine halbe Stunde. Nachdem er etwas abgekühlt ist, giebt man ihn in Flaschen und verfährt weiter damit nach Nr. 770.

807. Birnen in Zucker.

Man wählt dazu Bergamott-Birnen, welche reif, aber noch hart sein müssen. Im Uebrigen ist das Verfahren beim Einmachen ganz so wie das in Nr. 791 für die Quitten angegebene.

808. Birnen in Essig und Zucker.

Auf 1 Viert reife, aber noch harte Bergamott-Birnen nimmt man 3 Pott Weinessig, oder, wenn man sie feiner haben will, 2 Pott Weinessig und 1 Flasche Rothwein, ferner 5 Pfd. Zucker, 3 Loth Kanehl und 2 Loth Gewürznelken. Die geschälten Birnen befreit man von der Blüthe, schneidet sie oben kreuzweise ein, bringt sie in kochendes Wasser und kocht sie so lange darin, bis man mit einem Strohhalm hineinstechen kann; dann nimmt man sie heraus und läßt sie abkühlen und abtropfen. Nun kocht man Essig und Zucker unter sorgfältigem Abschäumen klar, thut das Gewürz daran, schüttet die Birnen hinein und läßt sie völlig weich kochen. Dann nimmt man sie heraus und legt sie in Glashäfen; den Essig kocht man noch mit dem Gewürz 1/4 Stunde länger und giebt ihn sodann heiß über die Birnen. — Weiter nach Nr. 770.

809. Wallnüsse in Zucker.

Ende Juni oder Anfangs Juli gepflückte Wallnüsse werden an verschiedenen Stellen mit einer dicken Nadel durchstochen und 8 Tage lang ausgewässert, wobei das Wasser mindestens 3 Mal täglich durch frisches zu ersetzen ist. Dann kocht man sie in reichlich Wasser mit ein wenig Salz so weich, daß man leicht mit einer Nadel hineinstechen kann, legt sie wieder in kaltes Wasser, wässert sie unter wiederholtem Wechsel des Wassers noch 3 bis 4 Tage aus und giebt sie zum Abtropfen auf einen Durchschlag. Auf 1 Pfd. Nüsse kocht man sodann 1 Pfd. Zucker in 1/2 Pott Wasser unter wiederholtem Abschäumen klar, läßt ihn abkühlen, übergießt die Nüsse damit, wiederholt dies den nächsten Tag mit dem zu diesem Zwecke abgegossenen Zucker und kocht am dritten Tage Nüsse und Zucker zusammen auf. Sodann giebt man sie in Gläser und verfährt weiter nach Nr. 770.

Anm. Sollte der Zucker sich so sehr verkocht haben, daß er die Nüsse nicht mehr ganz bedeckt, so muß mit frisch gekochtem nachgeholfen werden.

810. Melonen in Zucker.

Aus einer Melone, welche nicht zu reif sein darf, wird die schwammige Masse mit den Kernen herausgenommen. Dann schält man sie und schneidet sie in Stücke von der Dicke und Länge eines Fingers, wobei darauf zu achten ist, daß die scharfen Kanten weggeschnitten werden, bringt sie in kochendes Wasser, läßt sie darin einmal überkochen und sodann in dem bis dicht vor dem Sieden erhitzten Wasser weich ziehen. Außerdem hat man auf 1 Pfd. Melonen 3/4 Pfd. Zucker, mit so viel Wasser, als er aufsaugt, sowie mit 6 bis 8 Gewürznelken und 1/2 Theetasse voll Essig unter sorgfältigem Abschäumen klar gekocht. Diesen Zucker giebt man, nach Herausnahme der Nelken, über die inzwischen auf einem Siebe abgetropften Melonenstücke, läßt dies bedeckt bis zum folgenden Tage stehen, kocht den abgegossenen Zucker etwas ein und gießt ihn wieder heiß über die Melonenstücke. Nach 3 Tagen kocht man Letztere zusammen mit dem Zucker auf, nimmt sie heraus, kocht den Zucker bis zur Hälfte ein und gießt ihn wieder heiß darüber. Nach weiteren 4 Tagen endlich nimmt man die Melonen aus dem Zucker, läßt sie gut abtropfen und legt sie in Gläser. Den noch einmal bis zur Sirupsdicke eingekochten Zucker giebt man darüber. — Weiter nach Nr. 770.

811. Kürbisse in Zucker.

In längliche Stücke geschnittene Kürbisse läßt man 48 Stunden in Weinessig liegen, kocht sie dann in Wasser halb mürbe und läßt sie auf einem Durchschlag abtropfen. Dann kocht man auf 1 Pfd. Kürbisstücke 1 Pfd. Zucker mit so viel Wasser, wie er auffaugt, klar, kocht die Kürbisstücke darin völlig mürbe, nimmt sie wieder heraus und kocht den Zucker, nachdem man auf das Pfund ein zolllanges Stück Kanehl und die in feine Streifen geschnittene Schale von 1/4 Citrone daran gegeben hat, weiter, bis er die Consistenz von dickem Sirup hat. Alsdann wird er über die inzwischen abgetropften und in Gläser gegebenen Kürbisstücke gegossen. — Weiter nach Nr. 770.

812. Zucker-Gurken.

Ausgewachsene, aber noch ganz grüne Gurken werden geschält, von den inwendigen schwammigen Theilen befreit, in Stücke von der Dicke und Länge eines kleinen Fingers geschnitten und in einer Mischung von zur Hälfte gewöhnlichem Essig, zur Hälfte Wasser einmal aufgekocht. Sodann kocht man auf 3 Pfd. Gurken 2 Pfd. Zucker in gut 1/4 Pott Weinessig mit 1/2 Loth Pfefferkörnern, 1/4 Loth klein zerstücktem Kanehl und ein ganz wenig Ingwer unter sorgfältigem Abschäumen klar, thut die Gurkenstücke hinein und kocht sie darin einige Minuten, bis sie klar sind; weich dürfen sie aber nicht werden. Nachdem sie herausgenommen worden, kocht man die Brühe noch 1/4 Stunde ein und giebt sie über die in ein Gefäß gelegten Gurken, gießt sie nach 3 bis 4 Tagen ab, kocht sie noch mehr ein und giebt sie kalt wieder über die Gurken. Dies Verfahren wiederholt man nach 3 Tagen noch einmal, legt aber diesmal die Gurken, bevor die Brühe darüber gegossen wird, in Gläser und verfährt weiter damit nach Nr. 770.

813. Essig-Gurken.

Kleine, nicht über einen kleinen Finger lange Gurken werden mit einem Tuche abgerieben, gewaschen und etwas eingesalzen. Nach 24 Stunden trocknet man sie ab, legt sie, mit Chalotten, ein wenig Muskatblüthe und etwas Nelkenpfeffer untermischt, in ein Gefäß und übergießt sie mit so viel aufgekochtem und wieder erkaltetem Essig, daß sie völlig davon bedeckt sind. Dies Verfahren wiederholt man am nächsten Tage mit dem wieder abgegossenen und aufgekochten Essig; am dritten Tage kocht man Essig und Gurken, unter Zurücklassung der Chalotten ꝛc., zusammen auf und läßt die Gurken so lange kochen, bis sie wieder grün geworden sind, nimmt sie heraus, mischt Chalotten ꝛc. wieder darunter und übergießt sie, nachdem man sie in Gläser gelegt hat, mit dem heißen Essig. Die Gläser werden dann einfach mit Papier überbunden.

Anm. Sollte der Essig so kurz eingekocht sein, daß er nicht reicht, um die Gurken zu bedecken, so kann man mit etwas frisch aufgekochtem Essig nachhelfen.

814. Senf-Gurken.

Reife, gelbe Gurken werden geschält, der Länge nach aufgeschnitten und von den schwammigen Theilen und Kernen befreit. Dann schneidet man Stücke von der Länge und Dicke eines Fingers daraus und salzt dieselben ein. Nach 3 bis 4 Stunden trocknet man sie ab und packt sie schichtweise mit Lorbeerblättern, schwarzem und Nelkenpfeffer, Chalotten und ziemlich viel Senfkörnern, auch etwas Dill in Glashäfen ein, gießt aufgekochten Weinessig kochend darüber und wiederholt dies am nächsten und zweiten Tage darauf mit dem zu diesem Zweck jedesmal wieder abgegossenen Essig. Die Häfen werden einfach mit Papier überbunden.

815. Salz-Gurken.

Grüne, recht glatte Gurken werden eine Nacht über in Wasser liegen gelassen; am folgenden Morgen erkennt man, ob sich fleckige darunter befinden, welche zu entfernen sind. Die übrigen trocknet man ab, wickelt sie in Weinblätter und legt sie schichtweise mit Dill und einigen Kirschenblättern in ein Faß, welches man vom Böttcher verschließen und zuspunden läßt. Dann gießt man durch das Zapfloch mit Salz aufgekochtes Wasser (10 Pott auf 1 Pfd. Salz) wozu man nach dem Erkalten noch ³/₄ Pott Essig gegeben hat, darüber, bis das Faß mit dieser Lake gefüllt ist. Nach Verschluß des Zapfloches stellt man das Faß an einen luftigen Ort und kehrt es etwa 3 Wochen lang alle 2 Tage einmal um. In den Keller muß man die Gurken erst im Winter bringen. Sollen sie benutzt werden, so löst man einen der Böden, den man jedesmal nach Herausnahme der Gurken wieder auflegt.

816. Pickles.

Kleine grüne Gurken, kleine junge Brechbohnen, Blumenkohlröschen und Perlzwiebeln oder Chalotten werden, jedes für sich, in Essig mit etwas Wasser und Salz halb mürbe gekocht, zum Abtropfen auf ein Sieb gelegt und dann schichtweise mit einer Cayenne-Schote auf den Pott Pickles in Häfen eingepackt. Dann gießt man so viel vorher aufgekochten und wieder erkalteten Weinessig darüber, daß Alles davon bedeckt ist und bindet eine nach Nr. 770 gereinigte Schweinsblase recht stramm und fest über das Gefäß.

817. Chalotten.

Man nimmt von den kleinsten Chalotten, sog. Perl-Chalotten, zieht die Haut sehr sorgfältig ab, damit man nicht in's Fleisch schneide, thut sie in kochendes Wasser mit etwas Salz und Essig vermischt, läßt sie ein paar Mal überkochen und auf einem Sieb abtropfen. Dann giebt man sie in Glashäfen oder weithalsige Flaschen und gießt kochenden Essig darüber. Nach einigen Tagen gießt man den Essig wieder ab, kocht ihn mit etwas Nelkenpfeffer und einigen Gewürznelken wieder auf, gießt ihn unter Zurücklassung des Gewürzes heiß wieder über die Chalotten und überbindet die Häfen mit Papier.

818. Rothe Beeten.

Die sauber gewaschenen rothen Beeten werden in einem mäßig erhitzten Ofen gar gebacken; indessen kann man sie auch in Wasser weich kochen. Nachdem sie etwas abgekühlt sind, streift man die Haut herunter, läßt sie ganz erkalten, schneidet sie in Scheiben von der Dicke eines Messerrückens, legt sie, mit kleinwürflig geschnittenem Meerrettig und trocknem Kümmel untermischt, in Glashäfen, übergießt sie mit so viel vorher aufgekochtem Wein- oder Bieressig, daß sie davon bedeckt sind und bindet Papier über die Häfen.

B. Das Einmachen und Aufbewahren der Gemüse und Eier.

819. Das Einmachen der Gemüse in Blechbüchsen.

Hauptbedingungen für das gegenwärtig in jeder bessern Wirthschaft eine sehr wichtige Rolle spielende Einmachen von Gemüsen in Blechbüchsen sind:

1) daß die einzumachenden Gemüse ganz frisch sind,

2) daß die Büchsen selbst vollkommen luftdicht und auch luftdicht verschlossen sind,

3) daß die einzumachenden Gemüse die richtige Zeit in denselben gekocht werden.

Von der Dichtigkeit der Büchsen kann man überzeugt sein, wenn man bei gehöriger Aufmerksamkeit während des Kochens aus denselben nirgends Luftbläschen aufsteigen sieht; ist dies der Fall, so muß die Büchse sofort an der betreffenden Stelle durch einen Tropfen Zinn verlöthet werden.

Die Zeit des Kochens hängt von der Größe der Büchsen ab; für Büchsen von 1 bis 1½ Pott Inhalt, wie man sie am gewöhnlichsten verwendet, genügt ein zweistündiges Kochen; größere müssen bis zu 3 Stunden gekocht werden.

Das Verfahren beim Einmachen ist nun Folgendes: Man legt in die mit Pottaschenlauge und heißem Wasser tüchtig ausgebrühten Blechbüchsen das einzumachende Gemüse (Spargel, Blumenkohl, junge Erbsen, Brechbohnen, Schnittbohnen, Mohrrüben), nachdem man es in der im Abschn. IX. angegebenen Weise vorbereitet und ¼ Stunde blos in Wasser ohne Salz gekocht hat, und übergießt es mit seiner heißen Brühe so weit, daß zwischen Inhalt und Deckel ein strohhalmbreiter Raum leer bleibt; die Spargel, welche man mit den Köpfen nach oben in die Büchse stellt, kann man auch ganz roh lassen und nur mit kochendem Wasser übergießen. Jetzt legt man die genau in die Büchsen passenden und mit Rändern, die ein wenig umgebogen sind, versehenen Deckel auf die Büchsen und läßt sie von einem geschickten Klempner dicht verlöthen. Dann bringt man sie in kochendes Wasser, kocht sie die angegebene Zeit und beachtet, wo sich etwa Bläschen daran bilden, das oben angegebene Verfahren. — Ein sicheres Kennzeichen für die gute Beschaffenheit des Eingemachten geben Boden und Deckel der Büchse. Sind beide nach beendigtem Kochen leicht nach innen gebogen, so kann man von dem Gelingen der Procedur überzeugt sein, sind sie nach außen gebogen, so ist es eben so gewiß, daß die Büchse Luft hatte und der Inhalt verderben muß, wenn dem Fehler nicht abgeholfen wird.

Die nach Erbrechen des Deckels aus der Büchse genommenen Gemüse werden ganz nach den Anweisungen in Abschnitt IX. weiter bereitet; zu bemerken ist, daß stets der ganze Inhalt auf einmal zu verwenden ist, da in dieser Art aufbewahrte Gemüse nach dem Oeffnen der Büchsen sehr bald verderben.

820. Das Einsalzen von Gemüsen.

Hiezu eignen sich eigentlich nur Brech- und Schnittbohnen; man salzt auch wohl junge Erbsen ein, dieselben sind aber zu zart dazu und verlieren daher ihren Geschmack dadurch fast gänzlich. Die erwähnten Bohnen nun werden zunächst nach den betreffenden Nummern in Abschn. IX. vorbereitet und sodann, um sie zum Laken zu bringen, vorerst mit etwas Salz zwischen den Händen gerieben und sodann mit dazwischen gestreutem Salz in einen Steintopf gepackt, dessen Boden mit Salz bedeckt ist. Obenauf bestreut man sie wieder dicht mit Salz, legt ein leinenes Tuch darauf und auf dieses einen hölzernen Teller, welchen man mit einem Steine beschwert. Nach 8 bis 14 Tagen nimmt man die Bedeckung ab, entfernt die Haut von den Bohnen, falls sich eine solche darauf gebildet haben sollte, wäscht das Tuch aus, reinigt Holzteller sammt Stein und legt Alles wieder darauf. Dies Verfahren ist von Zeit zu Zeit zu wiederholen.

Anm. Von der Bereitung der eingesalzenen Brech- und Schnittbohnen ist in den betreffenden Nummern des Abschn. IX. die Rede gewesen.

821. Das Aufbewahren der Gemüse.

Kartoffeln schüttet man in den Keller in eine von Holz verfertigte Bucht, deren Boden durch passende Unterlagen etwa ½ Fuß vom Boden des Kellers entfernt gehalten wird, damit Luftzug darunter hindurch gehen könne; weiße Rüben schüttet man in ein Faß und bewahrt sie am besten auf dem Boden oder in der Speisekammer an einer frostfreien Stelle; nur im Nothfalle bringt man sie in den Keller und stellt dann das Faß auf eine Unterlage, welche es vom Boden trennt; Weißkohl schneidet man kreuzweise im Stengel ein und setzt ihn auf denselben und zwar zuerst auf den Boden; erst bei eintretendem Froste bringt man ihn in den Keller; Mohrrüben packt man schichtweise mit gelbem Sande in ein Faß; Suppenwurzeln aller Art packt man, nachdem man die Blätter bis auf die Herzblätter abgepflückt hat, in gelben Sand; Zwiebeln endlich schüttet man, aus einander gebreitet, auf den Boden.

822. Das Aufbewahren der Eier.

Man setzt die Eier in große Töpfe oder andere wasserdichte Gefäße in der Art, daß von allen das spitze Ende nach oben zu stehen kommt. Dann übergießt man sie soweit, daß alle vollkommen davon bedeckt sind, mit einer Mischung von Wasser und vorher gelöschtem Kalk; von Letzterm muß so viel genommen werden, daß das Wasser ein weißes, milchartiges Aussehen erhält. Das Gefäß wird mit einem Deckel verschlossen; die Eier sind vor der Verwendung gut mit Wasser abzuspülen.

Man kann die Eier auch ziemlich lange frisch schmeckend erhalten, wenn man sie an einem luftigen, trocknen Orte auf ein sog. Eierbrett stellt und recht häufig umkehrt.

C. Das Einpökeln, Räuchern und Einkochen des Fleisches, auch das Wurstmachen.

823. Das Einpökeln des Rindfleisches.

Man gießt über das Rindfleisch kochendes Wasser, läßt es eine kurze Zeit darin liegen, nimmt es wieder heraus und reibt es mit Salz, Salpeter und Zucker ringsum tüchtig ein. Auf ein Stück Fleisch von 8 Pfd. rechnet man $1/2$ Pfd. Salz, 4 Loth Salpeter und 2 Loth Zucker. Nach dem Einreiben legt man es in eine Fleischwanne, streut das übrig gebliebene Salz u. s. w. darüber, läßt es 8 Tage darin liegen, kehrt es aber täglich einmal um und begießt es wiederholt mit der sich bildenden Lake. — Das so gepökelte Rindfleisch ist auch zum Räuchern geeignet, was bei gut unterhaltenem Rauch 8 Tage erfordert.

824. Eine andere Art, Rindfleisch einzupökeln.

Es werden 2 Pott Wasser mit 1 Pfd. Salz, 2 Loth Salpeter und 4 Loth Zucker aufgekocht. Nachdem die Lake erkaltet ist, legt man ein Kluftstück von 10 Pfd. hinein und einen mit einem Stein beschwerten Holzdeckel darauf. Nach 14 Tagen ist das Fleisch zum Kochen fertig. Die Lake läßt sich wiederholt verwenden; sollte sie kamig werden, so kocht man sie unter Hinzuthun von etwas Salz und Salpeter wieder auf.

825. Das Einpökeln des Schweinefleisches.

Nachdem das Schwein zugehauen worden, salzt man Schinken, Schulterstücke und Speckseiten in der Art ein, daß man Alles gehörig und mit so viel Salz einreibt, wie es annehmen will; auf jeden Schinken giebt man außerdem einen Eßlöffel voll pulverisirten Salpeter, auf die Schulterstücke etwas weniger davon. Rings um den runden aus dem Fleische des Schinkens hervorstehenden Knochen reibt man besonders stark mit einer Mischung aus pulverisirtem schwarzen Pfeffer und Salpeter. Sodann legt man die Schinken unten in eine Fleischwanne, deren Boden mit Salz bedeckt ist, die Schulterstücke darauf, füllt die Zwischenräume mit kleinen zum Einpökeln bestimmten, gleichfalls mit Salz eingeriebenen Fleischstücken, z. B. Beinen, Schnauzen, Ohren und Rippenstücken aus, streut überall Salz darüber und darunter, legt endlich die Speckseiten oben darauf und bestreut auch diese dick mit Salz. Nach 4 Wochen sind Schinken, Schulterstücke und Speck zum Räuchern tauglich.

826. Die Bereitung des Luftspecks.

Der Luftspeck findet besonders zum Spicken und bei der Bereitung großer Pasteten Verwendung. Man bereitet ihn, indem man eine Speckseite mit so viel Salz einreibt, wie sie aufnehmen will, mit Salz bestreut und auf ein Brett legt. Nach 8 Tagen deckt man ein anderes Brett darüber, welches man mit einem Steine belegt, um den Speck durch das Pressen fester zu machen. Nach weiteren 14 Tagen hängt man den Speck an einem kühlen zugigen Orte auf, um ihn zu trocknen.

827. Mettwurst.

Zuthaten: 8 Pfd. Mett, 2 Pfd. reines Fett, am besten Rückenspeck, als der festeste, gut 3 Eßlöffel voll gestoßener Zucker, 1 gut gehäufter Theelöffel voll gestoßener Pfeffer und, je nachdem man die Wurst mehr oder minder scharf liebt, 8 bis 12 Eßlöffel voll Salz.

Das Mett wird sorgfältig ausgesehnt und zu einem Teige gehackt; ebenso das Fett, worauf man Beides nebst den

Gewürzen so lange zusammen knetet, bis es unter den Händen warm wird, was etwa $^3/_4$ Stunden erfordert. Diese Masse stopft man in gut gereinigte Gedärme zu sehr festen Würsten, die man, je nachdem an dem Räucherplatze mehr oder weniger Zugluft und Rauch vorhanden ist, 14 Tage bis 3 Wochen räuchern läßt.

828. Leberwurst.

Zur Bereitung der Leberwurst nimmt man außer der Leber die eine Seite des Bauchfleisches, welches in der Breite von etwa 3 Fingern von der Keule an bis zum Ende des Bauches abgetrennt wird, ferner das Stech, die ausgelöste, abgebrühte und abgezogene Zunge, die Nieren, die Milz und das Herz. Alle Zuthaten an Fleisch werden gar gekocht und nach Abnahme der Schwarten so fein, wie möglich, zusammen gehackt; die ungekochte Leber schneidet man in Stücke, durchsticht dieselben mit einem Messer, legt sie eine Zeit lang in kochendes Wasser, damit das Blut ausziehe, hackt sie gleichfalls sehr fein, reibt sie durch einen Durchschlag und knetet sie mit dem Fleische zusammen, nachdem man vorher fein gehackte Zwiebeln, gestoßenen Nelkenpfeffer, Gewürznelken nebst ein ganz wenig schwarzem Pfeffer, Salz, etwas Wurstkraut und ein wenig Zucker, Alles nach Probe, dazu gethan hat. Sodann stopft man die Wurstmasse in dazu vorbereitete gut gereinigte Gedärme, jedoch nicht zu fest, damit dieselben nicht platzen, bringt die Würste in die kochende Brühe, in welcher das zu ihnen benutzte Fleisch gekocht ist, läßt sie $^1/_2$ Stunde lang darin kochen, zieht sie durch kaltes Wasser und legt sie zum Erkalten und Abtropfen auf Stroh.

Anm. Da die zu verwendenden Gewürze der Quantität nach durchaus von der Größe der Leber und der Menge des Fleisches abhängen, so muß das Richtige in dieser Hinsicht der Zunge der Köchin überlassen bleiben.

829. Braunschweiger Wurst.

Man kocht $1^1/_2$ Pfd. mageres und $1^1/_2$ Pfd. fettes Fleisch am besten Rückenspeck, gar und schneidet Beides in ziemlich große Würfel, vermengt es mit einander, mischt ⁵/₈ Pott Blut dazu und rührt es damit, so wie mit 3 Eßlöffeln voll Salz, mit sehr wenig Wurstkraut und mit gestoßenem Nelkenpfeffer, schwarzem Pfeffer und Gewürznelken nach Probe gehörig durch. Außerdem wird die Zunge abgebrüht, abgezogen, gar gekocht, in Streifen geschnitten und dazwischen gemengt, worauf man die gut gereinigten Gedärme bis etwas über ³/₄ mit der Masse anfüllt, die Wurst in ³/₄ Stunden gar kocht und ein wenig räuchert.

830. Blutwurst.

Zuthaten: 1¹/₂ Pfd. geriebene alte Semmel, 3 Pott Blut, 1 Pott von der Brühe, in welcher das Fleisch zur Leberwurst gekocht ist (man muß die Brühe recht fett nehmen), ¹/₄ Pfd. Zucker, ¹/₄ Pfd. Rosinen, ¹/₂ Pfd. gehacktes vorher gekochtes mageres Fleisch, eine kleine Theeschale voll Würfel von Rückenspeck, welche vorher beinahe, aber nicht ganz braun ausgebraten worden, 1 gehäufter Theelöffel voll Salz, abgeriebene Citronenschale, gestoßene Nelken und ein wenig Wurstkraut nach Probe.

Unmittelbar vor dem Stopfen der Wurst wird das Blut nebst der Fettbrühe zu den übrigen gut vermengten Ingredienzien gerührt und sodann die Masse in gut gereinigte Gedärme gethan, die aber nur ein wenig über die Hälfte gefüllt werden dürfen. — Man kocht die Würste etwa ¹/₂ Stunde; nicht darüber, läßt sie erkalten und brät sie vor dem Anrichten, jenachdem sie dünn oder dick sind, entweder ganz oder in Scheiben geschnitten.

Anm. Zur Blutwurst benutzt man besonders die krausen Gedärme.

831. Grützwurst.

Man kocht Gerstgrütze in etwas von der Brühe, in welcher das Wurstfleisch gekocht ist, auf und läßt sie darin langsam gar quellen. Sodann mischt man reichlich von dem auf der Brühe befindlichen Fette nebst den feingehackten Leberabfällen und fein gehacktem vorher gekochtem Fleische (je mehr man von Letzterm nimmt, desto besser) nebst Salz, gestoßenen Nelken und Nelkenpfeffer und ziemlich viel Wurstkraut, Alles nach Probe, darunter, stopft die Masse nicht zu fest in vorher gut gereinigte Gedärme und kocht die Wurst knapp $^1/_2$ Stunde. Das weitere Verfahren ist das in der vorigen Nummer für die Blutwurst angegebene.

832. Lungenwurst.

Man schabt die Lunge aus Häuten und Sehnen, hackt sie, jedoch nicht zu fein (etwa halb so fein wie das Mett zur Mettwurst), hackt ferner die Mettabfälle nebst 2 Pfd. Fett auf 6 Pfd. Lunge und Fleisch, wobei man gleichfalls die Fettabfälle benutzen kann, rührt Alles gut durcheinander und 6 Eßlöffel voll Salz, 2 Theelöffel voll Senfkörner, so wie 1 Theelöffel voll zusammen gestoßenen schwarzen und Nelkenpfeffer darunter und stopft die Masse nicht zu fest in gut gereinigte Gedärme. Die Wurst wird 8 bis 14 Tage geräuchert und dann zu Grünkohl oder Rüben gekocht.

833. Schmorwurst.

Die Anweisung zur Bereitung der Schmorwurst ist bei den Entrees unter Nr. 319 vorweg genommen.

834. Sauer eingekochtes Schweinefleisch.

Man verwendet dazu junges nicht zu fettes Schweinefleisch, gießt so viel scharfen Bier- oder Weinessig mit Wasser vermischt ($^2/_3$ Essig, $^1/_3$ Wasser) darüber, daß es davon bedeckt ist, thut auf 8 Pfd. 5 bis 6 Lorbeerblätter, einen Theelöffel voll Nelkenpfeffer, ebenso viel schwarzen Pfeffer, 6 mittelgroße Zwiebeln und eine kleine Hand voll Salz daran und kocht es in dieser Brühe gar. Alsdann legt man das Fleisch in einen Steintopf oder Glashafen und gießt die Brühe, auf der so viel Fett zu lassen ist, daß sie ganz davon bedeckt wird, durch ein Sieb darüber.

835. Preßkopf.

Man kocht einen Schweinskopf weich, schneidet die Schwarte ab, taucht ein Tuch in die Brühe, in welcher der

Kopf gekocht ist, bedeckt damit eine tiefe Schüssel und legt die Schwarte mit der Außenseite darauf. Dann schneidet man den Schweinskopf in dünne Scheiben, legt diese schichtenweise mit ein paar gekochten und in Scheiben geschnittenen Kalbszungen auf die Schwarte und besprengt jede Schicht ganz fein mit Salz, Nelkenpfeffer und schwarzem Pfeffer, Alles pulverisirt. Hat man Kopf und Zungen in dieser Art verbraucht, so deckt man die Schwarte darüber und über diese das Tuch, holt es so fest wie möglich zusammen und bindet es mit einem Bindfaden zu. Sodann setzt man das Ganze noch wieder etwa 10 Minuten in die kochende Brühe, legt es zwischen zwei Bretter und beschwert das obere derselben 24 Stunden lang stark mit einem Steine oder Eisengewichte.

836. Das Zuhauen der Gänse zum Zweck des Einschlachtens.

Die Anweisung in Nr. 48 zum Ausnehmen des Geflügels bezog sich auf zum Braten bestimmte Gänse; sollen dieselben zum Zwecke des Einpökelns und Einlegens in saure Gelee zerlegt werden, so wolle man folgendes Verfahren, als praktischer, beobachten.

Wenn den Gänsen nach Angabe in Nr. 48 durch den Querschnitt oberhalb der Brust Speise- und Luftröhre herausgezogen sind, löst man von ihnen zunächst die Keulen, die Flügel und die unter den Flügeln sitzenden Fettstücke. Sodann sticht man an der Stelle, wo die Letzteren fortgenommen worden, an beiden Seiten unter der Brust durch die Rippen und macht Längenschnitte bis an das Ende der Rippen, d. h. bis dahin, wo die fette Bauchhaut anfängt. Vermöge eines Querschnittes durch Letztere unmittelbar unterhalb des Brustknochens verbindet man die beiden erwähnten Schnitte, erfaßt mit der linken Hand das untere Ende der Gans, greift mit der rechten unter die Brust und biegt sie nach oben zu in der Art über, daß das Gelenk am Brustknochen durchbrochen wird, trennt die Brust auch an dieser obern Seite los, wobei man das erwähnte Gelenk zu durchschneiden hat, putzt sie ringsum sorgfältig, jedoch ohne zu viel Fett wegzunehmen, gleichmäßig aus und bereitet aus derselben entweder eine geräucherte Gänsebrust nach Nr. 838 oder zerschneidet und zerhaut sie in 4 Stücke und kocht sie sauer ein. Den Bauchlappen löst man sodann durch einen von den beiden äußersten Enden des Querschnittes unterhalb der Brust ringsum durch den After hindurchgehenden halbkreisförmigen Schnitt, nimmt ihn ab, nimmt erst das schiere Fett und die Gedärme heraus, reinigt die Ueberreste der Gans und zerhaut sie in passende Stücke, um sie entweder sauer einzukochen oder einzupökeln.

837. Sauer eingekochtes Gänsefleisch.

Die in passende Stücke zerhauene Gans wird ganz nach Anweisung in Nr. 834 sauer eingekocht; soll das Gänsesauer indessen etwas feiner werden, so giebt man auf 8 Pfd. Fleisch etwa $^1/_4$ Flasche Weißwein unter die Brühe. Wenn man das sich oben ansammelnde und abzunehmende Schmalz nicht alles sauer haben will, so kann man das Fleisch auch erst mit dem Wasser allein aufsetzen, es bis zur Hälfte gar kochen, das bis dahin sich ansammelnde Fett abnehmen und erst dann den Essig zugießen.

838. Geräucherte Gänsebrust (Spickbrust).

Man schneidet eine Gänsebrust nach Nr. 836 heraus, steckt sie ein paar Secunden in kochendes Wasser und reibt sie mit so viel Salz, wie sie aufnehmen will, nebst 1 Theelöffel voll Zucker und ebenso viel Salpeter ein. Alsdann legt man sie mit dem Fleische nach unten in ein Gefäß, auf dessen Boden Salz gestreut ist, bestreut auch den Knochen noch mit etwas Salz, läßt sie 3 Tage darin liegen, trocknet sie gut ab, bewickelt sie mit Papier, welches man mit Bindfaden daran befestigt, und räuchert sie 9 Tage.

D. Bereitung verschiedener Getränke.

839. Allgemeines.

Für die Getränke überhaupt ist zu bemerken, daß man um sie wirklich wohlschmeckend zu erhalten, stets gute Ingredienzen und Stoffe wählen muß, namentlich also für die Bereitung kalter Bowlen gute Weine und feinen Zucker, für die Bereitung heißer Bowlen guten Arrak, Rum oder Cognac, ferner z. B. guten Kaffee, feinen Thee und beste Chocolade. Anlangend sodann

a. aus Wein gemischte kalte Getränke, so müssen dieselben stets vollkommen kalt gereicht, und das Gefäß, in welchem sie bereitet sind, zu dem Zwecke von Eis umgeben werden. Ist dies nicht zu erreichen, so stellt man es wenigstens in recht kaltes Wasser, welches wiederholt durch frisches zu ersetzen ist. Soll unter das Getränk Champagner gemischt werden, so geschieht dies erst im letzten Augenblicke; der Champagner ist bei der Bereitung von Bowlen übrigens der einzige Wein, der von etwas mittelmäßigerer Qualität sein kann. Es sei hier noch erwähnt, daß man, wie bei Speisen, so mehr noch bei Getränken auch dem Auge etwas zu bieten hat; aus feinen Gläsern schmeckt ein Getränk stets besser, als aus ordinairen.

b. Heiße Getränke müssen stets wirklich heiß gereicht werden und vor allen Dingen ist es Erforderniß, daß das zu ihrer Bereitung verwandte Wasser vorher gekocht habe; daß es im Augenblicke der Benutzung noch koche, ist nicht gerade für alle Getränke nothwendig. Wegen der Gläser und sonstigen Geschirre gilt auch hier das unter a. Bemerkte.

Kalte Getränke.

840. Verschiedene Bowlen.

a. Bowle von Burgunder und Champagner Zur Bereitung dieser vorzüglichen, freilich aber auch kostspieligen Bowle gießt man Burgunder (Chambertin oder Nuits) und Champagner, von jedem Weine die Hälfte, zusammen. Zucker erfordert diese Bowle, die übrigens nur ein Getränk für Herren ist, nicht.

b. Kings-Punsch. Man thut $^1/_2$ Pfd. feinen Zucker, am besten aufgelösten weißen Candies, in eine Bowle, gießt nach einander 3 Flaschen Mosel- und 2 Flaschen Rheinwein (Pisporter und Markobrunner) und, nachdem aller Zucker gut darin aufgelöst ist, eine Flasche Champagner hinzu. — Die Bowle wird noch feiner, wenn man auf die obigen Quantitäten noch $^1/_4$ Flasche Burgunder daran giebt; billiger und doch wohlschmeckend kann man sie herstellen, wenn man statt Mosel- und Rheinwein französischen Weißwein und Mosel (Sauternes und Pisporter) nimmt.

c. Ananas-Bowle. Man mischt Zucker und Weine nach der Anweisung in b. und giebt statt des Burgunders geschälte und in dünne Scheiben geschnittene, vorher eingezuckerte, Ananas oder in Häfen eingemachte Ananas daran, wie man dieselben in jeder Delicatessenhandlung zu Kauf erhalten kann. Will man sie sich selbst bereiten, so geschieht dies einfach, indem man Ananas abschält und in Scheiben schneidet und letztere schichtweise, mit gleich dicken Schichten Zucker untermischt, in Häfen packt.

d. Apfelsinen-Bowle (für Damen). Zu $^3/_4$ Pfd. aufgelöstem weißen Candies gießt man 4 Flaschen ganz leichten Moselwein (Zeltinger) und 1 Flasche Muskatwein, drückt durch ein feines Sieb den Saft von 2 Apfelsinen daran, giebt sehr sorgfältig von aller weißen Haut befreite und in so kleine Kluften, wie möglich, getheilte Apfelsinen daran und gießt, nachdem aller Zucker gelöst ist, 1 Flasche Champagner dazu.

e. Kalte Arrak-Bowle (für Herren). 1 Flasche feiner Arrak wird über $^1/_2$ Pfd. Zucker, auf welchem die Schale von höchstens $^1/_4$ Citrone leicht abgerieben worden, so lange unter fortgesetztem Rühren abgebrannt, bis der Zucker gelöst ist. Dann gießt man 3 Flaschen Sauternes und 2 Flaschen Rhein- oder Moselwein dazu, läßt dies zusammen eben einmal aufkochen und stellt es zum Abkühlen hin, wenn möglich auf Eis.

Kurz vor dem Einfüllen in Gläser giebt man noch 1 Flasche Champagner daran.

841. Limonaden.

a. Himbeer-Limonade. Man verdünnt nach Nr. 775 bereiteten Himbeersaft und giebt dabei auf 1 Flasche Saft mindestens 2 Flaschen Wasser. Die Probe zeigt, wie viel noch nachzuzuckern ist.

b. Apfelsinen- und Citronen-Limonade. Man gießt zu 1 Flasche guten Wein 2 Flaschen Wasser, schneidet zu jeder Flasche Getränk die thalerdicken Scheiben einer Apfelsine oder einer Citrone und zuckert nach Probe.

c. Andere Limonaden bereitet man noch aus vielerlei Extracten nach den Anweisungen auf den Flaschen, welche dieselben enthalten.

842. Mandelmilch.

Man stößt 12 Loth süße und 4 Stück bittere Mandeln, nachdem man die Schale heruntergenommen hat, sehr fein, rührt sie in einem Porzellan- oder Fayence-Geschirr mit 1 Pott Wasser gut auseinander und setzt das Rühren unter Hinzuthun von 8 Loth Zucker etwa 10 Minuten fort, worauf man die Flüssigkeit durch ein Tuch preßt.

Warme Getränke.

843. Heißer Punsch.

a. Gewöhnlicher Punsch. Man gießt 1 Flasche Weißwein, 2 Flaschen Rothwein und 2 Flaschen Wasser mit 1 Flasche Rum zusammen, thut 2 Pfd. Zucker, worauf die Schale von 1/2 Citrone abgerieben ist, sowie durch ein Sieb den Saft von 2 Citronen dazu und bringt das Ganze zusammen ins Kochen, nimmt es indessen vom Feuer, sobald es einmal übergekocht ist, und giebt es in eine Bowle.

b. Arrak-Punsch. Es wird 1 Flasche Arrak auf 3/4 Pfd. Zucker, worauf die Schale von 1/4 Citrone abgerieben worden, abgebrannt. Sobald der Zucker geschmolzen ist, giebt man 1 Flasche Weißwein und 2 Flaschen heißes Wasser dazu, setzt dies zusammen auf das Feuer und läßt es einmal überkochen.

844. Grog.

Auf 2 mittelgroße Stücke in ein Bierglas gelegten Zucker gießt man so viel Rum, Arrak oder Cognac, daß das Glas bis zum dritten Theile voll ist. Sodann füllt man es mit siedend heißem Wasser.

845. Eier-Grog.

Zu einem Bierglase voll Eier-Grog rührt man 2 Eidotter mit einem gehäuften Eßlöffel voll fein gestoßenem Zucker gut eben, gießt erst kochendes Wasser und sodann Arrak oder auch Rum hinzu, bis der Grog die gewünschte Stärke hat. Während dessen und noch etwas hinterher muß man die Masse unausgesetzt stark rühren und schlagen.

846. Eierwein.

Man rührt 1 Eidotter mit 1 Eßlöffel voll Zucker in einem Glase zusammen und gießt unter unausgesetztem Rühren kochend gemachten Weißwein dazu, bis das Glas gefüllt ist.

847. Eierbier.

Dasselbe bereitet man ganz nach voriger Nummer, nur daß man Bier statt des Weins nimmt und dasselbe mit einem Stückchen Ingwer aufkocht. Ein kleines Liqueur-Glas voll Rum, unter das Eierbier gemischt, macht dasselbe wohlschmeckender und vergrößert seine erwärmende Kraft.

848. Glühwein.

Eine Flasche Rothwein wird mit $^1/_4$ Flasche Wasser, 6 Gewürznelken und 10 Loth Zucker, worauf die Schale einer Citrone abgerieben worden, aufgekocht und das Getränk in Gläsern oder in einer Bowle servirt.

849. Chocolade mit Milch.

Man kocht die zu 4 Tassen guter Chocolade nöthige Milch auf, schüttet eine geriebene Tafel Chocolade hinein und quirlt sie über dem Feuer so lange, bis sie hoch aufschäumt. Dann nimmt man sie ab, thut nach Geschmack Zucker dazu und läßt sie unter fortgesetztem Quirlen an der Seite des Feuers noch einige Minuten weiter kochen. Nachdem man sie vom Feuer genommen, quirlt man sie noch mit ein paar Eidottern ab.

850. Chocolade mit Wasser.

Zu 4 Tassen von dieser Chocolade kocht man $1^1/_2$ Tafeln mit dem nöthigen Wasser durch, quirlt während dessen unausgesetzt und noch ein paar Minuten weiter, nachdem man die Chocolade neben das Feuer gestellt hat. Das Quirlen muß andauern, bis die Chocolade in die Tassen gegeben wird.

Anm. Wünscht man die Chocolade dünner, so kann man selbstverständlich mehr Milch oder Wasser, als in den vorstehenden beiden Nummern angegeben ist, verwenden.

851. Kaffee.

Soll der Kaffee wohlschmeckend werden, so muß vor allen Dingen eine gute Sorte Bohnen dazu genommen werden; guter Java ist allen anderen Sorten, selbst dem Mocca, vorzuziehen. Ferner muß der Kaffee ganz gleichmäßig hellbraun gebrannt und recht fein gemahlen sein. Die beste Maschine zu seiner Bereitung ist eine Maschine von Berliner Porzellan, wie man sie in jeder Porzellan-Waaren-Handlung erhalten kann. Zu 6 mittelgroßen Tassen starkem Kaffee giebt man in den oberen Theil der Maschine, nachdem man das darin befindliche Sieb mit sog. Kaffeepapier bedeckt hat, 4 Loth von diesem Kaffee, gießt 1 Theetasse voll lebendig siedendes Wasser darauf und nach Verlauf von etwa einer Minute das übrige Wasser. Vor dem Einschenken muß man den Kaffee mit einem Löffel umrühren.

Anm. Es versteht sich von selbst, daß man den Kaffee stärker und schwächer bereiten kann, und ist noch zu bemerken, daß je geringer das zu bereitende Quantum Kaffee ist, desto größer verhältnißmäßig die Menge Bohnen sein muß, welche man verwendet. — Surrogate, Cichorien u. dgl. liefern freilich auch ein Getränk; es ist das aber eben kein Kaffee.

852. Thee.

(Englische Art der Bereitung.)

Auf die Person rechnet man einen gehäuften Theelöffel voll recht feinen Thee, eine Mischung von Pecco-Blüthen mit Souchong möchte dem deutschen Geschmacke am besten zusagen. Diesen Thee thut man in einen Topf und giebt auf das Ganze noch einen Theelöffel voll dazu. Dann gießt man so viel siedend heißes Wasser darauf, daß der Thee eben davon bedeckt ist, gießt das Wasser aber sofort wieder ab und nun auf einmal die ganze erforderliche Quantität siedendes Wasser darauf. Hierin läßt man ihn 1/4 Stunde über schwachem Kohlenfeuer ziehen und schenkt ihn ein.

Anm. Verfasserin zweifelt nicht, daß dieser Thee manchem Deutschen bei Weitem zu stark erscheinen wird; sie giebt aber das Recept, nach welchem sie selbst ihn mehrere Jahre lang Engländern bereitete. Jeder kann ihn ja so stark machen wie er will; indessen Vanille oder gar Kanehl darunter zu mischen, was hie und da noch immer geschieht, heißt mit einem Worte guten Thee verderben.

E. Bereitung des Süßmilch-Käse.

Man bereitet Lab aus dem Lab-Magen (dem vierten Magen) des Kalbes, indem man zunächst die darin befindliche Milch ausschüttet, den Magen einige Mal, aber nicht zu viel, mit warmem Wasser durchwäscht, ihn mit Salz und etwas Pfeffer ausreibt, die Milch wieder hineinschüttet, ihn auch von außen gut abreibt, zubindet und einige Tage in den Rauch hängt. Dann stellt man eine Salzlake in der Weise her, daß man ein Pottmaß zu 3/4 mit Salz füllt und 1/4 Wasser hinzugießt, dies zusammen aufkocht und wieder erkalten läßt. Mit dieser Lake übergießt man den vorher in Stücke geschnittenen Lab-

Magen und läßt ihn darin 3 bis 4 Tage an einem lauwarmen Orte stehen. Um zu probiren, ob die Flüssigkeit brauchbar ist, mischt man ein paar Tropfen davon mit einer Kleinigkeit erwärmter Milch; gerinnt dieselbe nach einer halben Stunde, so ist das Lab gut und wird von den Magenstücken abgegossen. Jetzt erwärmt man Milch zu 21 bis 22 Grad, nimmt sie vom Feuer, gießt sie in die Käsewanne und zu 80 bis 100 Pott davon $^1/_2$ Eßlöffel voll Lab, rührt es damit gut durch, deckt es zu und stellt es zum Gerinnen hin. Geschieht Letzteres vor Ablauf einer halben Stunde, so ist zu viel Lab genommen, der Käse wird nicht unbrauchbar, aber nicht so gut, als wenn das Gerinnen erst nach $^1/_2$ bis $^3/_4$ Stunde erfolgt. Hat die Masse so lange gestanden, daß durch einen gelinden Druck mit dem Finger eine Vertiefung darauf entsteht, ohne daß am Finger etwas hängen bleibt, so rührt man sie wieder um, läßt sie stehen, damit der Molken sich von der Käsemasse aussondere, was nach $^1/_4$ bis $^1/_2$ Stunde der Fall ist; erscheint der Molken dann nicht klar, so muß das Umrühren wiederholt werden. Jetzt füllt man den Molken so rein ab, daß die Käsemasse trocken in dem Gefäße stehen bleibt, reibt Letztere mit den Händen ganz fein, thut eine gute Hand voll Salz auf die angegebene Masse daran und bringt sie in den vorher mit Molken angefeuchteten Käsekopf und damit eine halbe Stunde lang unter die Presse. Nachdem der Käse herausgenommen ist, wird er in ein Tuch geschlagen, mit demselben wieder in den Kopf und mit diesem wieder unter die Presse gebracht; nach 12stündigem scharfen Pressen ist er dann gut und wird zum Trocknen auf ein Brett gelegt. Jeden Morgen ist er abzuwischen, umzukehren und auf eine andere Stelle zu legen und dies Verfahren 3 bis 4 Wochen lang zu wiederholen; je länger, desto besser wird der Käse.

Anm. Von den verschiedenen Methoden der Bereitung des Lab hat hier nur diejenige Aufnahme gefunden, welche in Holstein durchweg in Anwendung gebracht wird.

F. Vom Seifekochen.

Man kocht von besserem Abfall-Fett 3 Pfd., oder von schlechterem 5 Pfd. mit 1 Pfd. Seifenstein, sowie ersteres mit 4 Pott, letzteres mit 7 Pott Wasser auf und läßt es 1½ Stunde damit kochen. Dabei muß man öfter umrühren, so daß das Fett und der Seifenstein gut zerkochen. Nach Ablauf der erwähnten Zeit giebt man ½ Pfd. Salz dazu, läßt es damit noch eine halbe Stunde kochen, und gießt es durch einen Durchschlag, in welchem es 24 Stunden stehen muß. Die alsdann oben schwimmende Seife nimmt man ab, schneidet sie in beliebige Stücke und trocknet sie.

Schluß-Bemerkung.

Ueber das Serviren der Speisen ist bei den einzelnen Gerichten überall, wo es erforderlich erschien, das Nöthige angegeben worden; in Abschn. I. Nr. 6 a bis h findet man Küchenzettel für Mahlzeiten von 3 bis zu 10 Gängen verzeichnet.

Alphabetisches Register.

Erklärungen

Seite		
8	Mehltien	= Mehlzuber – Holzwanne
9	irden	= aus Ton
12	1 Pott	= 1 Liter
	1 Loth	= 15 g
17	Ziemer	= Rücken vom Wildschwein, Reh oder Hirsch
	Krammetsvögel	= Wacholderdrosseln
18	Sardinen á l'huile	= Ölsardinen
19	Hors d'oeuvre	= leicht verdauliches kleines Vorgericht
27	Trüffel	= unterirdisch wachsender knollenförmiger Edelpilz
29	Süßholzstange	= Wurzel vom Süßholzstrauch, zur Geschmacksverbesserung
34	1 Schock	= 60 Stück
35	Provenceöl	= besonders wertvolles Olivenöl
36	Cochenille	
	Cremor Tartari	
	Sal Tartari	= Lebensmittelfarbstoffe
41	Luftspeck z. Spicken	= siehe Nr. 826
47	Zoll	= veraltete Längenmaßeinheit, landschaftlich unterschiedlicher Größe 2,2–3 cm
56	Kanehl	= Zimtrinde, Stangenzimt, echter Zimt
59	Muskatblume	= Macis – Samenhaut der Muskatnuß
60	Kalbsmilch	= Thymusdrüse am Hals junger, noch nicht geschlechtsreifer Kälber unter dem obersten Teil des Brustbeines
63	Parmesankäse	= italienischer Hartkäse, dient als Reibkäse
67	Buchweizen	= Getreideart östlicher Länder
74	Krebsnasen	= sauber gereinigte Kopfteile von Flußkrebsen. Werden mit Farce gefüllt und zum Garnieren verwendet
75	Nelkenpfeffer	= Piment
78	Chalotten	= feinste Zwiebelart, Zwiebeln büschelförmig angeordnet
89	Spint	= Maß 1 Spint = 2,5 Liter
97	Fliedersuppe	= Suppe von schwarzen Holunderbeeren
105	Manna	= Körner des Mannagrases, zu Mehl oder Grütze verwendet
115	Coquille	= hübsch geformte Muschelschale

Seite		
118	Cayennepfeffer	= Chilli
120	Florents	= Fleurons – Blätterteighalbmonde
132	Zitronensäure	= gemeint ist nicht Zitronensaft, sondern kristallisierte Zitronensäure
144	Morcheln	= Speisepilz
150	Fleisch vergraben	= sehr veraltete, zweifelhafte Methode
161	Quentchen	= ein kleines Gewicht – $^1/_4$ Loth
	Kluft	= das schiere Fleisch zwischen Rücken und Keule des Rindes
168	Kalbsgekröse	= Schleimhautfalte des Bauchfells. Zur Wurstherstellung
177	Wurstkraut	= Majoran
182	Kapaun	= kastrierter, gemästeter junger Hahn
186	Salmi	= ragoutartige warme Speise aus gebratenem und entbeintem Wildgeflügel
	Schnepfendreck	= gehackte Eingeweide der Schnepfen, heute werden nur die Innereien verwendet
194	Lapsgausch	= mecklenburger Art Labskaus – ein altes Seemannsgericht
	Soda	= gemeint ist doppelt-kohlensaures Natron
197	Savoyerkohl	= Wirsingkohl
199	Kastanien	= Edelkastanie, Marone, geröstet oder gekocht eßbar
211	Leber	= wird erst nach der Zubereitung gesalzen, wird sonst hart
218	Muräne	= kommt bei uns nicht vor, sicher ist damit die große Maräne gemeint
224		= Eingeweide werden mit Innereien (Leber, Rogen, Milch) verwechselt
226	Sandart	= Zander
227	Glashafen	= großes bauchiges Glas
229	gegällt	= Galle nicht verletzt
232	Anmerkung	= auf den Deckel des Gargefäßes wurden glühende Holzkohlen gelegt (Oberhitze)
234	„todt laufen"	= das sogenannte „todt laufen" der Neunaugen und Aale ist eine Tierquälerei
238	Stockfische	= durch Trocknen an der Luft haltbar gemachte Magerfische. Statt Buchenholzasche nimmt man heute Natronlauge (1 Teel. Natron auf 1 l Wasser)
240		= Schollen werden heute nicht mehr von der Haut befreit. Unmittelbar unter der Haut liegen die fettlöslichen Vitamine.
242	„Gebratene Häringe, marin."	gemeint sind Salzheringe zum Auswässern; 453 – entschieden zuviel Lorbeerblätter, auf 1 kg Heringe nimmt man 1 Lorbeerblatt
246	Hausenblase	= Schwimmblase eines störartigen Fisches, welche zur Geleebereitung verwendet wurde
256	Braise	= Schmortopf

Seite		
258	Vol-au-vent	= große Krustenpastete, sogen. Pastetenhaus
269	Mock-Turtle-Ragout	= fasches Schildkrötenragout
269	Saucischen	= kleine, fingerstarke Bratwürstchen für Garnituren
285	Feist	= Fett
290		= sowohl feingehackte Eingeweide als auch Becassinen mit den Eingeweiden zu braten, ist eine Unsitte und heute nicht mehr gebräuchlich. Ebenso wie Krammetsvögel nicht auszunehmen
291	Trappen	= Kranichvogel – Steppenvogel
328	Franzwein	= Branntwein
	Blancmanger	= gelierte Süßspeise, z. B. weißes Gelee aus Mandelmilch und Gelatine
338	Salpicon	= kleinwürflig geschnittene Masse zu einem Ragout, auch Obst

Das Abreiben von Zitronen- oder Apfelsinenschalen ist heute nicht mehr erwünscht, weil die Schalen dieser Früchte mit chemischen Stoffen künstlich gespritzt und zum Verzehr nicht geeignet sind. Da hilft auch kein Abwaschen oder Bürsten.

Rudolf Kroboth

Inhalts-Verzeichniß.

IX. Das Gemüse.

XII. Fleisch, Geflügel und Fische in Gelee.

XIII. Große Pasteten, Ragouts und Fricassees.

A. Warme Pasteten.

B. Kalte Pasteten.

C. Ragouts.

D. Fricassees.

XIV. Braten.

XV. Salate und Compotes.

A. Salate.

B. Compotes.

XVI. Saucen zu Puddings und Mehlspeisen.

XVII. Puddings und Mehlspeisen.

A. Warme Puddings und Mehlspeisen.

XXI. Backwerke.